永康文献丛书

吕公望集

四

吕公望 著

卢礼阳 邵余安 编校

吕公望集卷四 公牍四 一九一六年八月

浙江省长公署饬政字第五十三号[①]

据高审厅呈送并经咨送参议会

议决兰溪永嘉两地检厅预算书饬发财政厅由

为饬遵事。案据该厅呈送规划上告法庭等预算书表,当经咨送参议会议决。兹准咨复,以"现在大局已臻统一,上告庭无设立之必要,应无庸议。至瓯江、金华两高等分庭区域改设兰溪、永嘉两地方审判厅,并于各县设审检所,实为司法独立之基础,业已议决通过。惟预算书未将兰溪、永嘉两地方检察厅预算列入,现由本会拟定补充,相应缮具表册,咨请贵都督查照公布施行"等由,并附预算书三份到署。准此,除将预算书一份饬发财政厅遵照外,合行饬遵,仰即将各厅、所迅筹成立具报,并将预算书内关于该厅主管各项录呈备案,均毋违延。此饬。

计发预算书一份。

附　浙江高等审判厅训令第一百十九号

令各县知事为颁发《审检所办事细则》由

令七十三县知事(除金华、永嘉两县)

案奉省长饬政字第五三号开,"为饬遵事。案据该厅呈送规

943

划上告法庭等预算书表,当经咨送参议会议决。兹准咨复,以'现在大局已臻统一,上告庭无设立之必要,应无庸议。至瓯江、金华两高等分庭区域改设兰溪、永嘉两地方审判厅,并于各县设审检所,实为司法独立之基础,业已议决通过。惟预算书未将兰溪、永嘉两地方检察厅预算列入,现由本会拟定补充,相应缮具表册,咨请贵都督查照公布施行'等由,并附预算书三份到署。准此,除将预算书一份饬发财政厅遵照外,合行饬遵,仰即将各厅、所迅筹成立具报,并将预算书内关于该厅主管各项录呈备案,均毋违延。此饬。计发预算书一份"等因。奉此,查各县筹设审检所,经本厅三九六二号饬发《审检所暂行章程》,由知事会同承审员筹备在案。除将各县所成立日期另行电知外,合将《审检所办事细则》暨预算表二份随文饬发,一俟成立以后,关于经费及处理所务务须遵照《表》《则》妥慎办理,毋得稍有出入,致违原案。此令。

计发《审检所办事细则》一份(列"章程"门)。

中华民国五年八月二十四日

高等审判厅长范贤方

(原载《浙江公报》第一千六百零四号,八页,训令)

浙江省长公署饬政字第　号

饬民政厅准交通部咨送新顺昌轮船执照
并新顺发册照费请转发并饬属保护由

为饬知事。准交通部咨开,"钱江商轮股分有限公司添租新顺昌、新顺发两轮,注册给照一案,前准咨送该公司补缴册照费十七元五角,及新顺发旧照一纸前来。正核办间,据江海关监督详,据陈复昌禀称,租与钱江公司之新顺发小轮租期已满,收回自用,请转详注册给照,并据钱江公司禀同前由,理合详部察核等情。查新(顺)发轮船既系陈复昌收回自用,应无庸由钱江公司缴费领照,业经本部另案办理。除涂销新顺昌旧照另行注册,并饬令杭州关监督查照外,相应填就新顺昌执照一纸,暨先后咨送新顺发册照费洋二十元,一并咨请贵省长转知该公司承领,并希饬属随时保护"等因。准此,合将送到新顺昌执照一张,新顺发册照费洋二十元,饬仰该厅查照转饬该公司具领,并饬属随时保护,是为至要。此饬。

省长吕公望

右饬民政厅长。准此。

中华民国五年八月一日

(《浙江公报》第一千五百七十九号,一九一六年八月四日,六至七页,饬)

浙江省长公署饬政字第　号

饬盐运使据杭县善堂总董吴恩元陈请将
两浙盐捐照数拨还以维善举由

为饬知事。本年七月二十二日准浙江参议会咨开,"据杭县善堂总董吴恩元等陈请,窃杭县善堂创自清乾、嘉时代,历办至今,规模较备,各项善举若养老、若育婴、若清节,与夫收留残废、医治贫病,至月给孤贫粮,筹设栖流所,以及施材掩埋,关于地方慈善公益诸事,无不实力举行。综计常年支出经费为数至巨,而收入之款向以盐捐为大宗之一部分。此项善捐起自前清嘉庆五年,由两浙盐商吴康成等创议,每引公输六厘,缴由运使转给,禀官立案,其由来久矣。旋以善堂经营不敷,于光绪四年每引改为二分,通年约有一万四五千元,成案可稽。迨光复后,经前杭县知事汪暨接任知事周援证前案①,先后详请盐运使核准,循旧照拨发堂济用各在案。此两浙盐商捐助善举经

_____

① 杭县知事汪,指汪嶔,杭县首任民事长;接任知事周,指周李光,第二任民事长,后改称知事。

费之源流也。讵自上年盐务实行均税政策,各种附税概行取销,前运使陈误将是项善捐并入附税①,致被波及。殊不知是项盐捐系出盐商乐善之心,补助善堂经费,与官厅征收各种附税,其性质迥然不同,而历来随课带收,由司转给者,意在按引可以核数,聚散可以为整,取带收之便,而免手续之繁,当轴不察,乃误认为正税攸关,致与其他捐税一并包括在内,即经一再力争,如果明辨性质之异点,即与提出,以遂盐商乐输之初愿,此款可至今存在,乃强为牵合,以取携之便利,近专制之执行,卒至力争不获。查盐商于前清末叶设立盬务学校,曾禀请于附税项下提拨经费政策,以后尚循其旧则,其近数年创助之学费,本属于附税范围者,仍拨给而维持之,而百余年历久之善捐,本不属于附税范围者,转收括而停止之。同是地方公共事业之用,乃适成反比例,不知其何所取义?嗣后复以事关省会善举,固有的款一旦停拨,将使历办善举难乎为继等情,迭请设法维持,或另筹款拨补。虽奉有运署批示,候饬浙东西盐商协议补助方法等语,而迁延至今,杳无效果。夫社会上慈善事业,有举莫废,恩元等谬膺总董,责在保存,只以丁此时艰,民商交困,就地筹款,迄无端倪,且各经商远在各地,形如散沙。从前甲商名目早经取销,无提纲挈领之可言,即使分投劝募,有鉴于前项之误,并转来为丛驱爵之诮,恩元等夙夜踌躇,莫得补苴之法。今幸共和再造,拟乞钧会俯念省会善举,力予维持,更正前运使之误会,恢复固有之善捐。况盐税为国家正税,既经明颁定率,在官厅自可按率征收,设向无善捐一款,亦断不致因无善捐之加入而遂减轻其税率,其理至为明了。此前运使误入正税之谬误,应请亟予纠正者也。再,恩元等忝承斯乏,对于地方慈善公益事项有应行建设者,自以勉力进行为职志,复于上年创立惠民病院,以扩施医事宜,筹设残废院以安残疾穷黎,范围既广,经费愈大,尤非收回固有的款,藉

---

① 前运使陈,指陈廷绪,民国二年十一月至民国三年十一月任两浙盐运使。

资补助，更无以维持于永固。为此备具陈请书，并钞录案卷，陈请钧会审核，即予提议表决，咨陈浙江都督暨稽核分所察核施行，以绵善举，地方幸甚，善堂幸甚等情。据此，查该善堂此项盐商善捐本为两浙盐商捐助善举，经费与附加税性质不同，自前清迄民国三年，历经照数拨给，至民国四年前运使陈误将此项善捐列入附税，将各种附税概行取销，并为均税，致善款无着，殊属误会。又查鹾务学校，前曾于附加税项下拨给经费，迄今尚仍其旧，即该善捐列入附税，亦应事同一律，于均税中划出拨给。业经本会议决，相应咨请转咨盐政署并饬盐运使查明此项善捐性质，照数拨还，以维善举"等由。准此，查此项善举经费，既系向由盐商捐助，与附税性质自是不同，惟当时按引输捐及民国四年取销附税原案，本署无卷可稽，能否准予所请，照数拨给，以全善举之处，合亟饬仰该运使查案核议，具复察夺，勿延。此饬。

省长吕公望

右饬盐运使。准此。

中华民国五年八月　　日

（《浙江公报》第一千五百七十九号，七至九页，饬）

浙江督军公署浙江省长公署饬会字第十号

饬各属据杭州关监督呈请将军警用轮简章转饬遵照由

为饬遵事。案据杭州关监督呈开，"案奉交通部饬开，'准政事堂钞交内务部、陆军部、交通部、税务处呈，拟定《军警用轮船简章》会同请示由，奉批令准如所拟办理，即由该部、处分行遵照，附件存。此令'等因。奉此，合亟钞录呈文及章程饬行该监督查照，出示晓谕可也等因。奉此，当即遵转本关税务司查照。兹准来函，顷阅浙报，载有浙省自四月间独立之后所有中央颁发之件均一律搁置未办，现在大局统一，已将迭次饬发文件一律照旧遵办云云。查前于五月间，本关曾奉饬发《军警用轮简章》一件，即经本税务司函请吕都督通饬军警各机关遵照，迄未奉复实行在案。现在大局既已统一，是项饬发文件，应亦在遵办之列，合将函请贵监督迅赐查案，详请克日施行，以昭服从而便申复等因。准此，理合备文呈请督军鉴核转饬军警一体遵照，仍候批示祗遵"等情。据此，查此案先据杭关税务司抄章函请饬遵，尚未核办。兹据前情，除批候转饬遵照并分饬外，为此饬仰该师长、旅长、镇守使、厅长查照，并饬所属一体遵照办理。此饬。

计发《军用警用轮船暂行简章》一份。

浙江督军兼省长吕公望

右饬陆军第六师师长、陆军第二十五师师长、护国军预备第一旅旅长、嘉湖镇守使、台州镇守使、民政厅长、警政厅长。准此。

中华民国五年八月一日

照录《军用警用轮船暂行简章》

一、凡军、警自备之轮船暨租用或借用之商轮，统称为军用警用轮船。

二、凡商轮由军、警租用或借用者，仍应按照定章注册领照。倘该商轮因故未及领照时，宜由该省军警长官知照税关电请交通部核准，先发船牌，该船船身暨机器，亦须遵照海关章程由关派员依序检验。此项船只并须照征船钞，但事机紧急时，应由该省军警长官预先商请税关提前检验，纳钞放行。

三、凡军、警自置轮船，应报由陆军、内务两部核准后转咨交通部查核备案。其应报部事项如左：

（一）轮船所有者之机关；

（二）轮船名称；

（三）轮船容量及总吨数；

（四）轮船长广及吃水尺寸；

（五）机器马力及行驶速率；

（六）航线图说；

（七）轮船购置之价值；

（八）管船员之姓名履历。

四、军、警用轮船专备巡弋之用者，遇经过税关时，宜先由该省军警长官通知免验，若事机紧迫，不及同时通知时，事后仍由该省军警长官补行通知。

五、凡军、警水面巡弋所用轮船，如与税关距离较近，往来频繁之时，可由该省军警长官知照税关发给免验牌照，以免烦琐。

六、凡军、警所用之轮船，须照挂特定旗号（旗式附后），俾便识别。

七、凡军、警用轮船不得搭载乘客，装运客货，或乞揽拖带他项船只。但因输送军、警队必须拖带船只时，该省军警长官须通知税关，始得免验，若事机紧迫，则照第四条办理。

八、军用、警用轮船无论为租借为自置，若非专备水面巡弋，而为装运军、警专用，或普通物品之用时，仍须照章报关验免后，始得驶行。

九、凡军、警租用或借用商轮，经税关查明确有私自载客、运货偷漏关税时，由税关照关章处理之。

十、军、警自备轮船犯有上条情事，经税关查明通知时，该省军警长官除饬令遵照关章认罚外，尚须照军、警专律处理之。

十一、军用、警用轮船若无违章情事，因税关留难，致生遗误时，税关应负完全责任。

十二、本简章自核准日施行。

（《浙江公报》第一千五百八十号，一九一六年八月五日，六至八页，饬）

浙江督军公署浙江省长公署饬会字第十三号

饬各属为日人蔡金瑞林永生赴浙游历饬一体保护由

为饬知事。案准江苏省公署咨开，"案据外交部特派江苏交涉员杨晟详称,顷准日本国总领事函,以蔡金瑞、林永生赴福建、广东、浙江、江苏游历,缮给护照,请盖印前来。除将护照印发外,理合详请察照,转饬各属俟该日人等到境呈验护照时,照约保护等情。据此,除饬属保护并分行外,相应咨请贵省长查照,希即饬属照约一体保护"等由。准此,除分饬外,合行饬仰该　　遵即转饬所属一体保护。此饬。

浙江督军兼署省长吕公望

右饬民政厅、财政厅、警政厅、交涉署长、宁波交涉员、瓯海交涉员、陆军第六师师长、陆军第二十五师长、嘉湖镇守使、台州镇守使。准此。

中华民国五年八月二日

(《浙江公报》第一千五百八十号,八至九页,饬)

浙江督军公署浙江省长公署饬会字第十四号

饬各属为日人植田量御船正赴苏浙等省游历饬保护由

为饬知事。案准江苏省公署咨开,"案据外交部特派江苏交涉员杨晟详称,顷准日本国总领事函,以植田量、御船正赴江苏、浙江、山东、江苏、江西、安徽、湖南、湖北游历,缮给护照,请盖印前来。除将护照印发外,理合详请察照,转饬各属俟该日人等到境呈验护照时,照约保护等情。据此,除饬属保护并分行外,相应咨请贵省长查照,希即饬属照约一体保护"等由。准此,除分饬外,合行饬仰该　　遵即转饬所属一体保护。此饬。

浙江督军兼署省长吕公望

右饬民政厅、财政厅、警政厅、交涉公署长、宁波交涉员、瓯海交涉员、陆军第六师师长、陆军第二十五师长、嘉湖镇守使、台州镇守使。准此。

中华民国五年八月二日

(《浙江公报》第一千五百八十号,九至一〇页,饬)

浙江督军署饬第三十六号

饬各属为浙江护国军预备第一旅现改为
浙江陆军步兵独立第一旅由

为饬知事。照得浙江护国军名称应即取消，原有浙江护国军预备第一旅，现改为浙江陆军步兵独立第一旅。除换发关防，并通饬知照外，合行饬仰该　　并转饬所属一体知照。此饬。

督军吕公望

右饬陆军各军队机关、水陆各警厅厅长、民政厅厅长、财政厅厅长。准此。

中华民国五年八月一日

（《浙江公报》第一千五百八十号，一〇页，饬）

浙江省长公署饬政字第六十五号

饬警政厅据胡允明呈送患病类八种暨传染及
死亡者各月报表发厅查核由

为饬发事。案据胡允明呈送《患病者病类月报表》八种、《传染及死亡者月报表》并两联诊治单各项格式，呈请饬发警厅查照，切实改良等情前来。除批示外，合行饬发该厅查核，如果可行，即饬省会警察厅酌量办理。抄呈暨原呈表单各式均发。此饬。

计抄原呈。

省长吕公望

右饬警政厅长。准此。

中华民国五年八月　　日

（《浙江公报》第一千五百八十号，一〇页，饬）

浙江省长公署饬政字第六十七号

饬警政厅转饬淳安县传知商会
管带乐占元已批准另候差委由

为饬遵事。案据淳安商务分会全体电禀，内称，"乐管带占元在淳四载，保护地方，商民感德，刻闻调动，群情系恋。束、廿两乡商务繁盛，客民众多，端赖熟悉情形，斯能妥为防卫。可否俯顺舆情，准予留任，出自逾格鸿施。临电翘企，无任屏营。谨闻"等情。据此，查此案前据该厅于呈复奉批遵改警备队编制表并送清摺请核文内呈明，警备队管带乐占元拟饬另候差委，并于简明表内声叙，现该管带员缺，拟以旧三区三营管带吴德馨调充等语，当经批准给委任在案。据电前情，合行饬仰该厅查案转饬淳安县知事传谕知照。此饬。

省长吕公望

右饬警政厅长。准此。

中华民国五年八月一日

（《浙江公报》第一千五百八十号，一一页，饬）

浙江省长公署饬政字第六十九号①

饬高检厅民政厅准福建督军兼省长咨闽海关灯塔船
在平阳县洋面被抢请饬严缉由

为饬缉事。本年七月二十六日准福建省公署咨开，"据闽海关监督祝瀛元详称（全文叙后幅）。此咨。计钞送失单一张"等因。准此，查此案未据平阳县知事具报有案，究竟失事是否在该县所辖洋面，合行饬仰该厅即便转饬平阳县查明严缉，务获解究具报，毋任延纵，切切。此饬。

---

① 文号前漏"政字"，径补。

计粘抄失单一纸。

　　　　　　　　　　　　　　　省长吕公望

右饬高等检察厅、民政厅。准此。

　　　　　　　　　　中华民国五年八月一日

附　福建省长公署来文

　　福建省长公署为咨行事。据闽海关监督祝瀛元详称，"准福海关税务司函开，现据本辖灯塔差船林元标禀称，六月二十三号由东瓜屿开回三都，至平阳来澳洋面，突有渔船九艘，约五十余猛持械上船①，将船伙八人及灯塔值事林细妹均殴打，押逐上岸，船被拖去。恳移请温州平阳县签差驰赴来澳，着贼乡族跟出贼众严究，将劫去船只并银物一并追回给领，并附失单二纸等情前来。查此案关系最重，盖海关灯塔值事人等居住孤岛，其应需物件并薪水皆仗此船运送，此案必须彻底追究，地方官务须充分保护此等官雇船只。况此船本关雇用已经八年，与本署各灯塔来往当差，颇为诚实，并无误公情事。兹特抄录原禀并失单函送察阅，并请从速转详浙江巡按使迅饬温州平阳县知事迅速派差前该来澳地方，将该贼船严行查缉，并向该澳乡长将情查明，务将其劫去各物一并追回，实为公便等因前来，理合据情并抄录原禀失单具文详情察照"等因。除批示外，相应抄录失单咨请查照，转饬平阳县知事严行查缉，务获解究，至纫公谊。此咨

浙江督军兼浙江省长

　　计抄送失单一张。

　　　　　　　　　福建督军兼署福建省长李厚基

---

① 猛，底本如此。

遗失单

七星灯塔　天色簿一包

东瓜屿　天色簿一包　五色旗一面　公函一封　薪水单一付

值事林细妹遗失　毡一领　被面裹一床　棉袄二件夹袄二件　棉一床　表一架　香纱衣服一套　绮帐一床茶叶二元　米二元　柴衣箱一个　粗布衣服十套　目鱼鲞四元　光番五十七元

西洋值事柯金富　寄买官纱五元　酒一坛二元　白米四元　洋伞两把

东瓜屿林来弟　寄买官纱五元

船工人遗失　落落枕头箱一只　被面裹一床　棉一床衣服五套十件　桂华被一床　布鞋一双　棉袄一件　衣服二套四件　秋勇衣服三套六件　新棉一床　苎一元　青蓝布五匹　财弟衣服一套二件　西西目鱼鲞一元　新被一床衣服二套四件　科题被面一床　衣服二套四件

船一只家私具全　毛得枪四把　钟一架　只七十粒大洋十五元　小洋三十四角　大食米八元　衣服三套　手表一架　被一床　枕头一个　另七星寄买官纱十元

（《浙江公报》第一千五百八十号，一二至一四页，饬）

浙江督军兼省长吕批

财政厅呈复第四师范学校请拨营产一案由

呈悉。前营校场与中府旧署，业经宁波警察厅暨四十九旅卫戍司令官呈准拨用在先，自应毋庸置议。湖西后营侧废地即系陈恭洁公赡地，并非官产，或租或借，应由该校径向陈氏后裔自行接洽。其余湖西马眼漕板桥头后营演武厅房屋，准予暂行拨作校用，以资扩

充。仰候饬知民政厅转饬该校知照,并饬将不符屋数查明更正可也。此批。清单存。八月一日

(《浙江公报》第一千五百八十号,一九页,批牍)

浙江督军公署浙江省长公署饬会字第　　号

饬民政厅为财政厅呈复第四师范学校请拨营产一案由

为饬知事。查第四师范学校请拨就近营产一案,前据该厅以该校添招新生,急切待用等情具禀前来,即经饬催财政厅查明具复在案。兹据复称,"案查第四师范学校请拨就近营产以资扩充一案,由前清理官产处转饬清理鄞镇慈三县官产事务所查明呈核,续奉钧府饬催,当经本厅将饬查情形先行备文呈复,一面饬催该事务所迅速查复各在案。兹据该所以奉饬后,即经调集档册,将原单所列各项营产逐一确查,并派员前往复勘,其后营演武厅连同军药局房屋业已由该校为附属小学国民部之用,惟册载间数核与来单稍有未符。此外,有已奉司令部早经留用者,并有为宁波警察厅指拨在先者。至湖西后营侧废地,查系陈恭洁公赡地。该校现既拟加建筑为扩充膳厅、盥洗室所必需,似可暂予照拨,以资应用等情,并将前项各营产地原估价值开具清单呈复前来。查单列前营校场及中府衙门已由宁波警察厅暨第四十九旅卫戍司令部呈准拨用在先,现应如何分别办理,俾教育、军事两无窒碍之处,理合照录原单呈请鉴核示遵"等情。据此,查前营校场与中府旧署业经宁波警察厅暨第四十九旅卫戍司令部呈准拨用在先,自应毋庸置议。湖西后营侧废地,既系陈恭洁公赡地,并非官产,或租或借,应由该校径向陈氏后裔自行接洽。其余湖西马眼漕板桥头后营演武厅房产,准予暂行拨作校用,以资扩充。除批示外,合行饬仰该厅即便转行该校知照,并饬将不符屋数查明更正具报。此饬。

计粘抄清单。

督军兼省长吕公望

右饬民政厅长。准此。

中华民国五年八月一日

清　单

谨将遵饬查复拟拨各营产地开单呈请鉴核。计开：

一、湖后营侧废地

前件查系陈恭洁公赡地，并未载入档册，现经派员确勘，久成废弃，似可暂予拨归该校应用，惟建筑后或由陈裔出而纳租，事难逆料，理合登明。

一、湖西八角楼下前营校场

前件查册载即旧前营游击场内，计演武厅三间、披屋一间、教场一方，估价洋二千元。又，旧军装局马房六间，明堂及余地二方，估价洋六百元。以上两处共计原估价银二千六百元，已由宁波警察厅呈奉都督批准拨用，理合登明。

一、湖西大巷弄中府衙门

前件查册载已由四十九旅卫戍司令部于民国三年十一月详请将军批准拨用，并转咨陆军部在案。原估价银八千元，理合声明①。

一、湖西马眼漕板桥头后营演武厅楼屋三间、平屋八间

前件查册载即旧后营守备场，共计建筑物十五间，内计军药局楼屋三间、演武厅一座、平屋六间、披屋六间，连地合计原估价银二千元，来表间数稍有未符，应请转令更正，理合登明。

（《浙江公报》第一千五百八十一号，一九一六年八月六日，二五至二六页，饬）

---

① 房产"登明"三处，"声明"一处，底本如此。

浙江省长吕批

警政厅呈为模范警队营二连连长端木坚准调充该营副官
递遗连长缺准以二十五师差遣金斌调充由

呈悉。据称模范警队营副官张化习另行调用，遗缺拟以该营二连连长端木坚调充，月给薪水八十元；递遗连长缺，拟以陆军二十五师差遣金斌调充，月薪照二等支给，应俱照准。仰将发去任命状两张分别转饬祇领，并调取金斌履历补报。此缴。八月一日

（《浙江公报》第一千五百八十号，一九页，批牍）

浙江省长吕批

发民政厅据上海总商会禀请循旧取缔茧行
维持丝绸国货核准通饬由

禀悉。查此案前据嘉兴商会暨六邑茧业公所及嘉兴机民周浩如等，又杭州商务总会先后电禀前来，因未据屠槃瑛等禀请有案，均经批饬该厅查明并案核议在案。兹据禀循旧取缔茧行、维持丝绸国货等情，应否循旧办理，抑酌量变通，俾得兼筹并顾，民商无妨碍之处，仰民政厅迅即汇案，悉心妥议，具复候夺，并转该总商会知照。此批。禀抄发。八月一日

（《浙江公报》第一千五百八十号，一九页，批牍）

浙江省长吕批

发民政厅据嵊县呈报张志汉被周才根等弹死由

呈悉。仰高等检察厅饬即查明本案起衅原因，一面勒缉被告凶犯周才根等，务获讯究，切切。此批。格结存。八月一日

（《浙江公报》第一千五百八十号，一九页，批牍）

浙江省长吕批

警政厅呈为模范警队教练官江逊免去第四连连长兼职遗缺以邢启周升充由

呈及履历均悉。据称模范警队教练官江逊免去该营四连连长兼职,遗缺拟以该连中尉连附邢启周升充,月薪照三等八折支给,应即照准。仰将发去任命状转给祗领,并将前发江逊任命状呈缴更正加给,即分别转饬知照。此缴。履历存。八月一日

（《浙江公报》第一千五百八十号,二〇页,批牍）

浙江省长吕批

民政厅呈复遵批饬县查明绍兴乌门山采石一案情形由

呈及图折阅悉。风水之说荒谬无凭,乌门山既非陶姓私产,又与东湖名胜无关,应如拟准予开采,以兴地利,仰饬知照。缴。图摺存。八月一日

（《浙江公报》第一千五百八十号,二〇页,批牍）

浙江省长吕批

民政厅呈据长兴煤矿公司请领运爆发药护照由

呈悉。此项爆发药料,既经前将军咨部核准,并经财政厅饬据长兴县查复,尚无危险情形,由前都督饬厅给照购领第一批在案。所有已准未运之件,应准该厅填给护照,饬领购运,具报备查。此缴。八月一日

（《浙江公报》第一千五百八十号,二〇页,批牍）

浙江省长吕批

警备队第六区统部副官葛钺销差遗缺准以陈鳌升充由

呈及履历均悉。据称该警备队第六区统部副官葛钺销差,遗缺

准以陈鳌升充。惟查该厅前次厘订《浙江警备队人员任用暂行规则》第三条载，"各营管带暨各统部教练官，由该厅长遴员呈请任命"等语，副官并无规定，应由该厅自行委任，无庸来署加给任命状，仰即转饬知照。此批。摘由发。履历存。八月一日

（《浙江公报》第一千五百八十号，二〇页，批牍）

浙江省长吕批

昌化县为添购公报由

呈、表均悉。查核公报处所呈各县订购名册，该县警察所并未向处直接订购，应自八月一日起，所有该警察所暨县高小校所购《公报》二份，概由处汇寄该县署转发，报费亦由该县收解，以归一律。除饬处知照外，仰即知照。此缴。表存。八月一日

（《浙江公报》第一千五百八十号，二〇页，批牍）

浙江省长吕批

发高审厅据江山县呈报姜开仁即吕目赵
被姜增祥戳伤身死一案由①

呈悉。此案姜开仁，即吕目赵，既被姜增祺还戳互毙，姜增祺已经获押，仰高等审判厅饬即传集案证，提同姜增祺质讯明确，分别按律拟办，仍将吏结补送备查。此批。格存。八月一日

（《浙江公报》第一千五百八十号，二〇至二一页，批牍）

浙江省长吕批

高等审判厅呈桐庐监犯越狱照章将主管人员分别议处由

此案前据高检厅呈报，当以"监犯在场工作，宜如何妥为防范，方

---

① 姜增祥，正文作"姜增祺"，未知孰是。卷三《浙江都督吕批》作"姜增祺"。

免疏虞,乃竟脱逃二名,该管狱各官实属异常疏忽,仰即照章议处,另行呈夺。一面勒缉逸犯吴如珍、沈景福二名务获,并提看役李才等研讯,有无贿纵情弊,一并究报,毋任延纵,切切。缴"等因批示在案。据呈,"请将该管狱、有狱各官分别罚俸,提储修监"等情,应准照办。仰即咨会财政厅查照,并咨由同级检厅通饬各县管狱员,每日务在工场督率指挥,其看守人等尤不得擅自出外,致有疏虞,仍饬县勒缉逸犯吴如珍等务获究报。缴。八月一日

(《浙江公报》第一千五百八十号,二一页,批牍)

浙江省长吕批

高审厅呈复龙泉李镜蓉控前知事陈蔚吞款一案由

呈悉。缴。抄判存。八月一日

附原呈

呈为呈复事。案奉钧属批发龙泉县呈为查复李镜蓉控前知事陈蔚等朋吞罚款一案,各前任办理经过情形恳请核示由,内开,"呈悉。此案县卷既未发回,究竟杭地审厅如何判决,仰高等审判厅查案具复核夺,并饬该县知照"等因,并抄原呈到厅。奉此,遵即饬仰杭地审厅查复并分行该县知照去后。兹据该厅复称,"查此案于民国四年八月十七日准同级检察厅提起公诉,经职厅于同年八月二十日暨八月二十三日先后饬传两造,讯问明确,缘无犯罪证据,即于同年八月二十五日宣告判决,将主文谕知被告人等在卷。奉饬前因,除将判决另行抄呈外,理合备文呈复"等情,并抄送判决文前来。据此,转饬龙泉县知事知照外,理合连同原送判决文备文呈复,仰祈俯赐察核,至为公便。谨呈。

(《浙江公报》第一千五百八十号,二一页,批牍)

浙江省长吕批

民政厅呈复饬各警察机关擅刑滥押受理
民刑诉讼等弊已严申诰诫由

呈悉。缴。八月二日

附原呈

为呈复事。案奉钧督饬厅，"通饬各属严戒警察机关擅用刑责滥罚滥押，逾越权限受理民刑诉讼等弊及其他不正当行为，并将办理情形具报"等因。查警察为保护安宁、维持秩序而设，原属行政范围，不得受理诉讼，侵及司法，尤不得擅用刑责，法外拘罚，干触刑章。前经历任民政长官迭饬遵照办理在案。本厅长视事以来，对于警察官吏之守法奉公者无不优加奖拔，其违法渎职者亦复立予撤惩，原冀各该警务人员互相策勉、共守官箴，并冀该管厅长、局长、所长等认真督率，免越恒轨。兹奉前因，除遵照通饬各属严申告诫并随时派员密查外，理合将办理情形备文呈复，仰祈钧督察核。谨呈。

　　　　（《浙江公报》第一千五百八十号，二一至二二页，批牍）

浙江省长吕批

民政厅呈为派员赴直隶山东河南等省调查草帽辫
情形兼选艺徒学习拟请追加预算分别咨饬由

呈悉。准予分别咨饬，仰即知照。缴。八月二日

　　　　（《浙江公报》第一千五百八十号，二二页，批牍）

浙江省长吕批

候补知事许适详为呈验凭照由

呈、照均悉，准予注册。此批。分发凭照存缴，知事凭照发还。八

961

月二日

浙江省长吕批

俞秘书兼银行监理辞职由①

据呈，现应国会召集，辞本署秘书及银行监理，自应照准。惟以后对于浙省财政事宜，如有所见，仍希随时函告，以资参证，是所厚望。此复。八月二日

浙江省长吕批

兰溪胡允明呈送医士月报表请饬警厅切实改良由

呈悉。所拟单表各式是否可行，仰候饬发警政厅查核酌量办理。此批。八月一日

浙江省长吕批

烟商苏树明禀为涂改未明恳请撤销原判由

禀悉。该商民屡次诉愿，所争理由实只在《公卖章程》未施行之存货可以免费之一点。查《烟酒公卖章程》并无"本章施行前存货可以免费"之条，历来各区亦无此项办法。况《烟酒公卖暂行简章》第十七条载明，"凡商店贩卖烟类，均须贴用印照，方准出售"，自系包括现在出售之货而言。该商店内存货纵系本章施行前办进，并非施行前售出，乃该商妄谓可以免费，实属根本错误。该商店内存货照章既应

①　俞秘书，即俞凤韶，字寰澄，浙江德清人，以字行，曾任浙江都督府财政参议兼浙江、中国、交通、实业四银行监理。"凤韶前蒙委充机要秘书，谨拟兼事不兼薪，以期黾勉从公，不贻素餐之诮。"见浙江都督吕批《银行监理呈具银行条例并请颁发图记由（附原呈）》，载《浙江公报》第一千五百二十七号，一九一六年六月十三日，一一至一二页。

纳费,则该商之以此项联单赴桐办货,其为一票两用,无论如何不能卸责。历经上级机关决定维持建德县原判,并无违误,且此案业经最终之决定,毋庸再事晓渎。此批。八月一日

(《浙江公报》第一千五百八十号,二四页,批示)

浙江省长吕批

建德县民朱润椿等禀许后澄承买官地
复占民地请求饬委复量由

查此案前据官产清理处查明,"该民等所执契册,系贿庄私立,当然无效,应请勒令迁让"等情,业经前巡按使批准饬遵着令迁让在案。是该民等对于此产所有权早经丧失,实无请求复丈之余地,且决定已久,何得一再晓渎,妄图平反?不准,特斥。此批。

(《浙江公报》第一千五百八十号,二四页,批示)

浙江省长吕批

余杭人邵江为价买佃地已领部照不服
官产处将照吊回提起诉愿由

禀悉。清理官产处饬县吊取部照事,在本年二月十八日,迄今已逾五月,始行提起诉愿,核与《诉愿法》第八条之规定不符,未便受理。如果遇有该法第八条第二项之事变或故障者,亦应声明,再候核夺。此批。黏件发还。八月一日

(《浙江公报》第一千五百八十号,二四页,批示)

浙江督军吕

为颁布《投效军官考试委员会条例》及《考试规则》由

布告事。照得浙省陆军候差人员本已异常拥挤,而投效者仍纷至沓来,若概予收容,实鲜相当位置;若尽行摈绝,又不无可用之才。

本署现设投效军官考试委员会,嗣后除于浙省军事上特别需用及由中央分发来浙各员照例办理外,凡投效之员,一律须经该会考试合格,先予存记,遇有相当差事再行任用,其与投效资格不合者,亦不得率行请考,合呕附录《投效军官考试委员会组织条例》及《考试规则》布告知照①。此布。

投效军官考试委员会组织条例

第一条　本会专为考试投效军官而设。

第二条　本会由委员长及委员组织之。

第三条　委员长及委员由督军临时派充。

第四条　委员长监督各委员,总理会中一切事务。

第五条　各委员承委员长之监督,分掌投效军官考试事宜。

第六条　考试规则另定之。

投效军官考试规则

第一条　投效人员之考试,均依本规则施行。

第二条　投效人员经军官考试委员会考试合格,得予存记,遇有相当差事,再行依次任用。

第三条　与考人员以督军批准者为限。

第四条　考试地点即在督军署内行之。

第五条　考试日期于每月末日施行一次,与考人员须随带四寸半身照片呈验。

第六条　投效人员须具有左列各项资格之一者,方得禀请考试:

　　　　一　曾由各陆军学校出身,得有毕业证书者;

---

① 组织条例前脱"会"字,径补。

二　曾充军职在三年以上者；

三　曾补军官,得有部饬者。

右列各项资格人员,禀请考时,须将毕业证书,或历充军职饬委,或补官部饬,一并附禀呈验候批。

第七条　考试分笔答、口述二种。

第八条　笔答考试科目如左：

一　军制；

二　战术；

三　兵器；

四　地形；

五　筑城；

六　交通。

第九条　笔答完毕,随由考试委员行口述考试。

第十条　考试合格与否,由考试委员长调制成绩表呈请督军核夺施行。

第十一条　关于考试之细则,由考试委员会临时规定之。

第十二条　本规则自公布之日施行。

中华民国五年八月二日

（《浙江公报》第一千五百八十号,二五至二六页,布告）

浙江省长公署咨直隶山东河南省

保护派赴该省委员艺徒调查学习草帽辫由

为咨请事。案据敝省民政厅呈称,窃查草帽辫为出口土货一大宗,其出产处以山东登、莱等县为最盛,直隶保定次之,近数年来河南之荥泽、鹿邑等处尤能以新法改良,质洁性韧,为外人所欢迎。综计全国产额已达一千一百余万两,较诸前清光绪初年海关贸易册所载产额仅四十一万七千四百五十两,大有骎骎日上之势。吾浙衢属虽间有出产，然为数甚微，各种麦秆恒贱售以供燃料，其于废物利用之理想，殊属茫然。矧年来人人剪发，彼外人方且以我输出之草辫制成草帽，转销内地，利源仍不免外溢。所有关于是项工作原料之采集，作业之设计，与夫选别、切剖、编纽、精练、染色、修整、检查各方法，亟应遴委妥员选带艺徒前赴产地悉心考察学习，俾资仿造，设法推广，实于提倡国货，抵塞漏卮，两有裨益。兹经饬委牟咏庚前往各该省调查并选带艺徒三人，即日出发，限期三个月，将各地考察情形及艺徒学习成绩报告查核。惟委员人地生疏，拟请分咨直隶、山东、河南各省省长饬知所属，俟委员到地，随时保护指导，裨便详细调查学习等情。据此，理合咨请贵省长查照，希即转饬所属于委员到地时随时保护指导，裨便详细调查学习，实纫公谊。此咨
直隶省长、山东省长、河南省长

浙江省长吕公望

中华民国五年八月三日

（《浙江公报》第一千五百八十一号，二四页，咨）

浙江督军公署浙江省长公署饬会字第十五号

饬各属为保护德人来浙游历由

为饬遵事。案准江苏省长公署咨开，"案据特派交涉员杨晟详称，顷准德国总领事函，以上海德文医工大学教员邵约翰随带手枪一枝、猎枪二枝、弹少许，德国教习威多福随带手枪一枝、弹少许，赴江苏、浙江、福建、直隶、山西、河南、江苏、安徽、湖北、河南游历，缮给护照，请盖印前来。除将护照印发外，理合详请察照，呈验护照时，照约保护等情。据此，除饬属保护并分行外，相应咨请贵省长查照，希即饬属照约一体保护等转饬各属，俟该德国人到境"等由。准此，除分饬外，合亟饬仰该交涉署长、宁波交涉员、瓯海交涉员知照，通饬所属俟该德国人邵约翰、威多福到境呈验护照时，一体照约保护，切

切。此饬。

浙江督军兼署省长吕公望

右饬交涉署长、瓯海交涉员、宁波交涉员、民政厅长、警政厅长、陆军第六师师长、陆军第二十五师师长、嘉湖镇守使、台州镇守使、预备第一旅旅长。准此。

中华民国五年八月三日

（《浙江公报》第一千五百八十一号，二六至二七页，饬）

浙江督军公署浙江省长公署饬会字第十六号

饬各属为保护日人竹田条太夫长石八郎来浙游历由①

为饬遵事。案准江苏省长公署咨开，"案据特派江苏交涉员杨晟详称，顷准日本国总领事函，以竹田条太夫、长石八郎赴江苏、江西、浙江游历，缮给护照，请盖印前来。除将护照印发外，理合详请察照，转饬各属俟该日本人到境呈验护照时，照约保护等情。据此，除饬属保护并分行外，相应咨请贵省长查照，希即饬属照约一体保护"等由。准此，除分饬外，合亟饬仰该交涉署长、宁波交涉员、瓯海交涉员知照。通饬所属，俟该日人竹田条太夫、长石八郎到境时验明护照，一体照约保护，切切。此饬。

浙江督军兼署省长吕公望

右饬交涉公署长、瓯海交涉员、宁波交涉员、民政厅长、警政厅长、陆军第二十五师师长、陆军第六师师长、嘉湖镇守使、台州镇守使、预备第一旅旅长。准此。

中华民国五年八月三日

（《浙江公报》第一千五百八十一号，二七至二八页，饬）

---

① 竹田条太夫，正文两处误为"竹田条多夫"，径改。参见江苏省公署饬第三千四十二号《保护日德人竹田条太夫等游历（中华民国五年六月二十八日）》，载《江苏省公报》第九百五十一期，四至五页。

浙江督军公署浙江省长公署饬会字第十七号

饬各属为保护日人新井谨三大八木宇一郎来浙游历由

为饬知事。案准江苏省长公署咨开，"案据特派江苏交涉员杨晟详称，顷准日本国总领事函，以新井谨三、大八木宇一郎赴江苏、浙江、安徽、江西、湖北、河南、直隶、山东游历，缮给护照请盖印前来。除将护照印发外，理合详请察照，转饬各属俟该日本人到境呈验护照时，照约保护等情。据此，除饬属保护并分行外，相应咨请贵省长查照，希即饬属照约一体保护"等由。准此，除分饬外，合亟饬仰该交涉公署长、宁波交涉员、瓯海交涉员知照，通饬所属俟该日人新井谨三、大八木宇一郎到境时，验明护照，一体照约保护，切切。此饬。

浙江督军兼署省长吕公望

右饬交涉署长、宁波交涉员、瓯海交涉员、民政厅、警政厅、陆军第二十五师长、陆军第六师师长、嘉湖镇守使、台州镇守使、预备第一旅旅长。准此。

中华民国五年八月三日

（《浙江公报》第一千五百八十一号，二九至三〇页，饬）

浙江督军公署浙江省长公署饬会字第十八号

饬各属为保护日人八十岛孝作来浙游历由

为饬遵事。案准江苏省长公署咨开，"案据特派江苏交涉员杨晟详称，顷准日本国总领事函，以八十岛孝作赴江苏、浙江、安徽、江西、湖北、湖南游历，缮给护照请盖印前来。除将护照印发外，理合详请察照，转饬各属俟该日本人到境呈验护照时，照约保护等情。据此，除饬属保护并分行外，相应咨请贵省长查照，希即饬属照约一体保护"等由。准此除分饬外，合亟饬仰该交涉公署长、宁波交涉员、瓯海交涉员知照，通饬各属俟该日本人八十岛孝作到境呈验护照时，一体照约保护，毋稍疏忽，切切。此饬。

　　　　　　　　　浙江督军兼署省长吕公望

　　右饬交涉公署长、宁波交涉员、瓯海交涉员、民政厅、警政厅、陆军第六师师长、陆军第二十五师长、嘉湖镇守使、台州镇守使、预备第一旅旅长。准此。

　　　　　　　　　　　　中华民国五年八月三日

（《浙江公报》第一千五百八十一号，二八至二九页，饬）

浙江省长公署饬政字第七十三号

饬财政厅筹解民政厅派员赴直隶山东河南
三省调查学习草帽辫费用由

　　为饬知事。案据民政厅呈称，"窃草帽辫为出口土货一大宗（文云与咨文同），俾便详细调查学习。至所需调查学习各费用，因委员、艺徒共计四名，经历地点远跨三省，加以为期三月，节省估计至少共须银一千元，业由本厅垫给银五百元。事关临时支出，且系振兴实业要图，并请饬知财政厅如数追加筹解过厅，以资归用"等情。除批示并分别咨行外，合饬该厅长查照，如数追加预算，筹解归用，是为至要，切切。此饬。

　　　　　　　　　　　　　　　省长吕公望

　　右饬财政厅长。准此。

　　　　　　　　　　　　中华民国五年八月　　日

（《浙江公报》第一千五百八十一号，三〇页，饬）

浙江省长吕批

警政厅呈复寄给京师警察传习所浙省学员半薪现经寄给由

　　呈悉。查此项选送学员每月应给半薪，前据内河水上警察厅呈请变通寄给办法，当经批据该厅议复拟予变通，由各该厅分别筹拨，直接寄给，并经批准在案。现在大局业已统一，所有以后应给该学员等半

薪,仍应照案解署汇转,仰即知照,并分别转饬遵照。此批。八月二日

（《浙江公报》第一千五百八十一号,三一页,批牍）

浙江省长吕批

高等审判厅呈报新登县监犯脱逃主管人员分别议处由

呈悉。监犯撬开地板,钻穴脱逃,诚如来呈,此种手段非瞬息可以完了,该管狱员固疏忽异常,看役人员等显有知情贿纵情弊,应准将管狱员邱峻撤任留缉,遴员接替,并将该知事罚俸二个月十分之二,责令克日分修监所具报,暨提看役人员等严讯究办,以儆将来,不得曲为开脱。仍勒缉逸犯季应山等务获究报,并由厅分咨同级检厅及财政厅查照。缴。八月二日

（《浙江公报》第一千五百八十一号,三一至三二页,批牍）

浙江省长吕批

高审厅呈报龙泉县押犯脱逃请将知事管狱员分别议处由

呈悉。押犯刘文贵乘间脱逃,虽隶行政处分,究属归于防范①,应准如呈,将龙泉县管狱员戴绍礼罚俸二个月十分之三,龙泉县知事张绍轩罚俸一个月十分之二,分别储备修监,以示惩儆。仍务勒缉逸犯刘文贵务获究报,并由厅分咨同级检厅暨财政厅知照。此缴。八月二日

（《浙江公报》第一千五百八十一号,三二页,批牍）

浙江督军署饬第三十六号

饬护国军预备第一旅旅长为该旅改为浙江陆军步兵
独立第一旅换发关防委状由

为饬遵事。照得浙江护国军名称应即取销,该旅应改为浙江陆

---

① 归,疑为"疏"字之误。

军步兵独立第一旅,所有人员编制,概行照旧。除通饬知照外,合将应换各关防及任委各状开单饬发该旅长,仰即遵照分别祗领转发饬遵,并将启用关防日期具报,旧有关防汇缴本署核销。此饬。

计粘单一纸,并发任命状二十张、委任状一百十九张,关防九颗。

督军吕公望

右饬护国军预备第一旅旅长俞炜。准此。

中华民国五年八月一日

计开:

浙江陆军

步兵独立第一旅旅长　俞　炜

参谋少校　蔡鼎彝

副官上尉　陶猷镕

中尉副官　蒋宗敏

三等军需正　赵汝杓

二等军需　竹维桢

独立旅第一团团长　陈　瓒

团附中校　陈□杰

团附少校　应　磬

副官　潘知来

三等军需正　□葆贞

三等军医正　张侁路

独立旅第一团第一营营长　周　干

副官　徐天遗

二等军需　叶荫棠

二等军医　　朱孝陔

一连长　　杜孝昶

一排长　　梅锡琛

二排长　　周国刚

三排长　　朱　贵

二连长　　夏崇新

一排长　　徐其进

二排长　　徐　捷

三排长　　吴荫昌

三连长　　张同源

一排长　　陈国梁

二排长　　傅廷桢

三排长　　张宗海

四连长　　胡锦法

一排长　　潘胜德

二排长　　潘　鼎

三排长　　谢　标

独立旅第一团第二营营长　　陈兆麟

副官　　褚善佐

二等军需　　陈思约

二等军医　　张　琳

五连长　　吴文澜

一排长　　蒋楣笙

二排长　　饶儒林

三排长　　林启泰

六连长　　赵英敏

一排长　郑宗邦
二排长　许志铭
三排长　张景祥
七连长　陶国俊
一排长　陈　嘉
二排长　蔡品琪
三排长　蒋培江
八连长　林乔培
一排长　管赞魁
二排长　许玉□
三排长　楼　靖

独立旅第一团第三营营长　吴殿扬
副官　方春华
二等军需　钟振凡
二等军医　沈尚德
九连长　周佑民
一排长　袁春山
二排长　周　密
三排长　方崇山
十连长　商　任
一排长　卢宣彬
二排长　卢宣火
三排长　陆许雄
十一连长　钟育秀
一排长　尹　觉
二排长　冯克勤

三排长　杨福昌

十二连长　吕争先

一排长　张伯黉

二排长　吕世传

三排长　陈得胜

独立旅第二团团长　郑炳垣

团附　李文汇

团附　卢允超

团附　卢祥麟

副官　陈云标

三等军需正　郑炳枢

三等军医正　朱炳参

独立旅第二团第一营营长　吴观澜

副官　彭龙骧

军需　蒋克昌

军医　王德基

一连长　王德庆

一排长　潘鋈

二排长　孙作声

三排长　曹颂华

二连长　陈合

一排长　戴渭璜

二排长　钱月芗

三排长　潘绍廷

三连长　杜伟

一排长　　侯　吉

二排长　　斯海绥

三排长　　王贤贵

四连长　　徐仙来

一排长　　华国权

二排长　　章鸿清

三排长　　朱锦标

五连长　　周　训

排　长　　孙　谋

排　长　　叶其蓁

排　长　　丁　杰

独立旅第二团第二营营长　　周肇昌

副官　　吕　律

二等军需　　周肇良

二等军医　　朱孝文

六连长　　陈克明

一排长　　梅济昌

二排长　　宓静波

三排长　　王凤林

七连长　　章鸿春

一排长　　陈芸斋

二排长　　竺凤笙

三排长　　王凤仪

八连长　　楼景初

一排长　　吴伯祥

二排长　　钟　涛

三排长　尹直南

独立旅第二团第三营营长　朱光斗
　　　　　　　　副官　周舞春
　　　　　　　　军需　朱炳熙
　　　　　　　　军医　赵寅元
　　　　　　　九连长　洪　球
　　　　　　　一排长　潘　鹤
　　　　　　　二排长　周　荣
　　　　　　　三排长　聂松林
　　　　　　　十连长　季　浩
　　　　　　　一排长　朱贻谋
　　　　　　　二排长　鲍金洪
　　　　　　　三排长　倪兆端
　　　　　　十一连长　祁懋德
　　　　　　　一排长　李　枢
　　　　　　　二排长　楼后梁
　　　　　　　三排长　蔡国珍
　　　　　　十二连长　陈兆年
　　　　　　　一排长　张弋成
　　　　　　　二排长　高云门
　　　　　　　三排长　李桂林

（《浙江公报》第一千五百八十二号，一九一六年八月七日，
三至六页，饬）

浙江督军署饬第六十一号

饬任命黄守谦为本署谘议官由

为饬遵事。兹任命该员为本署谘议官，月给薪水洋八十元，合将

任命状饬发,仰即祗领遵照,并将履历呈报备查。此饬。

计发任命状一张。

督军吕公望

右饬黄守谦。准此。

中华民国五年八月三日

(《浙江公报》第一千五百八十二号,六至七页,饬)

浙江省长公署饬政字第七十二号

饬准审计院咨审定浙省教育各机关二三年度
各月分支出计算书件开单通知由

为饬知事。五年七月二十八日准审计院咨开,"兹将本院业经审定贵省教育各机关二、三年度各月分支出计算书件,分别开单通知,系在三年六月以前,不再填发核准状,其三年六月以后,应俟年度经过总决算送院核准后,再行填给核准状,以符定章,相应咨请贵省长查照饬遵可也"等因。准此,合行钞单饬知,仰该厅长查照,并转抄清单咨明财政厅分别饬遵。此饬。

计钞发清单。

省长吕公望

右饬民政厅长。准此。

中华民国五年八月二日

(《浙江公报》第一千五百八十二号,八页,饬)

浙江省长公署饬政字第七十六号

饬民政厅为知事请假离署应由省派员代理由

为饬遵事。照得县知事为亲民之官,一切职务关系重要,岂容稍涉旷废。乃查近来各属知事,或因患病就医,或因回籍省视,一经请假,即自由委托承审员、警佐或县署主任代理,殊非郑重职守之道。

嗣后除因公晋省暨至邻境查办案件,经本省长核准,或因公下乡者,仍准由知事自行委托署中职员代拆代行外,其因事请假,均应由省派员代理,仍俟代理之员到任,方许离署,以昭慎重。为此饬仰该厅通饬各属知事一体遵照办理,切切。此饬。

省长吕公望

右饬民政厅长。准此。

中华民国五年八月一日

(《浙江公报》第一千五百八十二号,七至八页,饬)

浙江省长公署饬政字第七十七号

饬民政厅为澈查松阳知事余生球与
县警佐何光耀互禀一案由

为饬遵事。案据松阳县知事余生球沁电称,报载该县警佐何光耀控伊克扣恩饷,全非事实。又据该知事勘电密揭何警佐专擅跋扈,抗违命令,请予撤任查办。又据该知事陷电称,"何警佐朦领服装费一百一十元,拨收警所费五十元,请饬交出"等情各到署,先后均分电该厅有案。查此案前据何警佐以"余知事侵扣饷项"等词秘密报告,业经饬知该厅派员澈查在案。兹据前情,合亟饬仰按照该知事等先后互禀各节,迅予秉公一并查明具报核夺,切切。此饬。

省长吕公望

右饬民政厅长。准此。

中华民国五年八月二日

(《浙江公报》第一千五百八十二号,八至九页,饬)

浙江省长公署饬政字第　　号

饬宁波交涉员核办俄总领事函请惩处四明日报馆一案由

为饬遵事。七月二十八日准上海俄总领事格罗恩函开,"启者。

七月二十五日《四明日报》所载俄招华工为何耶一节，内有'一至该国，即立命改戎服，持枪械，稍加训练，驱入前敌'等语，此外亦多毁谤俄国之言。以中立国之报馆对于一方面任意侮慢，实属荒谬。兹将该报送呈，即祈贵督军立饬该地方官传该报主笔到案，照例惩处，并勒令在该报更正，仍将更正之报呈由贵督军送交本署备案是荷"等由。准此，查核《四明日报》所载系由本年七月二十五日上海《申报》转载而来，其用意专为唤醒华工，并无侮辱友邦之意，核与现行法令并无违犯，无从传案惩处。如果所载失实，自不妨依照通行办法，由领事署作成更正函稿，送由该署转饬更正。准函前由，合亟饬仰该交涉员迅即函复俄总领事，并转行鄞县知事传谕《四明日报》，嗣后凡系登载访稿及转载各报，均须加意审查，务期翔实，是为至要，切切。此饬。

省长吕公望

右饬宁波交涉员。准此。

中华民国五年八月二日

（《浙江公报》第一千五百八十二号，九页，饬）

浙江省长公署饬政字第八十号

饬知各厅应赶备提交省议会议案由

为饬遵事。照得本省省议会定于民国五年九月一日为本年常年会召集之期，前经本省长通告并饬知在案。所有各该厅应行提交议案，应各就主管事项赶速筹备，务于八月二十五日以前呈送本署，以便复核交议。除分饬外，合亟饬仰该厅遵照办理，切切。此饬。

省长吕公望

右饬民政厅长、财政厅长、警政厅长。准此。

中华民国五年八月三日

（《浙江公报》第一千五百八十二号，一〇页，饬）

浙江省长公署饬政字第八十四号

饬民政厅为定海县绅商电请另委他籍人员莅定
饬厅转饬张知事持平办理由[①]

为饬知事。七月三十一日据定海县绅商等电称,"定海县知事,现奉饬调太平张君,群情惶惧,缘吾定水陆兵警,台籍之人十居八九,无论行路购物,及与人民相遇,动辄逞横,不堪凌辱,该管长官回护乡人,未昭公道,犹赖魏现任随时劝解[②],不致酿祸,吾民只忍气吞声而已。定海久所有台州世界[③],且事实彰彰,莫可讳言。盖县知事为亲民之官,若再不易籍而治,他日兵民事务发生,张君虽贤,安望其能持平办理?绅商等并非反对张君,特为地方大局起见,不能不公电陈恳,想我钧长再造共和,定蒙俯顺民心,另委他籍人员莅定任事,否或魏仍其旧,以资就熟,全定幸甚,绅商等幸甚"等情。据此,查张知事尚未到任,该绅商等所禀,自系过虑,惟兵警与人民偶有龃龉,全赖地方官平情劝导,自可消弭无形,应由该厅转饬张知事遇有兵警与人民争执事件,务须持平办理,毋得歧视,致滋藉口,仰即转饬遵照。此饬。

省长吕公望

右饬民政厅长。准此。

中华民国五年八月二日

(《浙江公报》第一千五百八十二号,九至一〇页,饬)

浙江省长公署饬政字第八十五号

饬知各厅署迅将各长官履历送署以便分别存转由

为饬遵事。照得浙省各机关组织及任用人员情形,业经本省长撮要

---

① 张知事,指张寅,字翰庭,浙江太平(今温岭)人,民国五年九月至民国九年二月任定海县知事。

② 魏现任,指魏大名,民国三年五月至民国五年八月任定海县知事。

③ 久所有,原文如此,疑有脱字或误植。

于感日分电大总统、国务总理暨各部总长查核在案。兹准国务院暨许总长先后电复前来,除分饬外,合亟抄录本省长感电及国务院、许总长复电,饬仰该　　遵照,迅即造具详细履历二份,呈由本省长分别存转,切切。此饬。

计粘抄本省长感电暨国务院、许总长复电三纸。

省长吕公望

右饬民政厅、财政厅、警政厅、高等审判厅、高等检察厅、交涉公署、盐运使。准此。

中华民国五年八月三日

(《浙江公报》第一千五百八十二号,一〇至一一页,饬)

浙江省长公署饬政字第八十七号

饬高审检厅据临海县谢翰芝等电禀张知事
挟嫌逮捕张驷群乞撤办由

为饬查事。本年七月三十一日据前临海县议员谢翰芝等电称,"知事张兰挟嫌逮捕张驷群,喝跪钉镣,锢禁虐待,以芝等公电作不平鸣,日数拘传,勒递背列,家室不宁,冀灭众口,愤甚,乞撤办。前临海县议员谢翰芝,确系中山国民校长尹延栋,龙溪校董汪旭春,公民柳院、梁栋材、章岳南等公叩,三十一"等情。据此,合行饬仰该厅即便一并转饬委员查复核夺。此饬。

省长吕公望

右饬高等审判厅厅长、高等检察厅检察长。准此。

中华民国五年八月三日

(《浙江公报》第一千五百八十二号,一一页,饬)

浙江省长吕批

衢县刘文等禀控师范讲习所所长杜宝光校务废弛遗误后学由

禀系邮递,本应不理,惟内称该校废弛情形,颇似确凿,迅予查

明,切实整顿,并具复察夺。此批。摘由、抄禀连同附件发。八月一日

（《浙江公报》第一千五百八十二号,三二页,批示）

浙江省长公署函知沪宁铁路局

查明有无浙路测绘生越界扰害田庐情事由

径启者。七月三十一日准江苏冯督军、齐省长电称,"顷据吴江县严区办事处有电称,'本月二十日,突来浙路测绘生率带军队多人,由浙界绕入东区戴郢等七圩测量路线,任意扰害田庐,民命攸关,影响赋税,除报县转请电阻外,特再呼吁',复据吴江县知事电同前情。据此,除函宁湘铁路孙局长严加约束外①,相应电请贵署饬查禁阻,见复为荷"等由。准此,查测绘生责在测量路线,何致以越界扰及田庐,究竟来电所称各节,是否实有其事,测量生系属何名,应请详晰查明见复。如果不虚,并希立时从严禁止,是所切盼。顺颂
时绥

浙江省长公署谨启

八月一日

（《浙江公报》第一千五百八十二号,二四页,函牍）

浙江督军署咨复参谋本部

准咨为水路测量班经费由本署继续筹垫由

浙江督军署为咨复事。八月二日准大部咨开,"案据本部所辖水路测量班监督吴兆莲详称,自上年六月率领水路测量班学生等前往象山一带实施测量以来,每月来往文件照章邮寄在案。本年四月下旬以后正值南北多事之秋,交通断绝,一切经费均由贵省接济等情。据此,查该班测量经费按月由部照拨,嗣因交通中阻,汇寄维艰,五、

---

① 孙局长,指孙多钰（1882—1951）,字章甫,安徽寿县人。

六两月公费已暂由贵省担任,实深公感。兹查目下汇兑机关仍多隔碍,该班应需经费,拟请暂时仍由贵省设法筹垫,一俟汇兑流通之日,再行由部一律拨还,以清款目。相应咨行查核办理"等因到署。准此,查吴监督兆莲先后由本署垫发五、六两月份经费银三千二百七十元,此后应需经费,自当继续筹垫,以资应付。准咨前因,相应咨复大部,请烦察照施行。此咨

参谋总长

浙江督军吕公望

中华民国五年八月四日

(原载《浙江公报》第一千五百八十三号,一九一六年八月八日,六页,咨)

浙江省长公署咨请督军署

将军事费预算早日编就饬厅汇编由

浙江省长公署为咨行事。本年七月三十日据财政厅呈称,窃奉钧署第一六号饬开,准财政部皓电内开,"国会开会在即,六年度预算亟应赶编,业经电达在案。现在为期益促,万难再缓,应请速将各该省区岁入一部分先行造册送部,以便着手编制。其岁出各款,仍赶编续送,勿延为要等因。准此,饬即遵照分别办理,勿稍迟延"等因。奉此,查编制岁入岁出总预算,为本厅主管之事,国会开会在即,为期已促,自应赶紧编送。现拟将岁入岁出两册一并编齐,同时送部,庶收支相抵,有无盈绌,大部得以一览而知。惟是编制手续,除本厅主管之收入及所属机关外,其余必须征集该管机关底表,方可汇编成册,应请分饬民政,警政,高等审、检各厅,并特派交涉员,迅将主管事项之支出收入,以及本机关暨所属机关之经费,按照定式分析款项目节编列底表送交本厅,以便分别汇编。其军事费一册,并请转饬主管人员早日编就发厅,俾便汇缮呈送。抑本厅尤有请者。查五年度核定预算内所列内务、教育、实业等临时经费,以及未办事业陆续追加之

款,为数较巨,现值库储竭蹶,军用浩繁,无从再行应付,拟即概由各主管机关酌量情形,分别缓急,列入六年度预算内支出,以纾财力而免困难。理合备文具呈,仰祈鉴核,俯赐分别转饬查照办理等情。据此,除批示"呈悉,已分别咨饬照办矣。仰将岁入一部分仍遵部电先行造送核转,毋庸与岁出册编齐同送,致稽时日"等语,印发并分饬编送外,所有军事费一册,相应咨请贵公署查照办理。此咨

浙江督军公署

省长吕公望
中华民国五年八月四日
(原载《浙江公报》第一千五百八十三号,六至七页,咨)

浙江省长公署函复交通部

准咨以华商裕泰小轮拟定航线已饬属保护由

径复者。兹准贵部咨开,"据江海关监督详称,接税务司函,据华商通裕商号禀,新置裕泰小轮拟定航线,遵具呈式、粘连图说,请转详注册发照等因,理合检同呈式,详请核办等情前来。查该轮行驶航线起苏州讫杭州,经过横泾、吴江、湖州、海盐、新塍、嘉兴、莫干山等处,除由本部注册填就执照一纸,发交该监督转给承领暨分咨外,相应咨请贵省长查照,分饬各该属保护,至纫公谊"等由。除饬民政厅分饬该小轮航线通过各县一律保护外,相应函复,即烦查照。此复

交通总长

浙江省长吕公望
中华民国五年八月四日
(原载《浙江公报》第一千五百八十三号,八页,公函)

浙江省长公署饬政字第八十八号

饬民政厅准交通总长咨华商裕泰小轮
拟定航线注册发照请保护由

为饬知事。案准交通部咨开，"据江海关监督详称（原文见咨文门）至纫公谊"等由，除函复外，合行饬知该厅分饬该小轮航线通过各县一律保护，至为切要。此饬。

省长吕公望

右饬民政厅长。准此。

中华民国五年八月四日

（原载《浙江公报》第一千五百八十三号，九页，饬）

浙江省长公署饬政字第八十九号

饬民政厅调取各项章程规则表式由

为饬取事。查本省关于警政上各项章程、规则、表式，前经刊入《浙江省单行章程汇编》。兹查该编刊行已久，所有各项章程、规则、表式有续经修改或增加之件，未经列入该编之内，亟应调取齐全，以资查考。为此饬仰该厅迅就该管警政上现行各项章程、规则、表式各检一份呈送备查，毋得延漏。此饬。

省长吕公望

右饬民政厅长。准此。

中华民国五年八月四日

（原载《浙江公报》第一千五百八十三号，九页，饬）

浙江省长公署饬政字第九十号

饬知财政厅准财政部咨曾酌拟各省区中央
解款专款内拨抵款项办法由

为饬知事。本年七月三十一日准财政部咨开，"七月十九日准国务院函开,奉大总统发下贵部酌拟各省区中央解款专款内拨抵款项办法呈一件自应照准,即由贵部通行各省区遵照办理。函部查照等因到部,除分别咨饬外,相应刷印本部原呈咨行贵省长查照办理可也"等因,并附刷印原呈过署。准此,合行饬仰该厅即便查照办理。此饬。

计粘抄财政部原呈。

省长吕公望

右饬财政厅长。准此。

中华民国五年八月四日

（原载《浙江公报》第一千五百八十三号,九至一〇页,饬）

浙江省长公署饬政字第　　号

饬委郑文德为政务参议会会员由

为饬委事。现据本署设立政务参议会,会员王赞尧恳请辞职,除照准外,遗缺查有该员堪以补充,合行饬委,仰将发去任命状领收,克日到会任事。再,会员兼他项职务,仍支原薪,不兼他项职务,月给夫马一百元,并即知照。此饬。

计发任命状一张、章程一份。

省长吕公望

右饬郑文德。准此。

中华民国五年八月四日

（原载《浙江公报》第一千五百八十三号,一〇页,饬）

浙江省长吕批

民政厅呈荐平智础代理於潜县知事由

呈暨履历均悉。既据声称,平智础精干有为,勇于任事,以之代理於潜县知事,系属人地相宜,应即照准,任命状一纸随批并发,仰即转给祗领,并饬迅速赴任,认真办理。前发郭曾煜任命状,仍饬缴由

该厅转缴核销。此批。履历存。八月三日

（原载《浙江公报》第一千五百八十三号，二〇页，批牍）

浙江省长吕批

黄岩县知事呈获匪潘小环奖赏洋四十元
准在准备金项下开支由

呈悉。此项奖赏事前未据详准有案，亦未于报获之际随文声请给奖，本难率准开支。姑念潘小环系属著匪，既经前张镇守使有面请给奖之语，所有赏洋四十元，应准在准备金项下开支。嗣后不得援引为例，仰警政厅转饬，并咨民政厅、财政两厅知照。此批。呈钞发。八月三日

（原载《浙江公报》第一千五百八十三号，二〇页，批牍）

浙江省长吕批

发民政厅为天台县警察署全署长警控警佐朱英
捐薪扣饷请予勒令照给由

禀悉。查警佐朱英前经因案饬厅立予撤任归案澈惩在案，据禀各情，仰民政厅查核转饬天台县秉公察办具报。此批。禀钞发。八月三日

（原载《浙江公报》第一千五百八十三号，二〇页，批牍）

浙江省长吕批

发民政厅据遂安县呈陆友篯禀讦校长恃众要挟各情由

据呈，该县"人民陆友篯等禀讦台鼎校长方本义要求撤换"等情，该校长方本义，既经该知事派员澈查，应俟查明秉公核办。至陆友篯、余庆孝等，与方本义个人交涉，竟敢恃众要挟，强借仓谷，散谣恫吓，殊属不法，亟应严行惩究，以儆刁风。仰民政厅迅饬该县知事遵照办理，并具报核夺。此批。八月三日

（原载《浙江公报》第一千五百八十三号，二〇页，批牍）

浙江省长吕批

发民政厅据嘉兴顾绍镛等禀控警佐姚允中骫法溺职
病商殃民列款叩请撤任查办由

禀悉。如果属实，该警佐殊属不法已极，仰民政厅迅即派员澈查核办复夺①。此批。禀抄发。八月三日

（原载《浙江公报》第一千五百八十三号，二〇页，批牍）

浙江省长吕批

发高检厅据江山民妇王杨氏禀伊夫王懋炳
被杨日有等弹毙请通缉严办由

此案前据县详即经前巡按使批厅饬缉讯办在案，据禀前情，仰高等检察厅饬即遵照前批勒缉被控正凶杨日有等，务获讯明严办。至杨正高一名，既经缉获，何以一讯即释，是否案犯，并饬随呈附复。此批。禀抄发。八月三日

（原载《浙江公报》第一千五百八十三号，二〇至二一页，批牍）

浙江省长吕批

警政厅呈二区警察署警正遗缺准以张良楷补充由

呈及履历均悉。据称省会第二区警察署警正徐士瀛，业经任命新登县知事，遗缺拟议张良楷接充，应即照准，仰将发去任命状转饬祗领。此缴。履历存。八月四日

（原载《浙江公报》第一千五百八十三号，二一页，批牍）

浙江省长吕批

财政厅呈请分饬民政等厅编送六年度预算底表由

呈悉。已分别咨饬照办矣。仰将岁入一部分仍遵部电先行造送

---

① 澈查，底本误作"撤查"，径改。

核转，毋庸与岁出册编齐同送，致稽时日，切切。此批。八月四日

（原载《浙江公报》第一千五百八十三号，二一页，批牍）

浙江省长吕批

民政厅呈永康县知事调省遗缺准以魏佑孚署理由

如呈将永康县知事吕策调省，遗缺以魏佑孚署理，合将任命状饬发，仰即转饬祗领，迅速赴任，并饬吕策知照。此缴。履历存。八月四日

（原载《浙江公报》第一千五百八十三号，二一页，批牍）

浙江省长吕批

民政厅呈任命魏兰署理长兴县知事由

呈及履历均悉。据称，长兴县知事黄赞元因国会召集，呈请辞职，应即照准，遗缺即以魏兰署理，仰将发去任命状一张转饬祗领，迅行赴任，并饬黄赞元将前领任命状呈缴注销。此缴。履历存。八月四日

（原载《浙江公报》第一千五百八十三号，二一页，批牍）

浙江省长公署饬政字第八十九号

饬警政厅调取各项章程规则表式由

为饬取事。查本省水上警察及警备队各项章程、规则、表式，前经刊入《浙江省单行章程汇编》及《浙江水上警察规则汇编》。兹查各该编刊行已久，所有各项章程、表式有续经修改或增加之件，未经列入该编之内，亟应调取齐整，以资查考。为此饬仰该厅迅将现行各项章程、规则、表式，以及省会警察厅、模范警备营所有现行各项章则、表式均各检取一份，呈送备查，毋得漏延。此饬。

　　　　　　　　　　　　　　　省长吕公望

右饬警政厅长。准此。

中华民国五年八月四日

（原载《浙江公报》第一千五百八十四号，一九一六年八月九日，一一至一二页，饬）

浙江省长公署饬政字第　　号

饬各厅据财政厅呈请分饬民政等厅编送六年度预算底表由

为饬知事。本年七月三十日据财政厅呈称，"窃奉钧署政字第一六号饬开，准财政部皓电内开：'国会开会在即，六年度预算亟应赶编，业经电达在案，现在为期益促，万难再缓，应请速将各该省区岁入一部分先行造册送部，以便着手编制。其岁出各款，仍赶编续送，勿延为要等因。准此，饬即遵照分别办理，勿稍迟延'等因。奉此，查编制岁入岁出总预算，为本厅主管之事。国会开会在即，为期已促，自应赶紧编送。现拟将岁入岁出两册一并编齐，同时送部，庶收支相抵，有无盈绌，大部得以一览而知。惟是编制手续，除本厅主管之收入及所属机关外，其余必须征集该管机关底表，方可汇编成册，应请分饬民政、警政、高等审检各厅并特派交涉员，迅将主管事项之支出收入，以及本机关暨所属机关之经费，按照定式分析款项目节编列底表送交本厅，以便分别汇编。其军事费一册，并请转饬主管人员早日编就发厅，俾便汇缮呈送。抑本厅尤有请者。查五年度核定预算内所列内务、教育、实业等临时经费，以及未办事业陆续追加之款，为数较巨，现值库储竭蹶，军用浩繁，无从再行应付，拟即概由各主管机关酌量情形，分别缓急，列入六年度预算内支出，以纾财力而免困难。理合备文具呈，仰祈鉴核，俯赐分别转饬查照办理"等情。据此，除批示"呈悉。已分别咨饬照办矣。仰将岁入一部分仍遵部电先行造送核转，毋庸与岁出册编齐同送，致稽时日"等语，印发并分行外，合亟饬仰该　　迅即查照，据呈事理，克日编列底表咨送汇编，毋稍违延，切切。特饬。

省长吕公望

右饬高等审厅、高等检厅、民政厅、警政厅、交涉公署。准此。

中华民国五年八月　日

（原载《浙江公报》第一千五百八十四号，一二至一三页，饬）

浙江省长公署饬政字第九十二号

饬民政厅饬发参议会所送卷宗三十宗清摺一扣由

为饬发事。案准参议会咨开，"案照本会于本月二十日宣告终了，业经咨请贵署查照公布在案。所有本会议决各案，现正编辑成册，俟刷印后再行致送。此外未及议决各件，均系人民陈请，民意所在，未便废置，相应编成卷宗，缮具清摺，咨送贵署，请俟省议会成立后，择要交议，实为公便。计附送卷三十宗、清摺一扣"等由。准此，查省议会开会在即，此项卷宗可以送交保存，以备查考，合行饬发，仰即转送查照办理。此饬。

计发卷三十宗、清摺一扣。

省长吕公望

右饬民政厅长。准此。

中华民国五年八月四日

（原载《浙江公报》第一千五百八十四号，一三页，饬）

浙江省长公署饬政字第　　号

饬民政厅准农商总长咨行填送农商统计省表由

为饬遵事。案准农商总长咨第一六七号内开，"四年度农商统计表式，除省表外，均经分行查报在案。现届应办省表之期，相应检同该项用纸咨行贵省长查照，希即按照定式详填报部，以凭汇办而利进行。此咨。附表式二册"等由。准此，合行饬发该厅遵照，迅即分饬各属按照定式详填具报，以凭汇转。毋延，切切。此饬。

计发表式二册。

省长吕公望

右饬民政厅长。准此。

中华民国五年八月四日

（原载《浙江公报》第一千五百八十四号，一三至一四页，饬）

浙江省长吕批

财政厅呈复查明前巡按使署允拨
武林铁工厂官股原案请鉴核由

呈、摺阅悉。此项铁工厂官股，既经前巡按使公署列入四年度预算，并将股息收入，由厅照案汇编送部有案。该厅将来编造六年度预算，自应照原案列入官股项下，交会议决，无庸仍用补助名义，以免纷歧。仰即知照。缴。八月四日

（原载《浙江公报》第一千五百八十四号，一九页，批牍）

浙江省长吕批

发民政厅据海宁县呈五年地丁项下暂仍积谷名义每两带征
六分并遵批集议用途谨陈各意见请鉴核示遵由

呈悉。该县地丁项下每两带征经费银六分，究应如何支配，仰民政厅核议饬遵具复，并咨财政厅查照。此批。八月四日

（原载《浙江公报》第一千五百八十四号，一九页，批牍）

浙江省长吕批

发民政厅据富阳县呈复饬遵继续办理各要政情形由

呈悉。森林、水利最关重要，既据分别筹办，应即切实进行，毋徒以空言塞责，余照所拟办理。仰民政厅转饬知照，并饬将办理情形随

时具报备核。此批。呈发,仍缴。八月四日

（原载《浙江公报》第一千五百八十四号,一九页,批牍）

浙江省长吕批

高等检察厅检察长王天木呈报卸任日期备案由

呈悉。缴。八月四日

（原载《浙江公报》第一千五百八十四号,一九页,批牍）

浙江省长吕批

发警政厅据绅民徐子桢等禀凤舞台

髦儿戏伤风败俗请饬停锣由

禀悉。查《戏园取缔规则》限制本极严密,本省长前在都督任内复以访闻各戏园不免有唱演淫戏情事,并经重申禁令在案。据禀各情如果属实,殊于风俗有碍,何以该管警察一无闻见,不加取缔,有无徇纵情弊,仰警政厅迅饬省会警察厅切实查明办理,仍报由该厅复核具复查考。此批。禀抄发。八月四日

（原载《浙江公报》第一千五百八十四号,二〇页,批牍）

浙江省长吕批

发民政厅据候补知事唐寿仁呈请续假两月由

呈悉。准续假两月,仰民政厅查照。此批。八月四日

（原载《浙江公报》第一千五百八十四号,二〇页,批牍）

浙江省长吕批

发民政厅据甲种工校长呈酌定派遣

出洋游学名额请增加预算由

据请将毕业生派赴外国学习,诚于增进学识大有关系,唯各校教

员亦应分年轮赴外国留学,再求精进,收益尤宏。事关全省,不限于该校一校,应由民政厅拟定办法,并将所需经费列入预算呈候复核,交省议会议决办理。仰民政厅即遵照办理,并照会该校长知照。此批。八月四日

（原载《浙江公报》第一千五百八十四号,二〇页,批牍）

浙江省长吕批

淳安吕赞文禀求录用由

察阅来禀,文理欠通,字迹亦劣,碍难录用。禀内屡称宗末,尤近招摇,特斥。此批。八月四日

（原载《浙江公报》第一千五百八十四号,二二页,批示 电）

浙江省长吕批

永嘉城区区立第四国民学校校长胡纲禀请示禁演唱淫戏由

禀悉。本省长前在都督任内,曾以访闻省城各戏园不免演唱淫戏,并以各属所有戏园、戏社距省窎远,尤难免无前项情事,当经饬由警政厅转饬传谕禁止,并饬移会民政厅通饬该管警察厅暨各县知事一律严禁在案,仰即知照。此批。八月四日

（原载《浙江公报》第一千五百八十四号,二二页,批示 电）

浙江省长吕批

海盐县孙丙璜等禀请自备资斧给咨游学日本由

据禀,自备资斧游学日本等情。该生等励志向学,殊堪嘉许,自应准予给咨赍往。唯渡日游学并无护照之必要,应无庸另给,仰即知照。此批。咨文随发,证书三纸并发还。八月四日

（原载《浙江公报》第一千五百八十四号,二二页,批示 电）

吕省长复财政部电

为官产处之应设立与否应属国有与否及
应行标卖与否须待国会解决由

北京财政部鉴：冬电谨悉。国家收益，固期充裕，政体民情，尤应兼顾。三年以来，当局持搜括主义，贫国病民，无可讳饰。现当更新之际，万不可再蹈前辙，致失人心。官产处之应设立与否，应属国有与否及应行标卖与否，须待国会解决。江苏等处有裁撤官产处、停止标卖之请；浙前官产处一味搜括，将不应卖之公产擅行标卖，物议沸腾。是以独立后，即将前官产处并入财政厅，设科办理，以顺舆情。财政厅长莫永贞受任危难，力顾大局，众望所归，兼理公产，实较胡运使为适宜。唯时局未定前，金融枯竭，投标购产，数既寥落，竭泽以渔，又非所安，故能报解与否，乃事实问题，非人之问题。且浙为曾经独立省分，与未经独立各省情形不同，所有各机关组织权限及人员，遵照大总统鱼日申令，"于官制未定前暂仍其旧"，历次电陈大总统、国务院、各部查核，并布告周知在案，此时未便纷更，致失信用。公望向以拥护中央为宗旨，唯生性戆直，不敢阿附，既有所见，难安缄默，尚祈推诚相谅，是所深盼。浙江省长吕公望。江。叩。（中华民国五年八月三日）

（原载《浙江公报》第一千五百八十四号，二三页，电）

附　北京财政部电吕省长
为官产处仍请转行胡运使就近兼办由

吕省长鉴：敬电悉。官产处为本部直辖机关，各省均系另设，现既统一政治，自应循旧办理，若贵省归厅兼办，他省恐将效尤，实于部款有碍。我公热诚爱国，当能曲谅，仍请转行胡运使就近兼办，以裕收益，至纫公谊。财政部。冬。印。（中华民国五

年八月二日）

（原载《浙江公报》第一千五百八十四号，二二至二三页，批示 电）

吕省长致财政次长电

为浙省帑藏奇绌需款尤多大部叠次追索
又欲划分官产乞力予主持由

殷铸夫先生鉴：浙省独立以来，军用浩繁，帑藏奇绌，兵事善后，需款
尤多，此在中央所宜顾恤。然犹拮据自勉，未尝与首义诸区同向中央
请款者，亦知中央财政竭蹶，不欲责难于大部。何以号、东来电，叠次
追索，如责巨负，箇、东各电，则又欲划分官产，不能置信于浙人？须
知财政与军事有关，军事问题尚未完全解决，正式内阁犹未成立，各
省官制亦未经国会通过，中央对此正宜推心置腹，与各省相见以诚，
如不量地方之力，不顾办事之难，妄费猜疑，务求搜括，则大部欲取偿
对浙，浙又将何自取偿？披其枝者伤其心，浙事艰危，稍知大体者必
不出此。执事浙人，稔知本末，幸顾大局，力予主持，无任盼切。吕公
望。肴。① 印。（中华民国五年八月三日）

（原载《浙江公报》第一千五百八十四号，二三页，电）

附　殷汝骊复电

吕督军鉴：肴电敬悉。部前箇、东各电系属通电。浙省财政为难
情形，此次汝骊自浙中来，深知梗概，对于桑梓，自无不力予维持。
至解款一层，部委周大钧现已抵浙，当可商量办理，尚祈饬厅妥与
接洽为荷。汝骊谨复。歌。印。（中华民国五年八月五日）

（原载《浙江公报》第一千五百八十九号，一九一六年八月十
四日，二〇页，北京来电）

---

① 肴，底本脱，据殷汝骊复电补。

浙江省长公署函复交通部

华商公记等连陞各小轮已饬属保护由

径复者。案准大部咨开，"前据江海关监督详称，准税司函，华商公记连陞小轮、兴记飞电小轮、骏记公信小轮，均变更航路，备具呈式、呈缴旧照，请予注册换照等因，理合详部察核等情前来。查该商等改驶航线，公记连陞小轮起上海讫杭州，经过松江、平湖、嘉兴、碛石、南浔、湖州等处；兴记飞电小轮起苏州讫湖州，经过吴江、周庄、芦墟、黎里、平望、盛泽、南浔等处；骏记公信小轮起苏州讫海宁，经过嘉兴，业由本部涂销旧照另注新册，并填就执照三纸发交该监督转给承领，并分咨江苏省长在案。相应咨请贵省长查照分饬各该属随时保护"等情。准此，除分饬各属一体保护外，相应备函，复请察核。

此复

交通部

浙江省长吕公望

中华民国五年八月六日

（原载《浙江公报》第一千五百八十五号，一九一六年八月十日，三页，咨）

浙江省长公署函复交通部

华商三德号同丰小轮已饬属保护由

径复者。案准大部咨开，"据江海关监督详称，准税务司函，华商三德号有同丰小轮一只，备具呈式请注册给照等因，理合详请核办等情到部。查该轮行驶航线起苏州讫杭州，经过湖州，业由本部注册，填就执照一纸，发给该监督承领，暨咨行江苏省长在案。相应咨请贵省长查照分饬各该属随时保护"等情。准此，除分饬各属一体保护

外，相应备函复请察核。此复

交通部

浙江省长吕公望

中华民国五年八月　日

（原载《浙江公报》第一千五百八十五号，三页，咨）

浙江督军公署浙江省长公署饬会字第二十号

饬各属为保护英人陶廷来浙游历由

为饬遵事。案准江苏省长公署咨开，"案据特派江苏交涉员杨晟详称，顷准英国总领事函，以英美烟公司伙陶廷赴江苏、浙江、安徽游历，缮给护照请盖印前来。除将护照印发外，理合详请察照转饬各属，俟该英人到境呈验护照时照约保护等情。据此，除饬属保护并分行外，相应咨请贵省长查照，希即饬属照约一体保护"等因。准此，除分饬外，合亟饬仰该署长、该交涉员知照，该民政厅、警政厅、陆军第六师长、陆军第二十五师长、嘉湖镇守使、台州镇守使、独立第一旅旅长通饬所属，俟该英人陶廷到境时，验明护照，一体照约保护，切切。此饬。

督军兼署省长吕公望

右饬交涉公署署长、瓯海交涉员、宁波交涉员、民政厅、警政厅、陆军第六师师长、陆军第二十五师师长、嘉湖镇守使、台州镇守使、陆军步兵独立第一旅旅长。准此。

中华民国五年八月五日

（原载《浙江公报》第一千五百八十五号，四页，饬）

浙江省长公署饬政字第九十八号

饬高审厅应缮成不准越诉暨投递邮禀
告示分贴各处邮政机关由

为饬遵事。照得民刑诉讼及行政诉讼诉愿事件，均应按照法定程序向主管衙门呈控，不得越诉。其控告官吏违法虐民者，亦应详列事实证据，并将本人籍贯、住址、职业、年岁依照公文程式详细开列画押，加具坐诬切结暨省城殷实铺保来辕亲投，方能受理。其余邮递禀件，概不批示，早经本省长前在都督任内出示晓谕，并将告示饬发各属，分别张贴在案。如查阅近来各属人民所递诉状[①]，仍不免有越级控诉暨使用邮禀情事，诚恐前项告示，乡曲人民尚未周知，应由该厅通饬各属知事迅即按照六月二十六日《浙江公报》所登告示原稿缮成大字分贴城乡及各处邮政局门首，俾广见闻而期普及。为此饬仰该厅转饬遵照办理，仍饬各县知事将缮贴情形具报查考，切切。此饬。

省长吕公望

右饬高等审判厅长。准此。

中华民国五年八月五日

（原载《浙江公报》第一千五百八十六号，一一页，饬）

浙江省长公署饬政字第九十九号

饬委袁钟瑞周锡经两员为浙江实业银行董事由

为饬委事。案查《浙江实业银行章程》第十条规定，董事十人，由巡按使委任五人，当经前巡按使委任周继漾、胡翔青、屈燨、顾松庆、温玉等五人为该行董事。嗣准财政部咨复，董事应改为九人，官派四人，商选五人，又经前巡按使饬知财政厅在案。兹查前委董事周继漾、胡翔青均应国会召集赴京，屈燨久不在杭，不能实行董事职务，应即撤消委任原案，改委董事两人，以资整理而符部案。兹查有该员堪以委任，合行饬委，仰将发去任命状查收，克日到行任职，具报毋延。此饬。

计发任命状一张。

省长吕公望

---

① "如"字之前似脱"无"字。

右饬袁钟瑞、周锡经。准此。

中华民国五年八月　日

（原载《浙江公报》第一千五百八十五号，四至五页，饬）

浙江省长公署饬政字第一百号

饬财政厅为委袁钟瑞周锡经两员为浙江实业银行董事由

为饬知事。案查《浙江实业银行章程》第十条规定，董事十人，由巡按使委任五人，当经前巡按使委任周继溁、胡翔青、屈燨、顾松庆、温玉等五人为该行董事。嗣准财政部咨复，董事应改为九人，官派四人，商选五人，又经前巡按使饬知财政厅在案。兹查前委董事周继溁、胡翔青均应国会召集赴京，屈燨久不在杭，不能实行董事职务，应即撤消委任原案，改委董事两人，以资整理而符部案。业由本署委任袁钟瑞、周锡经两员为该银行董事，除饬委外，合行饬仰该厅查照转饬银行，并通知周继溁、胡翔青、屈燨三员知照。又，前奉财政部核复，稽查改为三人，商选一人，官派二人，照章稽查系由该厅委任，应即遴选精谙银行簿记之人添委具报，并将其余部饬修改各条遵办具复，均毋违延，切切。此饬。

省长吕公望

右饬财政厅长。准此。

中华民国五年八日　日

（原载《浙江公报》第一千五百八十五号，五至六页，饬）

浙江省长公署饬政字第一百零一号

饬各厅署公文应求简明毋庸全录原文由

为饬遵事。照得我国各公署文件向由胥吏办稿，于来文"内开"之下每用全叙或"云云"字样，核稿之人遂亦怠于更正，不特缮写者苦其冗长，即阅览者亦病其繁复，逮几经辗转之后，则更语气夹杂，眉目不清。现当刷新政治之际，公文尤宜简明，不得因仍从前积习。为此通饬各公署，嗣后办理文稿，除转呈、转饬不能节删者外，余均摘要叙列，毋庸全录原文，以免繁芜而期敏捷。仰即传知办稿各员，并通行所属一体遵照办理，毋违。此饬。

省长吕公望

右饬民政厅、财政厅、警政厅、高等检察厅、高等审判厅、交涉公署、盐运使。准此。

中华民国五年八月五日

（原载《浙江公报》第一千五百八十五号，六页，饬）

浙江省长公署饬政字第一百零二号

饬高检厅准江苏省长咨为殷文轩控同行受欺一案牵连之谢泽民请饬绍兴县传案解宁由

为饬知事。本年八月二日准江苏省公署咨开，"前据淮阴县西坝开设共和粮行商民殷文轩禀控同行受欺一案，牵连致函行贿住居淮阴之谢德宏即谢泽民，住居苏州之陈渭生，当经分饬淮阴县并苏州警厅严传解省讯办在案。兹据淮阴县复称，遵即饬派警察巡长刘怀亮持票前往按址查传去后。兹据该巡长刘怀亮复称，遵饬前往堂子巷一带地方查传谢德宏即谢泽民，逐细访询，并无其人，无从查传等情禀复前来。查江宁捐局原函本称谢泽民，原籍浙江绍兴县，且经其亲戚函约赴杭，则其家属是否早经迁去，无从深悉，理合具文详复，仰祈省长鉴核饬厅查办等情前来。查陈渭生业经苏州警厅在吴县缉获解省在案，所有谢泽民一犯，查系绍兴原籍，相应咨请贵省长转饬绍兴县知事严传到案，解宁讯办，实纫公谊"等因。准此，合行饬仰该厅转饬绍兴县知事即将谢德宏即谢泽民一名饬传到案，解宁讯办具报。此饬。

省长吕公望

右饬高检厅检察长。准此。

中华民国五年八月　　日

（原载《浙江公报》第一千五百八十五号,六至七页,饬）

浙江省长公署饬政字第一百零四号

饬民政厅警政厅准交通部咨以华商公记
连陞各小轮饬属保护由

为饬知事。案准交通部咨开（文云见公函内）,相应咨请贵省长查照,分饬各该署随时保护等情。准此,除函复并分饬外,合饬该厅查照,仰即转饬各属一体保护,毋得疏误,切切。此饬。

省长吕公望

右饬民政厅长、警政厅长。准此。

中华民国五年八月　　日

（原载《浙江公报》第一千五百八十五号,七页,饬）

浙江省长公署饬政字第一百零五号

饬民政厅警政厅准交通部咨饬属保护华商三德号同丰小轮由

为饬知事。案准交通部咨开（文云见公函内）,相应咨请贵省长查照,分饬各该属随时保护等情。准此,除函复并分饬外,合饬该厅查照,仰即转饬各属一体保护,毋得疏误,是为至要。此饬。

省长吕公望

右饬民政厅长、警政厅长。准此。

中华民国五年八月　　日

（原载《浙江公报》第一千五百八十五号,七页,饬）

浙江省长公署饬政字第　　号

饬高检厅为诸暨公民周滨陶等禀花会盛行请饬拿办由

为饬知事。本年八月二日据该县小东乡公民周滨陶等禀称,"窃花会之风，由义、嵊蔓延我暨，小东区十三乡几无地蔑有，男女混淆，神鬼不安，荒功废业，荡产倾家，扰乱治安，莫此为甚。虽经地方官明白通告，派出所不时访拿，无如谆谆诰诫，视为具文，兵警去后，散而复聚。官力难济，赌风愈盛，金融渐耗，生计尤难，刑事由此发生，盗贼由此炽昌。且不肖绅士甘与为伍，循良子弟堕其术中，家家户户相率成风，前途不堪设想。明知此系刑事范围，非民等所应干预，因切肤之灾，不得不权议协禁方法，以补官力所不及。兹于七月二十二日借座于崇仁乡前自治公所，邀集本乡绅耆妥议禁止条件，呈报县知事核准。盖花会贻害不同寻常赌博，若非雷厉风行，万难收其效果，必须捣其巢穴，歼厥渠魁，或可稍杀其势。都督虽军务悾惚，想于地方治安，曾为前提，兹特肃禀上呈，伏乞迅饬本县知事从重拿办。一面通饬义、嵊两县协拿，以申禁令而靖地方，不胜翘切待命之至"等情。据此，合行饬仰该厅即转饬诸暨、义乌、嵊县三县严密查拿，按律究办，毋稍延纵，切切。此饬。

省长吕公望

右饬高检厅检察长。准此。

中华民国五年八月五日

（原载《浙江公报》第一千五百八十五号，八页，饬）

浙江省长公署饬第一百零六号

饬民政厅准交通部咨华商正和小轮改名
国庆注册给照请饬属保护由

为饬知事。交通部咨开，"据江海关监督详称，准税司函，华商张国庆价买沈海记正和小轮一只，改名国庆，遵章备具呈式请转详注册给照，并缴旧照一纸等因，理合将送到之呈式、旧照详送察核等情到部。查该轮行驶航线，起嘉兴迄海盐，经过沈荡、榆城镇等处，业经本部涂销旧照，另注新册，填就执照一纸，发交该监督转给承领在案，相应咨行贵省长查照,分饬各该属随时保护,至纫公谊"等因前来。除函复外,合行饬仰该厅分饬该小轮通过各县随时保护,至为切要。此饬。

省长吕公望

右饬民政厅长。准此。

中华民国五年八月　日

(原载《浙江公报》第一千五百八十五号,八至九页,饬)

浙江省长公署饬第一百零七号

饬民政厅准交通部咨华商年丰小轮注册给照请饬属保护由

为饬知事。准交通部咨开,"据江海关监督详称,准税司函,华商时和轮局有年丰小轮一只,备具呈式请注册给照,理合将送到呈式详部察核等情。正核办间,据时和轮船公司经理人吴镕禀称,本公司组织系照《公司条例》办理,前于江海关禀内误缮为轮船局,理合具禀更正等情,附开《轮船注册给照章程》第八条各款,并另钞《章程》一份到部,应即照准。查所报各节尚无不合,至该轮行驶航线系由上海至嘉兴,经过松江、新埭、平湖、新仓、海盐、新丰等处,除由部先行注册填就执照一纸,发交该监督转给承领,并批饬该商将关于公司事项禀候农商部核办暨分行外,相应咨行贵省长查照,分饬各该属随时保护,至纫公谊"等因前来。除函复外,合行饬知该厅分饬该小轮航线通过所属各县随时保护,至为切要。此饬。

省长吕公望

右饬民政厅长。准此。

中华民国五年八月六日

(原载《浙江公报》第一千五百八十五号,九页,饬)

浙江省长公署饬第一百零八号

饬财政厅据宁温台三帮船商金顺发等禀魏委员违章
暴敛串覆朦详请出示禁革验费由

为饬知事。据宁温台三帮船商金顺发等以温属船舶牌照局魏委员违章串覆朦详禀请出示禁革验费等情前来，除批"此案在屈前巡按使任内，迭据前财政厅长会同水上警察厅长议请照旧征收验费，经前巡按使批准饬将每船应收若干查明详报。嗣据财政厅长咨，由水上警察厅长查明，原定征收验费数目不分省内省外，一律征收，仍体察情形，照量核减，拟具办法，开摺转呈，请予照办等情到署。当以渔团捐列入预算，此项验费占渔团捐三分之一，水警巡缉奸盗，维持治安，牌照费不敷开支，不得不藉验费为补助，而以商、渔船舶所出之费，为保护商、渔船舶之用，且牌照费出诸船户，验费出诸商人，款系循旧征收，并非创设，办法尚无不合，复经本署批准照办，并饬将《取缔船舶规则》修改呈送候核在案。如果委员等额外需索，尽可禀请查究，所请出示禁革之处，碍难准行。惟据禀私易短尺量船等情，候饬财政厅转咨通饬所属严行查禁可也。此批"外，合行钞禀饬仰该厅长知悉，并咨水上警察厅长严饬所属船舶牌照局毋得私易短尺量船，致干咎戾，切切。此饬。

省长吕公望

右饬财政厅长。准此。

中华民国五年八日　　日

（原载《浙江公报》第一千五百八十五号，一〇页，饬）

浙江督军吕批

浙江独立第一旅旅长为呈送添建军士连讲堂及
体操器具工帐图式由

呈及单摺、图样均悉。既据称，工匠刘汇康所估价格为最低，且允照单以九折计算,连器械、体操器具,合计洋九百三十一元五角五分一厘,核数相符,准由该匠承包,仍俟竣工后照章取具各项工料单据列入计算核销。此批。刘汇康图、单存,张守连摺发还。八月四日

(原载《浙江公报》第一千五百八十五号,一二页,批牍)

浙江督军吕批

台州镇守使呈为副官陈金棠遗缺请以上尉参谋陈礼文调升由

呈及履历均悉。副官陈金棠遗缺,准以参谋陈礼文升任,月薪照少校八成支给,仰将发到该员任命状转给祗领。此批。履历存。八月四日

计发任命状一张。

附原呈

呈为呈请事。窃职署副官陈金棠现奉都督调充台州第二游击队第三营管带,所有遗缺亟应遴员接充,以重责守。兹查有职署上尉参谋陈礼文,办事勤慎,堪以调升,递遗上尉参谋一缺,除由职使遴员另文呈请外,理合取具该员履历备文呈请,仰祈督军鉴核委任施行。谨呈。

(原载《浙江公报》第一千五百八十五号,一二页,批牍)

浙江督军吕批

第六师师长呈为师部军需处长王学棪等请分别加薪由

呈、摺均悉。该师部军需处处长王学棪等十二员,均准照拟分别十成支薪,仰即转饬知照。此批。摺存。八月四日

附原呈

为呈请事。窃查职师部军需处长王学棪,少校副官吕和音,

上尉副官廖家驹，第十二旅部少校副官都宗祁、上尉副官吴浙秋，第二十一团少校团附李莨荃，第二十三团中校团附斯资深、该团第二营中校营长陈宝贞、第三营少校营长尤芬，第二十四团少校团附商文蔚、该团第二营少校营长徐鲲、第三营中校营长徐震方等十二员，自到差以来，或经理得宜，卓著成绩，或办事出力，丕显勤劳，似应量予奖励，以昭激劝。查该员等均系照级八成支薪，兹拟请将军需处长王学棁，中校团附斯资深，中校营长陈宝贞、徐震方等四员，均照中校十成支薪；少校副官吕和音、都宗祁，少校团附李莨荃、商文蔚，少校营长尤芬、徐鲲等六员，均照少校十成支薪；上尉副官廖家驹、吴浙秋等二员，均照上尉十成支薪。是否可行，理合开具清摺，备文呈请，仰祈鉴核示遵施行。谨呈。

（原载《浙江公报》第一千五百八十五号，一二至一三页，批牍）

浙江督军吕批

第二十五师师长呈为五十旅参谋黄公略回校所遗职务派员兼充由[①]

呈悉。第五十旅参谋黄公略准留原职回校肄业，该旅参谋事务并准以张大钧、彭周鼎分别兼充助理，仍各支给原薪，仰即转饬知照。此批。八月四日

附原呈

呈为职师五十旅参谋黄公略请回陆军大学肄业，免予开缺，派员代理，仰祈鉴核示遵事。窃据步兵第五十旅旅长潘国纲呈称，"据职旅参谋黄公略呈称，'窃参谋自民国三年蒙前都督朱考

---

①　黄公略（1885—1951），幼名灿，后更名菊裳，浙江瑞安丽岙（今温州市瓯海区丽岙街道）人。与红军将领黄公略同名而异人。

送北京陆军大学肄业已近三载，今夏四月以我浙举义，束装南下，从事帷幄，半途而废。兹幸大局靖平，干戈载戢，校中屡次函催准于八月十日开学。顾此身许国，原不能独往独来，而九仞之功，又未忍自暴自弃，拟请准予回校继学，以成未了之业，不胜翘企待命之至。呈请核转'等情前来。查该参谋志趣远大，实堪嘉尚，拟准予回校，俾竟学业。如蒙俯准，拟请免予开缺，并请以副官张大钧兼理参谋事务，彭周鼎派充助理少校副官事务，以专责成，呈请核示"等情。据此，查参谋黄公略拟请回陆军大学继续肄业以竟全功，应予照准，可否如呈，仰恳俯准免予开缺派员代理之处，理合备文呈请察核批示遵行。谨呈。

（原载《浙江公报》第一千五百八十五号，一三页，批牍）

浙江省长吕批

民政厅长呈为临海县知事调省遗缺以戚思周署理由

呈及履历均悉。据临海县知事张兰人地不宜①，应准调省另候任用，遗缺即以戚思周署理，仰将发去任命状一张转饬祗领，并饬将前发张兰任命状呈缴注销。此缴。履历存。八月三日

（原载《浙江公报》第一千五百八十五号，一三页，批牍）

浙江省长吕批

发警政厅据嵊县吕乐耕禀控长乐镇警备队
哨官田瑞林无端勒索叩请法办由

据禀，究系如何实情，如果该哨官确系无端勒索，殊属有干法纪，仰警政厅迅予切实查办复夺。此批。禀及抄函均抄发。八月四日

（原载《浙江公报》第一千五百八十五号，一四页，批牍）

---

① 据下疑脱"呈"字。

浙江省长吕批

发警政厅据嵊县吕位林禀控长乐镇警备队
田哨官刘什长诈欺不遂强取财物由

禀悉。现据吕乐耕禀控哨官田瑞林无端勒索等情到署，即经批厅查办在案。据禀各节，有无别情，如果因诈欺不遂强取财物，殊属目无法纪，仍仰警政厅迅即查明核办，一并具复察夺。此批。禀及失单抄函均抄发。八月五日

（原载《浙江公报》第一千五百八十五号，一四页，批牍）

浙江省长吕批

定海县呈报四年四月起至五年六月止监狱工场表册由

呈悉。仰高等检察厅查核饬知。此批。抄呈、表册均发。八月五日

（原载《浙江公报》第一千五百八十五号，一四页，批牍）

浙江省长吕批

发高检厅据吴兴县民人章阿珍禀书吏施小梅胁迫请澈究由

据禀各情，是否属实，仰高等检察厅速饬吴兴县查明澈究具报，毋稍徇纵，切切。此批。抄呈及黏件并发。八月五日

（原载《浙江公报》第一千五百八十五号，一四页，批牍）

浙江省长吕批

民政厅呈复委查大峃山矿区情形请示由

据呈，大峃山石矿，业经委员查明，与古迹、兵要均无关碍，应准开采，惟古墓丛杂处所不得任意开掘，仰饬该矿商知照。缴。图存。八月五日

（原载《浙江公报》第一千五百八十五号，一四页，批牍）

浙江省长吕批

发高检厅据仙居县呈管狱员捏词诬陷请开缺听候查办由

呈悉。案经批厅委员驰往查办,将来应否对质,应俟委查复到核夺,所请开缺之处暂从缓议,仰高等检察厅按照所呈各节,一并饬委查复,并咨民政厅知照。此批。呈钞发。摺存。八月五日

（原载《浙江公报》第一千五百八十五号,一四页,批牍）

浙江省长吕批

发高检厅据南田县呈报戴包氏被吴富林刀伤身死由

呈悉。本案因何起衅,戴包氏被刀戳伤致损断食气管,何以尚能行至卢江氏屋侧,情节离奇,仰高等检察厅饬即查明实情,并饬通缉吴富林务获,传证集讯明确,按律拟判,毋稍枉纵,切切。此批。格结存。呈、表均抄发。八月五日

（原载《浙江公报》第一千五百八十五号,一四至一五页,批牍）

浙江省长吕批

发高检厅据萧山民妇金陈氏禀盐警轰伤
毙命数人请饬拘凶严办由

此案前据裁缺会稽道尹查复,当经批厅"速饬萧山关提朱七十及阿福到案,并咨警政厅转饬该统带将已撤哨官孙渊一并交案,提同案证质讯明确,从严拟办"在案。迄今两月之久,未据讯办具报,实属玩延。据禀前情,仰高等检察厅遵照前批迅速分别咨饬办理具报,毋任再延,切切。此批。八月五日

（原载《浙江公报》第一千五百八十五号,一五页,批牍）

浙江省长吕批

高检厅呈复象山县添造看守所等工竣由

呈悉。缴。八月五日

（原载《浙江公报》第一千五百八十五号，一五页，批牍）

浙江省长吕批

发高检厅据吴兴县呈报徐士懋 被钱龙山等殴毙弃尸河中由

呈悉。仰高等检察厅饬即会督营警勒缉钱龙山务获，集证研讯起衅致死确情，查明杭警厅控告原案，按律拟办，毋稍纵延，切切。此批。格结存。八月五日

（原载《浙江公报》第一千五百八十五号，一五页，批牍）

浙江省长吕批

发高检厅据奉化县呈复钱王氏控伊夫钱旺根 非刑毙命一案情形由

呈悉。此案钱旺根身死之处，既据查明系在李管带交保释放之后，如何在途毙命，当时既无呈报请验有案，该营亦无非法酷刑情事，应即无庸置议，仰高等检察厅转饬知照。此批。抄呈发。八月五日

（原载《浙江公报》第一千五百八十五号，一五页，批牍）

浙江省长吕批

发高审厅据永康县呈报徐应氏与 黄来明互控黄徐氏投水身死由

呈悉。此案两造控词各执，究竟黄徐氏因何投水身死，非讯不明，仰高等审判厅饬即勒集徐应氏、黄来明即国华等到案，传同要证

应炳罗等质讯实情,按律判决具报。再,原验溺毙何以面色唇吻均属紫赤,口内有无白沫流出,肚腹是否拍有水声,亦未验填,殊属含混,并饬明白另呈复夺。此批。格结存。八月五日

（原载《浙江公报》第一千五百八十五号,一五页,批牍）

浙江省长吕批

高审厅呈报宁海县判处盗犯李玉兰等死刑由

呈及供、判均悉。仰即转勒缉逸犯杜胜宝等务获究报。缴。供、判存。八月五日

（原载《浙江公报》第一千五百八十五号,一六页,批牍）

浙江省长吕批

发高审厅据长兴县呈送董长生致犯叶阿五供判由①

呈及供、判均悉。本案判决后既未据该犯等申请上诉,应即照章呈送复判,仰高等审判厅转饬知照,并饬勒缉金鸣根等务获究报。此批。供、判存。八月五日

（原载《浙江公报》第一千五百八十五号,一六页,批牍）

浙江省长吕批

发高审厅据长兴县呈送唐老四致死王老二供判由

呈悉。本案既未上诉,应即遵照呈送复判,仰高等审判厅转饬知照。此批。供、判存。八月五日

（原载《浙江公报》第一千五百八十五号,一六页,批牍）

---

① 致犯,疑为"致毙"之误。

浙江省长吕批

民政厅呈复鄞县拿获盗犯准在准备金项下给赏由

如呈办理,仰即分别咨饬查照。缴。八月五日

（原载《浙江公报》第一千五百八十五号,一六页,批牍）

浙江省长吕批

发民政厅据海盐县呈复农工各业分别已办未办情形由

呈悉。平民习艺所、因利局、实业等业已办有成效,应即认真督率任事各员竭力扩张,勿稍怠弛;贫儿院于教育关系綦重,亟应设法兴办;水利一项,尤为重要,据称业已次第开浚,究竟所开浚者,里道几何,在何处所,应另绘图列说呈候核夺。仰民政厅转饬知照。此批。呈抄发。八月五日

（原载《浙江公报》第一千五百八十五号,一六页,批牍）

浙江省长吕批

发财政厅据清查浙江地方实业银行委员
周锡经袁钟瑞报告情形由

呈及报告均悉。削减股本一节,前准部复饬厅再议,应由厅从速议复核夺。各户欠款及宁、温两分理处未了之账,应由总分行分别催收,如各户延不履行,应向原保理催或提起诉讼,勿再延误,并饬该经理等以后不得再如从前滥行放款,以资补救。银行簿记最关重要,据称申行洋式账簿较杭行略有改良,则杭行簿记之不良可以概见,应饬遴用精谙簿记学之人才专司其事,不得率忽。又,访闻该行职员有为人作保欠款情事,亦应由厅确切查明,严行禁止。仰财政厅即速按照报告所陈及批指事理转饬遵办,并查照另饬俞监理官条陈切实筹议具复。该委员等此次清查报告甚为详晰,良堪嘉慰。如有

改良意见,不妨继续敷陈,以备采择。同属浙人,对于浙事当必不忍膜视也,并即由厅函告该委员等知照。此批。呈及清摺并抄发。八月六日

（原载《浙江公报》第一千五百八十五号,一六至一七页,批牍）

浙江省长吕批

发高检厅据嵊县呈报任张铨家劫案内盗犯
支开林被盗伙枪伤身死诣验由

呈悉。任张铨家劫案内盗犯支开林一名,既据查询验明,确被盗伙金阿贵等枪伤身死,余盗众多,仰高等检察厅饬即遵照前批会督营警勒限踂缉是案凶盗,务获究办,毋任藉延。至该警佐查见支开林之后,该犯既尚能言语,何以不向根究余盗姓名籍贯,以凭缉追,殊属疏忽,并斥。此批。格结存。八月　日

（原载《浙江公报》第一千五百八十五号,一七页,批牍）

浙江省长吕批

盐运使呈为认购职员录四部饬公报处照汇寄购由

呈及所缴承购《职员录》洋五元四角四分,均已收悉。候饬公报处照汇,俟寄到后再行饬发可也。此缴。八月四日

（原载《浙江公报》第一千五百八十五号,一七页,批牍 批示）

浙江省长吕批

永康徐有来禀控胡魁法侵占屋基案请饬速判由

据禀,案经抗告,由杭县地方审判厅决定在案,应自向该厅请求抄录决定书,毋庸歧渎。此批。八月五日

（原载《浙江公报》第一千五百八十五号,一七页,批牍 批示）

浙江督军署饬第七十六号

饬为编定《浙江陆军暂行给与令》饬陆军各机关一体遵照由

为饬遵事。案查本省陆军薪饷干杂各款，或数额不一，或支式参差，而于士兵服装配置之确数保存之期间亦未有完全之规定，殊非整齐划一之道。现经本署通盘审核，逐一厘订，编订《浙江陆军暂行给与令》一册，内分六章三十六条，并附表九种，兹已印订成本，应于本月起一律实行。除分颁遵办外，合行饬发，仰该　　即便查照，并饬所属一体遵照。此饬。

计发《浙江陆军暂行给与令》　本。

督军吕公望

右饬陆军各军队机关局所。准此。

中华民国五年八月八日

浙江陆军暂行给与令①

第一章　总则

第一条　本令凡浙省陆军军队、部局、军人、军属一律适用之。

第二条　凡本令所定名称区别于左：

（一）军队　指宪、步、骑、炮、工、辎、乐各队而言。

（二）部局　指督军署、司令部及他项陆军各机关、病院、局所而言。

（三）军人　指各官佐、陆军学生及各士兵、输卒而言。

（四）军属　指陆军军队、官衙、局所等各机关内所属文官夫役而言。

---

①　附表从略。依次为第一表　官佐薪俸，第二表　士兵饷项，第三表　学生津贴，第四表　马匹干银，第五表　服装概数，第六表　预备被服，第七表　马匹诸费，第八表　埋葬费额，第九表　公费定额。

第二章　薪饷

第三条　凡薪饷分为三种：

（一）薪水，发给司务长以上各官佐文官。

（二）饷项，发给上士以下各兵、输卒、夫役。

（三）津贴，发给陆军各学生。

第四条　凡平时司务长以上各官佐薪水，均按第一表分别发给。

第五条　凡平时上士以下各士兵、输卒、夫役饷项，均按第二表分别发给；各陆军学生津贴，均按第三表发给。

第六条　凡官佐、士兵及军属人员有兼差者，不准兼支薪饷，惟择其薪饷之优者发给。

第七条　凡官佐、士兵、学生及军属人员之薪饷津贴，均按月计算，每逢月终发给，若末日适逢星期，则提前一日发给；如有调遣或免官、免役与死亡及他事故，即于其事故发生之日停止。

第八条　凡官佐、士兵、学生及军属人员，如因违犯刑罚已治罪者或休职者，当即停止薪饷津贴。

第九条　凡官佐、士兵、学生及军属人员，如因特别勤务有应加薪饷者，另行规定，但不得过原薪饷三分之一。

第十条　凡新兵未满六个月教育者，均发给二等兵饷银。

第十一条　凡将行休职停职与将退役退伍之人员，而事务在交代中者，仍按原有薪饷发给。

第十二条　凡新任或调任之薪饷，悉由到差日起支，在原任人员其薪饷如有增减者，应自奉令之翌日起计算。

第十三条　凡召集者之薪饷，由编入部队之日至解散之日计算。

第十四条　凡官佐、士兵、学生，或请假逾期，或擅离职守，或擅赴他方，或生死不明，均当酌减其薪饷或全行停止。

第十五条　凡在拘禁留置中,官佐、士兵、夫役之薪饷另照惩罚令规定之数减成给与。

第十六条　凡马弁、护兵长、号长及各工军士之饷银,均按军士等级发给。

第十七条　凡杂兵、杂役之饷银,均按第二表兵夫饷数分等发给。

第三章　干银

第十八条　凡平时各部队马匹干银,按第四表规定之数,于月终发饷时汇给。

第十九条　马匹干银自入伍之日起支,至出伍或倒毙之日停支。

第二十条　第四表系按照本省惯例规定干银月数,其每日分配饲养料之品类数量,应由兽医正随时随地酌定之。

第四章　被服

第二十一条　凡司务长以上军官佐之被服,均由自备。

第二十二条　凡上士以下及召集中之退伍上士以下士兵等,均按第五表所列之被服发给,或暂时借用。

第二十三条　陆军病院应预备第六表所列之被服。

第二十四条　凡上士以下之普通被服,宜按现在人数多寡发交该部队分配;预备被服,则按病兵多寡交该院保存。

第二十五条　各被服保存期间于第五表内规定,在保存期间以内,各被服如有损失,应由损失者或有保管之责者酌量赔偿,其赔偿价额另定之。

第二十六条　凡经过保存期间各被服应即报缴,以备改制或变价。

第五章　杂费

第二十七条　凡初等官佐以上,按照陆军平时编制表之规定应乘马者,其乘马均由公备。

第二十八条　凡部队所有马匹,皆按第七表每月给与马具保存及马匹装蹄诸费。

第二十九条　凡各部队之官佐、士生、兵夫死亡时,当给埋葬费,其定额按第八表发给,若有该亲族情愿将尸体领去者,则此费即交该亲族具凭支领。

第三十条　凡士兵因公伤病者,悉由陆军病院疗养。

第三十一条　凡各师旅团营连所有邮电、图书、纸笔、墨砚、茶水、灯油、煤炭及零星修补器具等项,按第九表分别发给公费。

第六章　附则

第三十二条　凡征兵、退伍、恤赏、旅运等费,别有专章规定者,本令不赘。

第三十三条　凡属委任经理各给与上之余款以及废物变价款、赔偿款,均应涓滴归公,实报实销。

第三十四条　凡计算日数,每月均以三十日为准。

第三十五条　凡薪饷与一切给与款项,均以银元计算,并以厘为断,若发给时或簿表计算上生出毫丝忽之数,未满厘位者,则依五舍六入之法办理。

第三十六条　本令以督军公布之日实行。

（原载《浙江公报》第一千五百八十六号,一九一六年八月十一日,二至五页,饬）

浙江省长公署饬政字第一百零九号

饬委罗瀚章为本署收发主任俞少传黄继昌为收发员由

为饬委事。查有该员堪以委充本署收发主任/收发员,月支薪洋三十二/三十元,合行饬委,仰将委任状查收,继续任事。此饬。

省长吕公望

右饬收发主任罗瀚章，收发员俞少传、黄继昌。准此。

中华民国五年八月　日

（原载《浙江公报》第一千五百八十六号，一一页，饬）

浙江督军吕批

第六师师长为呈报拟赴嘉湖巡阅职务由参谋长代理由

呈悉。此批。八月九日

附原呈

为呈报事。窃师长任职以来，对于所属各部队凡在省者均逐一巡阅，其驻扎省外者尚未举行。兹拟本月五日随带参谋邱志龙一员分赴嘉、湖巡阅军队，所有师长职务由参谋长刘体乾代拆代行。除饬知外，理合备文呈报，仰祈鉴核备案施行。谨呈。

（原载《浙江公报》第一千五百八十六号，二〇页，批牍）

浙江省长吕批

发民政厅据长兴县知事呈为遵饬胪陈农工各要政情形由

呈、摺阅悉。据陈各要政过去成绩及未来计划，均尚有可观，惟水利关系重要，该知事因款经提省听令中止，殊有未合，仰民政厅转饬该县新任知事迅予查明，另议举办。其余各要政，仍认真继续办理，毋稍玩延，是为至要。此批。八月六日

（原载《浙江公报》第一千五百八十六号，二〇页，批牍）

浙江省长吕批

高审厅呈为龙泉县承审员沈宝璩荒废职务准即撤任由

呈悉。据称龙泉县承审员沈宝璩荒废职务，拟先行撤任，应即照准，遗缺仰即遴委具报，并转饬知照。此缴。八月六日

（原载《浙江公报》第一千五百八十六号，二〇页，批牍）

浙江省长公署训令第一号

训令各机关改用新公文程式由

令财政厅长莫永贞、民政厅长王文庆、警政厅长夏超、交涉公署署长张嘉森、盐运使胡思义

案查新公文程式业奉大总统制定公布,登载七月三十日第二百五号《政府公报》,除本署即日遵照实行,并转登本月五日、六日《浙江公报》外,合亟通令,仰即于文到之日一律依式改用,毋稍歧误,并通令所属一体遵照。此令。

中华民国五年八月　日

省长吕公望

（原载《浙江公报》第一千五百八十七号,一九一六年八月十二日,三页,训令）

浙江督军省长公署训令第三号

令各机关为保护日人平井美垚太来浙游历由

令文武各机关

本月四日案准江苏省公署咨开,"案据特派江苏交涉员杨晟详称,顷准日本国总领事函,以平井美垚太赴江苏、江西、浙江、福建、安徽、山东、湖北、湖南、广西、广东、河南游历,缮给护照请盖印前来。除将护照印发外,理合详请察照转饬各属俟该日人到境呈验护照时,照约保护等情。据此,除饬属保护并分行外,相应咨请贵省长查照,希即饬属一体保护"等由。准此,除分令外,合行令该　　即便转饬所属,一体保护。此令。

中华民国五年八月七日

督军兼署省长吕公望

（原载《浙江公报》第一千五百八十七号,三页,训令）

浙江省长公署训令第六号

令交涉署长等为发给洋员护照务将洋员

姓名汉洋文字分别填注报部由

令交涉公署署长张嘉森、温州交涉员孙宝瑄、宁波交涉员冒广生①

案准外交部咨开，"查各省报部发给外人护照，均用汉文，惟译音南北不同，查考因之不易，本部办理统计年鉴，对于洋员姓名拟用汉文、洋文兼注，俾临时便于稽查。为此咨行查照，嗣后凡遇发给洋员护照及报部时，务希将各洋员姓名汉、洋文字随时分别填注，咨报本部，以资列表而便稽核为荷"等由。准此，除分令外，合行令该署长即便遵照办理。此令。

中华民国五年八月七日

省长吕公望

（原载《浙江公报》第一千五百八十七号，四页，训令）

浙江省长公署训令第八号

令警政厅为严官巷清静庵尼庚生呈称

聚众抢劫并被殴伤由

令警政厅长夏超

案据严官巷清静庵尼庚生呈称，"为聚众抢劫受打成伤，请求派司法警察查明依律惩办事。窃氏于民国五年六月二十五日夜间十时钟，忽来十余人手执棍棒而入，被搜去洋八百元，器具什物十余件，衣服十余件，棉被四条，而且遍身打伤，都成伤块。当有隔壁女子学校有一号房看见，如此形势，不敢阻挡，庵内惟有氏一人，何能敌众？恳

_____

① 底本如此。后两人当作"宁波交涉员孙宝瑄、温州交涉员冒广生"。

求都督台前恩准,立派员调查,以按律惩办,不胜感德之至"等情。据此,除批"据呈该庵于六月二十五日夜被劫洋元、衣物,并将该尼殴伤,省垣重地,兵警所司何事,殊堪痛恨。着赴该管警署报请勘缉,并候另行警政厅严缉务获尽法惩办可也。此批"挂发外,合行令仰该厅长即便严饬兵警勒缉此案贼盗,务获究报,毋任延纵,切切。此令。

中华民国五年八月八日

省长吕公望

(原载《浙江公报》第一千五百八十七号,四至五页,训令)

浙江省长公署训令第九号

令高检厅据淳安叶贤和呈为迭遭抢劫请饬拿办由

令高等检察厅长殷汝熊

案据淳安县民人叶贤和呈称,"窃民向居山庄,只有一家,于去年阴历十二月二十八夜被盗匪王灶章、王水清、王黄丁、王金苟、王章年、王顺裕、王光裕、王水木、王金贵、王年汉、王高大、王嫩嫩等各持洋枪火把,毁门而入,枪声震天,民惶惧逃匿,任各盗翻箱倒柜,将存置柜内银洋二百七十元,并耕牛、一切值钱之物,悉数抢掳一光。民于次日赴县状报被抢情形,经前任阮知事即饬侦探查明确实,报告在案。至二月间民路遇从盗王嫩嫩,扭交法警,带案讯供,承认不讳,并供称抢掳赃洋数目,与民呈报失单一切符合。嗣后民屡请缉拿正盗,追给原赃,前知事只出传票,仅差法警一名,循行故事,虽见匪在家中,亦不敢遽行缉拿,迁延数月,实属有意纵盗。匪等见县不究,恶胆愈大,至本年阴历五月十七日黎明时,王灶章、王水清、王黄丁、王金苟等侦知民有售茶之洋在家,又复纠邀王嫩嫩之兄弟王金鉴、王百林、王百富,并前次共抢各匪共十余人,各执器械打门而入,民适不在家中,任其搜寻抢去存放床头英洋五十元,又向民妇张氏身旁藏匿银洋八十四元搜去,共抢去银洋一百三十四元,并衣服器皿等物,抢掳一光。又将民十二岁幼子掳去。民当日赴威坪营警所报告，蒙警至匪家，将民幼子带回。次日报县，阮前知事即饬法警调查，报告情形属实。民赴县面催缉拿，阮知事多方推托，并未饬警缉拿，旋即去任。现汤知事本月莅新①，民又状请缉拿，至今未出一票，未饬一警，置之不理。匪等性本凶顽，悯不畏法，见知事如此宽纵，胆敢又复聚众，日守要路，必欲杀民以灭其口。民恐遭毒手，逃出在外。窃思法律本以卫民，盗等一抢不究，以致再抢，若汤知事不以法律保障人民，玩视民瘼，纵匪等扰害地方，激成民变，不知将何底止？为此万不得已，伏乞浙江都督饬委干员督缉正盗，追赃正法，以安良善而靖地方。计粘抄失单一纸"等情。据此，除批"据呈，尔家迭被王灶章等抢掳，未据该县具报有案，究竟是何实情，已获王嫩嫩是否确已供认，候令高检厅转行查案核办具复。此批。粘附挂发"外，合行令仰该厅即便转行淳安县刻日查案，核办具复。抄粘并发。此令。

计抄发失单一纸。

省长吕公望
中华民国五年八月八日

计开失单一纸

淳安民人叶贤和失单：银洋二百七十元、簏子八只、柴斧两把、鲜亥六十四斤、光绿布一匹、新青布女衫裤两件、耕牛一只、棕绳四十根、银挖耳一枝、铜茶壶二把、醉红布一匹、元色棉背心两件、新芦花裤两条、铺盖两付、零星器皿不计其数、锡酒壶两把、蓝布女衣一件、新鞋一双、布帐一顶、新元色女衫裤两件。

又第二次被抢失单：银洋一百三十四元、衣服一木箱、皮背

---

① 汤知事，指汤国琛（1874—1948），字献廷，浙江平阳（今属苍南）人。《淳安县志》载，民国三年五月至民国六年七月任淳安县知事。据叶贤和呈文所言，汤大约民国五年六月下旬到任。

心两件、布袋十六支(有"叶贤和记"字样)。农器件数,未及详载。

(原载《浙江公报》第一千五百八十七号,五至六页,训令)

浙江省长公署训令第十号

令高审检厅速将议定改分庭为分厅

办法及预算表呈报核夺由

令高等审判厅长范贤方、高等检察厅长殷汝熊

案据该厅呈拟设立金华、永嘉地方厅,预算当经前都督府交由参议会议决,咨复饬行筹办在案。惟地方厅仅能管辖轻微事件,第二审其重大事件,第二审仍须由该厅管辖。金、衢、温、处等旧府属,距省较远,诉讼人来省投审,往往一次不能了结,川资时日耗费甚多,殊非便民之道。查前巡按使届任内本议定于金属设高等分厅,因独立未能开办,现在官厅办事,尤当以便民为主,应将金华、永嘉两高等分庭均改为高等分厅,并将地方厅附设在内,人员除原有者外,即由该厅额定人员移设数员,如此则经费所增有限,人民获益不浅。合行训令,仰即从速会同议定办法及预算表呈复核夺毋延,切切。此令。

省长吕公望

中华民国五年八月八日

(原载《浙江公报》第一千五百八十七号,六至七页,训令)

浙江省长公署训令第 号

令财政厅为浙籍陕西渭南县知事王垓

因公致死给恤清单饬照发由

令财政厅长莫永贞

本年八月四日准财政部咨开,"为咨行事。准国务院函开,据铨叙局详称,陕西渭南县知事王垓因公致死,经职局核议给与遗族恤金每年一百三十三元二角,详请转呈,奉批令,准如所议给恤,此令等因。奉此,

查该故员籍隶浙江绍兴，据陕西巡按使复称，该遗族仍居原籍，所有遗族恤金自应由原籍地方官署发给，以便该遗族就近具领。除将恤金证书咨由浙江巡按使发交绍兴县知事照章办理外，所有王垓遗族应领恤金每年一百三十三元二角，照章分四期发给，兹定于本年七月发起，至民国十五年十二月止。又，自该员死亡之翌月，即本年一月起，至六月止，应补发恤金六十六元六角，亦定于第一期发款时，一并附发。谨开具清单，详请通知浙江财政厅转发绍兴县知事署，以便该遗族遵章具领等情函部，查照办理等因前来。除恤金证书业经铨叙局咨行转发外，相应钞录清单咨行贵省长查照，饬厅遵照办理，并将动拨何款报部备案可也"等由，计抄单一件。准此，合行抄发原件，仰该厅长遵照办理。此令。

计发抄件。

省长吕公望

中华民国五年八月　日

附件抄发

已故陕西渭南县知事王垓遗族名字、年岁、籍贯、恤金数目、发款时期清单。计开：

王恩钤，现年十岁，浙江绍兴县人，住绍兴城内福盆桥。

应领遗族恤金一百三十三元二角，照章分四期发给。自五年一月起算，五年七月发三十三元三角。又，补本年一月至六月止恤款六十六元六角，十月发三十三元三角。六年一月，同上，至十月，同上。七、八、九、十、十一、十二、十三、十四、十五年止，馀照同上，一、四、七、十月四期照发①。

该遗族年满二十岁停发。

（原载《浙江公报》第一千五百八十七号，七至八页，训令）

---

① "一、四、七、十"下，脱"月"字，径补。

浙江省长公署训令第十四号

令民政厅发吉林通俗报转发讲演机关以备参考由

令民政厅长王文庆

案准吉林省长咨开,"案查吉林《通俗报》第三十二册至第三十五册前经咨送在案①。现在第三十六至第三十九册均经出版,相应各检一份咨送查阅,并转发通俗讲演机关,以备参考"等因。准此,合行令发该厅转发通俗讲演机关以备参考,仰即遵照。此令。

计发《通俗报》四份。

中华民国五年八月七日

省长吕公望

（原载《浙江公报》第一千五百八十七号,九页,训令）

浙江省长公署训令第二十五号

令民政厅据警官潘坤等呈请将前次考取警官分班挨委由

令民政厅长王文庆

据考取甲种警官潘坤、王士杰、王德毅等禀称,"前民政长于民国二年六月复定甄别章程分甲乙两种考试,取列甲种者以分所长以上警官任用,取列乙种者以所员任用,其考试科目分笔述、口述及操法三种,凡与试及格者,注册存记,听候委用,其未受试及格者,概不委任。诚以警官系文武兼资,登选之法不得不尚严密,用意极为周妥。嗣后省公署改组,分设警务处,该处处长荐任警官,并不循章办理,致使考取各员多数投闲置散,托足无门。现阅报载钧署饬催民政厅详送考取警官名单之文,仰见我省长慎选登庸,澄清吏治之至意,属在下僚,莫不同深感激,恳准分饬民、警两厅仍将前次考取甲乙两种警

① "第三十二册"下,脱"至"字,径补。

官分班挨次委用"等情。据此,除批"禀悉。本署饬厅造送警务人员履历名册,只以备考核之用,并未饬送考取名单,来禀殊多误会。惟该员等曾经考试取列甲种,时阅三年,何以并未派委,现在各县警官被控者甚多,亟应详加甄别,并于任用之初严为考选,以重警政而示大公。候令民政厅会同警政厅妥定办法呈候核夺,所请分饬民、警各厅仍将前次考取甲乙两种警官分班挨次委用,暂难照准。此批"挂发外,合行训令,仰即咨会警政厅查照办理毋延,切切。此令。

中华民国五年八月九日

省长吕公望

(原载《浙江公报》第一千五百八十七号,九至一〇页,训令)

浙江省长公署指令第二号

令镇海县知事吴万里

呈一件为添购公报由

据呈,该县所属各机关团体前次已购《公报》五份,此次添购二十二份,列表具报前来,具见劝导有方,深堪嘉尚,已令处照数汇发,仰即知照。此令。八月七日

(原载《浙江公报》第一千五百八十七号,一二页,指令)

浙江省长公署指令第六号

令民政厅长王文庆

为天台人潘廷献禀为父雪冤请拘获

逃脱之已撤警佐朱英由

据天台县人潘廷献于本月五日禀称,"为父雪冤暨已撤警佐朱英现已脱逃请拘获"等情,经本省长批以"禀悉。此案(文云见批示门)分别惩究具报"等语。除批示外,合再令仰该厅长迅即查照历次批饬行县,务将朱英到案澈究,若果有意私放,法律具在,断不为该知事恕

也。仍将办理情形具复备查。此令。八月七日

（原载《浙江公报》第一千五百八十七号，一二页，指令）

浙江省长公署指令第七号

令民政厅长王文庆

呈一件为孝丰县王氏私立学校基金不足

拟抽收本族竹货捐附呈简章请备案由

呈悉。该县王氏私立学校基金不足，拟抽收本族竹货捐，该族各家佥允乐输，以宏教育，实属热心可嘉，自应准予备案。仰民政厅令知该县知事转饬该校长知照。此令。简章存。八月七日

（原载《浙江公报》第一千五百八十七号，一二页，指令）

浙江省长公署指令第八号

令民政厅长王文庆

为建德县知事呈复办理各项要政情形请察核由

呈、摺阅悉。该县山多水少，自以改良农植、兴修水利为第一要义，所陈各节尚属切实可行，应即督率任事各员认真办理，勿稍荒弛，至为切要。贫儿院经费须速另筹举办，仰民政厅转饬知照。此令。摺存。八月七日

（原载《浙江公报》第一千五百八十七号，一二至一三页，指令）

浙江省长公署指令第九号

令民政厅长王文庆

为绍兴县知事呈报办理农桑水利各要政开摺请核由

呈、摺阅悉。贫儿院附设于平民习艺所，尚属便利。西塘工程关系萧、绍两县水利，至为重要，务当和衷筹画，协力进行，毋稍延缓，余如所拟办理，仰民政厅转饬知照。此令。摺存。八月七日

（原载《浙江公报》第一千五百八十七号，一三页，指令）

浙江省长公署指令第十三号

令交涉署长张嘉森

呈一件为临安县新设教堂由

据临安县知事呈报该县城内新设福音讲堂一所,列表具报前来。除备案外,仰该公署转饬知照。此令。八月七日

（原载《浙江公报》第一千五百八十七号,一三页,指令）

浙江省长公署指令第十五号

令高等检察厅长殷汝熊

呈一件嵊县呈报钱伦法命案由

呈悉。口角解散,初非切齿深仇,何致遽行置之死地?核阅验填格结,已死钱伦法身受多伤,与报验呈情不符,恐有起衅别故,仰该厅速饬会督营警勒拿被控凶犯吴林元等务获,集证研讯确情,依限按律拟办,毋稍延纵,切切。格结存。此令。八月八日

（原载《浙江公报》第一千五百八十七号,一三页,指令）

浙江省长公署指令第十六号

令高等检察厅长殷汝熊

呈一件长兴县请奖管狱员由

据呈,该县管狱员魏世杰,办事勤能,成绩卓著,自应予以奖励,用昭激劝,仰该厅核议复夺并行该县知照。呈钞发。八月八日

（原载《浙江公报》第一千五百八十七号,一三至一四页,指令）

浙江省长公署指令第十七号

令高等检察厅长殷汝熊

呈一件平湖县呈报查勘萧咬生家被劫由

呈悉。仰高等检察厅饬即会督营警勒限侦缉是案赃盗,务获究

报,毋稍延纵,切切。呈及图、表、单并发。此令。八月八日

　　　　　　（原载《浙江公报》第一千五百八十七号,一四页,指令）

浙江省长公署指令第十八号

　　令高等审判厅长范贤方

　　　　呈一件为高审厅呈送六月份民刑收结案件表由

　　呈悉。缴。表四纸存。八月八日

　　　　　　（原载《浙江公报》第一千五百八十七号,一四页,指令）

浙江省长公署指令第十九号

　　令高等审判厅长范贤方

　　　　呈一件吴兴县呈报程兆才服毒自尽一案由

　　呈悉。仰高等审判厅饬即传集人证讯明确情,依法办理,毋稍枉纵,切切。格结存。此令。八月八日

　　　　　　（原载《浙江公报》第一千五百八十七号,一四页,指令）

浙江省长公署指令第二十号

　　令高等审判厅长范贤方

　　　　呈一件桐庐县呈报周如成命案由

　　呈悉。既据验明周如成确系生前自行临高失足受伤身死,自应准予备案,仰高等审判厅转饬知照。格结存。此令。八月八日

　　　　　　（原载《浙江公报》第一千五百八十七号,一四至一五页,指令）

浙江省长公署指令第二十一号

　　令高等审判厅长范贤方、高等检察厅检察长殷汝熊

　　　　呈一件为呈送六月份刑事案件进行表由

　　呈悉。缴。表存。八月八日

　　　　　　（原载《浙江公报》第一千五百八十七号,一五页,指令）

浙江省长公署指令第二十二号

令民政厅长王文庆

呈一件为奉化倪温福禀匪党焚屋并毙邻妇由

呈悉。此案倪温福所禀，"邬仁昌匪党陈和高等挟嫌纠伙焚屋掳物，并致邻妇毙命"等语，控情重大，既据分别禀报，何以该管营、县不即拿犯惩办，亦无只字呈报，究竟是何实情，仰该厅令饬奉化县据实查复并咨警政、高检两厅一体行查具复可也。此令。八月　日

（原载《浙江公报》第一千五百八十七号，一五页，指令）

浙江省长公署批第一号

原具呈人潘廷献

呈为为父雪冤请拘获脱逃之已撤警佐朱英由

禀悉。此案本省长前在都督任内迭据官厅密详查复暨人民徐芳、许离憾等禀电，历经批饬民政厅分别撤任、拘提秉公讯究在案。兹该民复以"已撤警佐朱英现已脱逃及违法各节"来署禀控，究竟是否属实，候令民政厅迅予澈查，分别惩究具报。此批。八月七日

（原载《浙江公报》第一千五百八十七号，一九页，批示）

浙江省长公署批第五号

原具呈人昌化毕端达等

呈一件为控承审员违法判断由

查阅黏抄，本案业经该县判决通知在案，该民等果有不服，自应依法上诉，务静候审理，何得越级妄渎，希冀耸听。不准。此批。黏件发还。八月八日

（原载《浙江公报》第一千五百八十七号，一九页，批示）

浙江省长公署批第六号①

原具呈人淳安叶贤和

  呈一件为迭遭抢劫请饬拿办由

  据呈,尔家迭被王灶章等抢掳,未据该县具报有案,究竟是何实情,已获之王嫩嫩是否确已供认,候令高检厅转行查案核办具复。此批。黏附。八月八日

  （原载《浙江公报》第一千五百八十七号,一九页,批示）

浙江省长公署批第七号

原具呈人警官王世杰、潘坤、王德毅

  呈一件为请饬民警各厅仍将前次考取警官分班挨委由

  禀悉。本署饬厅造送警务人员履历名册,只以备考核之用,并未饬送考取名单,来禀殊多误会。惟该员等曾经考试取列甲种,时阅三年,何以并未派委,现在各县警官被控者甚多,亟应详加甄别,并于任用之初严为考选,以重警政而示大公,候令行民政厅会同警政厅妥定办法,呈候核夺。所请分饬民、警各厅仍将前次考取甲乙两种警官分班挨次委用,暂难照准。此批。八月九日

  （原载《浙江公报》第一千五百八十七号,一九至二〇页,批示）

吕督军致南宁陈督军兼省长电

陈督军兼省长鉴：江电敬悉。旌节兼持,策谟远著,抚循旧治,丕振新猷,专电驰贺,惟希伟察。吕公望叩。庚。印。（中华民国五年八月八日）

---

  ① 底本此批无文号,据上下批示推断,当为"第六号"。

附 南宁来电

各省督军省长并转各镇守使、巡阅使、各都统，唐少川、梁任公先生，岑西林先生，李印泉先生，李侠君先生均鉴：前月奉大总统鱼日策令，“特任陈炳焜为广西督军，此令”。又，卅一日奉皓日策令，“特任陈炳焜兼署广西省长，此令”等因，经于本月三日遵令就职。窃炳焜布衣菲才，迭遭厄危，骤膺军符，兼长巡民，任重力微，负己甚惧，扶危为安，同舟是资。伏望示以勉行，匡其不逮，无任盼祷。广西督军兼省长陈炳焜叩。江。印。（中华民国五年八月三日）

（原载《浙江公报》第一千五百八十七号，二二页，电）

吕督军复贵阳刘督军电

刘督军鉴：江电敬悉。敦劝幹公就任[①]，早定粤事，极表同意。昨奉云老电[②]，云幹公已允力疾赴粤，至为佩慰，已电云老转达鄙忱矣。吕公望叩。庚。印。（中华民国五年八月八日）

附 贵阳来电

唐督军、梁任公先生、岑都司令、陆督军、蔡督军、陈督军、吕督军、罗护督军、巡阅使均鉴：华密。幹公有电，云老卅一电顷始奉悉。幹公督师入湘，冒暑致疾，至深恳念。近自返旆桂林，屡辞粤督之任，现云老迭电敦促，急切归隐，环诵再三，具佩两公亮怀谦冲，足以振励末俗，风示来兹。窃念粤东为海疆重地，屏蔽南服，得云老撑持至今，力任艰难，遐迩钦服，倘能日久镇慑，则珠水不波，羊城安堵，民受其赐，幸何如之！惟自龙氏假电招谯，云老百端排解。读卅一电，有“初心何以自白”之语，尤见苦衷。兹

① 幹公，指陆荣廷，字幹卿。
② 云老，指岑春煊，字云阶。

幸中央以粤事授幹公,不忍云老久劳远役,拟仍请幹公勉抑谦怀,迅赴新任,不惟有以慰水深火热之粤民,亦所以成云老艰苦维持之初志。幹公忧先天下,当能俯纳蒭言,并恳诸公一致敦劝为盼。显世叩。江。印。(中华民国五年八月三日)

（原载《浙江公报》第一千五百八十七号,二二页,电）

浙江省长公署咨内务部

为请示规复地方自治办法由

浙江省长公署为咨陈事。案查地方自治各级议会,与国会、省会同为民意机关,自民国二年与国会、省会先后停办,迄未规复。现在大政方新,国会已奉令开议,省会亦定期召集,各属旧自治职员及地方士绅以此项议会事同一律,遂亦纷纷援请规复。查浙省前已成立之自治各议会,系沿用前清旧制,分县自治及城镇乡自治为二级,与三年十二月公布、参政院议决之《地方自治试行条例》规定每县分设四区至六区,仅有区会而无县会者大不相同。现在此项《试行条例》未奉明令废止,在法律尚未能认为无效,然按之事实,选民之限制过严,议事之范围极狭,实难适用于民意寖昌之日,且该《条例施行细则》分期筹办,成立难期,尤无以慰人民望治之殷。拟请转呈总统迅颁明令,将前项《试行条例》立予废止,在正式法律未颁布以前,仍暂用前清旧制,前已成立之各级议会由各地方长官定期召集,以慰民望而成法治,相应咨请大部察核见复施行。此咨
内务部

浙江省长吕公望

中华民国五年八月　日

（原载《浙江公报》第一千五百八十八号,一九一六年八月十三日,二页,咨）

浙江省长公署训令第　　号

令财政厅准财政次长电浙省财政为难情形
转饬厅与部委周大钧洽商由

令财政厅长莫永贞

本月五日接殷财政次长歌电开，"肴电敬悉。部前箇、东各电，系属通电。浙省财政为难情形，此次汝骊自浙中来，深知梗概，对于桑梓，自无不力予维持。至解款一层，部委周大钧现已抵浙，当可商量办理，尚祈饬厅妥与接洽为荷"等语。合行令该厅长即便查照办理。此令。

省长吕公望

中华民国五年八月　　日

（原载《浙江公报》第一千五百八十八号，三页，训令）

浙江省长公署训令第十三号

令民政厅为准内务部咨送三年三届准褒扬证书奖章由

令民政厅长王文庆

案准内务总长咨开，"案查三年三届呈复褒扬一案，经部于本年三月十五日将匾额先行咨送，并随文声明案内生存人氏应得褒章，系由印铸局代铸，一俟送交到部，即行补发咨请查照在案。兹准该局续将三年三届褒章咨送前来，相应开列清单，连同证书一并咨请贵省查照转发"等因前来。合行抄粘清单，连同褒章、证书令行该厅查照，仰即分别令发各县知事给领，并令将给领日期具报备查。此令。

计粘抄清单一纸、证书二十九纸、银质褒章二十九件。

中华民国五年八月十日

省长吕公望

计开：

王顾氏	青绶银章	证书
经徐氏	同	同
王刘氏	黄绶银章	证书
孙富氏	同	同
孙陆氏	同	同
陈顾氏	同	同
王韦氏	同	同
周郑氏	同	同
毛柴氏	同	同
楼傅氏	同	同
何邓氏	同	同
邵宋氏	同	同
高蒋氏	同	同
杜吴氏	同	同
杜徐氏	同	同
李范氏	同	同
龚虞氏	同	同
李王氏	同	同
董周氏	同	同
董张氏	同	同
芦章氏	同	同
胡郑氏	同	同
朱鼎新	蓝绶银章	证书
周如勋	同	同
来济时	同	同
仲成术	同	同

孙齐氏　黄绶银章　证书

吴庚元　同　　　同

吴荣昌　同　　　同

（原载《浙江公报》第一千五百八十八号，三至五页，训令）

浙江省长吕批

民政厅呈为余姚县知事王嘉曾调省遗缺以邢炳旦署理由

呈及履历均悉。如呈准将余姚县知事王嘉曾调省，遗缺以邢炳旦署理，仰将发去任命状转给祗领，并分别转饬知照。此缴。履历存。八月　日

（原载《浙江公报》第一千五百八十八号，一六页，批牍）

浙江省长公署批第八号①

具禀人长兴县震寰国民学校校长钦学乾

禀一件为请加烟酒附加税以维学费由

已于钦乃宪等禀内批示矣，仰民政厅并饬知照。此批。八月九日

（原载《浙江公报》第一千五百八十八号，一七页，批牍 批示）

浙江省长公署批第九号

具禀人长兴公民钦乃宪

禀一件为请酌加烟酒附加税以维学务由

查烟酒各税业经带征附税，所请再加学捐，是否可行，仰民政厅转饬新任长兴县知事查明议复核夺。此批。抄呈发。八月九日

（原载《浙江公报》第一千五百八十八号，一七页，批牍 批示）

---

① 从编号看，省长公署职员稍欠严谨，既称"已于钦乃宪等禀内批示矣"，则"第八号"当作"第九号"，"第九号"作"第八号"，才符合逻辑。下文"第十一号"，批示日期在八月八日，亦可见职员作风之粗率。

浙江省长公署批第十号

原具禀人桐乡张延康

禀一件请颁明令恢复地方自治由

禀悉。地方自治理宜及早规复，惟事关全局，未便纷歧，应候咨请内务部核示饬遵。此批。八月九日

（原载《浙江公报》第一千五百八十八号，一七至一八页，批牍 批示）

浙江省长公署批第十一号

原具禀人长兴公民钦乃宪

禀一件请速复县议会宜用旧议员由

禀悉。仰候咨请内务部核示饬遵。此批。八月八日

（原载《浙江公报》第一千五百八十八号，一八页，批牍 批示）

浙江省长公署批第十二号

原具呈人嘉善公民钱鸿逵等

禀一件请饬县知事将地丁抵补金附税等项详细公布由

禀悉。查关于核准支拨抵补金特捐与已经按成分配之地丁特捐每月收支各数，应按三个月汇总刊示一次，曾经前财政厅通饬遵照在案，何以该县迄未遵办，殊属玩延，候即令行财政厅严催该知事克日详细刊示，以昭大信可也。此批。八月九日

（原载《浙江公报》第一千五百九十一号，一七页，批示）

浙江省长公署批第十六号

原具呈人龙泉刘文贵

呈一件为控知事处分不当由

查阅禀词，甚属支离，且既称案经控县控厅，未据抄呈原案，尤不

足信，不准。此批。八月十日

（原载《浙江公报》第一千五百八十九号，一七页，批示）

浙江省长公署批第十七号

原具呈人玉环蔡思岳

呈一件为王哨官等滥刑毙命由

此案业据该县呈报，当经批饬高检厅转饬查传蔡加松到案，提同革警罗宗恺暨警队兵士讯明，原验尔子所受伤痕究系何人所殴，是否确系自缢，务得实情，按律拟办在案。据呈前情，应即静候该厅饬讯办理，该民亦即回县备质。此批。八月十日

（原载《浙江公报》第一千五百八十九号，一七页，批示）

浙江省长公署批第十八号

原具呈人嵊县王香根等

呈一件控钱增棠仗势横行纵火掳掠一案由

据禀各节，如果属实，不法已极，仰候训令高等检察厅饬即迅予澈查可也。此批。八月十日

（原载《浙江公报》第一千五百八十九号，一七至一八页，批示）

浙江省长公署咨督军

为案准浙江交涉署长与警政厅长会呈金华军队剿匪情形
并称彭玉成剿捕过严迹近骚扰如何处分请酌办由

浙江省长公署为咨行事。案本署于八月五日据浙江交涉署署长张嘉森、浙江警政厅厅长夏超会衔呈复为查明金华军队剿办宣、丽土匪情形呈文一件，并据声明并呈督军察核等情前来。除以"呈悉。（文云见指令门）酌办饬遵"等语指令该署长、厅长外，其彭玉成一员，既据查称带队剿匪搜捕过严，迹近骚扰，应如何处分，以示惩儆之处，

相应备文并粘抄前后案卷,咨请贵督军察酌办理。此咨

浙江督军

　　计粘抄件。

省长吕公望

中华民国五年八月十日

　　(原载《浙江公报》第一千五百八十九号,一九一六年八月十四日,三页,咨)

浙江省长公署训令第十八号

令高等检察厅澈查长乐镇保卫团团长

仗势横行纵火掳掠一案情形由

　　令高等检察厅长殷汝熊

　　案据嵊县王香根等禀称,"县属长乐镇保卫团团长钱增棠仗势横行,纵火掳掠,请求饬县拘案律办"等情到署。当批:"据禀各节,如果属实,不法已极,仰候训令高等检察厅饬即迅予澈查可也。此批"挂发外,合行令仰该厅转饬嵊县知事迅予澈查明确,具复核夺,毋稍偏徇,切切。此令。

中华民国五年八月十日

省长吕公望

　　(原载《浙江公报》第一千五百八十九号,四页,训令)

浙江省长公署训令第二十号

令高检据据永康曹大富禀孔宪洪等殴

被三命请求拘凶集讯由[①]

　　令高等检察厅长殷汝熊

　　案据永康民人曹大富禀称,"为合谋毙命一人抵三,请求按照法

---

　　①　据据,底本如此,前一个"据"当系"厅"字之误。

律拘齐凶犯讯雪冤了讼事。痛民前诉孔小回、庆仙、庆红、培意等纠同孔宪洪、宪谷、庆羊、庆连、宪金、宪佑、宪火等合殴致毙曹增贤、增梅、锡容等一案,恩蒙此案批县详办,事阅年余,迄未报获,殊属玩延。据禀前情,仰永康县知事遵照各前批'上紧严缉孔培意等务获提问,孔宪洪从严讯办,毋再延纵,致滋藉口。切切'等示,于今事阅两月有奇,并未见知事派警往缉,诚为莫解。况此案命毙三人,时阅三载,即未奉钧批,职务所在,亦不应若是延玩。孔宪洪与孔小回等诸凶犯,本属同恶相济,现宪洪虽在押,孔小回等在外钻谋,一面串狨口供,阳为宪洪开逃生之路,一面令宪洪屡判屡翻屡讯,令官厅无暇别提,以为自己漏网地步。似此刁奸手续,将三命之冤终沉海底,泼妻被占,永无究办之日,三年之讼,永无可了结之期,按之法律,诚所罕有。为此迫叩声叙,求请察核施行"等情到署。除批示外,合行令仰该厅转饬永康县遵照迭次批示上紧勒缉孔培意等务获,提同孔宪洪研讯确情,按律拟判,呈复核夺,毋再玩延,至干重咎,切切。此令。

中华民国五年八月十日

省长吕公望

（原载《浙江公报》第一千五百八十九号,四至五页,训令）

浙江督军公署浙江省长公署训令第二十四号

令各机关为日商井上健胜等赴闽浙等省游历令保护由

令交涉署长、温州交涉员、宁波交涉员、民政厅厅长、警政厅厅长、陆军第六师师长、陆军第二十五师师长、第一独立旅旅长、嘉湖镇守使、台州镇守使

本月七日准福建省长公署咨开,"据特派交涉员王寿昌详称,'准日本领事函开,日商井上健胜及刘金水往浙江全省游历通商,执照二纸请加印送还给执等因。除将执照盖印送还,照请日本领事转告该日商等前往各处游历,不得任意测绘,其土匪未靖县分应饬暂缓前往

外，理合具文详请察鉴'等情。除批示外，相应咨请查照转饬所属，一俟该日人到境，照约保护"等由。准此，除分令外，合令该署长、交涉员、厅长、师长、旅长、镇守使遵即转令所属一体保护。此令。

中华民国五年八月十一日

督军兼署省长吕公望

（原载《浙江公报》第一千五百八十九号，五页，训令）

浙江督军公署浙江省长公署训令第二十五号

令各机关为英商老中庸洋行伙怀特

赴江苏等省游历通令保护由

令交涉署长、温州交涉员、宁波交涉员、民警二厅长、陆军第六师师长、陆军第二十五师师长、嘉湖镇守使、台州镇守使、第一独立旅旅长

案准江苏省公署咨开，"案据特派江苏交涉员杨晟详称，'顷准英国总领事函，以老中庸洋行伙怀特赴江苏、浙江、安徽游历，缮给护照请盖印前来。除将护照印发外，理合详请察照，转饬各属，俟该英人到境呈验护照时，照约保护'等情。据此，除饬属保护并分行外，相应咨请贵省长查照，希即饬属照约一体保护"等由。准此，除分令外，合行令仰该　　遵即转令所属一体保护。此令。

中华民国五年八月十一日

督军兼署省长吕公望

（原载《浙江公报》第一千五百八十九号，五至六页，训令）

附　浙江民政厅训令第四十号

令宁波警厅各县知事奉省长训令英人怀特来浙游历由

令宁波警察厅长、各县知事

本月十一日奉督军公署省长公署训令内开，"案准江苏省公署咨

开,案据特派江苏交涉员杨晟详称,'顷准英国总领事函,以老中庸洋行伙怀特赴江苏、浙江、安徽游历,缮给护照请盖印前来。除将护照印发外,理合详请察照,转饬各属,俟该英人到境呈验护照时,照约保护'等情。据此,除饬属保护并分行外,相应咨请贵省长查照,希即饬属照约一体保护等由,准此除分令外,合行令仰该厅长遵即转令所属一体保护。此令"等因。奉此,除分令外,仰该厅长、该知事即便遵照,按约办理,并将该英人入境出境日期呈报备查。此令。

中华民国五年八月二十一日
民政厅长王文庆

(原载《浙江公报》第一千五百九十九号,一三页,训令)

浙江省长公署训令第二十六号

令民政厅为富阳县呈报县议会筹办情形请示召集日期由

令民政厅长王文庆

据富阳县知事陈融呈报县议会筹备情形请示召集等情,查规复地方自治各议会,前据各属绅民禀请,业经本公署咨请内务部核示在案,应候复到再行令遵,仰该厅转令该县知事遵照。此令。

中华民国五年八月十一日
省长吕公望

(原载《浙江公报》第一千五百八十九号,六页,训令)

浙江省长公署训令第二十七号

令民政厅为黄岩县知事呈据情转呈师范
讲习所经费免提县税小学经费由

令民政厅长王文庆

据黄岩县知事汤赞清呈请师范讲习所经费免提县税小学费等情到署。查此项经费迭经前巡按使按县派定,通饬遵办在案,该县何得藉词推诿,致碍学务进行。合行抄发原呈令仰该厅转令该县知事迅即集款解报,毋稍延缓,切切。此令。

中华民国五年八月十一日

省长吕公望

(原载《浙江公报》第一千五百八十九号,六至七页,训令)

浙江省长公署训令第二十九号

令民政厅准农商总长咨送农务物产表册由

令民政厅长王文庆

案准农商总长咨开,"查农业物产为工商各业之源,关系至为重要,我国幅员广袤,向乏统计,以致盈虚消长之数无从查考。前农林部有见于此,订定表式,于民国元年六月咨行税务处转饬各海关将输出输入数量按月报部汇编总表,历经办理在案。民国二年分总表业经本部刊登第十二期《农商公报》,其民国三年分总表亦经陆续登载。兹特颁行单行本,将各农产物之数量绘为图表,期于输出输入各数一目了然,用资比较。相应检齐原表七十本,咨送贵省长查照转发各属及其他农业机关参考可也。附表七十本"等因前来。除将表册抽存一本备案外,合行令发该厅查照,仰即分别转发各属及其他农业机关,以备参考。此令。

附发表册六十九本。

中华民国五年八月十一日

省长吕公望

(原载《浙江公报》第一千五百八十九号,七页,训令)

浙江省长公署训令第三十号

令民政厅迅速查照前饬将浙省选送北京
警察传习所学员半薪垫给由

令民政厅长王文庆

案于本月八日据警察学员电禀,内称"经济窘迫,津贴速汇"等情。据此,查此案前准内务部电咨,当经饬行该厅迅即查案筹划垫给,具报在案,迄今未据呈报。据电前情,合再训令该厅查照前饬,克日筹划垫给,一面迅令各县照解归垫,毋得违延,仍具报查考。此令。

中华民国五年八月十一日

省长吕公望

（原载《浙江公报》第一千五百八十九号,七页,训令）

浙江省长公署训令第三十四号

令民政厅据长兴县吴秉钧呈请准予先行试探金牛山铁矿由

令民政厅长王文庆

案据长兴县民吴秉钧禀请饬厅准予先行开工试探金牛山铁矿等情。查此案据称前经该厅批饬遵照部章禀候核夺在案,所请先行开工一节,是否可行,合行抄发原呈,令仰该厅并案核饬知照。此令。

抄发原呈一纸。

中华民国五年八月十一日

省长吕公望

（原载《浙江公报》第一千五百八十九号,八页,训令）

浙江督军署饬第八十九号

饬军队各机关现用器具造报以凭计核由

为饬知事。案查各机关现用器具均须造报,以凭计核,业经前将军行署制成表式,并核定自三年七月份起每三个月为一期,即由各机关按式造报一次,遇有新旧交替之际,并须双方另行造报,而重公物,迭饬遵照在案。兹查各机关于此项现用器具报告表,其依式按期造送者固多,而逾限未报者亦复不少,如是殊非慎重计政之道。本督军莅任将近四月,对于各项要政,均已积极进行,此项表件未便从缓办理。除分饬外,合即饬仰该　　遵照并转饬所属一体遵照前案,督饬主管人员即将现用器具数目填表,限于九月十五日以前送署查核,并以后按期造报,毋稍延误,切切。此饬。

省长吕公望

右饬各军队机关。准此。

中华民国五年八月十日

(原载《浙江公报》第一千五百八十九号,一〇至一一页,训令)

浙江省长公署指令第二十四号

令警政厅长夏超

呈一件为该厅呈奉省长会饬建威路支队长呈管带
乐占元防务出力如何奖励饬厅核办由

据呈,该管带乐占元驻防威坪,不无劳绩,应如拟准予记大功一次,仍候督军指令施行。此令。八月九日

(原载《浙江公报》第一千五百八十九号,一三页,指令)

浙江省长公署指令第三十一号

令民政厅长王文庆

呈一件为长兴县知事填送饲育春蚕成绩并检送缫成细丝由

呈、表均悉。据称,检送缫成细丝一组,迄今日久,尚未寄到,仰即令行该县查明另呈备考,并将发去原表一册转发农事试验场查核呈复,仍将原表缴还备案。此令。表发仍缴。八月十日

(原载《浙江公报》第一千五百八十九号,一三页,指令)

浙江省长公署指令第三十四号

令民政厅长王文庆

呈一件据遂安县知事为委查陆友箴
禀讦方校长本义案情拟议请示由

呈悉。该校长方本义推跌余景贤致受微伤,虽谓迫于义忿,究属

有亏仪范,所请酌予惩儆各节,是否妥协,仰民政厅核议饬遵。馀照第三百四十一号批示办理,并饬知照。此令。八月九日

（原载《浙江公报》第一千五百八十九号,一三页,指令）

浙江省长公署指令第三十五号

令民政厅长王文庆

呈一件据海盐县知事呈据孙世铨等禀请回复县议会由

呈悉。规复地方自治一案,昨据各属绅民禀请,已咨请内务部核示在案,应俟复到核办,仰民政厅转饬知照。此令。抄呈发。八月九日

（原载《浙江公报》第一千五百八十九号,一三至一四页,指令）

浙江省长公署指令第四十号

令财政厅长莫永贞

呈一件据财政厅民政厅会衔呈报王观等请领兰建
交界马岭山官荒饬县查勘核办由

据呈已悉。此令。八月九日

附原呈

呈为会衔呈报事。案奉省长在都督任内批发王观等禀请拨给兰溪①、建德二县交界马岭山官荒办理森林垦艺由,奉批:"据禀已悉。仰民政厅会同财政厅核议饬遵并具报备核。来禀于年龄、籍贯、住所均未依式填注,实属疏漏,并饬补呈。此批。摘由发。原禀随发,仍缴"等因到厅。奉此,查此案厅长等以先据王观等禀同前情,并续据遵批开明年岁、籍贯补禀前来。现以所请拨给之兰溪、建德两县交界马岭山,究有官荒山地若干亩数,有

---

① 兰溪,底本误作"兰豁",径改。

无民荒错杂其间,非先饬县勘丈明白绘图具报,无从核办,经厅长等咨商妥洽会勘饬该两县知事遵照勘报。除俟勘报到厅再行核办外,理合先将遵批核议会饬遵办情形检同奉发原禀备文呈报,伏乞省长鉴核施行。谨呈。

(原载《浙江公报》第一千五百八十九号,一四页,指令)

浙江省长公署指令第四十七号

令民政厅长王文庆

呈一件为吴兴县知事呈据乌青商务分会

函请丝商沈桐扬开设兴昌茧厂

附送商会保结批厅核饬由

呈悉。开设茧行在《条例》未经议定更改以前,自应仍遵《条例》办理,仰民政厅查核所请开设茧厂有无违章之处,饬由该县知事转饬知照,仍具复备查。此令。抄呈发。保结附发。八月十日

(原载《浙江公报》第一千五百八十九号,一四页,指令)

浙江省长公署指令第四十九号

令财政厅长莫永贞

呈一件杭县茧捐局呈报本届征收数目及

裁撤日期并送比较表由

呈、表均悉。仰财政厅转行知照。表存。此令。八月十日

杭县茧捐局报捐干茧数目近三年比较表(中华民国五年八月二日造送)

年　别	报捐干茧数	年　别	报捐干茧数	本年比较盈收数
三年份	四千四百四十担	本年份	四千四百八十二担	百分之一
四年份	二千二百一担	本年份	四千四百八十二担	百分之五三

(原载《浙江公报》第一千五百八十九号,一五页,指令)

浙江省长公署指令第五十二号

令财政厅长莫永贞

呈一件新昌县嵊县为查明烟篓捐征收

情形并送管理规则请核示由

呈、摺均悉。此项烟篓既已抽收多年,作为烟业会馆、公所及各项公益经费,有官厅印示堪资证明,所拟规则,大致亦无不合,自应准予循旧办理。惟所收捐款公益,仅得三分之一,未免过少,嗣后应与会馆、公所平均分配,设有不敷,将会馆、公所用途酌量裁减,以节糜费,仰即转行知照。余并悉。摺存。此令。八月九日

(原载《浙江公报》第一千五百八十九号,一五页,指令)

浙江省长公署指令第五十四号

令交涉署署长张嘉森、警政厅厅长夏超

呈一件为呈复查明金华军队剿办

宣丽土匪情形请察核示遵由

呈悉。既据查称,"丽水县小溪地方并未设有教堂,宣平县渠溪地方亦未设立支堂,梁绍棠等实有交结匪类情事,即因搜查有所损失,亦系个人之事,并无教堂关系,且当时宣平涂知事邀同德教士赵安怀亲赴彭玉成营中检查,未得一物"等语。应一面由该署长详叙案情,按照条约函复该教士冉明诚知照,一面仰该厅长咨会民政厅,令行核地方官迅将梁绍棠等交结匪类暨呈报失物案件[①],悉心研鞫虚实,办结具报。至该哨官彭玉成,据查带队剿匪,搜捕过严,迹近骚扰,咎有应得,现既调升陆军上尉,候咨明督军查核酌办饬遵。此令。八月十日

(原载《浙江公报》第一千五百八十九号,一五至一六页,指令)

---

① 核,疑为"该"之误。

浙江省长公署指令第五十五号

令高等审判厅长范贤方

呈一件为嘉善县判决获盗薛小弟等死刑一案呈请核示由

呈悉。仰即令知嘉善县查讯明确具复核夺,并将判决文形式不合之处示知该县及承审员知照。供、判存。此令。八月十日

（原载《浙江公报》第一千五百八十九号,一六页,指令）

浙江省长公署指令第五十六号

令高等审判厅长范贤方

呈一件为江山县呈报缉获毛十三一名讯供由

呈悉。仰高等审判厅饬即传集人证研讯明确,按律拟办,毋稍枉纵,仍饬勒缉余犯务获讯究,切切。抄呈、单并发。此令。八月十日

（原载《浙江公报》第一千五百八十九号,一六页,指令）

浙江省长公署指令第六十三号

令民政厅长王文庆

呈一件为该厅呈复云和县呈请查案核奖
许学彬可否记名录用由

呈悉。许学彬所著劳绩,既据查案迭经奖酬,则该知事请核奖并请以警佐记名录用①,自毋庸议。仰该厅转令遵照。此令。八月十日

（原载《浙江公报》第一千五百八十九号,一六页,指令）

---

① 知事,底本误作"知重",径改。

浙江省长公署批第二十号

原具呈人瑞安县蔡振藩

呈一件为涂荡被占请核定由

现在道尹裁撤,该民是否确犯刑事,诉权有无消灭,兼涂田行政处分是否允当,候改令民政厅饬县查明依法办理,并由厅核复察夺。此批。黏附。八月十日

（原载《浙江公报》第一千五百八十九号,一八页,批示）

浙江省长公署批第二十一号

原具呈人永康民人曹大富

呈一件为孔宪洪等殴毙三命一案请求拘齐凶犯集讯由

案经前督批县,"上紧严缉孔培意等务获,提犯研讯详办"在案。迄今日久,尚未缉获,殊属玩忽。据禀前情,仰候令行高等检察厅饬县迅予缉凶讯究可也。此批。八月十日

（原载《浙江公报》第一千五百八十九号,一八页,批示）

浙江省长公署批第二十二号

原具呈人新登县警察所警长朱云

呈一件禀为警备队哨官邓福泰纵兵妨害警务请饬办由

据禀是否实情,候令警政厅秉公查办,该警长应即迅行回所服务,毋得藉端留省。此批。八月十日

（原载《浙江公报》第一千五百八十九号,一八页,批示）

浙江省长公署批第二十六号

原具呈人建德县公民吴昌湖等代表黄省三

呈一件禀请撤销自治附捐由

禀悉。是案前据该县民人邵嗣彦等禀请取消新加自治附捐到

署,即经批,据民政厅复称,"拟即遵照每两随征一角原案,暂以征收一年为限,嗣后再视该县自治经费之赢绌,分别停止、减免"等情,业经批准照办,复于该县民人蔡嫩华等请求撤销附捐禀内明晰批示在案。该公民所禀情节相同,自应依照前批办理,仰即知照。再,此后人民陈请事项,应改用呈并查照《公报》所登公文程式缮写。此批。八月十日

（原载《浙江公报》第一千五百八十九号,一八至一九页,批示）

浙江省长公署批第三十号

原具呈人吴秉钧等

呈一件请准先行开工试采金牛山铁矿由

呈悉。候令民政厅核饬知照。此批。八月十日

（原载《浙江公报》第一千五百八十九号,一九页,批示）

浙江督军署批第二号

原具呈人陈渡

呈一件为请投效由

查该员前充步兵第二十一团司务长时,因冒名赊骗财物,败坏军誉,即经撤差并褫夺实官通咨各省勿予录用在案,何得再来呈请投效？除将送到委任、记功各状存署注销外,仰即知照。此批。八月十一日

（原载《浙江公报》第一千五百八十九号,一七页,批示）

吕督军致云南唐督军任省长电

唐督军、任省长鉴：阳电蒸奉,敬悉二公就任,曷胜忭贺。久钦伟誉,弥企新猷,愿时惠教,俾聆宏略。承示暂用旧印,已登《公报》,通饬知照并闻。吕公望叩。真。印。（中华民国五年八月十一日）

（原载《浙江公报》第一千五百八十九号,二一页,电）

浙江督军公署浙江省长公署饬会字第二十五号

饬军警各机关案准国务院咨据察哈尔

田都统函称有扶国军都招讨邵荣勋之

谬言请饬属一体严禁由

为饬知事。本月九日承准国务院咨开,"准察哈尔田都统函开,'据张北县知事送阅自奉天来函一件,有扶国军都招讨邵荣勋宣言,语多悖谬,拟请分饬各省一体严禁'等语。查共和成立,业经数载,此种妖言,关系治安,除分行外,相应抄录原件咨请查照,切实严禁,以安人心"等因,并附抄件到署。除分饬外,合即饬仰该 即便查照,饬属一体严密查禁,倘有前项扶国军名义之悖谬印刷品发现,应即立予销毁,追究具报,毋稍疏忽。此饬。

浙江督军兼署省长吕公望

右饬陆军第六师师长、陆军第二十五师师长、陆军步兵独立第一旅旅长、宪兵司令官、嘉湖镇守使、台州镇守使、镇海炮台总台官、民政厅厅长、警政厅厅长、特编游击队营长、模范警队营长。准此。

中华民国五年八月十日

(原载《浙江公报》第一千五百九十号,一九一六年八月十五日,四页,训令)

附　浙江民政厅训令第一百零四号

令各属奉督军公署省长公署饬即转饬所属

严禁扶国军名义之悖谬印刷品由

令各县知事兼警察所长、宁波警察厅厅长、永嘉警察局局长

为令知事。本月十四日奉督军公署省长公署饬会字第二五号内开,"为饬知事。本月九日承准国务院咨开,'准察哈尔田都统函开,据张北县知事送阅自奉天来函一件,有扶国军都招讨邵

荣勋宣言,语多悖谬,拟请分饬各省一体严禁等语。查共和成立,业经数载,此种妖言关系治安,除分行外,相应抄录原件咨请查照,切实严禁,以安人心'等因,并附抄件到署。除分饬外,合即饬仰该厅长即便查照饬属一体严密查禁,倘有前项扶国军名义之悖谬印刷品发现,应即立予销毁,追究具报,毋稍疏忽。此饬"等因。奉此,除分令外,合即令仰该厅长、该知事、该局长遵照转令所属一体严密查究,毋稍疏忽,切切。此令。

中华民国五年八月二十二日

民政厅长王文庆

（原载《浙江公报》第一千六百零四号,七页,训令）

浙江督军公署浙江省长公署饬会字同上号

饬各军警局各厅团司令呈准国务院咨据察哈尔

田都统函称有扶国军都招讨邵荣勋之

宣言请饬属一体严禁由

为饬知事。本月九日承准国务院咨开,"（文云与上饬同）,相应抄录原件,咨请查照,切实严禁,以安人心"等因,并附抄件到署。除分饬查禁外,合即饬仰该　　知照。此饬。

浙江督军兼署省长吕公望

右饬军械总局局长、测量局局长、陆军监狱署典狱官、高等审厅厅长、高等检厅厅长、两浙盐运使、财政厅长、建德团区司令官、丽水团区司令官、兰溪团区司令官。准此。

中华民国五年八月十日

（原载《浙江公报》第一千五百九十号,四至五页,训令）

浙江省长公署指令第九十六号

令警政厅长夏超

呈一件为议复盐运使请奖警备队

协助场务有功人员请察核由

据呈，拟将警备队四区三营管带调升第六区帮统兼第二营管带王文彬一员追记大功一次，又前警备队第四区现改第六区三营一哨哨官黄树勋、哨长李鹤然暨该区一营四哨哨长金殴鳌等三员各记大功一次，均悉。准如所拟给奖，仰即分别注册令知，并咨盐运使查照。此令。八月十一日

（原载《浙江公报》第一千五百九十号，一一页，指令）

浙江省长公署指令第九十七号

令高等审判厅长范贤方

呈一件为江山县呈报缉获盗匪叶春桂一名讯供由

呈悉。盗匪叶春桂，既据缉获，应即传证提犯研讯明确，按律拟办，毋枉毋纵。悬赏洋三十元及另购眼线酌加洋二十元，应准作正开支，以资鼓励。仰高等审判厅转饬知照。供存。此令。八月十二日

（原载《浙江公报》第一千五百九十号，一一页，指令）

浙江省长公署批第三十三号

原具呈人赵之骥

呈一件为朱振宜等挟嫌毒害由

控县未准之案，率行上渎，殊属不合，不准。此批。八月十一日

（原载《浙江公报》第一千五百九十号，一三页，批示）

浙江省长公署批第三十四号

原具呈人建德县苏青云汪富文等

　　　禀一件为叶杏棠强占垦地请澈查由

禀悉。本案未据黏抄县卷，无从核办。此批。八月十一日

　　（原载《浙江公报》第一千五百九十号，一三页，批示）

督军署咨省长

　　　为警备队第三区第三营管带项燃

　　　　业调本署署附少校由

　　浙江督军署为咨行事。警备队第三区第三营管带项燃，业经本督军任命为本署署附少校，除给委外，相应咨达贵省长请烦查照，转令施行。此咨

浙江省长

　　　　　　　　　　　　　　　　　　浙江督军吕公望

　　　　　　　　　　　　　　中华民国五年八月十二日

　　（原载《浙江公报》第一千五百九十一号，一九一六年八月十六日，三页，咨）

浙江督军署训令第二号

　　　令委张化习为本署署附少校由

　　令张化习

　　查该员堪以任为本署署附少校，月给薪洋一百元。合将任命状令发，仰即祗领遵照到差，并将详细履历具报。此令。

　　计发任命状一张。

　　　　　　　　　　　　　　　中华民国五年八月十二日

　　　　　　　　　　　　　　　　　　督军吕公望

　　（原载《浙江公报》第一千五百九十一号，四页，训令）

浙江督军署训令第四号

令委本署参谋陈最代理步兵第一旅参谋由

令本署参谋陈最

查陆军步兵第一旅司令部参谋蔡鼎彝,业已饬回陆军大学校肄业,所遗职务,查有该员堪以代理,月薪仍照旧支给。除令行该旅旅长知照外,合将任命状令发,仰即祗领遵照。此令。

计发任命状一张。

中华民国五年八日十二日

督军吕公望

(原载《浙江公报》第一千五百九十一号,四页,训令)

浙江督军署训令第六号

令委警备队第三区第二营管带项燃调任本署署附少校由

令警备队第三区第三营管带项燃

查该员堪以调任本署署附少校,月给薪洋一百四十元。除咨行省长转令知照外,合将任命状令发,仰即祗领遵照。此令。

计发任命状一张。

中华民国五年八月十二日

督军吕公望

(原载《浙江公报》第一千五百九十一号,四至五页,训令)

浙江省长公署训令第三十号

令民政厅据汤溪县呈报办理农桑水利各项要政情形由

令民政厅长王文庆

案据汤溪县知事丁燮呈报办理农桑、水利等情到署。查该县频年水旱,办理庶政,着手维艰,尚属实在情形,既据悉心规划,诸事略有端倪,应即切实督率进行,毋俾有名无实,至为切要。贫儿院系通饬办理之件,仍应赶速筹办。除原文已据另呈无庸抄发外,合行令仰该厅转饬知照。此令。

中华民国五年八月十一日

省长吕公望

(原载《浙江公报》第一千五百九十一号,五页,训令)

浙江省长公署训令第四十一号

令高等审判厅据王时雨控徐宝宝奸媳谋子
一案仰该厅迅即查明复核由

令高等审判厅长范贤方

案据王时雨控徐宝宝奸媳谋子请求伸冤一案,前由巡按使届批令该厅查案具复核夺在案。兹据该民禀催前来,察阅所呈,该案似已判决确定,惟词意含糊,又未抄粘原案,无凭详核。案经前巡按使批饬查复,究系如何办理,合行令仰该厅迅即查明呈复,以凭察核,切切。此令。

中华民国五年八月十一日

省长吕公望

(原载《浙江公报》第一千五百九十一号,五页,训令)

浙江省长公署训令第四十四号

令烟酒公卖局长为预防公卖流弊严行稽核由

令烟酒公卖局局长莫永贞

查《烟酒公卖章程》实行已届一年,除有不便商人之处,历经咨部变通办理外,其各区调查烟酒存货征收公卖照费,自应按照章程一律办理,方足以昭核实而示公允,万不可听令各区互为宽严,自成风气。兹因稽查疏虞,致定章有所出入,刁狡者必上下其手,良懦者亦相率观望,一有反唇相讥,法令威信随之而失。该局职掌所在,责无旁贷。

乃迭经访闻,各区支栈办理公卖事宜颇有纷歧,甚至如第一区各大烟栈竟有存货未贴印照之说,如果属实,实系违章宽纵,何以平存货已贴印照者之心? 为此训令该局长应即严密派员澈查,并通令各分局监督支栈慎密巡查,如有稽征不力,或串同舞弊等情,应即严行举发,照章惩办,以尊法纪而重征收。至各区办理公卖情形如何,有无歧异,亦应由该局长一并详查具复候核,切切毋违。此令。

中华民国五年八月十二日

省长吕公望

(原载《浙江公报》第一千五百九十一号,五至六页,训令)

浙江省长公署训令第四十六号

令民政厅为朱士斌陈备三两员以县知事存记任用由

令民政厅长王文庆

查有朱士斌、陈备三两员堪以县知事存记任用,除由本署注册外,合将履历饬发,令仰该厅即便将该员等分别存记。此令。

中华民国五年八月十二日

省长吕公望

(原载《浙江公报》第一千五百九十一号,六页,训令)

浙江省长公署训令第四十七号

令各厅准内务部咨请通缉前代理兴和县知事巩金汤由

令高等检察厅长殷汝熊、民政厅长王文庆、警政厅长夏超

本年八月七日准内务总长咨开,"案准国务院函开,大总统发下署理察哈尔都统田中玉呈,看管卸任县知事巩金汤保外潜逃,请饬通缉,并审判处长周树标等检举处分等语。查巩金汤保外潜逃,亟应一体严缉,以便归案讯办。其审判处长周树标等看管官犯,致令潜逃,殊属疏忽,既据自行检举,相应函致查核办理等因到部。除该审判处长周树标等由部会同司法部另案核办外,相应钞粘原呈暨协缉逸犯

表咨请贵省长查照,转饬所属一体严缉"等因。准此,合行令仰该厅即便饬属一体严缉。原呈抄发。此令。

中华民国五年八月十二日

省长吕公望

(原载《浙江公报》第一千五百九十一号,六至七页,训令)

附　浙江警政厅训令第六十八号

令各属奉省长令准内务部咨以察哈尔卸任

知事巩金汤保外潜逃仰一体协缉由

令各厅长各统带

本年八月十四日奉省长训令第四七号,内开,"八月七日准内务总长咨开,'案准国务院函开,大总统发下署理察哈尔都统田中玉呈,看管卸任县知事巩金汤保外潜逃,请饬通缉,并审判处长周树标等检举处分等语。查巩金汤保外潜逃,亟应一体严缉,以便归案讯办。其审判处长周树标等看管官犯,致令潜逃,殊属疏忽,既据自行检举,相应函致查核办理等因到部。除该审判处长周树标等由部会同司法部另案核办外,相应抄粘原呈暨《协缉逸犯表》咨请贵省长查照,转饬所属,一体严缉等因。准此,合行令仰该厅长即便饬属一体严缉。原呈钞发。此令"等因,并抄发原呈。奉此,除分行外,合行钞发原呈暨《协缉逸犯表》,令仰该厅长、该统带即便转饬所属一体严缉。此令。

计钞发原呈暨《协缉逸犯表》一份。

中华民国五年八月十九日

警政厅长夏超

(原载《浙江公报》第一千五百九十八号,一一页,训令)

附 浙江民政厅训令第一百零三号

令各属奉省长令饬属协缉察哈尔

卸任兴和县知事巩金汤由

令七十五县知事、宁波警察厅长、永嘉警察局长

为令知事。本年八月十五日奉省长吕令开，"本年八月七日准内务总长咨开，'案准国务院函开，大总统发下署理察哈尔都统田中玉呈，看管卸任县知事巩金汤保外潜逃，请饬通缉，并审判处长周树标等检举处分等语。查巩金汤保外潜逃，亟应一体严缉，以便归案讯办。其审判处长周树标等看管官犯，致令潜逃，殊属疏忽，既据自行检举，相应函请查核办理等因到部。除该审判处长周树标等，由部会同司法部另案核办外，相应钞粘原呈暨《协缉逸犯表》，咨请贵省长查照，转饬所属，一体严缉'等因。准此，合行令仰该厅长即便饬属一体严缉。原呈钞发。此令"等因。奉此，合行令仰该厅长、该知事、该局长即便饬属一体严缉。原呈转抄发。此令。

计抄发原呈一件（已见本月二十三日本报"训令"门）。

民政厅长王文庆

中华民国五年八月二十一日

（原载《浙江公报》第一千六百零三号，一二至一三页，训令）

浙江督军署指令第七号

令陆军步兵独立第一旅旅长俞炜

呈一件为参谋蔡鼎彝回校请遴员接替由

呈悉。该旅参谋蔡鼎彝回校肄业，应准仍留原职原薪，所遗职务查有本署参谋陈最堪以代理，月薪仍照中校支给。除分令外，仰即知照。此令。八月十二日

（原载《浙江公报》第一千五百九十一号，一〇页，指令）

浙江省长公署指令第九十八号

令高等审判厅长范贤方

呈一件江山县呈报获犯毛乌抵打讯供由

呈及供摺均悉，仰高等审判厅饬即提犯毛乌抵打一名，详细研讯，务得确情，依法办理，毋稍枉纵，切切。供摺存。此令。八月十一日

（原载《浙江公报》第一千五百九十一号，一〇页，指令）

浙江省长公署指令第九十九号

令高等审判厅长范贤方

呈一件为相验童金氏命案由

呈悉。此案童金氏尸身既据验有木器刃伤多处，现审童荣贵供词显系避就，合行令仰该厅即饬传证提讯明确，务得实情，依限按律拟办。格结、供摺存。此令。八月十一日

（原载《浙江公报》第一千五百九十一号，一〇页，指令）

浙江省长公署指令第一百号

令高等审判厅长范贤方

呈一件德清县呈报命案由

呈悉。仰该厅饬即传证提同被告凶犯史阿时研讯确情，按律判决，毋稍枉纵，切切。格结存。此令。八月十一日

（原载《浙江公报》第一千五百九十一号，一〇至一一页，指令）

浙江省长公署指令第一百零七号

令民政厅长王文庆

呈一件为查明李谷香对于源丰润抵款

房屋原信据系由误封并无别情由

呈悉。前送信据，既据查明实系钞件，由于误封所致，应毋庸议。

惟察阅续呈,信据仅盖有"源丰润信缄"戳记,并无何种重要图章,究竟此种普通信缄戳记对于金钱关系之凭证,按照商务习惯能否发生效力,是项房屋,李谷香能否主张债权,应否仍照原案拨给师范讲习所应用之处,仰再查核全案,悉心研究,详细呈复,以凭察夺。一面转行该知事,嗣后办理公牍务宜审慎周详,设手续上查有错误,亦应于呈文内明晰声叙,不得如前呈之含糊具复,致迹近欺朦,切切。此令。

八月十二日

计附发信据一件,仍缴。

（原载《浙江公报》第一千五百九十一号,一一页,指令）

浙江省长公署指令第一百一十号

令政务参议会

呈一件为请颁发政务参议会议事规则暨办事细则由

呈悉。该会《议事规则》暨《办事细则》,业经本省长制定刊印成册,随令发给各二十份,仰即查收,遵照办理。此令。八月十二日

（原载《浙江公报》第一千五百九十一号,一一页,指令）

浙江省长公署指令第一百十一号

令民政厅长王文庆

呈一件为松阳县知事呈明警佐密报克扣恩饷始末情形由

案经饬查,仰民政厅仍将先后互禀各节迅速并案查明,具报核夺。此令。清摺、原呈抄发。八月十二日

附原呈

呈为报载警佐何光耀密报知事克扣恩饷一案,事实全非,专案呈明,仰祈鉴核事。

窃见本月十八日《公报》载有松阳警佐何光耀密报知事克扣

恩饷等情,已奉都督以"事关侵扣饷项,虚实均应查明,饬由民政厅委员澈查复候核夺"等因在案。是事之虚实自有水落石出之一日,知事分应静候查办,何敢故为哓哓。唯此案内容实系匀配而非克扣,该警佐先诺后违,出此告讦手段,诚不知其用意之所在。兹将实在情形为我都督陈之。

查前次遵电宣布独立,县境匪耗频闻,且有劫狱之谣。其时地方警察与县队分布巡防,甚为出力。而县署司法警察之一部分与夫监所狱卒,或随同知事宵旰侦查,或秉承管狱员严密戒护,其劳苦之功,亦不在警察等之下,甚有过之而无不及,论功行赏,自应一体发给恩饷。第原奉省饬"仅以警察警队为限",各县知事虽有为法警等请者,而概未邀准,故知事对上不敢作无益之请求,对下思有以均沾夫实惠,因有变通办理之举。又,因原发犒赏费先奉都督批示"每月准支五十元",嗣因既发恩饷,无另给犒赏之理,爰又拟将已给之犒赏费在于此款内扣除。当与代理警佐何光耀面商,按照应发警察、警队恩饷总额,先将犒赏费扣除,再照警察、警队法警、狱卒人数匀配发给。该警佐甚为赞成,随即决定于已受犒赏之长警及原有警兵统按七零折改发铜元,于未受犒赏之法警、狱卒仍照饷额发给银元,于即待解散之临时警兵普给恩饷半月,似此分配,适符总数,当经分别交转及直接发放完竣。此即当时出于不得已而变通发饷之情形也。不料该警佐蛇蝎其心,遽以"克扣"二字架陷,又将扣除犒赏情节抹煞,改以扣支电费耸听,实为初料所不及。且查原函内称"警队仅发六名",则因原设警队另有三名由县直接发放,又有二名销差未发之故,而该警佐佯为不知,又称警察少发三名,则知事不敢承认,"克扣"之责,应由该警佐担负。

总之,此案内容如此,而该警佐报告如彼,事实全非,陈实虚伪,宪明在上,幸为昭察,不然为知事者,亦几殆矣,一身不足惜,其如吏治何？缘见报载，合将本案始末情形开同细数清摺，备文呈明，仰祈钧督鉴核。谨呈。

（原载《浙江公报》第一千五百九十一号，一一至一二页，指令）

浙江省长公署指令第一百十六号

令财政厅长莫永贞

呈一件为实业银行董事周锡经袁钟瑞两员呈报任职日期由

呈悉。仰财政厅转行该董事等知照，并由该厅长督率各董事照章举行董事会议，将该银行事宜认真整顿，随时呈报查考。此令。八月十二日

（原载《浙江公报》第一千五百九十一号，一二至一三页，指令）

浙江省长公署指令第一百十七号

令交涉署长张嘉森

呈一件为续请解职并举贤自代由

呈悉。既据一再坚辞并举贤自代，情词恳切，自应照准解去交涉署长职务。惟现在政局尚未大定，建设方新，全赖学识优长之士发抒意见，为在官者之指导，以后仍冀随时通函，藉作南针，是所厚望。此令。八月十二日

（原载《浙江公报》第一千五百九十一号，一三页，指令）

浙江省长公署任命状第五十一号

任命林鹃翔署理浙江交涉署长。此状。八月十二日

（原载《浙江公报》第一千五百九十一号，一三页，指令）

浙江省长公署批第三十二号

原具呈人武义王时雨

呈一件控徐宝宝奸媳毙谋伊子一案请饬复讯昭雪由

本案经前巡按使批厅查案复夺在案，据禀前情，仰候饬催查复可也。此批。八月十一日

（原载《浙江公报》第一千五百九十一号，一七页，批示）

浙江省长公署批第三十五号

原具呈人嵊县赵镜年等

呈一件请释钱竹安由

此案现已令行嵊县将办理情形呈复，应俟复到核夺。此批。八月十一日

（原载《浙江公报》第一千五百九十一号，一七页，批示）

浙江省长公署批第三十七号

原具呈人新登田培兴

呈一件为续呈项和英一案难觅保人由

既未遵批邀同铺保证明，所请碍难准行。此批。八月十日

（原载《浙江公报》第一千五百九十一号，一七页，批示）

浙江省长公署为咨复前浙江参议会
收到银行存款折扣由

浙江省长公署为咨行事。案准贵参议会咨开，"案查本会经费开支终结余存银四千二百十七元二角九分。除开办经费银五百九十九元七角九分四厘，并追悼陈烈士银二百八十元七角七分于盈余项下支销，业已另交咨行外，实存银三千三百三十六元七角二分六厘，相应备文咨送贵省长查照收存，以完手续，并希见复备查。附送银行存

款折一扣,计银额三千三百三十六元七角二分六厘"等由。准此,除将款折令发财政厅收存外,相应备文咨复贵前议长查照。此咨

前浙江参议会议长张

浙江省长吕公望

中华民国五年八月十二日

(原载《浙江公报》第一千五百九十二号,一九一六年八月十七日,四页,咨)

浙江省长公署咨外交部

据财政厅交涉署呈为查明亚细亚火油分运一案
系照章办理请咨部转复英使由

浙江省长公署为咨复事。本年七月二十六日准大部宥电,内开,"英使称,'亚细亚公司在绍兴栈所存煤油,系领有子口单运至者,该省违约勒完落地税后尚思再征一次,始准运往内地。请电浙省照常给该公司运单,不得另索他费'等因。查各省征收落地税,各使已有烦言,如于落地税外,复令完纳他税,必愈滋交涉,究系如何情形,希查明办理,并电复"等由过署。准此,即经饬行交涉署会同财政厅将办理是案情形详晰呈报,以凭核转去后。兹据呈称,"查此案发生于本年五月间,维时适值洋油认捐公所取消收归官办之际,代亚细亚在绍兴经理火油之协和公司,于五月十六日持认捐公所发给之捐票赴绍兴统捐局请求给单分运,该捐局以认捐之票应否给单分运,电请职厅核示。正在核办间,驻杭英领事亦以'该捐局不允给单分运有碍英商营业'等语向职署交涉,嗣经职署、职厅会商,以完纳认捐之货,当然照《统捐章程》一体准其分运。惟请求分运,定章于货到报纳落地捐之后,以两个月为限,逾期之票作为无效,函复英领去后。乃该公司因存积火油过多,怂恿英领迭向职署抗议,始则反对征收落地捐,指为违约,旋又擅自分运,为各卡所阻,致以油箱渗漏,要求赔偿。嗣

又谓子口单限期原定十三个月,而请求分运限期仅有两个月,限制过严,要求变更定章,照子口单以十三个月为限,历经职署据理力争,函牍往复不下十余次。迨六月间,亚细亚经理人英商科悠偕同华商协和公司经理人来署面商,复经示以相当办法,谕令该公司以逾期之货在本境销售,而以续到未逾期之货请单分运,并声明美孚火油事同一律,即系照此办理,于营业初无窒碍。该经理亦无词可答,而英领始终坚执不允,最后于七月二十九日致函职署,竟谓'落地捐章程应由承买之铺户照纳,协和公司系代英商暂存之货,既非承买之人,统捐局向其征收落地捐,显与定章相背,应将已收之落地捐发还,未收者停止'等语。复经职署驳复,答以洋商照约不得在内地开设行栈,洋商自身既无此权,他人自不能为之代存,协和公司当然为华商,华官向其征收捐税,与约章、捐章均不相背。此职署、职厅办理此案之实在情形也。至洋货运入内地,其已领有子口单者,由承受之华商完纳落地税,为向来旧例,亦为驻杭各领事所默认。英领以子口单为词指落地捐为违约,意在抵制而并非真目的所在。本年四五月之交,亚细亚洋油运入绍兴者,至三万余听之多,而以油价飞涨,国内多故,销售为难,囤积日久,故强半已逾两月之期。捐章具在,势难为外人独开方便之门,即职署所拟先来者在本境销售,续到者商准分运,已于无可设法之中,求一解决之法,乃英领坚执不允,必欲将两月之期打破而后已,此则法令所关,万难轻动,应请据情咨复外交部,声明此次绍兴统捐局不允发给运单,确因捐票逾期之故,并无于落地税之外复令完纳他税之事,由部转复英使,以维捐务而免交涉"等情前来。本省长复查是案,既据查明此次代亚细亚在绍兴经理火油之协和公司持捐票赴绍兴统捐局请求给单分运,该局因捐票业已逾期不允发给运单,系属遵守定章,并非于落地税外复定令纳完他税,是办法尚无不合。除批示并将大略缘由先行电达外,所有详细情形相应咨复大部,请烦查照施行。此咨

外交部

浙江省长吕公望

中华民国五年八月十三日

（原载《浙江公报》第一千五百九十二号，四至六页，咨）

浙江督军署训令第五号

令第二十五师师长据交涉署长警政厅长
呈复前哨官彭玉成纵兵滋扰请核示由

令陆军第二十五师师长张载阳

案据浙江交涉署署长张嘉森、浙江警政厅厅长夏超会呈，称"本年七月二十一日（云云见指令内原呈），未敢擅专"等情，除指令"呈悉（云云见指令门），此令"外，合亟令仰该师长转饬遵照，并将该上尉遗缺先行派员接替，迅另遴员呈候核委。此令。

督军吕公望

中华民国五年八月十四日

（原载《浙江公报》第一千五百九十二号，七页，训令）

浙江督军署训令第十一号

令委第二十五师差遣吕挹清为台州镇守使署参谋由

令陆军第二十五师司令部师长张载阳、台州镇守使署镇守使顾乃斌

查有该师/第二十五师差遣吕挹清，堪以任命为台州镇守使署/该使署参谋，月薪照上尉支给。除分行/将任命状发由该师师长转给祗领外，合将任命状发仰该师长转给祗领遵照/行令仰该镇守使知照。此令。

计发任命状一张。

中华民国五年八月十四日

督军吕公望

（原载《浙江公报》第一千五百九十二号，七页，训令）

浙江督军公署浙江省长公署训令第　号

令各属准外交部送浙江省游历人名单由

令交涉公署、民政厅、警政厅、陆军第二十五师长、陆军第六师长、第一独立旅长、温州交涉员、宁波交涉员、嘉湖镇守使、台州镇守使

本月八日准外交部咨开，"准驻京美使馆函称，'兹有本国人史德来等前往浙江省游历，请发给护照，并转交盖印'等因前来。除由本部分别发给交印并函复各该馆外，相应开具游历外人名单，咨请贵省长查照，转令保护可也。附单"等由。准此，除分令外，合行将单抄发令该　　转饬所属，查照单开人名游历到境，照约一体保护。此令。

附单一纸。

中华民国五年八月　日
督军兼署省长吕公望

前往浙江省游历名单

美国人：史德来、裴尔、史纳脱、金女士、闻声携眷、万纳勃、诺女士、万女士、棣法携眷、棣女士携孩、泰乐天女士、华礼士、卜德生携眷、卜夫人、卜幼童二名、卜幼女、海士、葛满滋、艾伯来、毕女士、鲍达礼携眷、鲍夫人、鲁克思。

（原载《浙江公报》第一千五百九十二号，七至八页，训令）

附　浙江民政厅训令第七十一号

令宁警厅各县知事奉省长训令美人史德来等来浙游历由

令宁波警察厅长、各县知事

本月十二日奉督军公署省长公署训令内开，"准外交部咨

开，'准驻京美使馆函称，兹有本国人史德来等前往浙江省游历，请发给护照，并转交盖印等因前来。除由本部分别发给交印并函复各该馆外，相应开具游历外人名单，咨请贵省长查照转令保护可也。附单'等由。准此，除分令外，合行将单抄发令该厅长转饬所属，查照单开人名游历到境，照约一体保护"等因，并发名单一纸到厅。除分令外，仰该厅长、该知事即便遵照，按约办理，仍将该美人入境出境日期呈报备查。此令。

计抄发名单一纸（已见本月十七日"训令"门）。

民政厅长王文庆

中华民国五年八月二十一日

（原载《浙江公报》第一千五百九十九号，一四页，训令）

浙江督军公署浙江省长公署训令第　号

令各属准江苏省公署咨请保护德人

思特尔穆纳特赴浙游历由

令交涉署长、民政厅、警政厅、陆军第二十五师长、陆军第六师长、嘉湖镇守使、台州镇守使、第一独立旅长、宁波交涉员、温州交涉员

本月八日准江苏省公署咨开，"案据特派江苏交涉员杨晟详称，'顷准德国总领事函，以思特尔穆纳特·阿福特/爱尔时密乐·阿福特各带手枪一支/弹少许，赴江苏、浙江、山东、福建游历，缮给护照，请盖印前来。除将护照印发外，理合详请察照，转饬各属，俟该德国人到境呈验护照时，照约保护'等情。据此，除饬属保护并分行外，相应咨请贵省长查照，希即转饬所属，照约一体保护"等由。准此，除分令外，合行令该　　即便转饬所属一体照约保护。此令。

中华民国五年八月　日

督军兼署省长吕公望

（原载《浙江公报》第一千五百九十二号，八至九页，训令）

附　浙江民政厅训令第六十六号

令宁警厅各县知事奉省长训令德人

思特尔穆纳特等来浙游历由

令宁波警察厅长、各县知事

本月十二日奉督军公署省长公署训令内开，"准江苏省公署咨开，'案据特派江苏交涉员杨晟详称，顷准德国总领事函，以思特尔穆纳特·阿福特/爱尔特密乐·阿福特各带手枪一枝/弹少许，赴江苏、浙江、山东、福建游历，缮给护照，请盖印前来。除将护照印发外，理合详情察照，转饬各属，俟该德国人到境呈验护照时，照约保护等情。据此，除饬属保护并分行外，相应咨请贵省长查照，希即饬属照约一体保护'等由。准此，除分令外，合行令该厅长即便转饬所属，一体照约保护"等因。奉此，除分令外，仰该厅长、该知事即便遵照，按约办理，并将该德人入境出境日期呈报备查。此令。

民政厅长王文庆

中华民国五年八月二十一日

（原载《浙江公报》第一千五百九十九号，一三至一四页，训令）

浙江督军公署浙江省长公署训令第　　号

令各属准江苏省公署咨请保护日人佐佐木国藏赴浙游历由

令交涉署长，宁、温交涉员，民政厅，警政厅，陆军第二十五师师长，陆军第六师师长，第一独立旅长，嘉湖镇守使，台州镇守使

本月八日准江苏省公署咨开，"案据特派交涉员杨晟详称，'顷准日本国总领事函，以佐佐木国藏赴江苏、浙江、湖南、湖北、山西、河南、陕西游历，缮给护照，请盖印前来。除将护照印发外，理合详请察照，转饬各属，俟该日本人到境呈验护照时，照约保护'等情。据此，除饬属保护并分行外，相应咨请贵省长查照，希即饬属照约一体保护"等由。

准此,除分令外,合行令该　　即便转饬所属,一体照约保护。此令。

中华民国五年八月　日

督军兼署省长吕公望

（原载《浙江公报》第一千五百九十二号,九至一〇页,训令）

附　浙江民政厅训令第六十号

令宁警厅各县知事奉省长训令日人

佐佐木国藏来浙游历由

令宁波警察厅长、各县知事

本月十二日奉督军公署省长公署训令内开,“准江苏省公署咨开,‘案据特派交涉员杨晟详称,顷准日本国总领事函,以佐佐木国藏赴江苏、浙江、湖南、湖北、山西、河南、陕西游历,缮给护照,请盖印前来。除将护照印发外,理合详请察照,转饬各属,俟该日本人到境呈验护照时,照约保护等情。据此,除饬属保护并分行外,相应咨请贵省长查照,希即饬属照约一体保护’等因。准此,除分令外,合行令该厅长即便转饬所属,一体照约保护”等因。奉此,除分令外,仰该厅长、该知事即便遵照,按约办理,并将该日人入境出境日期呈报备查。此令。

中华民国五年八月二十一日

民政厅长王文庆

（原载《浙江公报》第一千六百零三号,一一至一二页,训令）

浙江省长公署训令第　号

令发前浙江参议会终结余银存款折一扣由

令财政厅长莫永贞

案准前浙江参议会咨开,“案查本会经费（文云见咨文内）见复备查,附送银行存款折一扣,计银额三千三百三十六元七角二分六厘”等由。准此,除咨复外,合行将存款折令发,仰即查照收存,以清款目。此令。

附发中国银行存款折一扣,计银额三千三百三十六元七角二分六厘。

中华民国五年八月十二日

省长吕公望

（原载《浙江公报》第一千五百九十二号,一〇页,训令）

浙江省长公署训令第四十五号

令民政厅财政厅为批答兰溪县知事
条陈该县地方应兴应革事宜由

令民政厅长王文庆、财政厅长莫永贞

案据兰溪县知事苏高鼎呈称,"遵饬条拟该县地方应兴应革事宜,请予核示"等情,并附呈清摺五扣到署。据此,除将条陈分别核明批答并分令外,合亟钞录原摺内应由该厅核议各条,暨本省长批答一纸,令发该厅遵照议复,毋延,切切。此令。

计黏钞一件。

中华民国五年八月十二日

省长吕公望

（原载《浙江公报》第一千五百九十二号,一〇至一一页,训令）

浙江省长公署训令第五十七号

令财政厅据衢县米商王万成等禀为张泰来
认办米捐扰累商民请饬县取消由

令财政厅长莫永贞

本年八月七日,据衢县米商王万成等以"张泰来认办米捐刁难勒索,伊等情愿加增捐数,减半抽收,而县知事不予照准,禀请饬县取消张泰来认办之案,归伊等承办"等情到署。据此,除批"禀、黏均悉。张泰来认办米捐原案如何,有无刁难勒索情弊,该商等既愿增加捐数,减半抽收,何以不予照办,候令行财政厅即饬该县知事详细查复,再行核夺。此批"等语挂发外,合行令仰该厅即便转行该县知事遵照办理,毋延。此令。

计发原禀及粘抄,仍缴。

中华民国五年八月十三日

省长吕公望

（原载《浙江公报》第一千五百九十二号,一一页,训令）

浙江省长公署训令第　　号

令嵊县知事为张浩童杭时等分函请饬释钱竹安由

令嵊县知事牛荫麐

案据该县会营电禀,"获匪钱竹安一名,供为匪中参谋不讳,请照《惩治盗匪法》并《施行法》办理"等情,当以手续不符,饬将该案办理情形呈报核夺在案。迄今两月之久,未据呈复。兹接众议院议员张君浩并童君杭时等分函,以"钱竹安系属民党,与谢斐麟同一宗旨,请饬县释放"等由前来。除分别函复外,合行令仰该县即便会同王管带迅将该案办理情形刻日呈报核夺,毋再迟延,切切。原函两件抄发。此令。

中华民国五年八月十四日

省长吕公望

附　复张浩童杭时各一函

径复者。展诵惠书,以"嵊人钱竹安系属民党,与谢斐麟同一宗旨,请饬县释放"等由。查此案尚未据该县将该案办理情形呈报,接准前因,除训令嵊县知事会营呈复核夺外,合肃奉复。

顺颂

台祺

吕公望谨复

八月十四日

（原载《浙江公报》第一千五百九十二号,一一至一二页,训令）

浙江省公署训令第　号

令民政厅为南浔南栅警察所长警等续禀警佐
张继墉违法殃民侵吞罚款由

令民政厅长王文庆

案据南浔南栅警察所长警等函禀,内称:"警佐张继墉因违法殃民侵吞罚款一案,已奉饬查,该警佐即将前月罚款榜示,以遮耳目,并遣役将前迷途女孩赎回寄于天主堂,又私自赴省运动及压迫长警"各等情,并附南浔镇商民传单到署。据查此案前据该分驻所函禀,当经抄函饬仰该厅委员逐款查明,核办具报在案。据称前情,合亟黏抄函单训令该厅查照,迅予认真根查,毋任遮饰,是为至要。仍遵前饬查办复夺。此令。

计发抄函、抄单各一件。

中华民国五年八月十四日

省长吕公望

（原载《浙江公报》第一千五百九十二号,一二页,训令）

浙江督军署指令第八号

令交涉署长张嘉森、警政厅长夏超
呈一件为呈复前哨官彭玉成纵兵滋扰请示由

呈悉。该前哨官彭玉成,办事操切,迹近骚扰,事后经宣平涂知事邀同德教士赵安怀亲赴彭玉成营中检查,未得一物,其放弃职权,任人搜检,营务废弛,已可概见。该彭玉成现虽调升陆军步兵第九十九团上尉,仍应按照《浙江警备队官佐奖惩章程》第九条第二项立予撤换,以示惩儆。除令第二十五师师长转行遵照办理外,仰即知照。至德教士赵安怀妄加干涉,无理要求,殊属非是,并仰查照条约严重交涉可也。此令。八月十四日

附原呈

呈为会衔呈复查明金华军队剿办宣、丽土匪情形仰祈察核事。

本年七月二十一日奉前都督府政字第三二二号饬开，"案于本月十五日据德国教士冉明诚函，'请查示渠溪、小溪等处兵警抢扰教民一案办理情形'等情到府。据此，查此案前据该教士函禀，业经饬据丽水县查复，批饬警政厅查明核办，并饬将现办情形咨行交涉公署查照。嗣复据该厅呈复遵办，并声明俟第三区统带查复另报各在案。兹据前情，合行抄函饬仰警政厅迅即饬催该统带查明核办具复，一面咨行交涉公署查案先行知照。此饬"等因到厅。遵即抄函饬催该统带迅即查复，一面咨行交涉公署先行知照在案。兹于七月二十四日据警备队第三区统带复称，"本年六月二十一日奉钧厅第一七一号饬开，'据丽水县知事呈称，本年五月二十六日奉钧厅电开，温州戴统带、缙云转丽水陈知事、武义转宣平涂知事，据德国教士冉明诚、赵安怀函称，涂知事所派委员余振铎带同警备队哨官、哨长、团丁、警察等向宣属梁村教友梁绍棠、梁周树，丽属渠溪教友林文连、小涧教友谢章胧并其堂兄谢殿选等借搜捕散党名肆行抢掠封禁，并将道友林光彩等九人拘县监押等情，奉都督饬速查复等因。控关兵警抢扰延及教民，仰迅将是案实在情形澈查详复，以凭核办，毋得玩延等因下县。奉此，查此次宣、丽两邑土匪啸众夹杂教民，声闻道路，妇孺咸知，莫可隐讳。惟未得其为匪的确之凭证，但当围攻丽城时，军警正欲迎头痛击，而此间耶苏教堂牧师迭为缓颊，当以官厅剿办土匪，纯属正当，只因敦睦谊、免杀戮起见，知事遂与吕管带建标一再磋商，即令转劝从速解散，一面剿抚兼施，力保丽城地方秩序，始克逐渐安宁，曾将办理情形迭次会营电呈详报。彼余振铎者，本为宣署教育主任，时值宣匪起事，承涂知事委派督率警察、团丁把守宣辖之要隘，旋由姜统带派彭哨官玉成、张哨长永胜等，由金华带兵赴宣，涂知事一面派员欢迎，一面仍令余振铎仅带一仆随彭哨官之后，向宣邑南乡匪窜巡缉解散，同为策应。拘获之嫌疑犯，已由德教士赵安怀、冉明诚等向涂知事要求保释，标封之房屋什物，均系当场点交乡警或邻右亲属为之看管。余振铎办事尚称谙练，查无不正当之行为。彭哨官玉成等此次在宣辖之梁村、渠溪以及丽辖之小溪等处侦擒匪党、搜查匪械，致各该匪家些须杂物，间有损毁，未免迹近骚扰。至所称抢物一层，虽有所闻，惟闻涂知事当时已立邀德教士赵安怀亲自同赴彭哨官营中检查，未得一物，控情出入极为重大，究竟如何情形，未便臆断。知事职司守土，维持秩序，责有攸归，电饬查明，直言不讳。客军之宜守纪律，层台自有权衡。教民之杂入土匪，宽纵反生枝节。维兹大局，挽厥习风，端在此举。奉电前因，合将查明实在情形具文呈复，仰祈钧厅鉴核俯赐示遵，实为公便。除呈浙江都督外，谨呈'等情。据此除批'据呈已悉。金华军队剿办宣、丽土匪，有无乘机抢扰情事，该管带吕建标因带队赴松未及调查，应候饬由该管统带查明当时情形，据实具复，再行核办。至此次宣、丽土匪啸聚，夹杂教民，如果调查明确，自应按照《惩治盗匪条例》分别严办，决不能因教民稍予宽纵，贻害地方。除饬第三区统带遵照外，仰即知照，仍候都督批示祗遵。此批。缴'印发外，合亟饬仰该统带迅即查明哨官彭玉成、哨长张永胜当时剿匪情形，据实呈复，以凭核办，毋稍徇延"等因。奉此，当经转饬第三营管带吴德馨确查去后。兹据复称，"管带因感冒暑疫，病势日增，未便亲往。当经饬派驻防武义第四哨哨官卢企超就近前往确查去后。旋于本月六日据该哨官复称，'奉饬前因，遵于六月二十九日驰赴宣辖之梁村、渠溪，丽辖之小溪地方逐细调查，并面晤涂知事，详询当时剿匪情形。缘彭哨官玉成等于本年五月二十二日奉姜前统带饬调，由金华带队出发宣平，二十五日即会同宣署教育主任余振铎向南乡匪穴一带进发，一面由余委员附带县署封条，凡搜捕一处土匪，即将该匪之房屋什物查明封闭，点交乡警或邻右亲属为之看管，以免散失。惟因梁村、渠溪、小溪一带大半为宣匪起事会聚之所，未免搜捕过严，以致该匪家中些小器物间有损毁，尚属实在。至所称抢物一层，未闻果有其事，且当时业由涂知事立邀德教士赵安怀同赴彭哨官驻所逐一检查，未见一物确证，显有不实不尽，合将查明情形据实具复，报请察核'前来。据此，管带伏查该哨官彭玉成、哨长张永胜于本年五月间奉姜前统带调赴宣平剿匪，复经涂知事添派教育主任余振铎同往梁村、渠溪、小溪等处捕拿匪党、搜查匪械，原为肃清匪患起见，办理尚无不合，惟因搜捕过严，致该匪家中些须杂物间有损坏，其办事操切，未免迹近苛扰，措置殊为失当。查该哨官彭玉成业经调升陆军第五十旅第九十九团上尉，应如何核办之处，伏候钧裁。奉查前因，理合将查明实在情形具文呈复"等情。据此，统带复查无异，理合据情备文呈复，仰祈察核施行等情到厅。据此，查此案迭奉督军在都督任内批饬查办，遵经转饬宣平县知事涂贡琳、丽水县知事陈赞唐、第四区统带戴任分别激查去后，并由职署饬行宣平县知事查同前由，旋据该二县知事暨第四区统带先后查明呈复到厅，节经据情转呈各在案。兹据第三区统带查复前来，详加察核，此次宣、丽土匪啸聚，确有教民杂厕其间，即如宣平县知事、丽水县知事暨第四区统带查复文内，亦称，"林云岳、谢章根及梁绍棠父子等交结匪类，凿凿可据"等语，其非安分良民已可概见，似未便因系教民稍予宽纵。至小溪地方，据丽水县知事查复并未设有教堂，而渠溪地方亦据宣平县知事查明并未设立支堂，是梁绍棠等即有损失，亦系个人之事，并无教堂关系。况当时宣平县涂知事邀同德教士赵安怀亲赴彭玉成营中逐一检查，未得一物，是该教士所称兵警抢掠等事均属不实不尽。按照条约,教士并无干预之权,惟该哨官彭玉成带队剿匪,理应出以镇静,乃据丽水、宣平各知事暨第三区统带查复,均称该哨官彭玉成不能严守纪律,确有损毁物件之事,似此操切从事,迹近骚扰,实有应得之咎。现在彭玉成已调升陆军第五十旅第九十九团上尉,究应如何核办之处,案关交涉,未敢擅专。奉饬前因,理合据情会衔呈复,仰祈钧督俯赐察核批示祗遵。再,此呈系职厅主稿,合并陈明。除呈省长外,谨呈。

（原载《浙江公报》第一千五百九十二号,一五至一八页,指令）

浙江督军署指令第三十一号

令陆军步兵独立第一旅司令部旅长俞炜
呈一件为因公北上旅部职务暂由
第一团团长陈瓒代拆代行由

据呈,该旅长因公赴京,旅部职务暂由第一团团长陈瓒代拆代行,应予照准,仰即知照。此令。八月十四日

附原呈

呈为呈报事。顷奉督军面谕,以要公饬令北上,旅长拟明日即行就道,所有旅部职务,请暂由职旅第一团团长陈瓒代拆代行,以重职守。是否有当,理合备文呈请,仰祈鉴察迅赐核准施行。谨呈。

（原载《浙江公报》第一千五百九十二号,一八页,指令）

浙江省长公署指令第　号

令财政厅长莫永贞、交涉署长张嘉森
呈一件据呈查明亚细亚火油分运一案
系照章办理请咨部转复英使由

据呈已悉。已将大略缘由先行电达,并将详情备文咨复矣,仰即

知照。此令。八月十二日

（原载《浙江公报》第一千五百九十二号，一八页，指令）

浙江省长公署指令第一百零九号

令兰溪县知事苏高鼎

呈一件为条陈该县地方应兴应革事宜由

呈暨清摺五扣均悉。兴革各事，业经分别核明批答，随令抄发，仰即遵照办理，并将原摺内未经批厅核议各条暨此次批答，分别录报主管各厅查照。清摺存。此令。八月十二日

（原载《浙江公报》第一千五百九十二号，一八页，指令）

财政条陈第一条批答

本省户粮，夙称紊乱，前国税厅筹备处拟定编审办法，奉部核准饬属遵办，原为整理户册、清厘赋额起见，现在各县办理完竣者已居多数，该县似未便独异。惟据陈粮产不符情形，尚属持之有故。所拟设局清赋办法，既已提有专款，应即从速拟具办法呈由财政厅核议转呈核夺。

财政条陈第二条批答

卯书过粮、册书过号，彼此隔阂，流弊滋多，责成卯书催粮，尤非正当办法，自应将卯书、册书一律革除，以为正本清源之计。惟所拟储册所办法，与设局清赋一条有连带关系，应与前条一并妥议呈核。

财政条陈第三条批答

公债付息为国家信用所关，现在大局已经统一，且本省应付息银，为数尚属无多，应候令知财政厅设法筹付，以全信用。

财政条陈第四条批答

酒虽消耗品之一种，而人民家酿在百斤以内，仅供自食及宾

祭之需者,与普通酿户之藉以营利,迥不相同。原定给照征费办法,未免迹涉苛细。该知事有鉴及此,拟请免予征收,自系为体恤民艰起见。究竟是项家酿照费年可收银若干,应如何变通办理,庶于国计民生得以兼筹并顾,应候令知财政厅核议复夺。

教育条陈甲种第一项批答

查《半日学校规程》第一条内载,"半日学校为幼年失学便于半日或夜间补学者设之"等语,是此项学校专为学龄已过,且能操作,无法受完全教育者特设例外,以便补学,故入学年龄定自十二岁至十五岁。若学龄儿童尚无操作之能力,自应仍令入国民学校,俾受完全义务教育,不便听其有半日之荒嬉,所请碍难准行。

教育条陈甲种第二项批答

查国民学校本准男女同学,无专设女校之必要,且查该县学龄儿童男女合计仅三万一千余人,现有学校三百六十余所,但能增加学额至每校九十名,已足容受而有余,正无庸多设学校,使教材、经费均患不给。惟现时女子入学每较男子为迟,至国民学校毕业后,间有年龄较长,未便使与男生同学者,不妨参酌地方情形,设立专教女子之高等小学数处,以资补救。其国民学校距离较远,学龄儿童就学间有不便者,亦可酌量添设。

以上二项,均应另行悉心筹议实在办法,呈候核夺。

教育条陈甲种第三项批答

此项系为促进全邑学务起见,应即赶紧办理,并随时将办理情形报查。

教育条陈乙种批答

查无普通学识及不谙教授管理法者,照章不能为小学教员,即使勉强造就至六年之久,仅与一年毕业之师范讲习生同其程度,而此六年中各校学生之为其所误者,将不知凡几,况此项研究一暴十寒，未见有益。该县交通尚便，去第七中、师各校不远，应即多聘前项毕业生以充教职，一面将不学无术之教师分别淘汰，正不必枝枝节节而为之，此即为该县教育行政应革之弊，应即破除情面，认真甄别，以期整顿，仍将办理情形呈报查核。

实业条陈第一条批答

道苗圃所在地无须再办县苗圃，自系确论，应候令知民政厅核议具复，再行核夺饬遵。

实业条陈第二条批答

官购桑秧，设所平卖，系为栽桑易于普及起见，事属可行，应准照办。将来亏耗应否在准备金项下弥补，即由该县议定办法，呈由民政、财政两厅复核转呈本署核夺。

再，查该县踞浙江上江，凡金、衢两旧府属及毗连江西各县，出产货物多由该县经过，工商各业尽可竭力提倡，该知事竟未议及，殊属疏漏，应再通盘筹画，悉心妥议，呈候核夺。

司法条陈第一、二条批答

监所择地划分，系为疏通人犯，便于管理。承发吏酌量添设，亦系为诉讼进行免致压卷起见①，事属可行，应即从速议定办法呈候核饬遵照。

司法条陈第三、四条批答

吏警需索，刁徒诬告，均应随时严密查察，有犯必惩，非仅文告所能禁革。该知事到任以后，究竟办过几起，应即列册报查，勿以空言塞责。

警政条陈批答

第二条既已呈准有案，应即赶紧照案实行具报。第三条添设教练官，自系为整顿警政起见，惟人员经费均须妥为筹划。

---

① 压卷，底本误作"压觉"，径改。

第一条事关官制,应否改变,并候令行民政厅分别核议呈候核夺。

(原载《浙江公报》第一千六百三十五号,一九一六年九月三十日,一二至一四页,指令)

浙江省长公署指令第一百十号

令江山县知事程起鹏

呈一件为条陈地方应兴应革事宜由

呈暨清摺均悉。兴革各项,业经分别核明批答,随令抄发,仰即遵照办理,并将原摺及批答分别录报主管各厅查考,毋延。此令。清摺存。八月十二日

(原载《浙江公报》第一千五百九十二号,一九页,指令)

浙江省长公署指令第一百十八号

令高等检察厅长殷汝熊

呈一件为报章朝茂家劫案由

呈悉。盗匪肆劫得赃,拒伤事主,不法已极,仰该厅长饬即会督营警勒限严缉是案赃盗,务获究办,毋稍玩纵,切切。单、表存。此令。八月十三日

(原载《浙江公报》第一千五百九十二号,一九页,指令)

浙江省长公署指令第一百十九号

令高等审判厅长范贤方

呈一件为开化县监犯朱星星等一案由

呈悉。查此案前据该县具呈请示到署,当以该犯朱星星等三名犯案地点供属休宁,既据休宁县咨请迎提,照章应准解赴归案审办,即经批行高检厅转饬遵照在案。据呈前情,仰即转行遵照前批办理。

供册存。此令。八月十三日

（原载《浙江公报》第一千五百九十二号，一九页，指令）

浙江省长公署指令第一百二十号

令高等审判厅长范贤方

呈一件为上虞监犯谢学明等死刑由

呈及供、判均悉。此案上虞县盗犯谢学明、王阿木二犯，一夜连劫老协泰、丁德和两店得赃，既据供认不讳，赃经主认正盗无疑，应准按法惩办，仰即令行提犯谢学明、王阿木二犯，验明正身，执行枪毙具报。至王阿海一名，虽据该犯等供指，惟赃未起获，亦无供认，诚如来呈，究嫌证据不足，并令详鞫审判，以昭慎重。余如所判办理，仍饬勒缉逸犯务获究报。供、判存。此令。八月十三日

（原载《浙江公报》第一千五百九十二号，一九至二〇页，指令）

浙江省长公署指令第一百二十一号

令高等审判厅长范贤方

呈一件为检验尸骨费请在准备金项下开支由

呈悉。此项价洋既系特别费用，应准在准备金项下支销。仰即转行并分咨财政、民政两厅知照。此令。八月十三日

（原载《浙江公报》第一千五百九十二号，二〇页，指令）

浙江省长公署指令第一百二十二号

令高等审判厅长范贤方

呈一件为呈送奉化县盗犯应宝昌供判由

呈及供、判均悉。仰仍转行讯缉余犯究报。供、判存。此令。八月十三日

（原载《浙江公报》第一千五百九十二号，二〇页，指令）

浙江省长公署指令第一百二十三号

令民政厅长王文庆

呈一件为派员领收瓯海道署文卷由

据呈"派员领收瓯海道署教育卷宗"等情。查该道署文卷前据接收委员解送前来，计有三大箱，核阅目录，俱与民政有关，应即一并发交该厅保管，以资查考，仰即知照。此令。八月十四日

（原载《浙江公报》第一千五百九十二号，二〇页，指令）

浙江省长公署指令第一百四十号

令盐运使胡思义

呈一件为奉贤县上年因风灾一案年度已过不及蠲免由

如呈备案。此令。八月十三日

（原载《浙江公报》第一千五百九十二号，二〇页，指令）

浙江省长公署批第三十九号

原具禀人衢县姜肇修

禀一件控叶双等抗欠租金请饬县执行由

案经批县赶紧照判执行，仰自向该县禀催，毋庸率渎。此批。黏附。八月十三日

（原载《浙江公报》第一千五百九十二号，二一页，批示）

浙江省长公署批第四十号

原具呈人安吉董学咏

呈一件为子荣卿生死不明由

案既控经高审厅批县传讯，着即自向厅、县呈催，毋庸歧渎。此

批。黏附。八月十三日

（原载《浙江公报》第一千五百九十二号，二一页，批示）

浙江省长公署批第四十一号

原具禀呈人衢县米商王万成等

呈一件为张泰来任办米捐扰累商民请饬县取销由

禀、黏均悉。张泰来认办米捐，原案如何，有无刁难勒索情弊，该商等既愿增加捐数、减半抽收，何以不予照办，候令行财政厅即饬该县知事详细查复，再行核夺。此批。八月十四日

（原载《浙江公报》第一千五百九十二号，二一页，批示）

浙江省长公署批第四十六号

原具呈人衢县周明德

呈一件禀请饬厅行县收回封禁铜炉命令并发还已缴捐税由

查阅黏抄，财政厅批示甚属明晰，应即遵批办理，毋庸砌渎。此批。八月十三日

（原载《浙江公报》第一千五百九十二号，二一页，批示）

浙江督军署致大总统国务总理电①

北京大总统、国务总理钧鉴：前兴武将军朱瑞，当辛亥、癸丑两役，躬任艰巨，为国宣劳，此次浙省独立，引疾弃位，息影津门，犹时以绥靖地方，维持大局贻书告诫。现闻病殁津寓，风徽已往，口碑犹存，崇德报功，宜彰盛典。应如何优予赠恤，以旌前劳之处，伏候钧裁。吕公望叩。歌。（中华民国五年八月五日）

（原载《浙江公报》第一千五百九十三号，一九一六年八月十八日，四页，训令）

---

①　原题"北京去电"，附在"浙江督军署训令第十三号"之下。

附　黎元洪复电

吕督军：顷接歌电，惊悉前兴武将军朱瑞病没津寓。查该前将军任职以来，保卫地方，顾全大局，辛、癸两役，宣力最多，两浙民受其赐。兹闻溘逝，悼惜殊深，执事眷念旧交，尤钦高谊。来电已交院办理矣。黎元洪。鱼。印。（中华民国五年八月六日）

（原载《浙江公报》第一千五百八十五号，一九一六年八月十日，一八页，北京来电）

附　朱积壎朱积橺来电

吕督军鉴：先父介人府君痛于江日晚十时疾终津寓，特闻。棘人朱积壎、积橺叩。

（原载《浙江公报》第一千五百八十五号，一八页，天津来电）

浙江督军署训令第十三号

令海盐县知事奉大总统令前将军朱瑞
着交陆军部从优议恤转告该家属知照由

令海盐县知事朱丙庆

本月五日以朱前将军病殁津寓，即经本督军电请优予赠恤，以旌前劳。兹于本月十一日接京电奉大总统令，"前兴武将军、督理浙江军务朱瑞，当民国肇造之际，艰难赴任，功在国家，嗣于浙江将军任内绥靖地方，军民翕服。中年撄疾，属望方长，溘逝骤闻，深为惋惜。朱瑞着交陆军部照陆军上将例从优议恤，以旌往绩。此令"等因。奉此，合行黏抄去电，令仰该知事转告该家属知照。此令。

计黏抄去电一件。

中华民国五年八月十五日

督军吕公望

（原载《浙江公报》第一千五百九十三号，四页，训令）

浙江省长公署训令第六十二号

令民政厅准交通部咨请饬属保护华商新顺康小轮行驶由

令民政厅长王文庆

案准交通部咨开,"为咨行事。据江海关监督详称,'准税务司函,华商陈复昌旧有新顺康小轮,先租与泰丰局行驶,兹收回自用,改定航线,备具呈式,并缴旧照,请注册换照等因,理合详部察核'等情前来。查该轮行驶航线起宁波甬江外濠河,讫奉化西坞,经过江口、方桥、南渡等处,除由本部涂销旧照,另注新册,填就执照一纸,发交该监督转给承领外,相应咨请贵省长查照,分令各该属保护,至纫公谊。此咨"等因。准此,除咨复外,合行令仰该厅转令该轮行驶经过各属随时妥为保护。此令。

中华民国五年八月十四日

省长吕公望

（原载《浙江公报》第一千五百九十三号,四至五页,训令）

附 浙江民政厅训令第一百六十七号

令鄞县奉化二县知事奉省长令保护

华商陈复昌新顺康小轮由

令鄞县奉化县知事

案奉省长令开,"准交通部咨开,'为咨行事。据江海关监督详称,准税务司函,华商陈复昌旧有新顺康小轮,先租与泰丰局行驶,兹收回自用,改定航线,备具呈式,并缴旧照,请注册换照等因,理合详部察核等情前来。查该轮行驶航线,起宁波甬江外濠河,讫奉化西坞,经过江口、方桥、南渡等处,除由本部涂销旧照、另注新册,填就执照一纸,发给该监督转给承领外,相应咨请贵省长查照,分令各该属保护,至纫公谊。此咨'等因。准此,除咨复外,合行令仰该厅转令该轮行驶经过各属,随时妥为保护"等因。奉此,除咨请警政厅令行该管水警一体保护暨分令外,合就令仰该知事妥为保护。此令。

中华民国五年八月二十四日

民政厅长王文庆

(原载《浙江公报》第一千六百零五号,一五至一六页,训令)

复交通部咨

浙江省长为咨复事。案准贵部咨开,"为(云云见上)"等因。准此,除饬民政厅转饬该轮行驶各属随时保护外,相应咨复贵部查照。

此咨

交通部总长

(原载《浙江公报》第一千五百九十三号,五页,训令)

浙江省长公署训令第六十三号

令民政厅据省教育会函请通饬各校
先时预备举行联合运动会由

令民政厅长王文庆

案据浙省教育会长经亨颐函开,"本会建议举行联合运动会,迭经前巡按使批准,于省教育费预算内酌列经费五百元,其余不敷之款,由与会各学校分别匀摊。又以'初次创办,原定五月举行,恐难筹备完善,应展至本年秋季再行定期禀请通饬办理'等因在案。兹拟定十一月五日本省光复纪念日起三日为会期,应请通饬各校先时预备。至尚少经费一千元,各校如何匀摊,亦祈一并饬知,并以会长名义另行组织干事会,以专责成而利进行。原定办法第四条以巡按使为会长,政务厅厅长为副会长,今应改为以省长为会长,民政厅长为副会长,合并声明。除函民政厅外,肃恳省长察核施行"等情,并送规程一折前来。准此,合饬该厅查照函指各节,妥议具复核饬知照,毋延,切切。此令。

中华民国五年八月十四日

省长吕公望

（原载《浙江公报》第一千五百九十三号,五至六页,训令）

浙江省长公署训令第六十四号

令民政厅警政厅为交通部咨为吉庆小轮
行驶航线请饬属保护由

令民政厅长王文庆、警政厅长夏超

案准交通部咨开,"据江海关监督详称,'准税务司函,以华商吉庆轮局价买闵申轮船,改名吉庆,拟定航线,备具呈式,并缴旧照,请注册换照等因,理合详部察核'等情前来。查该轮行驶航线起上海,讫平湖,经过闸港、闵行、叶榭、松江、洙泾等处,除由本部涂销旧照,另注新册,填就执照一纸,发交该监督转给承领,暨分咨外,相应咨请贵省长查照,分令各属保护"等情。准此,除分令警政厅、民政厅外,合即令饬该厅查照分令各属认真保护,是为至要。此令。

中华民国五年八月十四日

省长吕公望

（原载《浙江公报》第一千五百九十三号,六页,训令）

附　浙江民政厅训令第一百六十六号
令平湖县知事奉省长令保护华商吉庆局吉庆轮船由

令平湖县公署知事张濂

案奉省长令开,"准交通部咨开,'据江海关监督详称,准税务司函,以华商吉庆轮局价买闵申轮船,改名吉庆,拟定航线,备具呈式,并旧照,请注册换照等因,理合详部察核等情前来。查该轮行驶航线,起上海,讫平湖,经过闸港、闵行、叶榭、松江、洙泾等处,除由本部涂销旧照、另注新册,填就执照一纸,发交该监督转给承领,暨分咨外,相应咨请贵省长查照,分令各属保护'等情。准此,除分令警政厅外,合即令饬该厅查照分令各属认真保护,是为至要"等因。奉此,除咨请警政厅令行该管水警一体保护外,合就令仰该知事妥为保护。此令。

中华民国五年八月二十四日

民政厅长王文庆

(原载《浙江公报》第一千六百零五号,一五页,训令)

浙江省长公署训令第六十五号

令高检厅据永嘉县知事电禀楠温李姓藉尸
捣抢一案拘讯抗拒请示由①

令高等检察厅长殷汝熊

本年八月十一日据永嘉县电禀,"楠温李姓藉尸捣抢一案,拘讯抗拒,可否还击"等情到署。除电复外,合行抄发电稿,令仰该厅即便速催委员赶紧查复核夺,勿任再延,切切。原电声明并禀该厅,是以不将原电抄发,并即知照。此令。

计抄发电稿一纸。

中华民国五年八月十四日

省长吕公望

复永嘉县电

永嘉县郑知事②:灰电悉。即会营妥为押放,勿任再滋衅端。案

---

① 楠温,疑为"楠溪"之误,正文同。

② 郑知事,指郑彤雯,字庸斋,直隶天津人。民国四年十一月至民国七年四月任永嘉县知事。

已委查，应候复到核夺，仍遵前批，即将相验情形呈报。省长吕。文。印。（中华民国五年八月十二日）

（原载《浙江公报》第一千五百九十三号，六至七页，训令）

浙江省长公署训令第六十六号

令各厅将省会停止以后所颁本省
各种单行条例录出交会议决由

令民政厅长王文庆、警政厅长夏超、财政厅长莫永贞

案照《省议会暂行法》第十六条规定，省议会职权其第一款为议决本省单行条例。查浙省自民国三年二月间省议会停止以后，所颁各项单行章程甚多，现在省议会开会在即，应即提交会议，以维法治而重民意。除分令外，合亟训令该厅即饬各科将前项未经交会议决之各项单行条例细查档卷，一律录出，加具理由书，其应行修正者，并将条文妥为修改，申明意见，送由本署复核转交省议会议决，毋稍违延，切切。此令。

中华民国五年八月十四日

省长吕公望

（原载《浙江公报》第一千五百九十三号，七页，训令）

浙江省长公署训令第六十七号

令财政厅为实业银行董事温玉改委
稽查员遗缺以张宗峄充任由

令财政厅长莫永贞

查浙江实业银行董事部定官派四人，除顾松庆、温玉两员，前经饬令继续任职，并另委周锡经、袁钟瑞两员补充，饬知该厅在案。兹据该厅长面称，温玉一员拟改委为该行稽查员，遗缺查有张宗峄堪以

委充,除由本署任命外,合行令仰该厅查照。此令。

中华民国五年八月十五日

省长吕公望

(原载《浙江公报》第一千五百九十三号,七至八页,训令)

浙江省长公署委任令第一号

令张宗峰充任实业银行董事由

令张宗峰

案查浙江银行董事温玉,业由财政厅长面禀,改委为该银行稽查员,遗缺查有该员堪以任命,仰将发去任命状祗领,克日到行任职,并将任职日期具报。此令。

中华民国五年八月十五日

省长吕公望

(原载《浙江公报》第一千五百九十三号,八页,训令)

浙江省长公署指令第一百五十六号

令民政厅长王文庆

呈一件据分水县呈送商会章程职员名册并缴钤记公费由

呈及附件均悉。候咨部核复饬遵。此令。章程、履历、名册暨公费银存。八月十四日

附原呈

呈为呈请事。据分水县知事李涞呈称,"案奉前金华道尹公署转奉前巡按使公署第八六一号饬开,'案准农商部咨开,接准咨送分水县商会章程、发起人名册暨图章式样,请查核见复等因。查该商会所拟章程尚有未合之处,其应行删改各条开列于后,请转饬改正,并将选举职员名册一件送核。至图章式样,《修

正商会法施行细则》内已规定商会钤记由部刊颁,现经本部公示,定为钤记每颗应缴公费银十五元,希饬照缴送部,即行刊发。相应咨行查照饬遵可也'等因并附章程应行改正各条到署,仰道转饬遵照办理,计黏抄"等因转行下县。奉此,遵即照抄改正章程转饬该商会遵办去后。兹据该商会改正章程,依法选举职员,造具履历名册,遵缴公费,送请核转前来。知事查核无异,除章程、名册存县一份备查外,理合备文一并送请核转并赐转请刊发钤记,俾便转给等情,并附改正商会章程、会长履历册、会董名册各三份,钤记公费银十五元到厅。据此,除批示并将原送章程等检存一份备查外,理合备文一并呈送,仰祈省长鉴核转咨,实为公便。谨呈。

（原载《浙江公报》第一千五百九十三号,一七页,指令）

浙江省长公署指令第一百五十七号

令省会警察厅夏超

呈一件请将西湖捞草经费如数动用由

呈悉。该局原列捞草工程经费,准予自本月份起如数动用,仰即知照。此令。八月十四日

（原载《浙江公报》第一千五百九十三号,一七至一八页,指令）

浙江省长公署指令第一百五十九号

令民政厅长王文庆

呈一件为饬委查明平阳县知事列控各节由

据称,平阳民黄嵩等列控该县知事张朝辅溺职各节,既据饬委查明多与事实不符,仅有队勇得贿捏释、私获私烟二事,该知事失于觉察,应准记过一次,余免置议。除注册外,仍仰该厅转饬将各队勇澈查究办具报,毋稍纵庇,致贻口实。此令。八月十四日

（原载《浙江公报》第一千五百九十三号,一八页,指令）

浙江省长公署指令第一百六十一号

令民政厅长王文庆

呈一件临海县知事遵报办理农桑水利各要政情形由

呈悉。该县滨海，水利最宜讲求。回浦工程，既经前按署批饬预算工程，何以迄今尚未呈复，殊近延玩。农忙时间转瞬经过，着即赶速督催，限一个月具报核办。珠门海涂及公众保安林等事，均属切实可行，未据详叙办法，恐系徒托空言，无补事实，仍着分别勘估，作成计划书呈核。余如所拟办理。仰民政厅转饬新任戚知事继续办理具报，并行该知事知照。此令。八月十四日

（原载《浙江公报》第一千五百九十三号，一八页，指令）

浙江省长公署指令第一百六十二号

令民政厅长王文庆

呈一件东阳县知事呈送县立第七高小校舍图
并建造费用决算清册由

呈悉。仰民政厅查核备案并转饬知照。此令。抄呈连同图册发。八月十五日

附原呈

呈为转送县立第七高小新建校舍图纸暨建造费用决算清册仰祈察核事。

案据县立第七高小校长吴觉春呈称，"窃本校原名弘毅，前由西、南两乡同志所组织创办，于光绪三十四年秋开学。于宣统元年春其校址因陋就简，暂借五十三都官桥庄明德书院及陈小宗祠，常年经费当提有南宫、法云、荷花心等废寺田产，共计租田二千五百六十余秤作为基础，递年约得租息洋三百元左右。迨

民国二年春,蒙前董知事因敝校历年成绩尚属可观①,特付县议会议决,改为县立第七高等小学校。三年夏,学童风潮陡起,敝校之窗壁、器具、书籍、仪器、标本以及教职员与学生应用物件均被附近之蛮店等庄匪徒乘机毁掠一光,总计损失不下四五千金。蹂躏如此,规复綦难②。旋因诸学生之要求,不得已权借安田庄马云卿公祠暂为校址,详请任前知事批准在案③。嗣因官桥旧址姑无论地处偏僻,然既经蹂躏,万难再蹈覆辙,而借址开学又非久远之计,爰邀集地方士绅筹议变更校址,审择毗邻南马市之长山背为交通便利之适宜地点。又,查《教育部小学校令》第八条载有'高等小学校之设立、变更、废止,应由县行政长官报告省行政长官'之规定,校长遵即详,蒙知事派委查勘地点照准施行,并蒙照会各绅董就地募捐各在案。于是择日兴工,一面由陈君斌中等到处募捐,一面由施君葆华等监察工程,而筹画一切则惟马君成骥。自去年四月迄今年五月,阅一周岁,筑成四周围墙,计地面积一千五百十二方丈,内建设礼堂一座,客厅一座,教室四台,每台三间,教职员室七、自习室六、寝室八、器械室一、阅报室一、揭示室一、学生应接室及司阍室,并大门三、厨室四、厕所三,共计大小房屋五十二间,而西式教室及膳厅正在筹办中。现足容学生百余人,业已今春移入开学。若西式教室筑成后,多容九十余人,而校中旷地尚占大半,苟得巨款,尽可随意扩充。校外操场一方,纵横各十五丈;南方余地一块,五百四十余方丈,拟筑校园之用。又,东西沿围墙外各有二丈许之余基。自开办以迄今,兹虽力事撙节,而核计费用,已达三千一百二十四元之谱。

①　前董知事,指董策,浙江嵊县(今嵊州市)人。民国元年五月在任,至民国二年五月撤任。

②　綦难,底本误作"綮难",径改。

③　任前知事,指任汝明,江苏宜兴人。民国三年九月至四年十二月任东阳县知事。

所有变更校址缘由,理合绘成图式及缮具出入计算清册,备文呈请察核转呈,实为公便。再,附呈助契五纸,恳请将各助契赐盖印信,以昭慎重而资遵守,合并声明"等情,计呈送清册一本、校图一纸、助契五纸。据此,当以该项图册仅具一份不敷存转,批仰该校长补送一份去后,兹据遵批补送前来,除助契五纸随批印发外,理合将据送图册检取一份,备文呈送,仰祈钧督察核施行。谨呈。

（原载《浙江公报》第一千五百九十三号,一八至二〇页,指令）

浙江省长公署指令第一百六十三号

令民政厅长王文庆

呈一件为遵批具报办理杭县呈复修筑范家涧堤塘经费由

据呈已悉。此令。八月十四日

附原呈

呈为呈报事。窃奉省长批发杭县呈复修筑范家涧堤塘拟暂在自治附捐项下借拨,仍俟浙西水利经费划定后再请提还归垫乞示遵由,奉批:"据呈,由该县自治附捐项下借支修筑范家涧险塘经费洋四百三元零,俟浙西水利经费划定后再行拨还归垫等情,是否可行,仰民政厅核饬遵照具报备查。此批。抄呈发"等因。奉此,查此案前据该县并复到厅,当以该县应解浙西水利经费业经前按署及本厅先后核饬有案,来呈所称,"修塘费用请先在自治附捐项下借支,俟浙西水利经费划定后再请拨还归垫"等语,界说尚欠清楚,经批"仰再明白声复核夺,仍候省长暨财政厅批示"在卷。兹奉前因,除饬知该县仍遵厅批复候核夺外,理合将遵批核饬情形先行备文呈报省长鉴核。谨呈。

（原载《浙江公报》第一千五百九十三号,二〇页,指令）

浙江省长公署指令第一百六十四号

令民政厅长王文庆

呈一件据金华县呈报办理教育情形由

呈及视学报告书均悉。所称办理教育情形，尚属认真，望再切实进行，力求精进，是所厚望。仰民政厅转令知照。再，该县所办高等小学联合运动会及学校恳亲会，均于教育大有关系，应由厅通令各县一体举办。此令。呈抄发，视学报告书存。八月十五日

附原呈

呈为学年告终谨将办理教育情形逐一报告请予察核事。

查现行学制以八月为学年之始，兹当学年告终，教育事宜业已一律结束，理合将经过情形据情呈报，藉供考核。窃知事于四年一月一日抵任，适当学龄风潮之后，全邑学校大受顿挫，斯时开校者仅九十余所，停办者尚居三分之一。窃谓民智之通塞，系乎教育之盛衰，从事进行，刻不容缓。爰与教育主任洪畴、县视学朱锡畴等设法督促，不数月间而停办之黄道源、虎岩、双井、东陵、龙山、午塘、潭溪、凤山、潭中、履湖、沐尘、华峰、临江、洞井、龙蟠、尊道、墨池、化成、筱溪、元溪、回垅溪、坦溪、金山、葛湖、双岩、叶田、坡阳、松溪、石塘、乐丰、云源、双溪等三十二校一律恢复齐全，复经知事亲往城乡各校勉励各教职员，并饬各学务委员时加督察，是以各校教职员对于教授、管理、训练诸事宜均能热心整顿，实力改良，致各校成绩较之从前似亦颇有起色。然犹恐办学人员之不相联络，不足以谋进步，遂于八月间组织教育行政会议，每月开评议会一次，即以各学务委员为评议员，一学年以来种种事项尚能收一致进行之效。各县立高小学校，仅于前年芮知事任内设立西北乡第九高等小学一所。知事以为国民学校

学生毕业日多，若不添设高等小学，未免无升学之阶，故于恢复旧校之外，又将应设东乡之第三高等小学、第五高等小学，东南乡之第六高等小学布置建设，至八月学年之始一律开校，委任教职员悉系师范人材，克尽厥职，其成绩较诸附设国民学校者自是不同。师范讲习所，计乙种学生四十一人，已于上年年假毕业。一邑增此数十师范人材，教职中之滥竽者天然在淘汰之列，未始非教育之一进境。应增国民学校一节，系为推广义务教育起见，关系至为重要。知事于接见士民之际，莫不谆谆以筹款兴学相勖勉，并于下乡巡视时所到村庄召集就地士绅殷勤劝导，一面督催区学董暨学务委员赶紧组织，是以上年八月间增设者计有昌山、雅绕、涵雅、渭川等四校，本年一月成立者有圣院、白渡、杨村、东湄、郧城、成宪、河盘、祝丰、鉴湖等九校。复查金邑地方全赖农业以为生活，农校尚付阙如，是亦实业上之一大缺点。维教育经费无多，改设似较新创为易，因就建筑尚未开校之县立第二高等小学校址改设乙种农学校。此校舍距城仅三里许，居全邑之中心，余地颇多，四周环绕悉属农田，足资学生之实地观察，即以第二高小之经费移为乙种农校之开支，业经详奉核准，并已于本年一月招生开学。邑中女学不甚发达，良由无完全女校所致。第女校为家庭教育之母，不得不先事提倡，冀谋女学之发展，爰于城区先设女子高等小学一所，藉资模范，亦经详奉准于寒假后开学，以徇时俗之便利。近据县视学员报告，全邑现有一百五十六校，学生七千三百零一人，较之知事到任时之校数及学生数固已增添三分之一，虽其中多恢复之校，然亦非办学人员实力敦促，未易呈此现场。此知事到任后办理教育之大略情形也。

此外，尚有提倡者四事谨再陈之。前县视学员朱锡畴视察各校，非常认真，批评优劣，言皆确切。遂将其报告书印订成帙分给各校，以资比较，庶完成者得所褒扬，益知奋勉，缺陷者受其贬抑，争自改良。一也。

按部令有课外运动之规定，无非振刷尚武之精神，全邑各小学校运动会久未举行，且考察各校对于体育一门亦尠注意，是亦教育上之一缺点。于上年十一月间，由教育经费项下拨款补助，特开城区高等小学联合运动会，并准各乡高等小学生及在城国民学生入场参观，知事躬自到会给奖。是日学生运动者约五百人，学生参观及普通参观者约三千余人，各种运动均极整齐。至各校间有演柔术者，尤为此会之特色。体育之进步，日有希望。二也。

第举行是会之后，恐主持教育者有畸重畸轻之弊，乃于十二月间召集全邑各高等小学三年级生在知事署内会考国文，到者计一百六十二人，成绩颇有可观，取列甲等二十名，乙等三十名，其余均列丙等。甲乙两等均各备有奖品，当领奖时知事面加训勉，以资鼓励。三也。

学校教育贵与家庭教育联络，尽人知之，然不得其方，无以收联络之效。因于本年一月开评议会时①，提出学校恳亲会一案，交由评议员议定施行方法，即饬各学务委员向各学校极力开导。春夏两学期以来，虽各学校未能一律实施，而遵行者已不在少数。从此逐渐推广，必收良果。四也。

此四事亦敦促教育进行之一助也。兹当学年告终，理合将整顿教育详请备文呈报，并将县视学报告书附呈，仰祈省长察核备查，实为公便。谨呈。

（原载《浙江公报》第一千五百九十三号，二〇至二二页，指令）

---

① 因，底本误作"固"，径改。

浙江省长公署指令第一百六十五号

令吴兴县知事张嘉树

呈一件为添购公报由

呈、表均悉。查核公报处呈开各县署领购名册,该县向购有《公报》八份,此次表内并未列入,系属疏漏。应将前次已购八份并此次添购二十四份,饬处自八月一日起一并照数汇寄该县署转收分发,其报邮费亦由该县署按期汇缴,以归划一而免纷歧,仰即转行遵照办理。此令。表发还更正。八月十五日

（原载《浙江公报》第一千五百九十三号,二三页,指令）

浙江省长公署指令第一百六十六号

令民政厅长王文庆

呈一件金华县知事呈送新旧县志由

呈悉。该知事搜集县乘排印成帙,文献足征,良深嘉许。所呈新旧《县志》各一部存候备考,仰民政厅转行知照。此令。八月十四日

附原呈

呈为陈送事。查金邑志书纂自前清道光年间,自经兵燹,板毁于火,留遗印本往往残缺不全。前经知事假得完全志书一部,会商士绅筹款排印,旋于本年一月间印刷完竣,名曰《重印道光金华县志》。其自道光以后,迄今几及百年,曾于光绪二十年间设局纂修,由邓钟玉氏主稿,未及梓行,而邓氏物故,并经知事会商邑绅将邓氏所纂志稿措资购回,一面延聘士绅于上年十一月起,分手校雠,随时排印,甫于日内告成。理合检附新印金华县新旧志书各一部备文呈送,仰祈省长鉴收,藉备查考,实为公便。谨呈。

（原载《浙江公报》第一千五百九十三号,二三页,指令）

浙江省长公署指令第一百六十七号

令民政厅长王文庆

呈一件为冶业公所请援茧行例凡已设
冶坊行销地点不准再行开设由

据呈已悉。准俟各县复到再行核办。此令。八月十五日

附原呈

呈为陈复事。案奉省长公署政字第二五号饬开，"案准农商总长咨开，'案查（文云见本月十一日本报民政厅饬文门）'等因。奉此，查此案经届前都督准农商部来咨，当以冶业王源吉等八家在部禀请注册给照限制新设冶坊一案，准转请饬查并抄附件"前来。事关人民必需用品，所拟划分区域行销办法有无窒碍，及所称习惯各地不同是否实在，经粘抄原文及附件，饬知杭县等十二县详查复夺在案，仅有嘉善、桐乡两县先后复到，其余各县尚未据呈复到厅，故未能会核办理。奉饬前因，除饬催外，理合查案备文先行呈复，仰祈省长鉴核施行。谨呈。

（原载《浙江公报》第一千五百九十三号，二三至二四页，指令）

浙江省长公署批第三十八号

原具呈人建德苏树明

呈一件为涂改联单情不甘服复诉请撤销由

前据诉愿，业经决定，来禀仍请撤销或更张，殊属无此办法，不准。此批。八月十二日

（原载《浙江公报》第一千五百九十三号，二五页，批示 电）

浙江省长公署批第五十一号

原具呈人江文光

呈一件为瓯海道署供职被裁报到听候委用由

呈悉。查各道署被裁人员，业经汇案发交民政厅酌量委用，俟有相当员缺分别委任在案。所请饬厅委用之处，应无庸议。此批。八月十五日

（原载《浙江公报》第一千五百九十三号，二五页，批示）

吕省长致北京内务部电

北京内务部钧鉴：孔庙秋祭在即，前礼制馆所订典礼，如拜跪及祭服等项，均与现制不合，拟请仍照元年部电，"除去拜跪，行三鞠躬，祭服则正献、分献，各官用大礼服，陪祀各员仍照历届办法用常礼服"，请即核定，通令施行，以归一律。浙江省长吕公望。真。印。（中华民国五年八月十一日）

（原载《浙江公报》第一千五百九十三号，二五页，电）

浙江省长公署咨农商部

据民政厅呈解临安县商会钤记公费由

浙江省长为咨请事。案据民政厅呈称，"临安县商会改组，经前按署先后将送到章程清摺、发起人名册及选举职员履历册，咨准农商部备案并转饬遵照。厅长受任后，奉省长于都督任内发交前钱塘道尹公署详，据临安县请刊给该县商会钤记，附缴公费银十五元到厅，当以该县商会应暂沿用旧时图记，所有缴到钤记公费存候汇办，复经移请转饬知照各在案。现在大局统一，合将该县商会解存钤记公费银十五元，查案核转，为此备文呈解，仰祈省长鉴核转咨，请颁钤记，俾便转给"等情。除此批示外，相应咨请鉴核查照施行。此咨

农商部

计送临安县商会钤记公费银一十五元。

浙江省长吕公望

中华民国五年八月十四日

（原载《浙江公报》第一千五百九十四号，一九一六年八月十九日，三页，咨）

浙江督军署咨各省督军

据第二十五师师长呈称差遣康昉请假未待核准
擅自离营请予撤差并令各机关勿予录用由

浙江督军署为咨行事。据陆军第二十五师师长张载阳呈称，"步兵第一百团差遣康昉，请假未待核准，擅自离营，请予撤差，并咨请各省勿予录用"等情。除指令照准并分别咨令外，相应抄录康昉出身、年岁、籍贯，咨达贵督军，请烦查照转令所属一体知照。此咨

各省督军

计抄送康昉出身年岁籍贯一纸。

浙江督军吕公望

中华民国五年八月十六日

康昉，保定军官学堂毕业，年二十五岁，福建福州人。

（原载《浙江公报》第一千五百九十四号，三至四页，咨）

浙江省长公署咨农商部

据民政厅转据镇海县知事呈送商会各职员
履历册改正章程并钤记公费由

浙江省长为咨请事。案据民政厅呈"据镇海县吴万里呈称，案于本月二十日准镇海商会公函，内开，'敝会依法改组定名为镇海商会，

拟订章程,并图章式样,由发起人禀请洪前知事转详请咨。嗣于民国五年三月接准贵署公函,转奉省饬,准农商部咨开,'镇海商会既系依法改组,准予备案。惟《修正商会法》及《施行细则》业经公布,该商会所拟章程与《修正商会法》及《施行细则》次第间有参差,未符之处,应行改正各条,开列于后,请转饬改正,并将职员名册一并送核。至图章式样,《修正商会法施行细则》内已规定,商会钤记由部刊颁,现经本部公示,定为钤记每颗应缴公费银十五元,希饬照缴送部,即行刊发'等因。并附章程应改各条,咨省饬县转函遵办在案。兹由各发起人遵照定章将敝会正副会长暨各职员分别举定,于本年六月十日同时就职,合即开具姓名、年岁、职业、履历清册,并将拟订章程遵饬改正,连同换领钤记应缴公费银十五元,函请转呈备案,并颁给钤记'等因。准经知事查核无异,理合检同该会职员履历清册、改正章程各三分,换领钤记公费银十五元,一并备文呈请厅长鉴核,分别备案转呈咨部刊给镇海商会钤记一颗,发县转发启用,以昭信守,实为公便等情。并附职员履历册、改正章程各三分,钤记公费银十五元到厅等情,转请核咨"前来。除批示外,相应咨请鉴核查照施行。此咨
农商部

浙江省长吕公望

中华民国五年八月十六日

计送镇海县商会职员名册一份、镇海县商会改正章程一份、钤记公费银十五元。

（原载《浙江公报》第一千五百九十四号,四至五页,咨）

浙江省长公署咨教育部

为民政厅呈据云和县呈复沙溪学校田租案

已办结请咨部查照由

浙江省长公署为咨复事。案据民政厅厅长王文庆呈称,"案查前

据云和县沙溪国民学校校长叶秉阳禀请'将自治会挪用该校之原拨清修寺、灵镇堂两庙田租,恳饬返还'等情到前巡按使公署(云云见指令民政厅原呈),自应准予完案,理合呈请察核转咨"等情到署。查前项租田既据云和县知事饬由原校收回接管,自应准予完案,相应咨复贵部查照。此咨

教育部

浙江省长吕公望

中华民国五年八月十六日

(原载《浙江公报》第一千五百九十四号,五页,咨)

浙江督军署训令第十八号

令各属据第二十五师师长呈称差遣康昉请假未待核准

擅自离营请予撤差并令各机关勿予录用由

令陆军第六师司令部师长童保喧、陆军步兵独立第一旅司令部旅长俞炜、嘉湖镇守使王桂林、台州镇守使顾乃斌、宪兵司令官傅其永

据陆军第二十五师师长张载阳呈称,"步兵第一百团差遣康昉,请假未待核准,擅自离营,请予撤差,并咨请各省勿予录用"等情。除指令照准并分别咨令外,合即抄录康昉出身、年岁、籍贯,令仰该转令所属一体知照。此令。

计开:

康昉,保定军官学堂毕业,年二十五岁,福建福州人。

中华民国五年八月十六日

督军吕公望

(原载《浙江公报》第一千五百九十四号,六页,训令)

浙江省长公署委任令第二号

任命罗根袁钟铨为本署工程谘议官由

令罗根、袁钟铨

查有该员堪以任命为本署工程谘议官,月支薪银一百六十元/一百元。合将任命状令发,仰即收领,到署供职。此令。

计发任命状一张。

中华民国五年八月十六日

省长吕公望

（原载《浙江公报》第一千五百九十四号,六页,训令）

浙江省长公署委任令第三号

委任郭梓熙为本署会计兼庶务由

令郭梓熙

照得本署会计兼庶务员朱国霖前因病未能到差,业经暂派该员代理在案。兹查朱国霖久病未痊,应即撤销前案,遗缺即以该员补充,月支薪洋四十元,合行令委,仰即继续供职。此令。

中华民国五年八月十六日

省长吕公望

（原载《浙江公报》第一千五百九十四号,六至七页,训令）

浙江省长公署训令第七十号

令交涉署据江苏交涉公署函称日轮安鑫
自泗安行驶江苏请饬查见复由

令交涉署署长

案据驻沪江苏交涉公署函称,"前准日正领事函开,'据日商赖莫司禀称,现办安鑫小轮船局派轮专驶江浙两省,总局设立杭州湖墅,轮行路线系湖州、泗安、长石、余杭、武康、德清、杭城内至倡佑桥止，请为保护前来。据此，本正领事合亟据请查照备案，出示晓谕，并行知所属一体照约保护'等因。当以所称轮行路线均系浙省辖境，惟又称专驶江浙两省，是否即指该项小轮由沪开驶而言，来函声叙不明，无凭核办。函请该领事查复去后，旋据复称，该商续禀并非由沪开驶，系由浙江泗安开驶江苏长石，按长石即盛泽前来。据此，合再据请查照施行'等因。查该小轮行驶路线，按诸关章是否相符，经过关卡有无妨碍，复经函请江海关监督查复核办。兹准复称，'查《中日续议内港行轮修补章程》第四条内载，如有浅水河道，恐因行轮致伤堤岸，以及相连之田地，中国欲禁小轮行驶，查明实有妨碍，禁止日轮行驶，华轮亦一律禁止'等因。是中外小轮应禁应行，总以有无妨碍田岸为断。兹承示日商安鑫轮局行轮路线，如湖州、泗安、盛泽早有轮行，本署有案可稽，惟余杭、武康、德清以及倡佑桥等处，事在隔省，是否通轮，与该处农田堤岸有无关碍，无从知悉。复查约章，彼此不通商口岸之内地，非奉中国政府允准，不得专行往来。现日轮拟由浙省泗安开赴苏省盛泽，均系不通商内地，经过之处是何地名，并其中有无窒碍，自应由贵署请浙省饬查明确，复到照约核办，较为妥洽，统祈卓裁等因。准此，理合函请贵省长饬查见复，实纫公谊"等情到署。查泗安向无小轮行驶，且非通商口岸，日轮由该处开赴江苏盛泽，是否有违背约章，合行令仰该署长迅即按照上开各节查明，具复核办。此令。

中华民国五年八月十五日

省长吕公望

（原载《浙江公报》第一千五百九十四号，七至八页，训令）

浙江省长公署训令第七十一号

令高检厅为永康陈李氏呈伊夫陈修明
被陈双庆等殴毙请雪由

令高等检察厅长殷汝熊

案据永康县民妇具控伊夫陈修明被陈双庆等殴毙等情到署,除批"氏夫陈修明究竟因何身死,既据报县验明,尚未据该县呈报,候令高检厅转行永康县速将验办情形呈报察夺。此批"黏附挂发外,合行令仰该厅即便转行永康县刻日呈报察夺。禀抄发。此令。

计钞原禀一纸。

中华民国五年八月十六日

省长吕公望

（原载《浙江公报》第一千五百九十四号,八页,训令）

浙江省长公署训令第七十二号

令高检厅据富阳陈凤锵呈法警违法揽权
请饬查办由

令高等检察厅长殷汝熊

案据富阳县民陈凤锵呈控法警假名诈索私禁等情到署,除批"陈秉福等户粮如与该民一无关涉,该法警等勒索不遂,私擅逮捕关禁,既由许铭山报告,征收主任沈逸波何又勒令该民具限负责,此中恐有纠葛别故,惟控关法警不法,候令高检厅转行确切查办具复核夺。此批"挂发外,合行令仰该厅即便转行该县按照控情确切查办,具复核夺,毋任徇延,切切。原禀抄发。此令。

中华民国五年八月十六日

省长吕公望

（原载《浙江公报》第一千五百九十四号,八页,训令）

浙江省长公署训令第七十四号

令民政厅据警察传习所学员周鲁请寄给半薪由

令民政厅长王文庆

案据警察传习所学员警佐周鲁函禀"请给半薪，以济学困"等情。据查此项应给学员半薪，除刘雄韬、刘旭东、徐俊英、朱璋四员，径由内河水警厅筹寄，谷铺一员，业由外海水警厅缴送转发警厅领寄，暨包瑞芝一员，现已回省无庸寄给外，其各属地方厅保送之王人鉴等十四员，自五月起十月止半薪，已据该厅缴送到署，并由署咨送内务部转给各在案。据函前情，合行令仰该厅转谕该员知照。此令。

中华民国五年八月十六日

省长吕公望

（原载《浙江公报》第一千五百九十四号，八至九页，训令）

浙江省长公署训令第七十八号

令民政厅为嵊县史萼卿等禀标卖该县
公产声明原委请饬县过户由

令民政厅长王文庆

案据嵊县民人史萼卿等禀称，"标卖嵊县公产，请求饬县过户，以保私权"等情前来。据此，除批"候令民政厅查核具复察夺，并咨财政厅查照"外，合行抄禀令行该厅遵批办理，毋违，切切。此令。

中华民国五年八月十六日

省长吕公望

（原载《浙江公报》第一千五百九十四号，九页，训令）

浙江省长公署训令第七十九号

令民政厅据上海总商会禀为请饬开化县勒缴
余渭浙等伙吞茶商新隆泰借款由

令民政厅长王文庆

本年八月七日据上海总商会以"茶商新隆泰被开化余渭浙、李笃斋等伙吞借款，禀请饬县勒缴给领，以维茶业"等情。据此，除批示"禀悉。此项借款既据茶商新隆泰禀经上海会审公廨，咨准开化县将余渭浙等伙开之赛天香、林茂春两号箱茶封存备抵，余渭浙等何得私售朋分，如果别无纠葛，自应追缴给领，以维茶业。候令民政厅转饬开化县知事先行查案呈复，一面赶紧秉公核办具报可也"等语挂发外，合行令仰该厅即饬开化县遵照办理，毋延，切切。此令。

中华民国五年八月十五日

省长吕公望

附原禀

上海总商会禀为茶商新隆泰被开化余渭浙、李笃斋等伙吞借款，请饬开化县知事勒缴给领，以维茶业事。

窃据上海茶业会馆函称，"据新隆泰茶栈声称，'民国三年四月间，被安徽婺源县人江有馀、江焕臣先后借去规元四千四百两，声称与浙江开化县人余渭浙、李笃斋等合伙在开化设号办茶，允交商栈经售，抵还借款。嗣上海新茶上市，该号并无箱茶运到。比向江有馀质问，据称开化所设赛天香号有茶一百十八箱，林茂春号有茶六十九箱，准运交商栈代售归欠，并由余渭浙、李笃斋挽同乡程林光出为担保。讵茶市已过，只箱终无见面。三年八月间经商栈禀准上海会审公廨，拘江有馀到案讯供，欠款属实，奉判押限缴银四千四百两在案。去年五月江有馀因限满无力缴款，声请公廨照会沪海道尹移咨金华道转饬开化县知事，将赛天香、林茂春两号箱茶封存备抵。上年八月公廨接开化知事复函，谓茶已封存，通知商栈派人往领。商栈遵派代表戴友兰、程屏周赴开领箱，讵到开后查知两号箱茶已被余渭浙、郭质斋等觑新旧知事交替之际违法私售，得价朋分。商栈代表呈县请追，守候数月之久，知事视为寻常钱债，并不认真追究，以致商栈茶款分文未着。窃思茶业为出口重要商品，而茶款关中外商业信用，此次余渭浙、郭质斋等骗吞号伙经借之款，私售官厅已封之茶，败坏商务，藐玩法律，实为历所未有。此风一开，将来全国茶商均受影响。为特函请转恳上海总商会据情转呈浙江督军省长转饬开化县知事严提余渭浙、郭质斋及保人程林光等到案，勒限饬交箱茶一百八十七件；如无茶交，请饬缴银四千四百两，交由商栈代表具领回沪，以维茶务而保信用'等情到敝会馆。准此，相应函恳据情转呈浙江省长转饬开化县知事勒限余渭浙、郭质斋及保人程林光等，立将官封箱茶备抵欠款银四千四百两押令缴案交由新隆泰茶栈代表领回，以维茶务，无任企祷之至"等情。据此，查是项借款曾经该茶栈禀奉上海会审公廨咨准开化县知事将余渭浙等伙开之赛天香、林茂春两号箱茶封存备抵，已经官厅处分之货物，余渭浙等尚敢违法私售，得价朋分。该茶栈谓其合伙骗吞，似非无据。内地茶商向上海茶栈借款经营、交货售抵者居于多数，若此案不严切究追，则法律之保障已失，以后各茶栈何敢再放借款自贻巨累，殊于茶业前途影响匪细。据称前情，理合具禀转陈，伏乞省长俯赐鉴核，饬知开化县知事严追给领，以维茶务，并希批示祗遵，实为公便。谨禀。

（原载《浙江公报》第一千五百九十四号，九至一一页，训令）

浙江省长公署指令第一百五十四号

令民政厅长王文庆

　　　　呈一件该厅据镇海县知事呈送商会各职员

　　　　履历册改正章程并钤记公费由

呈及附件均悉。候咨部核复饬遵。此令。名册、章程及公费银存。八月十四日

　　　　（原载《浙江公报》第一千五百九十四号，一二页，指令）

浙江省长公署指令第一百五十五号

令民政厅长王文庆

　　　　呈一件该厅解临安县商会钤记公费请转咨由

呈悉。候咨部核给。此令。公费银存。八月十四日

　　　　（原载《浙江公报》第一千五百九十四号，一二页，指令）

浙江省长公署指令第一百六十号

令民政厅长王文庆

　　　　呈一件请检发军警用轮船特定旗式由

呈悉。此项旗式前次杭关税务司漏未检送，兹经检取补发，仰即查照。此令。旗式随发。八月十四日

军警用轮船旗图式说明

一、旗宽与高比等于四比三；

二、旗用红色；

三、中制黄白色重叠二星，取军警联络之意；

四、二星重叠之点，须以旗之中心点为

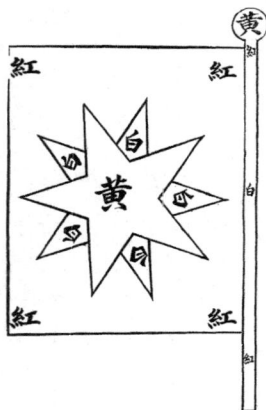

星,心径须等于旗高十二分之七。

（原载《浙江公报》第一千五百九十四号,一二至一三页,指令）

浙江省长公署指令第一百六十八号

令民政厅长王文庆

呈一件寿昌县知事遵报办理农桑水利各要政情形由

呈悉。该县寿昌溪灌溉农田,既有二十万亩之多,积沙淤塞,自应亟予疏浚,乃该知事必待自治成立始行责成调查,试问自治未成立以前,该知事遂无可办之事耶？殊近延玩。着即迅速查明,拟具计画书具报核办,余如所拟办理,仰民政厅转饬知照。此令。八月十四日

附原呈

呈为呈复事。本年七月二十四日奉浙江民政厅第一二五七号饬开,"案奉都督府政字第二八三号饬开,'为饬知事。照得农工各业关系国计民生,至为巨大。本省各属农桑水利、森林苗圃、贫民工厂、因利局、贫儿院等各要政,迭经前巡按使拟定办法,通饬各县知事及水利委员会等次第举办各在案。历时既久,该知事等成绩昭著、切实进行者固不乏其人,而敷衍塞责、虚糜款项者尚复不少。合行饬仰该厅迅饬所属,凡关于前项一切事宜,已办者务须继续进行,力求完善；未办者尤宜速定计划,刻日举行。通限文到十日内将过去之成绩及将来之计划详实呈复备夺,一面由该厅长随时严加督察,其有奉行不力者即行据实呈参,以儆颟顸而重要政,切切。此饬'等因。奉此,除分饬外,合就饬仰该知事于文到十日内将农田水利各要政之过去成绩、未来计划详实分呈都督及本厅查核,事关特饬各该县考成所在①,毋得违延自误"等因。奉此,查寿邑农工各政前经迭奉饬知,即

---

① 底本如此,"事关"之下疑有脱漏。

由知事分别筹办。惟地方瘠苦，筹费维艰，欲挹彼注兹，每捉襟而见肘，只以要政为民生利赖所关，兴举宜速。故于钧饬垂询各端，曾经设法兴办，间有由知事垫款举办者。兹将过去之成绩与将来之计划，敬为省长缕晰陈之。

其一则关于森林者。此事项计分为二，一曰模范桑园。该园自去年六月委自治委员蒋钟翰经理，即择定县署二门内两旁隙地二亩暨文庙东首空地三亩辟为园场，雇工开垦。本年三月由该经理派员至海宁之长安购到桑秧千株，如法栽植，现在枝叶畅茂，颇有可观。又，由准备金项下拨洋七十余元，联合兰溪县转托前金华道苗圃长购桑秧二千一百株，分散旧自治区九区绅民一律栽植，一俟培养成林，再行筹设蚕业传习所，以期蚕桑之利普及于全邑。一曰模范森林。上年十一月择定治南黄尖山为造林地点，计有一百余亩，饬委自治委员李献廷筹设事务所，认真督办。于本年三月间购买松杉苗木三十余万株，雇工扦插，清明节前一律告成。嗣经知事亲身往看，皆青碧一望无际。至培护方法，现时赏雇就近农民勤加察看，以防损害，一面遵照《看青通则》出示晓谕，并责成乡警及附近保卫团担任巡护事宜。所有境内荒山，并由知事将种树利益撰成白话告示，遍谕乡农。本年清明日，躬率僚属，手自栽植。计自提倡以来，乡人多有着手造林来署报请封禁者，此后林业之振兴，或可希望。

其二则关于苗圃者，查此间自前奉饬知"以官荒山地筹设苗圃"等因，即经知事转行农会长督促进行。惟县属官荒山地，去岁经知事饬派自治委员清查，多属狭隘零星，间有滨水之区，而又土质浮松，难资兴种，故该会长屡陈，地难相当，费又支绌情形，未得确实办法。嗣以事关林政，为地方实利所基，本年春，经知事略予变通办理，由职署代为先行择定署后官地十一亩零，从事筹设，即经将筹办情形连同预算表详请前巡按使鉴核。旋即垫拨款项饬交农会会长蒋钟翰开办。兹已将苗禾一部份办理就绪,所播树种如柏子、油茶、洋槐、桐子等树苗,发育尚佳。现在拟就该处再谋扩充,另文呈报。一面拟责成农会长别觅宽广适宜荒地次第推广,以期符合原定三十亩之数,而立林业始基。

其三则关于贫民工厂者。此间自民国二年六月奉饬筹办贫民工场,原为救济贫民而设。先是民国元年六月,奉前民政司饬知筹设贫民习艺所(贫,后改为平),二年四月经职署咨交前县议会议决,拨本署公款一千余元,于三年四月成立,迭经遵照章程办理。所内计分三科,曰仿织,曰漂染,曰纸工。至所出之品,则以爱国布为最佳,且有运销出境者。至于畅销货物,则遵饬办有负贩事宜;启牖艺徒,则设法增有夜课教育。现时复以本地土产,有苎麻一宗,经知事谕令该所长筹办仿织夏布,并拟将原所力加扩充,即以工厂之规模寓于该所之内,期普及一般贫民。俟筹画就绪,另文呈报。

其四则关于因利局者。上年五月间,迭奉前巡按使饬发《因利局章程》告示下县,即经设法筹款开办。嗣后此间无款可拨,绅商又以无力兼顾为辞,迄无效果。惟因利局为贫民生计所关,自应极力筹措,以惠民生。爰由知事移俸洋四百元垫作基本,遂于城区及大同镇分设两局,本年一月一律告成,现时人民颇有称便者。其关于贫儿院事宜,知事奉饬后,即经筹画,嗣后遵照《章程》计算,岁费最省亦需九百元有奇,而该《章程》第八条规定各款抵补金、特捐等,此间岁收仅二分三厘,此外复无款可拨,当经具文通详,俟筹有的款再行举办。旋奉前巡按使批准在案。惟该局系嘉惠贫民之举,现在知事夙夜筹维之中。

至如农田水利一端,知事自奉前巡按使颁发《各省水利委员会组织条例》及《细则》《章程》,即经细心研究,惟以是项工程尚未由此经过,故此无办理事件可陈。现就寿邑水利而言,其情形实别其应行修理者。因寿昌总河名寿昌溪,发源西乡鹅笼山,蛇蜒六十余里,入建德大江,而溪流歧出,类皆作堨润田,池塘星布,亦复多所灌溉。计民国二年成熟民田十万六千二百亩有奇,池塘浇灌区域约九万六千三百四十五亩,其余田九千八百六十亩零,均系各业户私塘灌注。徒以溪塘多与山相傍,山之童者,沙石每随风雨渗泄,低洼之处,作上流尾闾,日浸月盛,久雨则泛滥,稍晴则立干,胥为田害,势非从事疏浚不可。拟俟各区自治成立后,即颁发调查表格,责成分区调查,俟得需工需款确情,再筹画测量进行办法。至此宗款项,拟向修复溪塘应行受益田亩派征,庶几一处告成,群起观感,利之所在,人共趋之,或不至别生窒碍也。

奉饬前因,所有关于农工各业过去及将来之情形,理合备文呈报,仰祈钧督鉴核。除分呈民政厅外,谨呈。

（原载《浙江公报》第一千五百九十四号,一三至一六页,指令）

浙江省长公署指令第一百七十号

令民政厅长王文庆

呈一件为乐清县知事钱沐华因病请假二星期由

呈悉。准假二星期,仰民政厅转行该知事知照。此令。八月十五日

附原呈

呈为呈请事。窃自入夏以来,天气炎热,知事昕夕从公,感患暑疟,近日时发时止,精神颇觉委顿。拟请给假二星期,以资调摄。所有署内职务暂委承审员代行。除分呈民政厅厅长外,理合备文呈请,仰祈督军兼省长鉴核示遵。谨呈。

（原载《浙江公报》第一千五百九十四号,一六页,指令）

浙江省长公署指令第一百七十一号

令交涉署长张嘉森

　　呈一件为呈荐署员丁绍瀛以县知事存记由

　　呈及履历均悉。据称该署第一科科长丁绍瀛,资深劳著,请以县知事存记任用,应即照准。除注册并令民政厅存记外,仰即转饬知照。此令。履历存。八月十五日

附原呈

　　呈为署员丁绍瀛办事勤能,资深劳著,恳请酌予迁擢以昭激劝事。

　　窃查职署第一科科长丁绍瀛,于民国二年到差,任事以来,克勤厥职,毫无贻误。在温前交涉员任内,两次代行交涉员职务,均能应付得宜。四年四月,蒙前巡按使届于第四届知事试验案内,保准以县知事免试,复以现任要差暂缓考询,先行分省任用,暂留本省供职,均经核准在案。署长到任后,悉心考察,亦以该员才长心细,办事勤敏,深资臂助。惟是三载考绩,理宜量予升迁,以昭激劝。该员于内政、外交均有经验,为此开具该员履历,恳请省长以县知事存记,尽先委用,以励贤能而裨治理。所有署员丁绍瀛资深劳著恳请酌予迁擢缘由,理合呈请俯赐核准施行。谨呈。

　　(原载《浙江公报》第一千五百九十四号,一六至一七页,指令)

浙江省长公署指令第一百七十八号

令民政厅长王文庆

　　呈一件淳安县知事遵报办理农桑水利各项要政情形由

　　该县既多荒山,森林苗圃万不可缓。枫树潭被水冲没,亟应设法

规复,或另择地开办。兴筑塘坝,计丈若干,需费几何,统限月内筹定具报。工厂、贫儿院、因利局,均系救贫要政,毋得诿过前任,延不举办。仰民政厅转饬知照。此令。八月十五日

(原载《浙江公报》第一千五百九十四号,一七页,指令)

浙江省长公署指令第一百七十九号

令民政厅长王文庆

呈一件象山县知事遵报办理农桑水利各要政情形由

呈悉。蓄水池塘及海塘、碶门等工程,虽向由各业户自行修筑,然岂无年久失修,或应办未办,须俟官厅之督劝者。来呈概置勿理,殊属漠视,应另详实查明补报备核。因利局、贫儿院,系救贫要政,何得藉口无款,延不举办,限一月内筹定具报。余如所拟办理。仰民政厅转饬知照。此令。八月十五日

(原载《浙江公报》第一千五百九十四号,一七页,指令)

浙江省长公署指令第一百八十号

令民政厅长王文庆

呈一件萧山县知事遵饬办理农桑水利各要政情形由

呈悉。该县地多山少,水利一项最宜认真办理。来呈于未来计画并未详陈,殊属疏玩,应即补报备核。余如所拟办理。仰民政厅转饬知照。此令。呈抄发。八月十五日

(原载《浙江公报》第一千五百九十四号,一七至一八页,指令)

浙江省长公署指令第一百八十一号

令民政厅长王文庆

呈一件常山县知事遵报办理农桑水利各要政情形由

呈悉。贫儿院、教养局事关通案,该县藉口无款,延不举办,殊属非

是,着即从速筹办具报。常、玉大路,关系两省交通,尤宜认真督率员工,俾成坦道。余如所拟办理。仰民政厅转饬知照。此令。八月十五日

（原载《浙江公报》第一千五百九十四号,一八页,指令）

浙江省长公署指令第一百八十二号

令民政厅长王文庆

呈一件衢县知事遵报办理农桑水利各要政情形由

据呈,办理各要政,尚能切实,应即按照所定计画切实进行,随时呈报备案,毋以空言塞责。恒丰典存款,既经详准提还有案,应责成开化县知事饬令措缴,仰民政厅分饬该两县知事查照。此令。八月十五日

（原载《浙江公报》第一千五百九十四号,一八页,指令）

浙江省长公署指令第一百八十三号

令民政厅长王文庆

呈一件义乌县知事遵报办理农桑水利要政情形由

呈悉。该县民多务农,重视水利尚属扼要,所称私有池塘,责令该户开浚公共河渠、湖沼,责成各农户分力合作,理由亦自正当。惟未将该县池塘、河渠等应需疏浚者究有若干,并需款几何、如何着手等一一查明具报,殊近空言塞责,应即迅速详查呈核。余如所拟办理。仰民政厅转饬知照。此令。八月十五日

（原载《浙江公报》第一千五百九十四号,一八页,指令）

浙江省长公署指令第一百八十六号

令民政厅长王文庆

呈一件云和县沙溪学校田租案已办结由

呈悉。候转咨教育部查照可也。此令。八月十六日

附原呈

呈为呈请咨复事。案查前据云和县沙溪国民学校校长叶秉阳禀请，将前自治会挪用该校之原拨清修寺、灵镇堂两庙田租，恳饬返还等情到前巡按使公署，当批发瓯海道饬县查办。嗣又准教育部咨同前因，复经前巡按使公署饬遵转饬秉公办理详报核转在案。兹据云和县知事呈称，"遵即饬据自治委员高学愚、叶承唐复称，'查沙溪学校租田五十六石，于前清光绪三十四年，由前校长徐亦康禀准李县令在该村清修、灵镇两庙内酌提拨充，确有证据可稽。兹地方自治成立，协和乡自治会以经费无着，复在该校拨定租田五十六石之内划出二十石归入自治会管理，本处援案征收，当无不合。惟委员等兼任学董，既知此案原委，自应秉公核议，断不敢有所偏倚。是项田租二十石，一再详查，实为沙溪学校奉拨在先，应即回复其管有权，以昭平允。如蒙察准，请自民国五年起，由该校自行征收，一面饬知该校来处接洽，以便将田坵租数划清界限而杜纷争'等情。知事察核无异，当即饬知该校长叶秉阳亲赴自治办公处接收。旋据报告，'业将租田收回接管，事经完案'。理合将奉饬查复情形并拨还自治挪用田租原由备文呈复，仰祈钧长察核施行"等情到厅。查是案既据该知事将前项租田饬由原校收回接管，应准予完案，理合呈请钧长察核，并转咨教育部查照。谨呈。

（原载《浙江公报》第一千五百九十四号，一九页，指令）

浙江省长公署指令第一百八十八号

令高等审判厅长范贤方

呈一件兰溪县呈报童王氏命案勘讯由

呈悉。仰高等审判厅饬即迅拘陈华弟、王廷荣等到案，提同陈蔡氏等质讯明确，按律拟办，切切。格结存。此令。八月十六日

（原载《浙江公报》第一千五百九十四号，一九至二〇页，指令）

浙江省长公署指令第一百八十九号

令高等审判厅长范贤方

呈一件桐庐县呈报毛家谷命案获犯讯供由

呈及格结均悉。仰高等审判厅令即讯明确情,按律判决,毋稍枉纵,切切。格结存。此令。八月十六日

（原载《浙江公报》第一千五百九十四号,二〇页,指令）

浙江省长公署指令第一百九十号

令高等审判厅长范贤方

呈一件吴兴县呈报许阿寿行船劫案由

呈、表均悉。此案盗犯既据缉获鲍锦林、鲍锦凤二名,并起获赃洋,仰高等审判厅饬即提讯明确,按法拟办,暨究出馀盗姓名,上紧勒限严缉,务获究报,毋稍延纵,切切。表存。此令。八月十六日

（原载《浙江公报》第一千五百九十四号,二〇页,指令）

浙江省长公署指令第一百九十三号

令民政厅长王文庆

呈一件为呈复新昌县军警防剿土匪出力人员分别核奖由

据呈,该警佐樊健保卫地方得力,应准如呈给奖,并仰转饬知照。至哨官刘占鳌、哨长梅作和二员,应候警政厅呈报到署,再行核办。此令。八月十六日

（原载《浙江公报》第一千五百九十四号,二〇页,指令）

浙江省长公署指令第一百九十七号

令民政厅长王文庆

呈一件呈复核奖余姚县警佐张守坤蔡光宇由

据呈,警佐张守坤、队长杨金奎,周巷警佐蔡光宇等,捍匪出力,

或迭著优绩,应准如呈各予记功一次。余亦如所拟办理。仰即令行该县转令各该员知照。此令。八月十六日

（原载《浙江公报》第一千五百九十四号,二〇至二一页,指令）

浙江省长公署指令第一百九十八号

令民政厅长王文庆

呈一件旧宁属县立甲种商业学校校长费绍冠

请拨酒类附捐补助校费并送预算书由

据呈,请于第四区酒类附加捐项下,岁拨银六千元补助该校校费等情,能否照行,仰民政厅咨会财政厅妥议具复饬遵。此令。预算书存。八月十六日

（原载《浙江公报》第一千五百九十四号,二一页,指令）

浙江省长公署批第四十九号

原具呈人嘉兴杨师震、施能

呈一件请预备县议会各事由

呈悉。此案昨据绅民禀请,已据情咨请内务部核示在案,应俟复到核办,仰即知照。此批。八月十四日

（原载《浙江公报》第一千五百九十四号,二二页,批示）

浙江省长公署批第五十二号

原具呈人遂安县公民陆登鳌等

禀一件为校长方本义殴辱余景贤知事坚不撤换由

禀悉。查此案前据遂安县知事呈拟分别惩处办法,已令民政厅核议转饬该县知事遵办在案,应静候该县遵令秉公办理,毋庸多渎。此批。八月十五日

（原载《浙江公报》第一千五百九十四号,二二页,批示）

浙江省长公署批第五十三号

原具禀人翁兆霆

　　禀一件请浚垦湘湖并请颁发计画图册由

　　查此案先经饬厅,俟省议会成立提交议决在案。据禀各节,俟省议会议决核办。此批。八月十五日

　　　　（原载《浙江公报》第一千五百九十四号,二二页,批示）

浙江省长公署批第五十五号

原具呈人陈美焕等

　　呈一件为法庭误驳请饬再审由

　　查阅黏钞,案经高审厅驳回呈诉,该民等如果不服,何以不于上诉期内请求高等检察厅提起上告,乃于数月之后来案岐渎,殊不合法,不准。此批。黏附。八月十六日

　　　　（原载《浙江公报》第一千五百九十四号,二二页,批示）

浙江省长公署批第五十六号

原呈人陈凤锵

　　呈一件为法警假名诈索私禁由

　　陈秉福等户粮如与该民一无关涉,该法警等勒索不遂,私擅逮捕关禁,既由许铭山报告征收主任沈逸波,何又勒令该民具限负责,此中恐有纠葛别故。惟控关法警不法,候令高检厅转行确切查办具复核夺。此批。八月十六日

　　　　（原载《浙江公报》第一千五百九十四号,二三页,批示）

浙江省长公署批第五十七号

原具呈人永康陈李氏

呈一件为夫陈修明被陈双庆等殴毙由

氏夫陈修明究竟因何身死,既据报县验明,尚未据该县呈报,候令高检厅转行永康县,速将验办情形呈报察夺。此批。黏附。八月十六日

（原载《浙江公报》第一千五百九十四号,二三页,批示）

浙江省长公署批第五十九号

原具呈人嵊县史萼卿等

呈一件为标卖嵊县公产声明原委请饬县过户由

据呈各情,候令民政厅查核具复察夺,并咨财政厅查照。此批。八月十六日

（原载《浙江公报》第一千五百九十四号,二三页,批示）

浙江省长公署批第六十号

原具呈人上海总商会

呈一件为请饬开化县勒缴余渭浙等伙吞茶商新隆泰借款由

禀悉。此项借款既据茶商新隆泰禀经上海会审公廨咨准开化县将余渭浙等伙开之赛天香、林茂春两号箱茶封存备抵,余渭浙等何得私售朋分,如果别无纠葛,自应追缴给领,以维茶业。候令民政厅转饬开化县知事先行查案呈复,一面赶紧秉公核办具报可也。此批。八月十六日

（原载《浙江公报》第一千五百九十四号,二三页,批示）

浙江省长公署咨财政部内务部农商部

据民政厅呈《改正典业公会规条》请咨部核复由

浙江省长公署为咨请事。案据民政厅厅长王文庆呈称,"窃查接

管卷内全浙典业公会禀送修改典业规条一案,经前按署据情咨陈财政部、内务部、农商部核复。旋准财政部咨开,'准咨陈据全浙典业公会会长王锡荣等禀请核定典业公议通守规条一案①,请核复,以便转饬遵照'等因,并附送《规条》前来(文云见指令民政厅原呈内)。以上各情,拟请俯赐咨明财政部,并咨催内务部、农商部核复,以便转饬遵照"等情。据此,查该厅长所拟《修改全浙典业公会规条》,仍以十二、十三两条并作一条,改为"未满之当货,除盗窃火焚在《民法》未颁布以前仍遵照浙省成案办理外,如遇兵灾或大水漂没,概不赔偿"等语,似尚妥洽。除咨内务部、财政部、农商部外,相应照抄改正《规条》,备文咨请大部查核,见复施行。此咨

内务部

财政部

农商部

附抄《改正全浙典业公会通守规则》一份。

浙江省长吕公望

中华民国五年八月十七日

(原载《浙江公报》第一千五百九十五号,一九一六年八月二十日,三至四页,咨)

浙江省长公署咨内务部

为咨报领到省长特任状由

浙江省长公署为咨复事。本月十二日奉大部咨开,"准铨叙局咨称,本年七月六日奉大总统策令,'特任吕公望兼署浙江省长,此令'等因。奉此,当经详由国务总理呈准免觐在案。应将特任状送请署名转发等因前来,业由本部署名讫,相应咨送查收见复可也"等因。准

---

① 此处"公议",下文作"公会"。"规条",下文作"规则"。

此,遵即将特任状谨敬祗领,所有领到日期,相应咨复贵部查照施行。

　　此咨

内务部

浙江省长吕公望

中华民国五年八月十七日

（原载《浙江公报》第一千五百九十五号,四页,咨）

浙江督军署训令第十九号

令步兵第一旅长为本署差遣施颂同等

三十员发往该旅服务由

令步兵独立第一旅司令部旅长俞炜

　　查有本署差遣施颂同等三十员,堪以发往该旅服务,月薪仍各照旧支给。除分令外,合即抄录该员等姓名薪数表令发该旅长知照,并将分配情形连同各员履历呈报本署查核。此令。

　　计发员名薪数表一纸。

中华民国五年八月十七日

督军吕公望

　　计开:

　　蒋鼎文八十元、陈道言五十元、汪涛二十元、潘体焘二十元、赵迎喜三十元、徐镇藩二十元、卢必凯三十元、徐志强二十元、于元培二十元、赵承恩三十元、何埒聪三十元、张鸿材五十元、蒋鳌一百廿八元、项承武四十元、黄尚炳六十元、高绍基五十元、施颂同三十元、张连奎四十元、张运球二十元、李文龙三十元、方国纲二十元、黄在中二十元、樊崧甫四十元、陶光二十元、江畴五十元、郭建武五十元、黄乾五十元、仇德骧三十元、王汝为八十元、王国昌二十元。

（原载《浙江公报》第一千五百九十五号,五页,训令）

浙江督军署训令第十九号

令本署差遣施颂同等三十员堪以发往
步兵独立第一旅服务由

令差遣施颂同等

查该员堪以发往步兵第一旅服务,月薪照旧支给。除令行该旅旅长知照外,合行令仰该员遵照前往到差。此令。

中华民国五年八月十七日

督军吕公望

(原载《浙江公报》第一千五百九十五号,五至六页,训令)

浙江督军署训令第二十号

令军队各机关据第二十师呈称本师见习军官
何荦私自离营仰勿予录用由

令陆军各军队机关局所

八月十三日准陆军部咨开,"据陆军第二十师详称,'本师见习军官何荦私自离营,应如何严惩,请核示'等情。除批示将该军官何荦予以停差半年处分,以示惩儆外,相应咨行贵督军查照,于该军官停差期间内勿予录用"等因。准此,除分令外,合行令仰该　　知照。此令。

中华民国五年八月十七日

督军吕公望

(原载《浙江公报》第一千五百九十五号,六页,训令)

浙江督军署训令第二十一号

令师旅各军队转饬所属各团营凡患脚气病者随带蚊帐
被服送往云居山分院疗治由

令陆军步兵独立第一旅旅长俞炜、第二十五师司令部师长

张载阳、宪兵司令处司令官傅其永

案据第六师师长童保暄呈称，"该师卫戍病院近来因军队扩充，入院患者增多，至超过该院收容定额，且脚气病患者尤宜转地高燥之处疗养为宜，并指定云居山圣水寺地方暂设分院，呈请转饬各部队，凡患脚气病者，一概随带蚊帐、被服送往云居山分院疗治"等情到署。查该院近来患者拥挤，是属实情。除指令准予所请外，合行饬仰该

转饬各团营凡脚气病患者，务宜随带蚊帐、被服送往该分院治疗。此令。

中华民国五年八月十七日

督军吕公望

附 原呈

呈为陆军卫戍病院添设云居山分院事。

案据陆军卫戍病院院长厉家福呈称，"窃查近来军队扩张，兵数增加，时交炎暑，各部军队机关送病兵入院者络绎不绝，超过职院患者收容定额，致日形拥挤，人多地窄，疏通为难。且查脚气一症日见其增，为往年所未有，除悉以加治外，尤宜转地疗养。现职院地近湖滨，烟水相接，另觅高燥之处，兹查有云居山圣水寺堪以暂作分院，惟事属草创，计出权宜，所有从前预备之被服、蚊帐已不敷用，一时不及置办。为此备文具由呈请师长，可否转饬各营队，凡患脚气病兵一概随带蚊帐、被服，送往云居山分院，是否有当，伏乞察夺俯赐批示祗遵"等情。据此，查该院入院患者近来拥挤，是属实情，应准添设分院，疏通患者，以重疗养。除批饬即行开办及分饬职师所属各旅团营队外，理合备文呈报，仰祈察核转饬施行。谨呈。

（原载《浙江公报》第一千五百九十五号，六至七页，训令）

浙江督军公署训令第二十七号
浙江省长公署训令第八十三号

令各属为德人策德留司礼和行东罗森堡姆等
赴苏浙等省游历饬保护由

令交涉署长、温交涉员、宁交涉员、民政厅长、警政厅长、陆军第二十五师长、陆军第六师长、第一独立旅长、嘉湖镇守使、台州镇守使

本月十二日准江苏省长署咨开，"案据特派江苏交涉员杨晟呈称，'顷准德国总领事函，以策德留司随带猎枪二杆、手枪一杆、弹少许，赴江苏、浙江、安徽、河南、直隶、湖南、湖北游历，缮给护照请盖印前来。除将护照印发外，理合呈请察照，转饬各属，俟该德国人到境呈验护照时，照约保护'等情。据此，除训令各属保护并分行外，相应咨请贵省长查照，希即转行各属，照约一体保护"。又，同日准同署咨开，"案据特派江苏交涉员杨晟呈称，'顷准德国总领事函，以礼和行东罗森堡姆随带手枪一支、弹少许，赴江苏、江西、浙江、山东、河南、直隶、湖北游历，缮给护照请盖印前来。除将护照印发外，理合呈请察照，转饬各属，俟该德商到境呈验护照时，照约保护'等情。据此，除训令各属保护并分行外，相应咨请贵省长查照，希即转行各属，照约一体保护"各等由。准此，除分令外，合行令该　　遵即转令所属一体照约保护。此令。

中华民国五年八月十七日

督军兼省长吕公望

（原载《浙江公报》第一千五百九十五号，七至八页，训令）

附　浙江民政厅训令第一百四十号
令宁警厅各县知事德国人策德留司等来浙游历由

令宁警厅、各县知事

本月十七日奉督军公署省长公署训令内开，"本月十二日准江

苏省长署咨开,'案据特派江苏交涉员杨晟呈称,顷准德国总领事函,以策德留司随带猎枪二杆、手枪一杆、弹少许,赴江苏、浙江、安徽、河南、直隶、湖南、湖北游历,缮给护照请盖印前来。除将护照印发外,理合呈请察照,转饬各属,俟该德国人到境呈验护照时,照约保护'等情。据此,除训令各属保护并分行外,相应咨请贵省长查照,希即转行各属,照约一体保护"。又,同日准同署咨开,"案据特派江苏交涉员杨晟呈称,'顷准德国总领事函,以礼和行东罗森堡姆随带手枪一枝、弹少许,赴江苏、江西、浙江、山东、河南、直隶、湖北游历,缮给护照请盖印前来。除将护照印发外,理合呈请察照,转饬各属,俟该德商到境呈验护照时,照约保护'等情。据此,除训令各属保护并分行外,相应咨请贵省长查照,希即转行各属,照约一体保护'各等由。准此,除分令外,合行令该厅长遵即转令所属,一体照约保护。此令"等因。奉此,除分令外,仰该厅长、该知事即便遵照,按约保护,并将该德人入境出境日期呈报备查。此令。

中华民国五年八月二十六日

民政厅长王文庆

(原载《浙江公报》第一千六百十一号,九至一〇页,训令)

浙江省长公署训令第八十一号

令民政厅为永康县知事电催新知事迅行赴任由

令民政厅长王文庆

本月十二日据永康县知事吕策电称,"奉饬调省,遵待交代,请饬催魏知事迅速接任"等情,合行令仰该厅转饬新任知事即速赴任,以重职守。此令。

中华民国五年八月十七日

省长吕公望

(原载《浙江公报》第一千五百九十五号,八页,训令)

浙江省长公署训令第八十二号

令知财政厅本署复财政部佳电情形由

令财政厅长莫永贞

案准财政部佳电开，"吕省长鉴：江电悉。官产处原系特设机关，现在循旧设立，即系遵照大总统鱼日申令办理，湘、粤亦曾经独立省分，均已规复旧制，由部派员处分。如谓必须国会通过，则各省皆应停止，事实上万难办到。惟既准电称，莫厅长较胡运使为宜，应即由部改派莫厅长暂兼官产事务，仍应另设机关，归部管辖。贵省长既拥护中央，当兹风雨飘摇，甚盼同舟之助，希即转饬遵办，至纫公谊"等由。准此，当经电复在案。合行抄发原电，令仰该厅查照。此令。

中华民国五年八月十七日

省长吕公望

（原载《浙江公报》第一千五百九十五号，八至九页，训令）

浙江省长公署训令第　　号

令民政厅为鄞县公民忻锦崖等禀请进行宁郡东钱湖水利由

令民政厅长王文庆

案据鄞县公民忻锦崖等禀请"兴修东钱湖水利，派员莅宁，会同鄞、奉、镇三县会议进行"等情到署。据此，除批"东钱湖水利关系鄞、奉、镇三县，自应亟予修复，候令民政厅迅即派委会同各该县知事邀集绅士妥议具复核夺"外，合亟抄禀令仰该厅遵批办理毋违，切切。此令。

中华民国五年八月十七日

省长吕公望

（原载《浙江公报》第一千五百九十五号，九页，训令）

浙江督军署指令第八十八号

令陆军第六师司令部师长童保暄
　　　呈一件为报参谋林蔚等回校日期由
据呈已悉。此令。八月十七日

附原呈

为呈报事。本月一日奉钧署饬第四六号内开，"接陆军大学校胡校长来函①，'浙籍学员均限八月十日以前回校'等因，自应照办，仰速转饬遵照，如限回校续学。如有职务重要之员，即派员兼代，仍留该员原职原薪。至前次回浙及此次赴校旅费，准按章支给，由该师垫发具领。除分饬外，合行饬仰该师长转饬知照。此饬"等因。奉此，遵查职师所属现职各军官应行回校续学者，仅职师参谋林蔚及步兵第二十二团团附周璋两员，即经分别饬遵在案。兹查林蔚一员，已于本月五日离差回校，遗职不另派代；周璋一员，据报于本月六日起程赴京回校，遗缺业已遴员呈请接充。所有该员等遵饬回校日期缘由，理合备文呈报，仰祈鉴核备案施行。谨呈。

（原载《浙江公报》第一千五百九十五号，一二页，指令）

浙江督军署指令第八十九号

令陆军第六师司令部师长童保暄
　　　呈一件为请将二十三团三等军需正周新济加薪由
呈、表均悉。该三等军需正周新济，准照八成支薪，仰即转饬知照。表存。此令。八月十七日

---

① 胡校长，指胡龙骧（1888—？），字百城，湖北黄陂人。民国二年十月至民国六年七月任陆军大学校校长。

附原呈

为呈请事。窃据第十二旅旅长李炜章呈称，"窃据第二十三团团长李全义呈称，窃职团三等军需正周新济月薪系照七成支给，曾于六月六日奉钧部饬，'凡一等军需以下概照十成支给，三等军需正以上向系七成支给者，暂照八成支给，并饬查照前颁军医加薪案表式分别查明列报，以凭核转'等因。遵经列表呈报在案。嗣奉钧部饬以'三等军需正周新济到差未久，应仍照七成支薪，俟三个月后由各该长官察看办事成绩，加具考语，呈请核办'等因。奉此，查军需正周新济自奉升后，适值军务倥偬，事务较繁，对于经理各项计划周详、措置裕如，迄今已逾三月，实属办事勤奋，成绩优美，拟请自本月分起准予照八成支薪，以资策励。为此备文列表呈请核转，批示祗遵等情。计呈送表三纸前来。据此，理合备文连表转呈，仰祈察核批示遵行"等情，并送表二纸到师。据此，查该军需正周新济到差确逾三月，既据称办事勤奋，拟准予加照八成支薪，以示鼓励，是否可行，理合检表备文呈请，仰祈鉴核示遵施行。谨呈。

（原载《浙江公报》第一千五百九十五号，一二至一三页，指令）

浙江督军署指令第九十号

令陆军第二十五师司令部师长张载阳

呈一件为一百团副官钱宗泽差遣黄直民请加薪由

应准如呈办理，仰即转饬知照。此令。八月十七日

附原呈

呈为军官办事勤劳，拟酌予加薪以昭激劝转请核示事。

本月十日据步兵第五十旅旅长潘国纲呈称，"据第一百团团长施承志呈称，窃查职团副官钱宗泽，自奉委任到差时，适值团

部新编成立,举凡文牍、庶务、人事、管理,种种事务甚属繁赜,该员昕夕从公,勤劳卓著,一切事务亦莫不部署咸宜。及移驻衢县以来,该员悉心整理,尤赖臂助,洵属干练勤能,才识俱优。查职团军官月薪均系十成支给,惟该员系照上尉八成支薪,拟请自本月份起改照上尉十成支薪,以资激劝。又,差遣黄直民,品优学富,勤慎耐劳,自服务以来奉行悉臻妥善,一无贻误,实属勤能。查该员原薪月支二十四元,请自本月份起改照少尉八成支给,呈请核奖"等情,经该旅长查实转呈前来。查该团副官钱宗泽、差遣黄直民,既据该旅长查实呈请加薪,自系为鼓励属僚起见,是否可行,理合备文呈请鉴核批示饬遵。谨呈。

（原载《浙江公报》第一千五百九十五号,一三至一四页,指令）

浙江督军署指令第九十四号

令陆军第二十五师司令部师长张载阳

呈一件为九十七团军需军医各员供职勤奋请照十成支薪由

呈及履历均悉。步兵第九十七团三等军需正史之耀、三等军医正王树基二员,均准照现职十成支薪,以示鼓励,仰即转饬知照。履历存查。此令。八月十七日

（原载《浙江公报》第一千五百九十五号,一四页,指令）

浙江督军署指令第九十五号

令陆军第二十五师司令部师长张载阳

呈一件为九十七团军需叶雯旭撤差以周传鼎补充由

呈悉。军需叶雯旭应予撤差,遗缺准以周传鼎补充,月薪照二等军需八成支给,仰即转饬知照。此令。八月十七日

（原载《浙江公报》第一千五百九十五号,一四页,指令）

浙江督军署指令第九十六号

令陆军步兵独立第一旅司令部旅长俞炜

呈一件为第一团成绩优美各军官请升级加薪由

呈、单均悉。第一团连长陶国俊、连附周国刚等二十九员，既系成绩优美，均准如拟分别升级加薪，以示鼓励。惟第四连连附潘鼎、谢标二员，调升一、三两连中尉连附，遗缺系以何人调补，应即呈报本署，以便给委。仰将发到该潘鼎、谢标任命状转饬给领。此令。八月十七日

计发任命状二张。

附原呈

呈为呈请事。窃据职旅第一团团长陈瓒呈称，"窃维论功懋赏，《商书》载叙官之方；拔茅连茹，《周易》著汇征之吉。盖滥荐固适足以启嚚竞，而刑印要非所以励才能。团长为整顿军队、鼓励部下起见，平日对于各军官留心考察，随时存记，藉资判别淑愿，量予赏罚之藻鉴。兹查第一营少尉连附周国刚、徐其进、傅廷桢、潘鼎、谢标；第二营连长陶国俊、林乔培，少尉连附蒋楣笙、郑宗邦、许志铭、张景祥、管赞魁，司务长舒永朗、陈力、林尚左、陈贯雄；第三营连长周佑民，少尉连附袁春山、卢宣彬、尹觉、张伯黉、周密、方崇山、卢宣火、冯克勤、杨福昌、吕世传、陈得胜，司务长袁梅汀等，共计二十九员，自四月间供差以来，迄今三月有余，服务勤恳，管束严明，对于士兵学术两科颇能热心教育，若不量予优奖，似不足以昭信赏而资策励。用敢汇缮名单，详加考语，除拟将一营第二连少尉连附徐其进升充二连中尉连附，第四连少尉连附谢标调升三连中尉连附，第四连少尉连附潘鼎调升一连中尉连附，暨第二营五连少尉连附蒋楣笙、六连少尉连附郑

宗邦，八连少尉连附管赞魁，第三营九连少尉连附袁春山，十连少尉连附卢宣彬，十一连少尉连附尹觉，十二连少尉连附张伯簧等十员，各提升中尉外，其余前列各员，概请以按照阶级十成支薪。似此分别奖励，庶各军官咸知观感，益加勤奋，于军队前途不无裨益。所有拟请调升中尉连附徐其进等十员暨请按照阶级十成支薪之各军官十九员各缘由，是否有当，理合具单备文呈请，仰祈旅长核转分别加给委薪"等情前来。据此，查该团长比较成绩优美军官汇列名单详加考语，恳请升拔并按照阶级十成支薪，藉示激劝，洵属考核周详，情得其平，为此检同名单备文呈请，仰祈钧督鉴核示遵施行。谨呈。

（原载《浙江公报》第一千五百九十五号，一四至一五页，指令）

浙江督军署指令第一百零六号

令第六师司令部师长童保暄

呈一件为陆军卫戍病院添设云居山分院由

据呈，该师"卫戍病院因近来军队扩充，病兵入院者增多，至超过该院收容定额，且脚气病一种尤宜转地高燥之处疗养为宜，并指定云居山圣水寺地方暂设分院，呈请转饬各部队，凡患脚气病者一概随带蚊帐、被服送往云居山分院疗治"等情，查核尚属实在，应准如所请，仰即知照。此令。八月十七日

（原载《浙江公报》第一千五百九十五号，一五页，指令）

浙江省长公署指令第二百零九号

令高等审判厅长范贤方

呈一件为呈报另委张济演接充龙泉承审员由

如呈办理。此令。八月十七日

（原载《浙江公报》第一千五百九十五号，一六页，指令）

浙江省长公署指令第二百一十号

令民政厅长王文庆

　　呈一件为遂安知事陈与椿呈送四年八月至

本年六月违警罚金收支清册察核由

　　呈、册均悉。查各属警务月报表册例应按月造送,其违警罚金收支清册一项,尤须将收入支出逐项简明事由开列册内,按月呈报,以资考核。该知事抵任逾年,始将四年八月至本年七月清册汇送,册内收支款项,只每月开一总数,并未详列细目,用意既存朦混,办事亦太玩忽,仰民政厅详加察核,严令申斥,并查照前都督府二四三〇号批词,令行该知事嗣后一律遵照。此令。八月十七日

抄呈同清册发,仍缴。

（原载《浙江公报》第一千五百九十五号,一六页,指令）

浙江省长公署指令第二百十三号

令民政厅长王文庆

　　呈一件为改正典业公会规条由

呈悉。准予照拟,分咨内务部、财政部、农商部核复令遵。此令。钞件存。八月十四日

附原呈

　　呈为呈请事。窃查接管卷内全浙典业公会禀送修改典业规条一案,经前按署据情咨陈财政部、内务部、农商部核复。旋准财政部咨开,"准咨陈,据全浙典业公会会长王锡荣等'禀请核定典业公议通守规条一案,请核复,以便转饬遵照'等因,并附送《规条》前来。本部详加复核,原咨所称各节均属妥协,除该《规条》第七条规定,'利息至多不得过二分五厘'应即照准外,其第

十二条规定，'盗劫及邻火延烧不在赔偿'，核与前清《户律》实有未符，应请转饬参酌修改，再行报部备查。相应咨复贵使查照饬遵可也"等因。复查此案，该公会初次禀送《典业规条》，经批"据财政厅核议具复，当以原拟十二、十三两条未妥，应并作一条，饬遵照批指各节改正"。该公会以典商集议第十二条关于盗劫火焚仍主免赔，而于失窃及自行失慎赔偿办法分列第十三条，缮送前按署。以所禀虽具理由，究与浙省成案未符，姑予转咨核复，再行饬遵。嗣财政部咨复到浙，适宣布独立，未即办理。现在大局统一，厅长自应查案核办。兹阅该公会所送《修改规条》，其第十三条与第十二条实有连带关系，部咨即以"核与前清《户律》实有未符，应请转饬参酌修改"，则第十三条亦应在修正之列。拟饬仍以十二、十三条并作一条，改为"未满之当货除盗窃火灾在《民法》未颁布以前，仍遵照浙省成案办理外，如遇兵灾或大水漂没，概不赔偿"等语，较为持平。且该公会所拟盗劫、火焚免赔各节，虽据续禀称，系援照江苏成案，而按之浙省情形，实未尽合例，如近来海宁谦吉典自行失慎一案，据该县详请核准以四成除利赔偿，及开陪之际各质户仍以赔贯太轻来电纷争，该县知事劝解并令该典减扣利息，各质户方允照办，可见事非持平，不足以息争端。以上各情拟请俯赐咨明财政部，并咨催内务部、农商部核复，以便转饬遵照。所有核议全浙典业公会续送《规条》十二、十三两条应并改正缘由，是否有当，理合照抄该公会续送《修改规条》并前按署咨稿，备文呈送，仰祈省长鉴核示遵。谨呈。

谨将《更正全浙典业公议通守规条》缮具清摺恭呈鉴核。

计开：

第一条　商人集合资本、遵章领帖，经官厅核准，得以设典营业。

第二条　典业遵纳法定税率及典业平均普及之捐项。

第三条　当进货物,给与当票,填写各种花色、当本数目及起当之日期。

第四条　旧例当本一项,当银则以银取赎,当钱则以钱取赎。现在多以银元为本位,以银角、铜元为辅佐,票上或用银码,或用钱码,因地制宜,各从其便。

第五条　当用照市估值,不准情当,并不得有信当名目。凡官物之可辨认者,概不收当;希罕奇异之物,不知价值者不当。至伪造金银饰物,例所严禁,如有执此尝骗,得送官厅究办。

第六条　典商设遇资本不继,应暂时停当,待措资本。

第七条　典商遵章收取息金,应予设典之初陈明官厅,以资遵守。现在取息多以按月二分为率,至多不得过二分五厘。

第八条　当货遵照定章,衣服、金银、珠饰概以十八个月为满,其余丝绵、木绵、米麦、农具、木器等类满各从习惯,期满不赎,由典变卖,以归元本。

第九条　当票取息日期,民商习惯沿用阴历,暂仍其旧。

第十条　当户未逾满期,交足本利,听将货物取赎。如一号之中抽取货物而未全赎者,照留存之货,另行估计转换新票,以换票之日为起息之期。

第十一条　窃盗当赃确有证据者,设有官厅印凭查提,应照浙省成案办理。

第十二条　未满之当货,除盗窃、火焚在《民法》未颁布以前,仍照浙省成案办理外,如遇兵灾或大水漂没,概不赔偿。

第十三条　当户遗失当票,须报明该票花色、当率、日期及货物特别记认,由典查对相符,准当户邀的实保证挂注失票,付清以前之利息,转换新票,无的保者不准挂失。

第十四条　当票以底簿骑缝图记为凭,如伪造当票或在票上添注涂改,及执持遗失之白票及无效之废票,向典无理索扰者,验明票簿不符,准典商陈明地方官厅查究办理。

第十五条　时会变迁,每有不同,本规条如有因时会所迫,应行修改事宜,得由典商随时陈请官厅核准施行。

（原载《浙江公报》第一千五百九十五号,一六至一九页,指令）

浙江督军署批第十号

原具呈人张紫钦

呈一件为请予投效由

呈及部令、履历等件均悉。应准届期来署与考,仰即知照。部令、相片均发还。此批。八月十七日

（原载《浙江公报》第一千五百九十五号,二○页,批示）

浙江督军署批第十一号

原具呈人辎重兵准尉俞国桢

呈一件为请予投效由

呈及部饬委状均悉。查该员前充辎重兵第六营第二连司务长时,因玩视职务,有玷官箴,即经撤差在案。来呈谓因父病销差,显系有意朦混,实属不合,所请应不准行。特斥。附件发还。此批。八月十七日

（原载《浙江公报》第一千五百九十五号,二○页,批示）

浙江督军署批第十二号

原具呈人预备役军官张义棠

呈一件请予投效由

呈及部饬委状各件均悉。该员既系预备役军官,每年得有年俸,所请自无庸议,仰即知照。附件发还。此批。八月十七日

（原载《浙江公报》第一千五百九十五号,二○页,批示）

浙江督军署批第十三号

原具呈人许杰

呈一件为请予投效由

呈及证书均悉。应准届期来署与考,仰即知照。证书发还。此批。八月十七日

（原载《浙江公报》第一千五百九十五号,二〇页,批示）

浙江督军署批第十四号

原具呈人方位陞

呈一件为请予投效由

呈及履历、部饬等件均悉。应准届期来署与考,仰即知照。部饬、相片均发还。此批。八月十七日

（原载《浙江公报》第一千五百九十五号,二〇至二一页,批示）

浙江督军署批第十五号

原具呈人董岳文

呈一件为请予投效由

呈及证书均悉。应准届期来署与考,仰即知照。证书发还。此批。八月十七日

（原载《浙江公报》第一千五百九十五号,二一页,批示）

浙江督军署批第十六号

原具呈人王化龙

呈一件为请求录用由

呈悉。核与本署规定《投效军官规则》资格不符,所请碍难照准。

此批。八月十七日

（原载《浙江公报》第一千五百九十五号，二一页，批示）

浙江省长公署批第六十一号

原具呈人候补县佐林祖彝

呈一件为请改咨福建原籍候补由

呈悉。查现在外官制尚未颁布，县佐一缺将来应否设置尚难预定，浙省既经缓设有案，该员久候无差，措资为难，自愿回籍效用，任听自便。所请分咨之处，应毋庸议。此批。八月十七日

（原载《浙江公报》第一千五百九十五号，二一页，批示）

浙江省长公署批第六十二号

原具呈人前松阳管狱员吴成

呈一件条陈整顿狱务意见由

披阅所陈，如一、二、三、四等条，或已经饬办，或事属一定办法，毋庸置议外，第五条请将出狱人保护会由贫民习艺所兼办一节，名实不符，未便合办，着即知照。此批。八月十七日

（原载《浙江公报》第一千五百九十五号，二一页，批示）

吕省长复温岭县知事电

温岭县知事电请将获匪张小玉等三名处以死刑由

温岭陆知事：民密。电悉。张小玉等三名，罪名笼统，无凭确核，仰即详叙供、判，依法呈厅核转，勿稍含混为要。省长吕。寒。印。（中华民国五年八月十四日）

附来电

督军兼省长钧鉴：民密。真电敬悉。获匪张小玉、李滥户玉、

王真贤三名，或伙众械劫、掳人勒赎及杀死人命、伙劫海船，均系著匪，迭犯重案，匪党众多，夙羁堪虞。前请电死刑，确有《惩治盗匪法施行法》第一条必要情形，请依《惩治盗匪法》第三条及第四条判处死刑，仍乞迅赐电遵。温岭县知事陆维李叩。印。

（原载《浙江公报》第一千五百九十五号，二二页，电）

吕省长致永嘉县知事电

温州徐象严等电禀地民争水械斗误毙一兵
请饬县知事和平办理由

永嘉郑知事：顷据徐象严等电禀称，"楠溪填垟地民争水械斗，误毙一兵，请饬县和平办理"等情。查此案未据该县呈报，是否即灰电所禀，"楠溪李姓临拘抗拒，掳去季姓之人"一案，仰即刻日明白呈复，一面妥为办理，毋任再滋衅端干咎。省长吕。寒。印。（中华民国五年八月十四日）

附　温州徐象严等来电

督军钧鉴：楠溪填垟地民争水械斗，误毙一兵，请饬县和平办理，以安人心。永嘉公民徐象严、谢自申、郑筱兰等叩。

（原载《浙江公报》第一千五百九十五号，二二至二三页，电）

浙江省长公署咨内务部

为民政厅呈复历办各县地方保卫团情形由

浙江省长公署咨为咨复事。案据民政厅长呈称，"奉令转准内务部咨行，'详查本省地方保卫团分别已办、未办，应行整顿、催办'等因。厅长奉查接管卷内浙省办理保卫团情形（文云已见本月十六日本报呈文门）似可毋庸另议。奉饬前因，理合备文呈复"

等情。据此,查此案前准大部咨行过署,当令该管厅迅将本省各县地方现办保卫团情形克日详晰具报,其已办地方应如何整顿维持,未办地方应如何筹画进行,如何指定,并仰一并妥议具复,以凭核复去后。据呈前情,相应备文咨复贵总长请查照施行。至所有各项表册,俟由该管厅缮造齐全送署,再行转咨备案,合并声明。此咨

内务总长

浙江省长吕公望

中华民国五年八月　日

（原载《浙江公报》第一千五百九十六号,一九一六年八月二十一日,三页,咨）

浙江督军署训令第二十五号

令师旅各军队为陆军卫戍病院订定《脚气病预防简章》
并变更兵食案饬属遵办由

令陆军步兵独立第一旅司令部旅长俞炜、陆军第二十五师司令部师长张载阳、宪兵司令处司令官傅其永

据第六师师长童保暄呈称,"师长巡视陆军卫戍病院时,该师士兵患者病类以脚气病为最多,不属于该师部队机关亦属不少。思患预防,是宜变更兵食,改用麦饭,以辅治疗不逮,并订定《脚气病预防简章》及变更兵食案",除通饬该师所属部队遵办,呈请鉴核等情。查所拟《简章》及兵食案尚属妥善,不难实行,除指令照准外,合将该师所订《预防简章》及兵食案发仰该旅长、师长、司令官转饬所属查照办理,以示保持士兵健康之至意。此令。

计发兵食案二本、五本、一本,《预防简章》二张、五张、一张。

中华民国五年八月十八日

督军吕公望

附原呈

呈为变更兵食以遏脚气病事。

窃师长前月巡视陆军卫戍病院,据该院长厉家福面禀,入院患者病类之中,以脚气为多,其中属于职师者固多,然以外之部队机关亦属不少。且查阅近来各团营患病士兵报告,单脚气一症仍有陆续发生,殊堪深虑。思患预防,是宜变通,兵食改用麦饭,以辅诊疗之不逮。当由职师部订定《脚气预防简章》,并变更兵食案,通饬所属各团营院所队遵办在案。惟前经师长巡视该院,此项病兵不仅第六师,对于其余各该部队机关,似应酌予变通办理,以归一辙。是否有当,理合连同《脚气预防简章》及变更兵食案,备文具由呈请察核转饬施行。谨呈。

陆军第六师变更兵食案

查目下时逢溽暑,本师所属部队间陆续发生脚气病。去年治愈者,今岁因有再发;去年未生者,今岁亦有发生;比于去年同期,觉有增无减,后顾堪虞。每念桓桓之士,公家所恃为干城,脂膏以养之,训练以成之,焉可使之多病乎?此本师长所不能漠视,与各该管官长同此心也。

然脚气病在疾病种类中,果认为何种之疾病乎?由根本上观察之,依其立脚说而有差异。例如由临床上之见地而言,有类于传染病焉;由病理学方面之所见,有指为中毒症焉。顾论其毒质究从何而来,其说亦不一致。惟此病主发于米食地,据此事实观之,宜乎主张荣养不足之说者,持之颇力也。昔年日本海军因脚气病蔓延,乃提倡变更兵食,迄今此病几乎匿迹,功效可谓伟大,其后陆军部队方面仿而行之,结果亦良,见于事实之昭然若揭。故研究脚气之原因及本态者,有主张荣养失调焉。

观欧洲学者中有以纯白米饲养鸟类,所生疾病之状况,或与脚气纯同，或与之类似。据此试验为基础，遂有谓脚气乃因某物质之不给而起，即部分的饥饿说之所由兴也。此说为现今所赞许，惟考其缺乏之物质，或谓磷素之不给，或谓由于肥汤皿之缺乏，虽物质之性状未能确定，然所谓部分的饥饿者，为今日脚气研究之趋势。要之此病之原因本态，其正确尚无着落，人持一说，势所难免。但再择其可观者举之，其一为肠管内所发生之毒物中毒说，其二为荣养失调，为今日所盛主张者也。

如右所述，学说未能确定不磨，则治疗上宜乏不移之方法。姑由从来经验上所获得之效果观之，可使此病轻减及务使不致于蔓延者，尚有其术。今日本师部队间患者既陆续发生，姑先图如何预防，如何加治之计，并且便捷而易行者，即所谓扑灭策是也。况军队者为协同动作之组织，即有协同生治之关系。夫既为成团体生活之状态，除各自卫生法外，尤宜注意于团体生活上之卫生预防法，免患脚气，以极易发生之机会。又昔年日本海军医高木氏既有变更兵食之良策，则本师部队当仿行之，并采用部分的饥饿学说为根据，应以麦参加白米而成混合食法为最当，渐加至七分麦三分米为度。

陆军第六师脚气病预防暂行简章

一、本规则适用于第六师管辖范围内各部队。

二、各部队主任军医见有脚气发生时，禀申该管部队长行之。又，不发本病之部队，亦得参用麦饭，仍按照第五条行之。

三、各部队间如陆续发现本病患者，须由该部队主任军医将本病流行状况及处置方法，经由该部队长呈报师部核夺。

四、兵舍内务注意于清洁及换气、避湿各法，有时得依情况设法转地驻扎。

五、麦米混食，按照左列各项实施：

（一）麦饭每年自夏季至秋季为励行期；

（二）实施月份之提前及延期，得由该部队长斟酌该病之流行状况而取舍之；

（三）麦饭之理由，得加入卫生讲话而晓谕之；

（四）麦饭初行时，与米混合之比例虽可由少而多，惟最少限应在十分之四。

六、在简章以外，得由各部队自订细则，呈候核夺。

（原载《浙江公报》第一千五百九十六号，四至六页，训令）

浙江省长公署训令第八十八号

令民政厅准交通部咨人和号宁通汽油船
行驶航线业有通轮成案由

令民政厅长王文庆

案准交通部咨开，"据杭州关监督详称，'准江海关监督函开，人和号宁通汽油船拟行嘉兴、新塍、南浔、湖州、长兴、夹浦等处，长兴、夹浦是否通轮，有无窒碍，请饬查电示。除详省长外，详请鉴核示复'等语。查长兴、夹浦等处前有宁绍内河公司海宁小轮呈请行驶，当由长兴县知事核转到部，准予注册给照，是该项航线业有通轮成案，除令该监督迅复江海关监督查照办理外，相应咨请查照"等由。准此，合行令仰该厅查照。此令。

省长吕公望
中华民国五年八月十七日

（原载《浙江公报》第一千五百九十六号，六至七页，训令）

附　浙江民政厅训令第七百二十号
令嘉兴等三县奉省长令保护华商人和号宁通小轮由

令嘉兴、长兴、吴兴县知事

案奉省长令开，"准交通部咨开，'据江海关监督呈，准税务司函开，华商人和号宁通小轮更易航路，备具呈式并缴旧照请注册换照等因，理合将送到之呈式旧照呈送核办前来，并据该商禀缴册照费到部。查该轮改驶航线起嘉兴讫夹浦，经过新塍、南浔、湖州，其中夹浦、长兴二处，业经江海关监督函准杭州关监督查复，向通轮行，自可照准。除由本部涂销旧照另注新册，填就执照一纸发交该监督转给承领暨令行杭州关监督查照外，相应咨请贵省长查照，分令各该属保护，至纫公谊'等由。准此，除咨复外，合行令仰该厅遵照分令各该属随时保护，是为至要"等因。奉此，除咨请警政厅令行该管水警一体保护暨分令外，合就令仰该知事妥为保护。此令。

中华民国五年九月二十八日

民政厅长王文庆

（原载《浙江公报》第一千六百三十七号，八页，训令）

浙江省长公署训令第九十号

令民政厅为嘉兴徐涵电告回复自治机关由

令民政厅长王文庆

案据前嘉兴县议会议长徐涵蒸电开，"敝会前按省长复国务院回电，'对于省议会不必经过回复之手续，县议会事同一律'，爰照章由涵定期九月一日召集常会，继续进行，业于上月卅通电在案。兹敝县知事已筹备就绪，于本日正式回复机关，特闻"等情。查自治章程关系地方制度，应取划一办法，本公署前据平湖等县呈请，业经咨请内务部转呈总统核示在案，未奉明令以先，未便率行召集，合行抄发原咨，令仰该厅迅饬该县知事传谕前议长等遵照，并通令各属官绅一体知照。此令。

计抄发原咨一件。

中华民国五年八月十七日

省长吕公望

（原载《浙江公报》第一千五百九十六号，七页，训令）

附　浙江民政厅训令第一百三十九号
令各属奉省长训令据嘉兴县议会议长徐涵蒸电正式
回复机关未奉明令以先未便率行召集通令
各县传谕该县士绅一体遵照由

令各县知事(除嘉兴)

案奉省长第九〇号训令,内开,"案据前嘉兴县议会议长徐涵蒸电开,'敝会前按省长复国务院回电,对于省议会不必经过回复之手续,县议会事同一律,爰照章由涵定期九月一日召集常会,继续进行,业于上月卅通电在案。兹敝县知事已筹备就绪,于本日正式回复机关。特闻'等情。查《自治章程》关系地方制度,应取划一办法。本公署前据平湖等县呈请,业经咨请内务部转呈总统核示在案,未奉明令以先,未便率行召集,合行抄发原咨,令仰该厅迅饬该县知事传谕该前议长等遵照,并通令各属官绅一体知照。计抄发原咨一件"等因。奉此,除训令嘉兴县知事传谕该前议长遵照外,合行抄发原咨,令仰该知事传谕该县士绅一体遵照。此令。

计抄发原咨一件(已见八月十三日"咨文"门)。

中华民国五年八月二十五日

民政厅长王文庆

(原载《浙江公报》第一千六百零九号,一〇至一一页,训令)

浙江省长公署训令第九十三号

令民政厅财政厅据崇德县知事条陈地方应兴应革事宜由
令民政厅长王文庆、财政厅长莫永贞

案据崇德县知事汪寿釜呈称,遵饬条陈该县地方应兴应革事宜,请予核示等情,并附呈清摺五扣到署。据此,除将条陈核明批答并分令外,合亟钞录原摺内应由该厅核议各条暨本署批答,令发该厅遵照议复,以凭核夺。此令。

计黏抄一件。

中华民国五年八月十七日

省长吕公望

财政条陈批答

该知事对于经征正杂各税,尚能认真整顿,积极进行,惟抵补金尚有一成有余,应仍赶紧催收具报。烟酒牌照及牙当捐税,据称比较往年均有起色,究竟上年每月得收若干,本年每月得收若干,自一月起截至本月止,统共已收若干,未据明切声叙,无凭查核,应再详细查明补报。官中创办伊始,固未便操切从事,亦不得稍涉放弃,应即照章认真办理,仍将办理情形随时呈报备阅。所拟兴革事宜办法内,规复督促费一层,核与《征收地丁章程》第十八条规定稍有抵触,惟各县知事多以为言,究竟利弊若何,候令行财政厅详细核议,如认为可行,即妥议章程,呈候交省议会议决施行。地方银行分设汇划兑换所,不如由本地资本家照章设立农工银行,较有实益,应由该知事妥为劝导,务期成立。其余征收地丁、仿行奖金、责成自治委员襄征新税、减轻新税罚金各节,统候令知财政厅酌量采择,妥为拟议呈复察夺。

实业条陈批答

第一条　兴修本邑水利,原属切要之图,惟所拟办法前此既未成事实,此后是否继续进行,亦无切实计划,仍属空言无补。应即赶速召集全邑士绅悉心妥议,拟定切实办法,并将经费预算、施工计划各书详细编造,附具图说,专案呈核,毋稍延误。

第二条　裁并高等小学一所,就原有经费创设蚕业学校,亦系为以公济公,提倡实业起见。惟该县高小学校能否裁并,仍应以各校学生多寡,暨经费有无虚縻为断。究竟该县四处高小学校各有学生若干,各校地点距离几何,暨何校必须仍旧设立,何校可以裁并,应由该知事一并详细查明,妥为拟议,克期呈复,以凭核夺。

第三条　拟于平民习艺所内附设土货制成所,殊可不必。盖平民习艺所设立初旨,本在制造土货,该县烟业既可仿制雪茄烟、纸卷烟两种,所产柳条,亦可仿制衣箱、提包,应即筹定经费,就原有习艺所从速添设制烟及柳织两门,毋庸另立名目,以图粉饰,并将遵办情形具报查考。

第四条　商业学校添设旁听班,恐无实益,法校亦早经停止,所请应毋庸议。

教育条陈批答

第一条　裁撤学务委员,事属可行。惟查该县此项经费,月仅四十八元,以之办理劝学所,尚属不敷,应即设法筹足,克期组织成立,认真照章办理,不得以改名为敷衍之计。

第二条　单级教授费少功多,于乡村贫瘠之区,尤为合宜,应准照行,仍将办理情形呈报查核。

第三条　该县宣讲机关办理既无成效,拟改为通俗教育讲演所,以期改良,自无不可。惟讲演所对于听讲之人,来否本听自便,非得德望隆重为乡里素所信仰者为之讲员,则听者不多,即多亦不足以感化之。现在各属循例委派讲员讲演,次数大半虚报,其人格既为乡里所藐视,复何以观感之足云?此次改组,应即力矫此弊,选派各处热心公正士绅担任此项职务,并由该知事随时认真查察,暨将讲稿随时送核,勿得因仍旧习,虚应故事。

第四条　奖进私塾,固足以济学校之穷,而取缔不严,易滋流弊。近来各以贪多邀奖之故,每将腐败私塾改悬代用校牌,以粉饰耳目,所在多有。即如该县于去年调查时发现私塾一百十八所,其中可以代用学校者不过十余处,余皆陈腐顽固及巫医、星卜、贩竖、游僧之流，此一年中，其误人子弟，正已不知凡几。该知事既拟仿照江苏章程严加甄别，应即赶速认真办理，毋得空言塞责，仍将甄别情形详晰具报，本公署将派员复查，以资考核。

警政条陈批答

第一条　该县南乡上墅警察分所应否规复，要以该处情形有无设立分所之必要为准。来折仅以一县之大，必须南北东西各有警所为词，而于上墅地方必须恢复分所之理由，并未详晰声叙，殊嫌疏漏，应再详晰声明，呈由民政厅复核转呈核夺。

第二条　设所教练长警，事属可行，惟应需人员经费及教授时间班次，尚须详细规划，呈由民政厅复核转呈核定。

第三条　设立官厕，亦可照办，惟须随时查察民间沿途所置便溺缸桶，亦应令其一律迁去，方不虚设。仍将办理情形呈报查考。

第四条　所称三等警察月入无多，存饷十元，未免力有未逮，自系实情，应如何将存饷章程酌量修改，候令行民政厅妥议具复。

第五条　警务月报表内何项为各表所已载，何项为仅属虚文，未据详晰声叙，无凭察办，应就表内逐项指明，并详及应删应改之理由，连同表式呈候核办。

司法条陈批答

第一条　拟就原设习艺所改建教养局，自系为警役就近易于防范起见，事属可行，应将改建预算核实编订呈候核定。惟教养局系为民事理曲人安置之所，与刑事罪囚不同，可否附入监狱工场工作，并即呈由高等审、检两厅核议，转呈核夺。

第二条　商事公断处应附设于商会之内，该县商会已依法改组成立，应即行知该会克期将公断处照章组织，拟定办事章程，并造具职员名册，呈由民政厅转呈本署咨部查核。

第三条 讼棍主唆,不特该县为然,要在地方官随时认真查禁,至发觉之后,应否按照《刑律》教唆行为定罪,须酌量案情,分别办理。

第四条 既称司法表式,有后式颁行、前式未经废止,有同一种类表式多至数种等事,应即将各项表式指出名目,并声明何项为后式已颁、前式未废,何项为同一种类、多至数种,连同原表呈候核办。

（原载《浙江公报》第一千五百九十六号,七至一〇页,训令）

浙江省长公署训令第九十七号

令民政厅为富阳绅耆楼凤梧等呈为田地坍没请豁粮由

令民政厅长王文庆

案据富阳绅耆楼凤梧等禀,请将坍没田地豁粮等情到署。查田地如果坍没,自应查明免粮,据称业经前巡按使批饬该县查复在案,现在有无复到,合行令仰该厅会同财政厅查案核议,饬县照办,并具报备案。此令。

中华民国五年八月十八日

省长吕公望

（原载《浙江公报》第一千五百九十六号,一〇至一一页,训令）

浙江省长公署训令第九十九号

令民政厅准北京大学咨送浙籍毕业各生姓名表由

令民政厅长王文庆

案准北京大学校咨开,"本校文、理、工三科三年级各生,本年六月间业经考试毕业,造册报部在案。兹查各科毕业生中,有贵省学生十九名,相应将该生等姓名、年岁、籍贯及所习科目等项,详列一表,函送贵公署查照备案。再,国家兴学育才,原冀储为世用,贵省各生毕业本校，实均具有专门学识，贵省长倘能各因其才，酌畀位置，不惟该生等庆得展布所学，且于教育前途大有裨益。夙仰贵省长吐握为怀，求才若渴，谅必赞成斯意也。附表一份”等由。准此，合行抄表令发该厅查照备案，并将该毕业生按照所学酌量任用。此令。

附抄表一件。

中华民国五年八月十八日

省长吕公望

北京大学民国五年浙籍毕业生一览表

姓　名	籍　贯	科　门	年　岁
曹育瀞	镇海	文科中国文学	二十五
周纬星	鄞县	同	二十五
王商熊	镇海	同	二十七
郑振埙	温岭	理科物理学	二十五
商契衡	嵊县	理科数学	二十五
王兆同	金华	理科化学	二十五
黄德溥	金华	同	二十六
顾德珍	上虞	同	二十五
何永誉	义乌	同	二十九
莫润熏	萧山	工科土木学	二十八
刘元瓒	鄞县	同	二十一
周大经	嘉兴	同	二十四
程干云	宁海	同	二十五
顾　鼎	德清	同	二十三

续 表

姓 名	籍 贯	科 门	年 岁
李熙春	镇海	同	二十一
葛敬钧	嘉兴	同	二十四
郑 钧	吴兴	工科采冶学	二十九
龚文凯	义乌	同	三十二
沈渊儒	嘉兴	同	二十一

（原载《浙江公报》第一千五百九十六号，一一至一二页，训令）

浙江督军署指令第一百一十号

令陆军第六师师长童保喧

呈一件为变更兵食以遏脚气病由

据呈，该师长巡视陆军卫戍病院时，该师士兵患者病类中以脚气病为最多，不属于该师部队机关亦属不少，思患预防，是宜变更兵食，改为麦食，以辅诊疗不逮，并订定《脚气病预防简章》及变更兵食案请予转饬其余各部队机关变通办理，以归一辙等情到署。查所拟《简章》及兵食案尚属妥善，应准通饬各部队查照办理，仰即知照。此令。《简章》及兵食案存。八月十八日

（原载《浙江公报》第一千五百九十六号，一九页，指令）

浙江省长公署指令第二百一十四号

令民政厅长王文庆

呈一件据崇德县呈请设立第二乙种商校由

呈及图表均悉。设立乙种商业学校，教授贫寒子弟，实为目前急务。该公民等捐赀创办，用意可嘉，惟常年经费必须预为妥筹，以免

中道为难。该镇普通各校有无可以酌量改设之处,仰民政厅查核具复候夺。此令。抄呈连同图表发。八月十七日

（原载《浙江公报》第一千五百九十六号,一九页,指令）

浙江省长公署指令第二百一十五号

令民政厅长王文庆

呈一件呈复王廉等呈请募资购造汽油轮船一案由

据呈已悉。此令。八月十七日

附原呈

呈为呈复事。案奉省长批发公民王廉等为募资购造钱江汽油救生轮船呈请鉴许批示由一案,内开,"呈悉。该公民等发起之江救生团募购汽船,专司拯溺,热忱公益,殊堪嘉尚。所有奖励工役办法及棺殓尸身处所,仰民政厅核议饬遵具报备案。此批。抄呈发"等因。奉此,当经厅长以"此项慈善事业如果办有成效,所有承办员绅自应酌予名誉奖励,以资激劝。惟原呈所请奖励工役一层,应由该公民等自行酌办;至捞获无属尸身,应备棺殓,由杭县知事咨行萧山县知事商同该两县之同善堂或旧有之掩埋局妥为办理,以重善举"等语饬行杭县知事遵照办理,并饬转行该公民等知照外,奉批前因,理合备文呈报,仰祈省长鉴核。谨呈。

（原载《浙江公报》第一千五百九十六号,一九至二〇页,指令）

浙江省长公署指令第二百二十一号

令民政厅长王文庆

呈一件该厅据委员查复绍兴诒穀校长
请革除中饱以维学务由

据呈,该县知事被控各节均非事实,应准免予置议。惟该知事节

略内称，"准粮户搭用划洋三四成不等"，而胡公可呈委员说帖内称，"以县署所发原票洋投柜完纳校产钱粮，拒绝不收"，显有弊窦。钱粮搭收划洋，事非正办，该厅现拟存庄生息，亦多流弊。现当刷新庶政之际，公署积弊必须澈底清厘，应由该厅会同财政厅选派妥员前往该县会同邀集士绅公议办法，呈由两厅复核转呈核夺。又，旧宁、绍属各县此等弊端恐皆不免，并由两厅详查核办，以清中饱，仰即咨会财政厅查照办理毋延。此令。附件存。八月十七日

附原呈

呈为遵饬派员查明呈复事。案奉钧长在都督任内批发绍兴柯桥镇亭后私立诒榖学校校长胡公可呈请通饬革除中饱以维学校由，奉批："据呈各节，如果属实，殊属不成事体，仰民政厅迅速派员，按照禀开各节切实查明具复核夺。此批。呈抄发"等因。奉此，遵经委派本厅助理秘书任潜驰往该绍兴县，遵照批指事理切实查复去后。兹据该委员呈称，"遵于十六日由省起程，十七日抵绍，按照原呈各节先后分赴城区暨柯桥等乡各学校抽查收款账目，并与原呈人胡公可接洽，吊阅各该校簿据，除常年经费宋知事到任时曾发现洋两个月外①，其余各月及补助费概以划洋角子发付。据各该校声称，'此项划洋照市须贴现水每百元或十元或七八元不等，逐月均就杂支项下或全校公摊，以为弥补之计，出入之间损失甚巨'等语。委员即嘱各该校照录收款账目以资查核，一面邀集在城士绅详询绍邑兑完粮税有无行用划洋情事，佥称'凡在百元以上之粮户，向以七成现洋、三成划洋搭放上兑'，实系地方习惯使然。委员即赴县署会晤宋知事承家，查询该县征收状况及发放划洋各种理由，据称，'到任时本力矫行用

---

① 宋知事，指宋承家，字丕烈，江苏崇明（今属上海）人。民国三年六月至民国六年十二月任绍兴县知事。

划洋积弊,进出均以现洋计算,嗣因征收毫无起色,爰即仍沿地方习惯搭收划洋。且金前知事所交款项①,除正税外,征存学款等项又以划洋移交,曾于结报时将办理情形会详声明在案。故各校经费到任之初,一律发给现洋两月,后始改发划洋,实为一种不得已之政策',并准叙具节略前来。委员复经查吊该县逐日征收单簿,详细核阅所收划洋,平均计算,确有二三成不等,是原呈所称,'附征学校经费,易以籤票角洋发给'一节,系属出于误会。伏查绍邑地方各户兑完粮税,前清时代向系搭用划洋,光复后积习相沿,未尝改革。宋知事因仍前例,原冀收数畅旺,顾全正供,尚是实情。惟学校经费均以划洋角子发付,以致各校直接接受贴现亏耗,在该知事固无舞弊实据,然准情酌理,究非所以持平之道。今为惩前毖后之计,自以革除积弊为唯一要素,委员察往鉴来,管窥所及,拟请饬县取消划洋名目,无论粮户之大小,数目之多寡,投柜完纳正附各税一律以现洋上兑,各学校经费亦一律以现洋发给,不准收放划洋,以杜流弊。该县知事如虞收数短绌,应按照滞纳处分,实行惩办,积久自能就范。况搭用划洋之粮户,数在百元以上者居多。该粮户既能以七成现洋上兑,其余三成划洋,按照市面现水为数不过十余元,所益无几,责令易以现洋,于事实上尚无窒碍。似此一转移间,在该县征收粮税进出均以现洋,手续较清;在各学校得领现洋,既无贴现之苦况,且可共沾实惠,即民间亦无从藉口。至该县三年度第二期补助费,近甫发给清楚,四年度尚未开始着手,办理迁延,该知事实不能辞其咎。原呈谓将征存款项付庄生息一节,委员一再调查,尚无实据。查此项补助费,原为维持学校而设,自未可任意延搁,拟请饬县照章按期分配,不得仍然玩延,以昭慎重而免藉口。委员

---

① 金前知事,指金彭年,字吟谷,江苏吴县人。民国二年十一月至民国三年六月任绍兴县知事。

为廓清积弊、维持学务起见,是否有当,理合将遵饬查明情形检同原呈人胡公可面呈说帖,宋知事所具节略、清单暨各学校抄录账目,一并备文呈复,仰祈厅长鉴核施行"等情,并附呈说帖、节略、清单、账目各件到厅。查该委员所称,完纳正附各税一律以现洋上兑,系属财政范围,惟县税小学费原以辅助各校经费之不足,自未便于补助费内再令亏耗贴水。拟嗣后发给县税小学费,凡遇贴现期内,倘原收现银不足抵付时,准其搭付划洋,惟应贴现水数目,应照当日市价一并核明加入划单之内,如应给补助费为二十元,应贴现水为二角,则划单内应填二十元二角。如此办理,庶事实可无窒碍,而学校亦不至再受亏耗。惟此项贴水既已另给,则小学费之支出数必增加。查各校付款均有规定时期,并非随征随付,所有逐日征存小学费应令另款提存殷实钱庄申现生息,一并收入小学费册内,用资弥补而免短绌。至原控该知事舞弊各节,既均查非事实,应请免予置议。惟配发延迟,自是不合,即如节略所称,报告未齐,理应分别严催,何以任令延宕。况核结补助费照章系以县视学之报告为准,该县现设视学两员,亦不患视察难周,拟严饬该县嗣后务须切实遵章办理,倘再违玩,即予呈请惩戒。所有遵饬派员查明绍兴县县税小学费发给划洋情形,并拟议办法,是否有当,理合具文连同该委员所呈说帖、节略、附单及各学校账目一并呈乞钧长鉴核施行。谨呈。

(原载《浙江公报》第一千五百九十六号,二○至二二页,指令)

浙江省长公署指令第二百二十七号

令崇德县知事汪寿鉴
呈一件条陈地方应兴应革事宜由

呈暨清摺均悉。所拟兴革各项,业经分别核明批答,随令抄发,仰即遵照办理,仍将办理情形具报。原摺内其未经批厅核议各条暨

本署批答,并即录报主管各厅查考。清摺五扣存。此令。八月十七日

（原载《浙江公报》第一千五百九十六号,指令,二二页）

浙江省长公署指令第二百二十八号

令民政厅长王文庆

呈一件丽水县知事为遵报办理农桑水利各要政情形由

查该县多山,森林为出息大宗,如果乡民有霸占蹂躏等弊,应由该知事出示严禁,并随时访拿严办,以资保护。贫儿院、因利局、习艺所等,均为救贫要政,无论如何困难,必须择要举办,限月内将筹办情形具报。余如所拟办理。仰民政厅转饬知照。此令。八月十八日

（原载《浙江公报》第一千五百九十六号,二二至二三页,指令）

浙江省长公署指令第二百三十三号

令民政厅长王文庆

呈一件据富阳县知事呈报将县志径送通志局由

呈悉。该县征访员等,虽系各尽义务,然事关乡邦文献,该员等既经担任在先,岂得放弃于后？仰民政厅转令该知事随时督促,务使早日观成,至有切要。此令。八月十八日

（原载《浙江公报》第一千五百九十六号,二三页,指令）

浙江省长公署指令第二百三十五号

令民政厅长王文庆

呈一件为任命吕衡署玉环县知事由

呈及履历均悉。玉环县知事秦联元撤任,遗缺准以吕衡署理。仰将发去任命状转给祗领,并转令秦知事知照。此令。履历存。八月十八日

（原载《浙江公报》第一千五百九十六号,二三页,指令）

附　浙江民政厅训令第一百三十号

令玉环县知事秦联元奉令将该员撤任另委接替由

令玉环县知事秦联元

案照本厅呈请更委该县知事一案,兹奉省长指令:"呈及履历均悉。玉环县知事秦联元撤任,遗缺准以吕衡署理。仰将发去任命状转给祗领,并转令秦知事知照。此令。履历存"等因。奉此,除另令外,合就抄发原呈,令仰该知事查照,一俟新任到日,即便遵章交卸分报备查,并将前给任命状缴销。此令。

计发抄呈一件。

中华民国五年八月二十三日

民政厅长王文庆

（原载《浙江公报》第一千六百零五号,一三页,训令）

附　浙江民政厅训令第一百三十一号

令吕衡奉令准以该员署玉环县知事由

令新委玉环县知事吕衡

案照本厅呈请更委玉环县知事一案,兹奉省长指令:"呈及履历均悉。玉环县知事秦联元撤任,遗缺准以吕衡署理。仰将发去任命状转给祗领,并转令秦知事知照。此令。履历存"等因。奉此,除另令外,合将任命状一道抄同原呈,令仰该员遵照祗领,依限赴任,将该县印信、文卷等项妥为接收,遵章会算交代清结具报,并将接篆日期连同履历分报备案。此令。

计发抄呈、任命状各一件。

中华民国五年八月二十三日

民政厅长王文庆

（原载《浙江公报》第一千六百零五号,一三至一四页,训令）

浙江省长公署指令第二百三十六号

令民政厅长王文庆

呈一件为吴兴县知事张嘉树调省遗缺以吕俊恺署理由

呈及履历均悉。据称吴兴县知事张嘉树人地不宜，准调省另候任用，遗缺准以吕俊恺署理。仰将发去任命状转给祗领，并转令张知事知照。此令。履历存。八月十八日

（原载《浙江公报》第一千五百九十六号，二三页，指令）

附　浙江民政厅训令第一百二十八号

令吴兴县知事张嘉树奉令将该员调省另用由

令吴兴县公署知事张嘉树

案照本厅呈请更委该县知事一案，兹奉省长指令："呈及履历均悉。据称吴兴县知事张嘉树人地不宜，准调省另候任用，遗缺准以吕俊恺署理。仰将发去任命状转给祗领，并转令张知事知照。此令。履历存"等因。奉此，除另令外，合就抄发原呈，令仰该知事查照，一俟新任到日，即妥为交卸，分报备查，并将前给任命状缴销。此令。

计发抄呈一件。

中华民国五年八月二十三日

民政厅长王文庆

（原载《浙江公报》第一千六百零五号，一二页，训令）

附　浙江民政厅训令第一百二十九号

令吕俊恺奉令以该员署理吴兴县知事由

令新委吴兴县知事吕俊恺

案照本厅呈请更委吴兴县知事一案，兹奉省长指令："呈及履

历均悉。据称吴兴县知事张嘉树人地不宜,准调省另候任用,遗缺准以吕俊恺署理。仰将发去任命状转给祗领,并转令张知事知照。此令。履历存"等因。奉此,除另令外,合将任命状一道抄同原呈,令仰该员遵照祗领,依限赴任,将该县印信、文卷等妥为接收,遵章会算交代清结具报,并将接篆日期连同履历分报备查。此令。

民政厅长王文庆

中华民国五年八月二十三日

（原载《浙江公报》第一千六百零五号,一二至一三页,训令）

浙江省长公署批第六十三号

原具禀人鄞县公民忻锦崖等

禀一件请进行宁郡东钱湖水利由

禀悉。东钱湖水利关系鄞、奉、镇三县,自应亟予修复,候令民政厅迅即派委会同各该县知事邀集绅士妥议具复核夺。此批。八月十七日

（原载《浙江公报》第一千五百九十六号,二七页,批示）

浙江省长公署批第六十四号

原具禀人邵鹏等

呈一件为学务委员毛仲败坏学务由

据禀各节,是否属实,候令行民政厅转令该县知事查明具复。此批。八月十七日

（原载《浙江公报》第一千五百九十六号,二七页,批示）

浙江省长公署批第六十六号

原具禀人叶耀庭等

禀一件为学务委员毛仲败坏学务由

禀悉。查此案已于邵鹏等禀内明白批示矣。此批。八月十七日

（原载《浙江公报》第一千五百九十六号,二七页,批示）

浙江省长公署批第六十七号

原具禀人严企周

呈一件控江知事违法殃民请派委撤查由

呈悉。控关官吏违法,仰即照章觅保并取具坐诬切结,呈候核办。此批。八月十七日

（原载《浙江公报》第一千五百九十六号,二七页,批示）

浙江省长公署批第六十八号

原具禀人温岭蔡宗寅

禀一件请电政府以明令恢复地方自治由

禀悉。查恢复地方自治各议会,前据各县士绅禀请,业经本公署咨请内务部核示在案,候复到再行令遵,仰即知照。此批。八月十七日

（原载《浙江公报》第一千五百九十六号,二八页,批示）

浙江省长公署批第六十九号

原具禀人何菁

禀一件请澄清教育防杜祸患由

据陈澄清教育三策,存候采择可也。此批。八月十七日

（原载《浙江公报》第一千五百九十六号,二八页,批示）

浙江省长公署批第七十号

原具禀人洪纯青等

禀一件请立案拨还学款以广教育由

查设立国民小学及筹集经费,应由学董核议,呈请县知事立案。该县知事批董查复办法,尚无不当,如果学董故意延搁,尽可禀县核

办,勿庸来辕越渎,仰即知照。此批。原禀发。八月十七日

（原载《浙江公报》第一千五百九十六号,二八页,批示）

浙江省长公署训令第九十五号

令民政厅据徐涵等电请取消师范讲习所由

令民政厅长王文庆

案据徐涵等元电称,"第二联合县立师范讲习所,系提用旧嘉属六县县税小学费,年费去二万,仅养三十余名未及格之讲习生,虚糜款项,于教育前途实无裨益。现各县议会正依法继续进行,处理县税,权有专属,自浙以地方小学为重,否认讲习所,经费请立予取消,以重小学"等情。据此,合行令仰该厅悉心妥议,具复候夺。此令。

中华民国五年八月十八日

省长吕公望

（原载《浙江公报》第一千五百九十七号,一九一六年八月二十二日,三页,训令）

浙江省长公署训令第九十八号

令民政厅据义乌陈白禀请饬县解除堕民名目由

令民政厅长王文庆

案据义乌公民陈白禀称,"白乡有岩口村,俗呼为'堕民',又曰'丐户',当前清时代,官厅既不准其纳粟应试,民间复不与通婚姻庆吊,无论贫富,至为可怜。考此等'堕民''丐户'名目,不知所自始,及查其谱牒,始知均系有明建文忠臣之裔,乃永乐时所降罚,虽胜国易代,仍未革除。民国纪元,白充地方自治总董,按照《临时约法》'中华民国人民一律平等'之规定,准其入学肄业,准其投票选举,分别咨呈县署学校在案。于是邻近村庄乃稍稍与其通婚庆吊。及癸丑之秋,袁政府以非法解散自治,而'堕民'名目迹象复留。及帝制发生,地方

顽固绅士竟倡言民间子姓有与'堕民'通婚者,族中宜削其谱牒。吾婺习惯最重宗法,于是悔婚退约,纷至沓来①,'堕民'既饮泣吞声,地方亦诉讼纷扰。迩者《约法》重光,民宪悬魏,同是中华国民,岂宜留斯法外苛例? 伏乞省长饬下民政厅通饬各属,凡有'堕民''丐户'等名目,宜一律豁除,不得稍留痕迹。至已与通婚者,亦不得提起离异之诉讼,以免无谓之纠纷。盖白乡有此种事实发生,在他县他乡未必无此种事实也。为此略陈梗概,伏祈省长察核施行"等情。查民国人民法律上一律平等,载在《约法》,岂容复有"堕民""丐户"等名目之存在? 除批示外,合令该厅通令各属,凡有类于此等名目者,概予出示革除,以重人权。此令。

中华民国五年八月十八日

省长吕公望

(原载《浙江公报》第一千五百九十七号,三至四页,训令)

浙江省长公署指令第 号

令民政厅长王文庆

呈一件据富阳县知事呈报七月分结社调查表由

呈、表均悉。仰民政厅查核备案,并饬令知照。再,此项月报表手续太繁,无甚实益,应如何变通之处,并由厅妥议复夺。此令。抄呈发,表附。八月十八日

(原载《浙江公报》第一千五百九十七号,八页,指令)

附 民政厅呈省长为各县月报调查集会结社
一项与约法抵触拟请通令取销由

呈为拟请取销各县调查集会结社月报表以省繁牍而符法案事。

---

① 来,底本误作"乘",径改。

查《临时约法》第二章第四项，有人民集会结社自由之规定，是立宪国民其于法律范围内，当然享有自由集会、结社之权利，亦泰东西各立宪国所公认。浙省自民国三年一月奉内务部令，调查境内现有会社，颁发表式，责成各县按月填注呈报，当由前行政公署通令遵照，至今相沿办理。惟此项月报虽有应时势之要求，或感社会之状况，不得不出于积极的干涉之一途，而究与《约法》保障人权之主旨，未免大相抵触。前奉钧长指令富阳县呈报七月分结社调查表，内开，"此项月报手续太繁，无甚实益"，饬职厅妥议变通等因。当拟改月报为季报，惟如有发见新设会社，仍照向章填造，业奉指令"如拟办理，通行各属一体遵照"各在案。惟厅长日披此项案牍，各属呈报者，或以本月并无集会结社等语空文塞责，或将法定之商、学等会敷衍成篇，诚如钧令所"无甚实益"，徒费手续，早在洞鉴之中。今者共和再造，《临时约法》毅然规复，凡数年来缘法饰非之各命令亦次第打消，此等月报既于行政事宜无甚实益，而按诸法律又显触背，万无因仍旧案，留此奉行故事之繁牍，致失共和立法之精神。兹拟将各属调查集会结社月报表通令取销，如遇有非法集会结社，确与地方治安攸关者，责成各该县知事随时专案报候核办，似此一转移间，于人民权利不相妨害，即衡以法治常轨，仍然贯彻，且于公牍繁费亦稍资撙节。是否有当，理合将拟议各属调查集会结社表免予按月造报各缘由备文呈请，仰祈钧长鉴核示遵，诚为公便。

谨呈

浙江省长吕

民政厅长王文庆

中华民国五年九月二十三日

（原载《浙江公报》第一千六百三十三号，一九一六年九月二十八日，二六页，呈）

浙江省长公署指令第二百四十一号

令民政厅长王文庆

呈一件建德县知事为呈送教育行政会议议案请核示由

呈、册阅悉。组织教员参观团与高小校联合运动两案，于教育前途不无裨益，应准照行。取缔私塾第三条，"二里以内私塾，概令归并"一节，事实上恐多窒碍，仰民政厅核议转饬遵照并具报备案。此令。抄呈连同原册发。八月　日

（原载《浙江公报》第一千五百九十七号，八页，指令）

附　浙江民政厅训令第三百零七号

令建德县知事奉省长指令该县呈送

教育行政会议一案由

令建德县知事夏日璈

案奉省长指令该县知事呈送教育行政会议议案请核示由，内开，"呈、册阅悉。组织教员参观团与高小校联合运动两案于教育前途不无裨益，应准照行。取缔私塾案第三条，'二里以内私塾，概令归并'一节，事实上恐多窒碍，仰民政厅核议转饬遵照并具报备案。此令。抄呈连同原册发"等因。奉此，查各属私塾，业经前巡按使公署于筹备义务教育案内规定办法，通饬分类调查列表送核，俟表册送齐，订颁《条例》遵行。现在此项《条例》业由本厅从事编订，应俟提经省议会议决后通令遵办。该县取缔私塾一案，自应毋庸置议。除呈报外，合就令仰该知事遵照。册存。此令。

中华民国五年九月一日

民政厅长王文庆

（原载《浙江公报》第一千六百十二号，一九一六年九月六日，六页，训令）

浙江省长公署指令第二百四十三号

令民政厅长王文庆

呈一件海宁县知事请拨借公款购回校舍乞核示由

据呈,请于该县教育余存款项内拨备银二百五十元,以为县立蒙养园及城立女学校购回校舍之用,由该园、校分年偿还等情,本可准行,惟该产既由陆贻谷承购,现拟购回,是否已得陆姓同意,仰民政厅查核饬遵复夺。此令。抄呈发。八月十八日

（原载《浙江公报》第一千五百九十七号,八页,指令）

浙江省长公署指令第二百四十四号

令嘉善县知事殷济

呈一件为前县议会函请召集应如何对付乞示遵由

呈悉。恢复地方自治一案,先经本公署咨部转呈大总统核示,并经令厅通饬各属查照矣。在未奉明令以前,未便召集,仰即转谕该前议长知照。此令。八月十九日

（原载《浙江公报》第一千五百九十七号,八至九页,指令）

浙江省长公署指令第二百四十八号

令财政厅长莫永贞

呈一件武义县知事具报解款被金华乾康庄截留倒闭由

据呈已悉。查金华相距兰溪仅数十里,该县何以不径解兰溪支金库兑收,必由金华钱庄转解,致被倒闭,应由该知事自负责任。仰财政厅迅即查明确情,照章核办。此令。八月十八日

（原载《浙江公报》第一千五百九十七号,九页,指令）

浙江省长公署指令第二百四十九号

令财政厅长莫永贞

　　　　呈一件为报明於潜县交代委杭县监盘由

据呈已悉。此令。八月十九日

附原呈

　　呈为具报於潜县郭前知事交代派委杭县为监盘员请赐察核备查事。

　　窃照各县知事遇有交替，应由厅派员监盘，三面会算清楚，造具册结，呈送核办。兹查於潜县知事郭曾煜于本年八月七日交卸，应算交代，经本厅派委杭县为监盘员。除分别令知外，理合备文呈报，仰祈省长察核备查。谨呈。

　　　　　　（原载《浙江公报》第一千五百九十七号，九页，指令）

浙江省长公署指令第二百五十号

令财政厅长莫永贞

　　呈一件具复温岭县陆知事等会呈米捐项下造报县税

　　　不敷各款又选举经费款归前任清解一案已咨

　　　民政厅核饬遵照并由厅令知由

据呈已悉。已于民政厅呈复文内指令咨会该厅详议，仰即查照办理。此令。八月十八日

附原呈

　　浙江财政厅为呈复事。案奉钧长批温岭县知事陆维李会同严前知事暨监盘员呈，米捐项下造报拨补县税不敷各款，兹凭公

议照接设未邀准，仍归知事伟负责清理①，应解选举经费款已支出，应归知事伟自行清解并呈清册由，奉批："呈、册均悉。仰财政厅查案核明具复饬遵。此批。册存"等因。奉此，查此案前据该县造报到厅，业经由厅咨行民政厅核饬遵照在案。兹奉前因，除令知外，理合备文呈复，仰祈钧长鉴核施行。

（原载《浙江公报》第一千五百九十七号，九至一〇页，指令）

浙江省长公署指令第二百五十一号

令财政厅长莫永贞

　　呈一件具报东阳县张知事交代派金华县监盘由

据呈已悉。此令。八月十八日

附原呈

呈为具报东阳县张前知事交代派委金华县为监盘员请赐鉴核备查事。

　　窃照各县知事遇有交替，应由厅派员监盘，三面会算清楚，造具册结，呈送核办。兹查东阳县知事张寅于本年八月一日交卸，应算交代，经本厅派委金华县为监盘员。除分别令知外，理合备文呈报，仰祈省长察核备查。谨呈。

（原载《浙江公报》第一千五百九十七号，一〇页，指令）

浙江省长公署批第七十一号

原具禀人湖南刘本铎

　　禀一件仍请发还刘公祠以保私产由

禀悉。此案先经批饬民政厅复查拟议另呈候核在案，静候复到

---

① 严前知事、知事伟，即严伟，民国四年七月至民国五年四月任温岭县知事。后由陆维李接任。

核夺。此批。八月十七日

（原载《浙江公报》第一千五百九十七号，一四页，批示）

浙江省长公署批第七十二号

原具禀人丽水叶向荣

禀一件为育婴堂保婴局种种败坏由

据禀，该镇育婴堂及保婴局败坏情形，如果属实，殊堪痛恨，候令民政厅迅饬该知事澈查究办，并切实整顿具报备核。此批。八月十七日

（原载《浙江公报》第一千五百九十七号，一四页，批示）

浙江省长公署批第七十三号

原具禀人章毓骥

呈一件为《催追业租暂行法》请通令照旧办理由

查《催追业租暂行法》前据民政厅呈请，业经本省长在都督任内批准，照旧适用，登载《公报》在案。各县知事自应遵照办理，无庸另予通令，仰即知照。此批。八月十七日

（原载《浙江公报》第一千五百九十七号，一四页，批示）

浙江省长公署批第七十四号

原具禀人吴明

禀一件控汪归源侵占水利请派员澈查由

禀悉。案关诉愿，应查照《诉愿条例》第二条、第十条规定，径向民政厅提起，毋庸越渎。此批。八月十七日

（原载《浙江公报》第一千五百九十七号，一四页，批示）

浙江省长公署批第七十六号

原具禀人楼凤梧等

　　呈一件为田地坍没请豁粮由

　　据禀，此案业经前巡按使批饬该县查复在案，究竟是何实情，候令民政厅会同财政厅查案核议，饬县办理并具报备案。此批。抄件存。八月十八日

　　　　（原载《浙江公报》第一千五百九十七号，一五页，批示）

浙江省长公署批第七十七号

原具禀人义乌陈白

　　呈一件禀请饬县解除堕民名目由

　　民国人民一律平等，堕民、丐户等名目当然删除。据禀各情，候令民政厅转饬各县出示革除可也。此批。八月十八日

　　　　（原载《浙江公报》第一千五百九十七号，一五页，批示）

省长公署咨财政部

据财政厅呈送余姚县余支湖田亩

图册咨送备案由

　　浙江省长公署为咨行事。本年八月十日据财政厅长莫永贞呈称，"案查前据余姚县知事王嘉曾详称，四年十一月三十日奉批知事详送余支湖浚垦全图并支款分配各册由（文云见"指令"财政厅原呈），理合检同原送图册两份具文呈请转咨"等情。据此，本省长复核无异，除批示外，相应检同原送图册一分，咨请大部查核备案。

　　此咨

财政部

　　计咨送余支湖新垦田亩分户细号亩分粮额清册一本，余支湖新

1175

垦田亩总号清册一本,余支湖新垦田亩绘图一幅。

浙江省长吕公望

中华民国五年八月十九日

(原载《浙江公报》第一千五百九十八号,一九一六年八月二十三日,二页,咨)

浙江督军公署训令第三八号
浙江省长公署训令第一一三号

令各属准江苏省长咨请饬属保护义国

领事署书记多勒理赴浙游历由

令交涉署长、温州交涉员、民政厅长、警政厅长、第二十五师长、第六师长、第一独立旅长、台州镇守使、嘉湖镇守使、宁波交涉员

本月十五日准江苏省公署咨开,"案据特派江苏交涉员杨晟呈称,'接准义国总领事函,敝署书记多勒理拟定于本月四日启行前赴苏、浙内地游历①,兹据请护等情。合就函达,即祈查照,准予护照一纸移送敝署,俾便首途等因。除缮给护照印发外,理合具文详请鉴核转饬所属,俟该书记到境时照约一体保护'等情。据此,除训令各属保护外,相应咨请贵省长查照,希即转行各属照约一体保护"等由。准此,除分令外,合行令仰该　　遵即转令所属一体照约保护。此令。

中华民国五年八月十九日

省长吕公望

(原载《浙江公报》第一千五百九十八号,三页,训令)

---

① 本月四日,底本如此。按常理而言,申请游历日期当晚于咨文日期"本月十五日"。

附　浙江民政厅训令第一百七十五号

令宁警厅各县知事奉省长训令义国人

多勒理来浙游历由

令宁波警察厅长、各县知事

本月十九日奉督军公署省长公署训令内开，"本月十五日准江苏省公署咨开，'案据特派江苏交涉员杨晟呈称，接准义国总领事函，敝署书记多勒理拟定于本月四日启行前赴苏、浙内地游历，兹据请护等情。合就函达，即祈查照，准予护照一纸移送敝署，俾便首途等因。除缮给护照印发外，理合具文详情鉴核，转饬所属，俟该书记到境时照约一体保护等情。据此，除训令各属保护外，相应咨请贵省长查照，希即转行各属照约一体保护'等由。准此，除分令外，合行令仰该厅长遵即转令所属一体照约保护"等因。奉此，除分令外，仰该厅长、该知事即便遵照，按约保护，并将该西人入境出境日期呈报备查。此令。

中华民国五年八月二十六日

民政厅长王文庆

（原载《浙江公报》第一千六百十一号，一九一六年九月五日，一〇页，训令）

浙江省长公署训令第一百零三号[①]

令民政厅转饬所属采集树种呈候送部由

令民政厅长王文庆

案准农商部咨开，"查采集树种为筹备造林之要图，本部去年饬属采选，业经分送各省依法试种。惟我国幅员辽阔，林产丰富，亟宜广集，以资提倡，且各地均有特产，各自不同，而部辖林务机关只有四

---

①　本文由浙江民政厅训令第二百十三号析出。

处,区域既属狭小,种子实难敷用,亟应就各省所有各种分别搜罗,以备播种,于造林前途关系匪轻。兹将黄河、扬子江、珠江及闽江各流域并四川等省所产重要树木另单开列,除分行外,相应咨请贵省长查照,饬属依单开种类,将首列数种尽力多采,余可酌量采集送部分配,以资交换而广公布"等因。准此,合令该厅查照转饬所属查照单开种类分别采集呈候咨送,毋得延误,是为至要。此令。

中华民国五年八月　日

省长吕公望

附　浙江民政厅训令第二百十三号

令各县知事为奉省长令转饬所属采集树种呈候送部由

令各县知事

案奉省长公署训令第一另三号内开,"案准农商部咨开,'查采集树种为筹备造林之要图,本部去年饬属采选,业经分送各省依法试种。惟我国幅员辽阔,林产丰富,亟宜广集,以资提倡,且各地均有特产,各自不同,而部辖林务机关祇有四处,区域既属狭小,种子实难敷用,亟应就各省所有各种分别搜罗,以备播种,于造林前途关系匪轻。兹将黄河、扬子江、珠江及闽江各流域并四川等省所产重要树木另单开列,除分行外,相应咨请贵省长查照,饬属依单开种类,将首列数种尽力多采,余可酌量采集送部分配,以资交换而广公布'等因。准此,合令该厅查照转饬所属查照单开种类分别采集呈候咨送,毋得延误,是为至要。此令"等因。奉此,合行训令,仰各该县知事迅即遵照将单开各项树木种子分别搜罗解送到厅,以凭汇转。事关林政,毋稍违延,切切。此令。

抄单一纸并发。

中华民国五年八月二十九日

民政厅长王文庆

扬子江流域应采种子开列于后：

杉；枫，一名枫香树；檀；水青冈树，一名毛榉；罂子桐；乌臼；朴树；漆树；槭树，一名鸡爪树；三角枫；白蜡树；皂荚；梓；鹅掌楸；杞柳，一名柜柳；柏，一名璎珞柏；青松，一名松；梧桐；各种椴树；无患树；榔榆，一名红鸡油树。

（原载《浙江公报》第一千六百十一号，一一至一二页，训令）

浙江省长公署训令第一百零五号

令财政厅为饬遵赶办六年度预算并请
维持五年度预算乞察核由

令财政厅长莫永贞

案查前据该厅以六年度预算亟应编送，呈请"分饬民政、警政、高等审检各厅，并特派交涉员，迅将主管事项之支出收入及本机关暨所属机关之经费，按照定式编列底表，送厅汇编，并应五年度核定预算内所列内务、教育、实业等临时经费，以及未办事业陆续追加之款，为数较巨，现值库储竭蹶，军用浩繁，无从应付，拟即概由各主管机关酌量情形，分别缓急，列入六年度预算内支出，以纾财力等情。据此，即经批示并分饬知照在案。兹据民政厅呈称，'查是案前准财政厅咨行到厅，当即分别转饬赶办，并以查五年度核定预算内所列内务、教育、实业等临时经费，均系事实所必需，本厅职司民政，责有专归，凡属应办事业，既未便任令停滞，自不能无米为炊，各项经费多有业已借支垫支者。虽近因军用浩繁、库储竭蹶，原不能不双方并顾，而此项要需，实系万难展缓，应请仍行照发。且改编一层，非特有违上年度之预算不能在次年度支出之通例，亦难必明年度财力完裕，并能补上年之不足，原拟办法恐于事实不无窒碍'等情，咨商财政厅在案。兹奉前因，除将应编六年度岁出入预算赶紧照编，并将可以从缓事业酌量缓办，遵饬改编外，所有五年度核定预算内内务、教育、实业等项临时经费及临时追加万难刻缓各款,应请仍予维持,以重要政而免窒碍"等情前来。查前项经费既为事实所必需,自应仍予照支,以资维持。除批示外,合令仰该厅即便遵照办理毋违。此令。

中华民国五年八月十九日

省长吕公望

（原载《浙江公报》第一千五百九十八号,三至四页,训令）

浙江省长公署训令第一百零九号

令盐运使永武公民李文燮等呈为陈明买食台盐
苦况请迅赐承办以顺民情由

令盐运使胡思义

本年八月十一日据永、武公民李文燮、林履平等联名呈称,"窃永、武两县及缙云之壶镇买食台盐,苦累百余年矣。今有商人胡莹等组织团体出而承办,由余姚、党山各厫捆配,经义桥、富、桐、兰、金水道运行到地,乏前肩挑之苦,减价出售,公民等啧啧称羡。谨将前食台盐苦况为钧长陈之。案永、武二地及缙云之壶镇,台商设有官盐栈数处,盐价每斤售制钱至五六十文之则,小民苦其价高,往往亲至仙居之磻滩(磻滩为台盐船止运处)肩挑。磻滩离永、武旱道二百里许,中隔仓岭之险,层岩叠嶂,犹不待言。惟仙居强盗素多,挑盐者殊有戒心,至仓岭脚,非待至十数人不敢过岭,否则身带买盐二三元之洋被取不足,衣服兼受剥夺,且有性命之忧,乞食回家,每月必有数起,苦力者呼诉无门。且台盐灰黯,半杂泥沙,不堪适口。今幸就地可以购买,价额较从前减轻,盐色较台厫白净,且无横遭强劫之苦。何处何从,谅邀洞鉴。为此联名沥诉,请迅赐永、武绅商承办,以苏民困"等情。据此,除批示"呈悉。已于胡莹等呈内明晰批示矣,候令行盐运使一并核议复夺。此批"等语挂发外,合行令仰该使即便遵照办理。此令。

计发名单一纸①。

> 中华民国五年八月十九日
>
> 省长吕公望

（原载《浙江公报》第一千五百九十八号，四至五页，训令）

浙江省长公署指令第　　号

令财政厅长莫永贞

　　呈一件民政厅呈为拟办实业请饬财政厅筹款由

　　呈悉。该厅长振兴实业，规画周详，良深嘉慰。所需各项经费既据续请支放，仰财政厅勉为其难，先予筹拨若干，以资开办。预算所列全数一时虽未能筹拨，然查各县地丁征收费用，历据访闻滥支颇巨，际此财政困难，岂得任令中饱，应由该厅会同民政厅分别县分大小，饬令减成支给，节存之款即令按月解省，充作前项各种实业经费以外，有无可筹之款，可即由厅查明列表具报核夺，并咨民政厅知照。此令。事务进行日期表四纸存。八月十八日

　　附原呈（已见本月十二日本报"呈文"门）

（原载《浙江公报》第一千五百九十八号，一五页，指令）

浙江省长公署指令第二百三十七号

令民政厅长王文庆

　　呈一件为呈复地方保卫团情形由

　　呈及《细则》、附表、《规则》均悉。据复各县历办保卫团情形，候转咨内务部查核。至员绅名册，应即催送汇造转呈，以凭汇转。《细则》《规则》亦本省单行章程，应由厅核明有无应行修正之处，加具理由书，送候交省议会议决毋延。原送《细则》《规则》并附表均存。此

---

　　①　名单，原刊未见披露。

令。八月十八日

（原载《浙江公报》第一千五百九十八号，一五页，指令）

浙江省长公署指令第二百五十二号

令财政厅长莫永贞

呈一件为呈复批发余姚六仓总董胡正表等

请清丈沙地一案由①

如呈办理。原禀、图、摺均存。此令。八月十九日

附原呈

为呈复事。本年八月三日奉省长批发余姚六仓总董胡正表等禀请清丈灶地等情由，奉批："禀悉。查此案前据禀准内务部咨行查办，即经前巡按使转饬清理官产处查明核办在案，究竟办理情形如何，本署无案可稽。所请派员清丈之处是否可行，仰财政厅查核原案，会同民政厅、盐运使悉心妥议具复察夺。此批。禀及图、折均发，仍缴"等因。奉此，卷查胡正表等前以代表及仓董、祠董等名义，或拟具简章，或请换局长，节次禀奉前省长屈批斥，以该代表等无非施其从中阻挠伎俩，希图破坏，其居心诚为巨测，令饬余姚县知事查提惩办在案。今该民等故退复萌，希图朦禀。况阅《简章》，组织须二百余人之多，时间须三年之久，小足以藉端索诈，大足以骚扰闾阎，流弊滋深，无可讳饰。究竟该民等所称总董、仓董，是否各仓公民所公举，抑系富有产业之绅耆；所呈《简章》是否因地制宜，自应调查明确，方可酌拟办理。缘奉前因，除分别训令余姚县、余姚场知事详细查核复候察办，并咨行民政厅、盐运使查照外，合先备文呈复，仰祈省长察核施

---

① 沙地，底本如此，正文作"灶地"。

行。谨呈。

（原载《浙江公报》第一千五百九十八号，一五至一六页，指令）

浙江省长公署指令第二百五十五号

令财政厅长莫永贞

呈一件据嘉兴统捐局呈送七月分征解比较等表由

呈、表均悉。七月分征收数较之原定比额，计盈银三千三百七十余元，具见该局长对于捐务甚属认真，仰即由厅传知嘉奖，以资鼓励。此令。八月十九日

（原载《浙江公报》第一千五百九十八号，一六页，指令）

浙江省长公署指令第二百五十七号

令民政厅长王文庆

呈一件为遵饬赶办六年度预算

并请维持五年度预算乞察核由

呈悉。五年度预算内所列内务、教育、实业等项临时及追加经费，既为事实所必需，自应予以维持，仰候令行财政厅照案支付可也。此令。八月十九日

（原载《浙江公报》第一千五百九十八号，一六至一七页，指令）

浙江省长公署指令第二百五十九号

令民政厅长王文庆

呈一件议复平海桥西北原划公园地亩拨作

省立公共运动场并无窒碍由

据呈，"省立公众运动场地点以平海桥西北原划公园地亩最为相宜，现在该地内工程局局址暂仍留用，双方兼顾，可无窒碍，并已据分别函知"等情，自应如呈办理。仰即咨催财政厅速将公众运动场开办

费咨解后,妥定计划,刻日举办,并函知省教育会将会所房屋从速筹办毋延。此令。八月十七日

（原载《浙江公报》第一千五百九十八号,一七页,指令）

浙江省长公署指令第二百六十号

令民政厅长王文庆

呈一件抄送温岭县米捐收支清册由

呈悉。查核原册内列各款多系借拨、借领,并未声明于何年月日详奉批准。即拨补警察经费、准备金两款,亦仅声明会呈请销,并非已经核准。又,司法经费不敷之款,是否确实,曾否详奉核准,亦未声明。此项捐款,均系取之商民,未便听该知事任意开报,仰即咨会财政厅详晰妥议复夺。其列册移交之款,亦应拨归地方正用,不可留存县署,致有侵挪,并即由厅筹议具复暨转行知照。此令。册存。八月十八日

（原载《浙江公报》第一千五百九十八号,一七页,指令）

浙江省长公署指令第二百七十五号

令民政厅长王文庆

呈一件转送余姚县余支湖田亩图册咨部备案由

据呈送余支湖田亩图册二分已悉。仰候咨部备案可也。此令。图册分别存转。八月十八日

附原呈

为呈请事。案查前据余姚县知事王嘉曾详称,"四年十一月三十日奉批知事详送余支湖浚垦全图并支款分配各册由,奉批:'详及图册均悉。该湖新垦田亩,前据详请于四年升课,自应从速办理,仰即指具全案并造都图、村庄字号、亩分户名、粮额细数

清册及绘图三份,详候会稽道转请巡按使咨部核办①。至该县前详所叙田亩尾数,核与现册不符,究以何数为准,并即查明更正具复。又,本年钱粮亦应照案入册征收,何以前送月报表内,额征、应征各数并未加入,亦即核明换造送核,均毋率延。此缴。各件存'等因。奉此,查是案前据县属中河乡议事会因该乡区域内余支湖久未疏浚,有碍农田水利,议决招股浚垦,拟就简章呈请立案。又,有杜士珍等拟集资创设浚垦公司开垦余支湖,呈奉前民政司长批饬查复,奉经前知事陈时夏亲诣勘明,如浚垦余支湖,确于农田有利无弊。惟杜士珍等籍隶上虞,非姚邑中河乡人氏,今浚垦余支湖乃公益性质,属于姚邑自治范围,责成中河乡前议事会限期浚垦,呈奉前民政司长批准照办。旋据该议事会以'前拟招股办法缓不济急,改由本乡殷富认垫经费,修正简章,公举事务所所长,定期开办',即经前知事陈国材呈报前民政司有案。旋据该乡浚垦事务所所长蒋怀清等以该湖全工告竣,禀由陈前知事派员驰赴余支湖,将所垦各田督同按丘丈量科算,共计新垦田一千九百七十四亩二厘五毫一丝三忽,每亩照民田科银一钱一分八厘一毫一丝四忽八微八尘,每年应征银二百三十三两一钱六分一厘九毫七丝八忽,造具都里户号、亩分散总清册,请于四年分升课,详奉钧厅批饬查复。又经陈前知事将浚湖大略情形并录送原案先后详明钧厅,奉批:'此案前准会稽道尹咨,已由道详奉巡按使批示转饬该县知事分别绘图开摺送道核转'等因,咨厅查照在案。应由该知事详候道尹转详巡按使核示,仍录批报厅备查,并奉道尹转饬前因,陈前知事遵复造具分配各户田亩及收支各款清册、绘图二纸,详由道尹转详,巡按使以'册列各数未能详细,批饬换送'等因行知下县。

---

① 会稽道,底本省略"稽"字,径补。

陈前知事旋即奉文交卸，知事抵任准交，饬据该事务所所长换造细数清册详送道尹核办。旋奉道尹以'此案已详奉巡按使批准备案，饬仰知事将浚垦余支湖支款细数清册、田亩分配各户清摺暨余支湖浚垦全图照造一份，详送财政厅备案'等因，知事遵即造册绘图详送钧厅在案。奉批前因，复查余支湖新垦田亩，确系一千九百七十四亩二厘五毫一丝三忽。陈前知事详内所叙田亩尾数不符，想由误缮所致，应请以知事现送册内数目为准。至新垦余支湖田亩，陈前知事虽请于四年份升科，但案未核准，故四年份尚未入册征粮，月报表内亦未加入额征，拟请俟钧厅会同道尹转请巡按使咨部核准后，再行入册征粮，以昭核实。理合遵批造具余支湖新垦田亩总分户细号、亩分粮额清册及绘图三份，一并备文详送，仰祈钧长察核俯赐会详升科，实为公便"等情到厅。当即分户清册所列"利""泽"两字号田亩散数，核与总清册所列该两号总数均有不符，究竟因何致误，无从确核，即经将原册三份一并发还该县复核准确换造送核去后。兹据该县复称，"遵即逐款复核所有'利''泽'两字号内错误之处，兹已分别更正，共计田一千九百七十四亩二厘五毫一丝五忽，应征银二百三十三两一钱六分一厘九毫八丝。惟查册内亩分粮银均以忽包尾，按户以微进忽，故应征银二百三十三两一钱六分一厘九毫八丝，若以民田每亩征银一钱一分八厘一毫一丝四忽八微八尘，按照现升田亩总数科算计，现送册内银数稍有增加，应请照册核转，以重课赋"等情，呈送图册各三份前来。厅长查核无异，除批饬将是项田亩自本年起造串入册征粮外，理合检同原送图册两份，具文呈请省长鉴核，并乞转咨财政部备案。谨呈。

（原载《浙江公报》第一千五百九十八号，一七至一九页，指令）

浙江省长公署指令第二百七十七号

令财政厅长王文庆

呈一件德清知事呈报下塔圩地方演戏聚赌长警往拿
被地棍张荣锦等凶殴由

据呈,张荣锦等演戏聚赌,派警往拿,胆敢恃众拘捕,凶殴夺犯。如果该警佐呈报情形确实,殊属不法已极,亟应严拿务获惩办,以儆刁风。惟单开为首多人,除拘获道士英麟一名外,余俱畏罪在逃。事前胆大妄为,事后何以又闻风避匿,其中难保无不实不尽之处,仰民政厅转令该知事务将肇事实情调查明确,仍赶速拘提张荣锦等到案,秉公察讯,按律究办具报,切切。此令。抄呈发。八月十九日

（原载《浙江公报》第一千五百九十八号,一九页,指令）

浙江省长公署批第八十三号

原具禀人林陈鹤

呈一件海宁茶商泰顺昌等行代表林陈鹤禀为海盐捐局
司事索诈不遂反诬船户殴辱等情由

禀悉。据称廖司事索诈不遂,反诬殴辱,虽系一面之词,然捐局司事最易滋弊,亟应澈查明确,实究虚坐,候即令行财政厅迅速遴选公正人员前往确切查明,具复核夺,并先令行海盐县知照。此批。八月十八日

（原载《浙江公报》第一千五百九十八号,二〇页,批示）

浙江省长公署批第八十七号

原具呈人旧绍八县全体肉业代表严汉章等

呈一件请求转咨议院及财政部豁免屠宰税由

呈悉。已于杭属肉业吕国大等、嘉属肉业张荣卿等禀内批示矣,

着即知照。此批。八月　日

（原载《浙江公报》第一千五百九十八号，二〇页，批示）

浙江省长公署咨复安徽省长

准咨请转饬开化县将朱古木等三名解归休宁县讯办由

浙江省长公署为咨复事。

本年八月十三日准贵公署咨开，"案据休宁县知事详称，'案据县属地保程四喜禀报，婺邑永馨昌茶号伙汪永喜赴屯兑洋六百元，雇夫叶关进配货挑运，一同行至保内新岭顶下，被匪拦途劫杀，伤毙二命一案，当经勘缉详报。旋据侦捕揭报，盗匪余胜方、余德方、朱古木、朱新新、章海、余金容、余炳章七人姓名、籍贯、住址，又经填票加派警队跟踪分途兜拿，一面悬赏咨请邻封及犯籍浙江开化县一体协缉，务获归案究报各在案。嗣据去警回报，盗匪朱古木、朱新新、余炳章三名现已就获，由开化县知事带署声请派委迎提前来。节经知事备具印咨饬委本署保卫队长李文华带同警队三十名各持军械前往迎提去后。兹准浙江开化县咨，以案情重大，应否交由贵县归案讯办，抑行就地惩处，业经分呈省宪请示办法，容候奉有明文，再行咨达等由复县。知事伏查此案盗匪朱古木、朱新新、余炳章三名犯事在属县管辖境内，案关劫杀重情，似应解归讯办。除仍饬警上紧勒缉余犯余胜方等续获究报外，理合具文详请，仰祈钧座鉴核俯准，电请浙江省宪迅饬开化县知事将已获强盗朱古木等三名归案讯办，以肃法纪。是否有当，并乞训示祇遵，实为公便'等情。据此，除批示外，相应咨请贵省长请烦查照，转饬开化县知事将该盗匪朱古木等三名解交休宁县归案讯办，实纫公谊"等因。准此，查此案业据开化县呈经令行该厅转行将朱新新等三名解归休宁县审办在案，准咨前因，除令高检厅转行遵照前批办理，并将起解日期查报外，相应备文咨复贵省长，请烦查照。此咨

安徽省长倪①

浙江省长吕公望

中华民国五年八月二十一日

（原载《浙江公报》第一千五百九十九号，一九一六年八月二十四日，三页，咨）

浙江省长公署训令第一百十五号

令民政厅为教育部咨明回浙留法学生

顾用康未得文凭缘由由

令民政厅长王文庆

案准教育部咨开，"案据留欧学生监督朱炎详称，'查有浙省留法学生顾用康一名，业已毕业，当即调验凭证去后。旋据该生函称，文凭尚存校中，仅将厂中实习证书三纸寄阅，并称是项实习至少期以二年有半等语。当查该生实习以来，已届一载，按诸新章，应即遣送回国，乃该生得监督处通知后，忽谓现未毕业，并拟更入高等电学学校，嗣又来处面陈一切，并呈验所得校中凭证，谓是项凭证确非正式文凭，既未毕业，自应延期一年，重入他项学校。监督以法国校章恒有试验时列优等者给毕业文凭Diqeone，次等者给毕业证书Ceitrficst之办法，当询该生以未得文凭之故，是否在此。该生知已难讳饰，只得承认。监督以该生未列优等，致未得正式文凭，然于学校功课确已完全竣事。学校毕业而后继以实习，实习期满而后更进他校，决无如此办法，故始终未允其请。惟因战事期内，种种不便，故已将其六月份学费及回国川资一并提早发给，以便该生料理一切，克日起行。所有遣回浙生顾用康详细缘由，理合专文详报，并恳赐予就近咨明浙省，以资接洽，实为公便'等情。据此，除批示外，相应咨明贵省长请烦查

---

① 安徽省长倪，即倪嗣冲（1868—1924），字丹忱，安徽颖州人。民国五年七月至民国九年九月任安徽督军兼省长。

照施行"等因。准此,合令该厅查照备案。此令。

中华民国五年八月十九日

省长吕公望

（原载《浙江公报》第一千五百九十九号,四页,训令）

浙江省长公署训令第一百十六号

令民政厅准教育部咨催缴二年报费由

令民政厅长王文庆

案准教育部咨称,"本部《教育公报》寄价办法,自第二年起均由各省、各区最高行政公署集收转解,前经通饬在案。惟军兴以来,各处解缴报费者虽属不少,而积压未清者尚居多数。教育为国家根本事业,该报系办学人员参考要书,报费迟延不缴,殊碍进行,应请贵署依据此次清单令行所属先将所欠第二年度报价克日解省,其第三年度寄价办法,亦希饬令遵照本部上年第一七八〇号通咨所开数目迅速呈解。至此外清单所开各处之短缴第一年报价者,仍烦一并饬令径解,俾便清结。再,查贵省各道、县订报数目,自四年七月以后,确无变更,故本部嗣后关于递次年度寄价办法,应仍由各地方最高行政公署汇收,庶免参差,实纫公谊"等因,并附清单到署。查此项《公报》单开前按署购阅二十九份,究系如何分配,各道、县定阅之报是否由省署转发,其报费如何解缴本公署,无案可稽,合令该厅查案呈复核夺毋延,切切。此令。

计送清单一纸①。

中华民国五年八月二十一日

省长吕公望

（原载《浙江公报》第一千五百九十九号,四至五页,训令）

---

① 清单,原报未见刊出。

浙江省长公署训令第一百十七号

令民政厅准教育部咨送北京高等师校
毕业生马树翰等赴浙录用由

令民政厅长王文庆

案准教育部咨开，"据北京高等师范学校详称，'本校英语、史地、理化三部第三年级学生业于本月二十一日奉行毕业式，发给毕业证书，前经先期详报在案。查此次各生毕业成绩，除英语部学生董致和、赵景瑞及理化部学生王润艇均未及格，分别留级，或发给修业证书外，计英语部学生毕业者十九人，史地、理化二部学生毕业者各二十四人，兹将该生等履历及毕业成绩分缮清摺，送请鉴核备案。再，查该生等毕业后应照章服务，即请查照附呈之学生籍贯单，由大部径行分咨各原省酌委服务，其籍隶京兆者，兼请饬知京师学务局查照办理'等因到部。查师范毕业生对于地方教育原有应尽之义务，且此次毕业各生成绩亦尚优良，兹据该校详送马树翰等三十三名，籍隶浙江，相应抄录名单，咨行贵省长查照，设法录用，俾得服务而符定则"等因。准此，合令该厅照会本省师范学校、中学校分别聘用。此令。

中华民国五年八月二十一日

省长吕公望

附名单

马树翰、周梁、陆承贾、陈朱虬、卢书勋、高秉纲、林乃腾、林幹、俞肇康、陆承贽、曹鸿文、金傅珩、赵夔龙、郑定谟、丰桂丹、袁藩夏、冯祖铭、张宗良、章微颖、王鹤清、吴鼎仁、李通、仇复、吴祖藩、何其鲁、陈振纲、尹翰周、徐承煃、罗同、蔡宏植、孙廷珍、徐漠、施翰芳，共三十三名。

（原载《浙江公报》第一千五百九十九号，五至六页，训令）

浙江省长公署训令第一百十八号

令民政厅准交通部咨请饬属保护

吉利小轮变更航线由

令民政厅长王文庆

案准交通部咨开，"据江海关监督详称，'准税务司函，'华商杜锦祥吉利小轮变更航线，备具呈式，并缴旧照，请注册换照'等因，理合详部察核'等情前来。查该轮改驶航线起上海讫杭州，经过闵行、松江、平湖、嘉兴、湖州等处，除由本部涂销旧照，另注新册，填就执照，发交该监督转给承领暨分咨外，相应咨请查照，分令各该属保护，至纫公谊"等由。准此，除咨复外，合行令仰该厅分令各属一体保护，是为至要。此令。

中华民国五年八月十九日

省长吕公望

（原载《浙江公报》第一千五百九十九号，六页，训令）

附　浙江民政厅训令第二百二十六号

令杭县等四县奉省长令保护华商杜锦祥吉利小轮由

令杭县、平湖、嘉兴、吴兴县知事

案奉省长令开，"准交通部咨开，'据江海关监督详称，准税务司函，华商杜锦祥吉利小轮变更航线，备具呈式，并缴旧照，请注册换照等因，理合详部察核等情前来。查该轮改驶航线起上海讫杭州，经过闵行、松江、平湖、嘉兴、湖州等处，除由本部涂销旧照，另注新册，填就执照发交该监督转给承领暨分咨外，相应咨请查照，分令各该属保护，至纫公谊'等由。准此，除咨复外，合行令仰该厅分令各该属一体保护，是为至要"等因。奉此，除咨请警政厅转令该管水警一体保护暨分令外，合就令仰该知事妥为保护。此令。

中华民国五年八月二十八日

民政厅长王文庆

（原载《浙江公报》第一千六百零八号，一七页，训令）

浙江省长公署训令第一百十九号

令民政厅警政厅准交通部咨江苏省立水产学校
自置淞航汽油船往来江浙饬属保护由

令民政厅长王文庆、警政厅长夏超

案准交通部咨开，"准江苏省长咨，'据江苏省立水产学校详称，本校设置渔捞科，授以网渔业、钓渔业、杂渔业三种，兼授渔船之运用、航海之实习、海洋之观测等课。前经详准由恒昌祥机器厂承造楷木壳、单叶子实习船，并蒙赐名淞航。现该船业已造成，拟率学生前往江浙沿海调查渔场，开始实习，按章开单，详请转咨注册给照。再，为自卫计，拟请随带快枪四枝、子弹五百颗等情，相应咨请察核准予注册给照。除咨海陆军部、教育部外，为此咨陈'等因，并附送清单一纸前来。查该校自置淞航汽油船，往来江浙沿海调查渔场，系为学生实习之用，除由本部注册填就轮字第一千四百八十八号执照一纸，咨送江苏省长转给承领，并分行江海、浙海、瓯海各关监督外，相应咨请查照，分令各该属保护，至纫公谊"等由。准此，合行令仰该厅遵照，分令各该属一体保护，是为至要。此令。

中华民国五年八月二十一日

省长吕公望

（原载《浙江公报》第一千五百九十九号，六至七页，训令）

附　浙江民政厅训令第二百二十四号

令各属奉省长训令江苏水产学校淞航汽油船往来
江浙沿海调查渔场分令各属保护由

令宁波警察厅厅长,镇海、定海、临海、温岭、永嘉、玉环、鄞县知事,永嘉警察局长

为训令事。本年八月二十二日案奉省长公署开,"案准交通部咨开,'准江苏省长咨,据江苏省立水产学校详称,本校设置渔捞等科,授以网渔业、钓渔业、杂渔业三种,兼授渔船之运用、航海之实习、海洋之观测等课。前经详准由恒昌祥机器厂承造楢木壳、单叶子实习船,并蒙赐名淞航。现该船业已造成,拟率领学生前往江浙沿海调查渔场,开始实习,按章开单,详请转咨注册给照。再,为自卫计,拟请随带快枪四枝、子弹五百颗等情,相应咨请察核准予注册给照。除咨海陆军部、教育部外,为此咨陈等因,并附送清单一纸前来。查核该校自置淞航汽油船,往来江浙沿海调查渔场,系为学生实习之用,除由本部注册填就轮字第一千四百八十八号执照一纸,咨送江苏省长转给承领,并分行江海、浙海、瓯海各关监督外①,相应咨请查照,分令各该属保护,至纫公谊'等由。准此,合行令仰该厅遵照,分令各该属一体保护,是为至要。此令"等因。奉此,除分行外,合行令仰该厅长、该知事、该局长遵照,转令所属一体保护。此令。

中华民国五年八月二十八日

民政厅长王文庆

（原载《浙江公报》第一千六百十二号,五至六页,训令）

---

① 瓯海,底本作"甄海",径改。

浙江省长公署训令第一百二十四号

令盐运使据永武绅商胡莹等禀为认办盐引 一案仍请批准饬使施行由

令盐运使胡思义

本年八月十一日，据永、武绅商胡莹等呈称，"窃商等认办永、武及壶镇盐务，八月四日《公报》登载运使呈内有'对于新商旧商毫无成见，仍请钧府主持定案，俾有遵循而免障碍'等语，感激莫名。又奉钧长批，'呈悉。所拟变通办法果于新旧各商两有裨益，新商胡莹等当亦乐于赞同。一俟该商等遵照前批，径向该署具禀时，仰即明晰批饬知照可也。此缴'等因。仰见钧长/运使子惠元元、裕课恤商之至意。

窃商等再四筹思，有乐于赞同者一，有不敢赞同者三，有绝对不能赞同者一，敬为钧长缕晰陈之。

据运使应行修改之第一条，以认额一项并无正、备之分，商等初认永、武八千引，继认壶镇六千引，共一万四千引，溢则照加，短则缴足，与纲住各地一律照行。此乐于赞同者一也。

据运使应行修改之第二条，以应输巡费一项，现在台、温等处巡费附税已并入正税，一次完纳等语。查台局督销八县，半月支八百三十六元，温局督销十六县，月支六百六十元，缘巡务以商人包课认引，而设缉邻私为必要之纲领，两浙各地设有官巡，仍有巡商之名目，自不宜骤令商等向隅，照原有巡费断然可以敷支，加认之正税六千五百余元，竟可作公家固定之收入，而裨益良多。此商等之不敢赞同者一也。

据运使应行修改之第三条，按捆配场分，固不妨由商自行指定。查温、台本为场产之区，现计应销就地尚不敷甚巨，故台属有仰给于定、象之盐数逾十分之七，温、处有仰给于衢、山之盐数逾十分之二三,此固有案可稽。倘永、武向彼不敷之区而径行指捆,岂非成彼一转运之虚名,遂彼之利窟,成本过重,兼之自仙居而至永、武及缙云之壶镇,隔有仓岭之险,旱道有二百里之遥,崇山峻岭,搬运艰难,运费过巨(查定海、象山至黄岩海道距四百里,由黄岩过台州至仙居之磻滩水道距二百七八十里,又磻滩至永、武旱道二百里之遥,计共九百里许。查余姚党山各廒至义桥百四五十里,由义桥至永、武计四百六十余里,计共六百里许,并无旱道),不若捆运余姚党山各廒,经富、桐、严三卡查验,由水路直达永、武,一苇可杭,运道既便,川资自轻,即由永康至壶镇,虽无水道,而旱道六十里均属坦途,计日可以往返,便何如之? 此商之不敢赞同者二也。

据运使应行修改之第四条,巡费既归正税,巡务自应官办等语。按商巡辅官巡之不及,所以卫包课之责任,不然公家、商家亦必以省费为要素,故设巡者实有万不容缓者在也。且商等巡费四千余元,自敷分配。此商之不敢赞同者三也。

若夫绝对不能赞同者,即如礛务改革之大纲,总当以民生之福利、税源之盈亏为前提,不必以引地之分划,商家之分散为兢兢。按引地之分办,如苏之吴县为一地,吴江、震泽为一地,锡、金为一地,宁之鄞、慈、奉、镇为一地,定海为一地,象山为一地,以此类推,比比皆是,地位平等,权利亦同,所谓引商之团结,引地之整齐,并不因破碎而生异议。缘商人以资本攸关,即对于邻商虽有分散之处,仍有团结之心,盖权利平等,各以自固为主旨。今运使有将商等认引办盐加入台商运盐公司,属依附之性质,无营业之自由,地位既不平等,权利亦分高下,无团结之可言。至分办恐启冲突,商等以减轻负担为宗旨,在馀、党办盐,水道可行,只六百里,比较向台商运行之水道,几减百里,又减旱道挑运二百里之劳,其运费每引可省三元二三角之多,即壶镇一带,亦可省每引一元有余之费,故加以范围,彼此各守界限,何来冲突? 况运使前禀批示,明明以认引税率较台商为少,未便照准,如认引较多,自可照办。今又以分划分散为疑议,何惠旧商,与待新商,而大分轩轾若此？照引地分办督销,机关必须另设,似非一定不易之理。如金华、兰、汤、诸、义、浦、东等地,前清时由绍兴督销局管辖,现则并无督销机关,自属直隶于运使;如宁之鄞、慈、奉、镇等地,绍之余姚、上虞等地亦然,是可援案办理。即或不然,定当另设机关,不妨减台属八县半月支八百三十六元之经费,与盐警一千二百九十元之支出,而稍挹注永、武、壶镇之各引地也。

至'公家税收宜规其大,行政信用宜持以久'等语。按道以永久而不移,法可随时而变易。永、武本属厘地,商等初禀原批:'税率较台商为少,无照准之可言',后经加认四万二千担,再蒙运批改'纲引自可照准',三又以加入台商合办为词。况台地并无余盐,又系厘地,固商认引划办,台商黄崇威亦出而认引,税率较商等为少,而运使以台商通纳每担一元之税,即可照准,至商之认税较台商为多,而示以加入合办,总总立言,颇似左袒台商。至永、武与台地道里之遥隔,批运之阻碍而不计,以此而为行政信用,曾百思而不得其解。

至永、武盐务之划入台区,当时台盐场产较旺,供求相抵,以致沿革历史,前清《盐法志》列入台盐销地。职此之由,今既台产较绌,已非昔比,故为因时制宜计,亦当划分办理,不得援昔之《盐法志》而言。商等调查盐务,通盘筹画运姚、党之盐,与捆台、温之盐,减省数倍,断不能舍减省之区而不购,而就艰难之区为合办,况现在旧府界已铲除净尽,行政设施总以民间之便利为依归,永、武疆界分析不生问题,商等既经认办,亦以减轻地方负担为主,要以地方之人办地方之事,痛痒相关,实事求是,无垄断之心,无居奇之念,断不至如台商之抬价病民,如运使所云,心有余而力不足,殊为过虑。以上情形皆商等绝对不能赞同者也。

为此逐条声复,呈请钧长察核俯赐批准转饬运使施行"等情。据此,除批示"呈悉。附股认办,既有为难(见'批示'门),径向该使署呈候核转"等语挂发外,合行令仰该使即便遵照办理毋延。此令。

中华民国五年八月二十一日

省长吕公望

(原载《浙江公报》第一千五百九十九号,七至九页,训令)

浙江省长公署训令第一百二十六号

令高检厅准安徽省长咨请转饬开化县
将朱古木等三名解归休宁县讯办由

令高等检察厅长殷汝熊

本年八月十三日准安徽省长公署咨开,"案据休宁县知事详称,案据县属地保程四喜禀报(文云见'咨'门),实纫公谊"等因。准此,查此案业据开化县呈经令行该厅转行将朱新新等三名解归休宁县审办在案。准咨前因,除咨复外,合行令仰该厅即便转行遵照前令办理,仍将起解日期报查。此令。

中华民国五年八月二十一日

省长吕公望

(原载《浙江公报》第一千五百九十九号,一〇页,训令)

浙江省长公署指令第二百七十八号

令遂安县知事陈与椿
呈一件为呈报奉委兼充副指挥官文到日期由

据呈已悉,仰即妥慎从事,悉心防范可也。此令。八月十九日

(原载《浙江公报》第一千五百九十九号,一五页,指令)

浙江省长公署指令第二百七十九号

令民政厅长王文庆

　　呈一件杭县知事为拟打捞野荷办法四端乞示遵由

呈悉。仰民政厅查核饬遵，并咨财政厅、警政厅查照。此令。抄呈发。八月十九日

附原呈

　　呈为野荷蔓延赓续打捞用费仍请动支自治附捐事。

　　案奉民政厅批知事呈拟租船雇工将境内各港切实巡勘，预防野荷发生，开具预算表请核示由，奉批："如拟办理。并准在地丁自治附捐项下，月支洋一百五元，以资办公。"并先奉财政厅批同前由，奉批："该县辖境各港上年发生野荷，业据雇夫分别打捞净尽详报在案。现在时交夏令，既称其萌芽易于长发，恐成滋蔓，自应切实巡勘。惟此项巡勘日期似不能漫无限制，应以两个月为度，所需经费准于在自治附捐项下动支，仰即认真督饬办理，毋稍虚糜款项。切切"各等因。奉此，查巡勘地点，前经划定大关以外，至三里漾及登云桥、祥符桥一带，归水警署督率；大关以内及塘栖等处，归自治委员督率，业已分别函饬照办在案。伏念野荷一物滋生最易，且遗种满布水内，应时而发，逐年倍蓰。现在虽经知事雇船巡勘，为未雨之谋，而转瞬即将盛发，尤应预为筹及，藉免滋蔓。爰就管见所及，酌定办法四端，谨为钧座缕晰陈之。

　　一、拟请上游各邑同时捞拔也。查武康、余杭居杭邑上游，此项野荷顺流而下，麕集于湖墅一带河面，源源而来，殊属捞不胜捞。拟请训令各县同时设法捞除，藉收通力合作之效。

　　一、由水警分段督拔也。查大关以外至三里漾为轮船往来之所，最关紧要，业经知事函请何队长派警雇工巡勘，应需船租

工价，虽已由县筹给，而该水警厅督率勤奋，应如何量为奖励，打捞多寡如何确切验收，尤宜先为规定，以便奖励而昭翔实。拟请行知水警厅议定方法，呈候钧示，以昭慎重。

一、请展长捞拔时间也。奉批巡勘日期以两个月为度，查野荷性质与蔓草无异，自夏徂秋，随时生发，与他物萌芽之有一定期间者不同。该花盛开系在九、十月间，上年打捞，每日雇工百余人，历时三阅月，方始捞尽。预计本月发生更多，尤非大加打捞，不足以济事，自应赓续进行，并随时加工打捞，总以肃清为度，藉绝根株。

一、请宽筹经费也。查前送预算表，月支洋一百五元，系专指巡勘费而言。嗣后应需打捞经费，应请按照上届办法实支实销，该款在地丁自治附捐项下动支，随时发交何队长及自治委员转发，仍由县派员查验，以期核实。除会同何队长督率自治委员实行查拔外，理合备文呈请，仰祈鉴核示遵。谨呈。

（原载《浙江公报》第一千五百九十九号，一五至一六页，指令）

浙江省长公署指令第二百八十一号

令民政厅长王文庆

呈一件德清县知事呈为报办理农桑水利各要政情形由

呈、摺阅悉。森林苗圃为兴利要图，何以迄未开办？贫儿院为济贫而设，迭经通饬举行，来呈竟未提及，殊属玩忽。限令到一个月内切实筹画，呈候核夺。余如所拟办理。仰民政厅转饬知照。此令。折片存。八月二十一日

（原载《浙江公报》第一千五百九十九号，一六页，指令）

浙江省长公署指令第二百八十四号

令民政厅长王文庆

呈一件为仙居县知事遵报办理农桑水利各要政情形由

呈悉。该县于各项要政中未办者尚居多数，间有已经举办者而

亦并无实在成绩可言。县虽瘠苦,亦何致无一事可为,殊属玩延。该县多山,森林为天然美利,尤应设法推广。限一月内将前项各要政分别缓急作成计画书呈候核夺,并将习艺所成绩品附送备阅,毋得再以空言塞责。仰民政厅转饬知照。此令。八月十九日

（原载《浙江公报》第一千五百九十九号,一六至一七页,指令）

浙江省长公署指令第二百八十五号

令民政厅长王文庆

呈一件崇德县知事为遵报办理农桑水利各要政情形由

呈、摺阅悉。该县树艺场、平民习艺所、因利局、贫儿院等成绩较著,尚堪嘉许。余如所拟办理。仰民政厅转饬知照。此令。八月二十一日

（原载《浙江公报》第一千五百九十九号,一七页,指令）

浙江省长公署指令第二百八十六号

令民政厅长王文庆

呈一件浦江县知事为呈报办理农桑水利各要政情形由

呈、摺阅悉。靛青、茶叶急速不易见效,虽经该知事迭次劝谕,然时日几何,即谓穷乡僻处遍行种植,本年已获利甚厚;模范桑园所植尚系桑秧,乃谓来岁育蚕即无,供不济求。本公署讲求实业,期望甚切,该知事乃以毫无实在之语敷衍塞责,尚复成何治体,应即严行申饬。浦阳江疏浚,既经前巡按使派员测量,应由民政厅筹议,继续举办。森林苗圃限一月内开办具报。余如所拟办理。仰民政厅查照并转饬知照。此令。摺存。八月　日

（原载《浙江公报》第一千五百九十九号,一七页,指令）

浙江省长公署指令第二百八十八号

令民政厅长王文庆

呈一件据嘉兴女子师范学校请改省立增加经费由

呈、表均悉。该校岁出经费，计表岁需六千八百余元，在校生徒人数未据申明，然查岁入预算表内所列学生学费仅二百八十余元，则生徒之稀少可知，以巨大之经费养少数之生徒，于政策上殊有未合。所请改为省立一节，碍难准行。惟事关教育，既据沥陈困难，未便恝置不理。究竟该校办理成绩如何，及应否酌予维持之处，仰民政厅行县查明核议复候察夺，并转令该校长知照。此令。呈抄发。表随发。八月二十日

（原载《浙江公报》第一千五百九十九号，一七页，指令）

浙江省长公署指令第二百九十一号

令民政厅长王文庆

呈一件据省视学请取消联合师范讲习所由

所陈各节，尚属正当，能否酌量归并，或俟毕业后停办之处，仰民政厅核议具复候夺。此令。呈抄发。八月二十一日

（原载《浙江公报》第一千五百九十九号，一八页，指令）

浙江省长公署指令第二百九十三号

令民政厅长王文庆

呈一件桐乡县知事遵报农业水利各要政情形由

呈悉。烟卷、濮绸为该县特有工作，亟应切实改良，以期发达。水利一项，究竟应筑圩堤几处，应浚小港几处，需费几何，均详实查明筹议具报，毋徒以空言塞责。余如所拟办理。仰民政厅转饬知照。此令。八月二十一日

（原载《浙江公报》第一千五百九十九号，一八页，指令）

浙江省长公署指令第三百零六号

令民政厅长王文庆

呈一件慈溪县知事造送县税分配各册及

抵补金附捐自治附捐各册由

据呈已悉。带征特捐项下征收费，照各县征费限度表所规定，于征起特捐内提支，《征收章程》内已明定之。该县地丁额征数在二万两以上五万两以下，限度表规定征收费九厘，则该县县税征收费自应照九厘提支。乃查核所送学费清册，扣除征费，仍照一成计算，殊与《章程》未合。仰民政厅核明令遵并咨财政厅查照，仍具复备查。此令。清册六本并发。八月二十日

（原载《浙江公报》第一千五百九十九号，一八页，指令）

浙江省长公署指令第三百零八号

令民政厅长王文庆

呈一件东阳县呈报财政主任及会计员姓名年岁籍贯由

据呈已悉。仰民政厅转行知照。此令。八月二十日

（原载《浙江公报》第一千五百九十九号，一八页，指令）

浙江省长公署指令第三百十七号

令高等审判厅长范贤方

呈送余姚县盗犯范桂生等供判由

呈悉。审判案件，必须先有判词，然后照判执行。《惩治盗匪办法》由巡按使复准执行，及得用枪毙两端，为对于《暂行刑律》之例外，不能解为审实后可以不具判词也。现在各县办理盗匪案件，往往于核准执行之后，补制判词，本非正办，应由厅通令各县，以后遇有此等案件，审实后即制成判词，然后根据判文报请核准执行。至判词内应

叙事实及援据法律理由,均须详细声明,不得率略,是为至要。本案该厅前详仅就范桂生一名立论,以致该县现补判词,不将陈金才列入,惟查该前厅长任内,曾于余姚县详报陈金才强劫事主邵鹏飞等家供折时,详请前巡按使饬令补送判词,经前巡按使批准在案。是否陈金才一名,已经该县于另案补有判词,即由厅详晰检查复夺。供、判存。此令。八月二十一日

（原载《浙江公报》第一千五百九十九号,一九页,指令）

浙江省长公署指令第三百十八号

令高等审判厅长范贤方

呈一件孝丰县呈报拿获邻境盗犯杨金泰等三名由

呈悉。该县属永和区保卫团拿获盗犯杨金泰等三名,并起获枪刀衣包等件,殊堪嘉尚。既据派警查明该盗犯案地点确在广德县界,赃物相符,又据广德事主曹承盛到案认明赃物无误,仰高等审判厅令即研讯,有无另犯浙境案件,呈复核夺,一面咨询皖省广德县查案办理。此令。八月二十一日

（原载《浙江公报》第一千五百九十九号,一九页,指令）

浙江省长公署指令第三百十九号

令高等审判厅长范贤方

呈一件德清县呈报孙子山家被劫获盗讯供由

呈悉。获盗杨顺发、谢阿长二名,既据提讯供认不讳,仰高等审判厅令即按律拟办,并咨同级检察厅分饬各属一体协缉逸犯陈阿庆等五名,毋任漏网,切切。此令。八月二十一日

（原载《浙江公报》第一千五百九十九号,一九至二〇页,指令）

浙江省长公署指令第三百二十号

令高等审判厅长范贤方

　　呈一件德清县报获胡宝坤等家劫案内盗犯由

　　呈及图表均悉。盗匪一夜连劫三家，不法已极。既据获犯胡得胜等三名，并起获枪支赃物，供出余盗姓名，仰该厅迅令提犯确认拟办，一面分别咨缉务获究报，毋稍延纵。至警佐汪浚及保卫团总冯步遂捕获要犯出力，应俟定案后，由县呈请民政厅核结奖励具复饬遵。此项赏银，准在准备金项下开支，以示鼓励，并即由厅分咨财政、民政两厅知照。图表存。此令。八月二十一日

　　　　（原载《浙江公报》第一千五百九十九号，二○页，指令）

浙江省长公署指令第三百二十一号

令高等审判厅长范贤方

　　呈一件上虞县呈报王高氏被王裕堂推跌殒命一案由

　　呈悉。仰高等审判厅令即拘传人证质讯明确，按律拟办，毋枉毋纵，切切。格结存。此令。八月二十一日

　　　　（原载《浙江公报》第一千五百九十九号，二○页，指令）

浙江省长公署指令第三百二十二号

令高等审判厅长范贤方

　　呈一件江山县呈报王汪氏报称伊子赖发
　　　　服毒毙命一案勘验讯供由

　　呈及格结、供折均悉。仰高等审判厅令即传证集讯明确，依法判释，毋稍枉纵，切切。格结、供摺存。此令。八月二十一日

　　　　（原载《浙江公报》第一千五百九十九号，二○页，指令）

浙江省长公署指令第三百二十三号

令民政厅长王文庆

呈一件高检厅呈请奖励江山县警佐由

呈悉。缉捕为警察专责，本无奖励之可言，惟称此案办理迅速，于三日内先后获犯二名，送县讯办，不无微劳。所有该警佐毛时昉，应准量予奖叙，以昭激劝。除承审员金煌，俟高审厅呈请再行核办外，仰民政厅即便核议呈夺，并咨高检厅知照。呈抄发。此令。八月二十一日

（原载《浙江公报》第一千五百九十九号，二〇至二一页，指令）

浙江省长公署指令第三百二十四号

令高等检察厅长殷汝熊

呈一件呈送本年七月分诉讼月报表由

呈、表均悉。仰该厅长督饬将未结各案赶紧清厘具报，毋稍任延。表存。此令。八月二十一日

（原载《浙江公报》第一千五百九十九号，二一页，指令）

浙江省长公署指令第三百二十五号

令高等检察厅长殷汝熊

呈一件嵊县知事呈报史钱氏家被盗并伤事主由

呈及格结、单表均悉。仰高等检察厅令即派警会营勒限严密查缉赃盗，务获究报，毋稍延纵，切切。格结、单表存。此令。八月二十一日

（原载《浙江公报》第一千五百九十九号，二一页，指令）

浙江省长公署指令第三百二十六号

令民政厅长王文庆

呈一件海宁县呈送现存军械半年报表

并请免填出纳军械月报表由

呈及现存军械半年报表均悉。查令颁各种月报表式，无论有无事项，均须按月造送。该县本期内各机关出纳军械月报表，因无收发事项，遂请免填，殊属非是。仰民政厅饬即补造送核，并查此项月报表前并未据该县呈送到署，应即按月补造汇送呈候查核备案，毋稍迟违。现存军械半年报表候分别存转。再，查阅表列县公署、警察所及分所现存各枪待修者多，何以并不随时修葺？又如警察所及各分所现存法得利步枪堪用者五支，而子弹竟无一粒，毛瑟步枪堪用者十五支，子弹竟有八十粒，何以并不补置？足见该知事与警所职员于此等事全不留意，并由厅加以警告。饬即查照批指各节，妥速办理，毋再违延，切切。此令。八月二十一日

（原载《浙江公报》第一千五百九十九号，二一至二二页，指令）

浙江省长公署批第八十九号

原具呈人永武绅商胡莹等

呈一件为认办盐引一案仍请批准转饬运使施行由

呈悉。附股认办，既有为难，未便勉强从事。此外，应行修改各条，除额引无分正、备，已据承认外，捆运场分原不妨自行指定，且据称运姚党之盐，较运温台之盐路近而费亦省，应准仍如所拟办理。巡费附税额外加缴一层，既与现章不符，自应改为并入正税一次完纳，俾归一致。督销事宜，仍由台属督销局兼辖，如于事实上无甚窒碍，固无须另设机关，转多糜费。巡务向归官办，则凡属进私要隘，本为官巡应缉之地点，巡费既并入正税，责任已尽在官巡。台商、永商，事

同一律，断不能因引地分划而有所歧视，所请另设巡商之处，应毋庸议。总之，国计民艰固宜兼顾，官厅信用亦应维持。查阅该商等前禀所叙盐运使批示内有"永、武、壶镇引盐，本年三月甫由台商承办，应俟试办一年，察看核办"等语，应否俟一年期满再归该商等承办，以符批案，候即令行盐运使核议具复，再予察夺。再，当时台商承办时，系验明资本并缴保证金，该商等是否照办，并着遵照前批径向该使署呈候核夺。此批。八月二十一日

（原载《浙江公报》第一千五百九十九号，二三页，批示）

浙江省长公署批第九十号

原具禀人金武永路政总董王茂松

禀一件请派员筹修浙东官道由

禀悉。浙东官道毁坏，允宜及时修复，应候本公署另拟办法。至金武永官道一百二十里，据称继志续修，业有可观，仰仍切实进行，毋使功亏一篑，至为切要。此批。八月二十一日

（原载《浙江公报》第一千五百九十九号，二三页，批示）

浙江省长公署批第九十一号

原具呈人两浙盐业协会

呈一件请饬警厅启封并交还会牌由

旧运署拨给浙江病院，事在民国元年，该会既向有会址，何以于二年四月间，复移入旧运署内，显系有心盘踞。现在警察厅强制执行，应即遵照办理，不得饰词越渎。不准。此批。八月二十一日

（原载《浙江公报》第一千五百九十九号，二三至二四页，批示）

浙江省长公署批第九十二号

原具呈人诸暨茧商孙长耀

呈一件控赵扬陞藉学图利请饬县谕禁由

查此案业经饬厅转饬该县知事秉公执行在案,仰即静候核办。此批。八月二十一日

（原载《浙江公报》第一千五百九十九号,二四页,批示）

浙江省长公署批第九十三号

原具禀人嘉善公民袁天任等

禀一件为控殷知事侵吞罚款由

禀悉。案关控告官吏,仰即照章取具坐诬切结,并觅妥实铺保呈候核办。此批。八月二十一日

（原载《浙江公报》第一千五百九十九号,二四页,批示）

浙江省长公署训令第一百二十三号

令财政厅准财政部咨行清理官产碍难

一律停办拟请分别办理一案由

令财政厅长莫永贞

本年八月十四日准财政部咨开,"准国务院函开,'奉大总统发下财政部呈清查官产碍难一律停办请分别办理文一件。查此案既经贵部核明,碍难一律停办,应准如拟办理,函达查照'等因到部。除分行外,相应刷印原呈,咨行贵省长通令各属遵照可也。计刷印原呈"等由过署。准此,合行令仰该厅即便通令各属一体知照可也。此令。

计抄发原呈。

中华民国五年八月二十一日

省长吕公望

（原载《浙江公报》第一千六百号,一九一六年八月二十五日,三页,训令）

浙江省长公署训令第一百二十七号

令高审检厅据浦江县知事条陈地方应兴应革事宜由

令高等审判厅长范贤方、高等检察厅检察长殷汝熊

案据浦江县知事张鼎治呈称,遵饬条陈该县地方应兴应革事宜,请予核示等情,并附呈清摺一扣到署。据此,除将条陈批答随同指令抄发外,合亟抄录应由该厅核议各条,并本署批答令发该厅遵照议复,以凭核夺。此令。

计黏抄一件。

中华民国五年八月　日

省长吕公望

财政条陈批答

"财政"二字包含甚广,凡旧税应如何整顿,新税应如何扩充,其中应兴应革之事,不胜枚举。倘有见地,尽可详细敷陈,以备采择,乃谓知事只能奉行法令,绝无兴革之余地,未免误会。编审户粮,系为清厘田赋起见,按户列按册照给,官凭册造串,民凭折承粮,施行以来,有利无弊。且既称该县前次办无结果,系由办理者无经验,被人上下所致,其非立法之不善,尤可断言。该知事乃指为耗时伤财,徒费手续,并以裁出原有之户总庄书为妄事更张,尤属一偏之论。征收地丁,凡逾限滞纳均有罚则,其任催罔应、万分疲玩之户,又有拘押及封产备抵之规定以为救济,果能照章认真督促,税收自不患不旺。裁串限缴之法,流弊滋多,万难规复。分配县税,全省系属一律,未便县自为风。且即以此编造预算之权,授之各县知事,而各种为预算所无之支出,亦仍无可应付,试问有何裨补?至自治经费移作别用,各县情形不同,应如何先事设法筹补,应由该知事作速悉心妥议,专

案呈夺。其余应兴应革各项，并即一并筹议，补报核夺。

教育条陈批答

奖进私塾，固足济学校之穷，而取缔不严，易滋流弊。该县旧有私塾若干，足为代用学校者，究有几所；其办理腐败者，已否一律勒令停止；所称改良，其方法如何；该知事到任以后，增加学校确数，究有若干，应再一并详细查明补报，以资查考，不得以空言塞责。振顿教育，不在亟于推广校所，而在改良原有学校，俾能多收学生，自是实事求是之意。惟推广学费，而拟将地方学款改为总收总发，在表面上似有整齐划一之观，按之事实，往往适得其反。盖此次学款多系就地筹及，以本区办学士绅劝本区殷户捐资助学，劝者既亲切而有味，捐者亦信仰而乐输。且各筹各款，各办各校，主事者每欲得比较上之名誉，虽劳怨有所不辞，一旦收归公有，而平均分配之，将款多者不得单独发展，款小者反可坐享利益，即使不争，而办学者因倚赖而怠于筹划，出资者因隔阂而靳其输将，利己不如其害，况万无不争之理也。如虑前项学款不免为少数人所盘踞把持，应即破除情面，严加监督，以期涓滴归公，无庸更张，致多窒碍。无谓之机关究有几处，应如何裁减，学产租额应如何增加，其增收之数将来可得若干，应再拟定切实办法，呈由民政厅转呈核定。露天学校、通俗图书馆自可照办，惟"九通""二十四史"非通俗之书，毋庸陈列，以图粉饰。仍将办理情形分案呈报查核。

实业条陈批答

蚕桑一项，既经试办有效，应如何逐渐推广，仰即拟定详细办法，呈候核定，切实进行，毋得以空言塞责。种植靛青，原系当务之急，然须设法改良制造，俾能抵制外货，方有永久之利。否则欧战一停，外货畅销，此项土靛仍归失败。茶树既称实地调查，比较往年多至十分之一，究竟上年约有若干，本年约有若干，添栽各树，系在何处，应即查明核实具报，本署将派员复查，以资考核。茶叶着色搀伪，既碍卫生，并失贸易信用，于茶叶大有妨碍，应由该知事分别严禁，并随时认真查察，毋任违犯。该县既系山邑，自以提倡森林为第一要政，惟创办模范森林，须有固定之经费，长久计划，该知事有见及此，应筹足按年应需经费，拟定切实办法，连同预算表呈由民政厅转呈本署核定，以立巩固基础。至所称官荒二处，坐落何处，面积若干，已植之树确有若干，苗圃已否成立，办法若何，并即查明补报。一面仍劝告各处人民广为种植，以期普及。平民习艺所以制造土货及日用物件为要义，所见甚是，应即筹定经费，就习艺所内添设雪茄烟、肥皂两科，分别教授。西乡塘外村铅矿苗质甚富，现既呈准开采，如果查无外股，应即切实保护，俾底于成。浦江既关系全邑农田水利，自应及时疏浚，惟需费二十万，为数太巨，筹措为难，应由该知事核实估计，极力磋减。此项工程经费至少须筹足几何，方可开办，或一次筹足，或分年匀摊，工程如何进行，需时几何，详细作成计划书，连同预算表呈由民政厅复核转呈本署核办，不得以力有未逮等语稍涉诿卸。

警政条陈批答

据陈保卫团得力情形，自是可嘉，然因此遂谓无办理警政之必要，所见已近于偏，而欲扩张自治所权限，使自治所员负地方治安之责，一时亦难办到。至因警资无从筹拨，拟将警额裁去二十名，尤未免因噎废食。总之，警察为保卫地方而设，如果办理尚无成效，应由该知事认真督饬整顿，使一警得一警之用，进步自有可期。至经费短少，仍应设法筹措，以维要政，不得稍涉诿卸。惟既据另编预算专案呈夺，姑俟文到核办。

司法条陈批答

县知事不宜兼理诉讼，自是确论。惟审检所未经设立以前,仍应随案审慎秉公处理。未结之案,尚有八十起,应即继续清厘,以其案无留牍。审理诉讼,无论法院、知事,总不外以法律为准绳,若竟随意处置,一切法定手续均未完备,或且引律错误,失出失入,人民权利所在,岂能禁其上诉,即上诉之后,司法机关亦不得不依法破毁,以资救正。若以此为法院中人意存蔑视,法政学生有意播弄,持论殊属偏激。教养局监狱工场既经遵饬设立,究竟办法如何,地点系在何处,办理有无成效,工场设有几科,教授及工作时间每日几何,出品约有几种,来折语及含混,应即详细补报,并将出品逐件检呈一种,以备查核,其缺点应如何设法改良,俾臻完备,并即妥为筹议,呈由高等审检厅转呈本署核办。监所人犯尚近百人,究竟内有已决者若干,未决者若干,应详细列报,其犯人中有非破廉耻及合乎缓刑条件者,亦可宣告缓刑,以符立法之意。囚粮由省规定,暨司法经费取给司法收入,种种窒碍,自是实情,应如何酌量变通,兼筹并顾,候令行高等审、检厅妥议具复,以凭核夺。

(原载《浙江公报》第一千六百号,三至六页,训令)

浙江省长公署训令第一百三十一号

令民政厅遴派熟谙枪弹人员查明各县署警队存枪种数由

令民政厅长王文庆

案据各县造报现存枪械表,查阅所列县公署及警察所存枪,种类纷繁,每种多则十余支,少仅数支,子弹多少尤不一律,设遇事变,子弹与枪歧异,焉能合用?同属公家之物,亟应互相调换,以归一律。应由民政厅遴派熟谙枪弹种类可靠人员,根据各属造送枪械表,周历各县,详细查明原价及是否合用,议定如何调换方法,务使县公署及警察所枪弹毫无歧异,其待修之件亦即促令赶紧修整。仰即遵办,并将委员姓名履历报查,毋延,切切。此令。

中华民国五年八月二十二日

省长吕公望

（原载《浙江公报》第一千六百号,六至七页,训令）

浙江省长公署训令第一百三十四号

令警政厅为吴兴农民沈廷福禀控探长彭开甲诬盗诈财由

令警政厅长夏超

案据吴兴农民沈廷福禀称,"内河水警第三区侦探长彭开甲胁犯诬盗,诈欺取财"等情。据此,除以"该民于溪东姚姓家劫案是否与有嫌疑,探长彭开甲胁犯诈财果否属实,既据就近禀诉第十二队讯问有案,仰候令行警政厅转令该管区长查明核办可也"等语批示挂发外,合行抄粘原禀令仰该厅长转令第三区区长查明核办,仍将办理情形具报。此令。

计粘抄原禀一件①。

中华民国五年八月二十二日

省长吕公望

（原载《浙江公报》第一千六百号,七页,训令）

浙江省长公署训令第一百四十号

令民政厅转令各县设立栖流所养济院由

令民政厅长王文庆

案据青田县民人叶玉禀请通饬各县设立残民所及施泽局,以收容残疾无依人等各情。查各县如栖流所、养济院等大都均已设置,但地方官绅不能切实整顿,以致虚糜款项,无济茕民。据禀前情,合行

---

① 底本未见附刊。

令仰该厅通令各县知事于栖流所、养济院等项慈善事业,已设立者,督同该地士绅力加整顿,未经设立者,迅速广为劝导,筹款兴办,俾得实惠均沾,至为切要。此令。

中华民国五年八月二十二日

省长吕公望

(原载《浙江公报》第一千六百号,七页,训令)

浙江省长公署训令第一百四十二号

令民政厅警政厅据警备队第五区统带
呈请严禁赌博以清匪源由

令民政厅长王文庆、警政厅长夏超

案据警备队第五区统带刘凤威呈请通饬所属各县严办花会赌博,以清匪源等情,据称杜绝匪踪,必先严办赌博,极有见地,声叙营、县为难情节,亦能洞悉病源,自应准如所请,严令该区辖内各县切实办理。惟查赌风之炽,各属皆然,非全省一致严禁,则以邻为壑,殊非保持公安之道。除令警政厅转令该统带认真查禁并通令各属营队一体照办外,合亟抄发原呈令仰该厅长即便转令旧金、衢、严属各县知事从严办理,并通令各县知事一体遵照。/民政厅转令旧金、衢、严属各县知事,并通令各县知事切实办理外,合亟抄发原呈令仰该厅长即便转令该统带知照,并通令所属营警一体遵照。切切。此令。

计粘发原呈一件。

中华民国五年八月二十二日

省长吕公望

附原呈

呈为维持治安预防盗匪,拟请通饬所属各县严办花会赌博,以清匪源而绥地方事。窃以保护治安,缉拿盗匪,原为统带专责,若不清其源,难期后效。故欲杜绝匪踪,必先严办赌博。盖赌博为盗匪之媒介,盗匪为赌博之结果。上江赌博以花会白心宝为最大,白心宝托附戏场,摊桌林立,痞棍啸聚,身怀利刃,奸盗命案动辄发生,且输赢颇巨,机械百出,积愤成仇,以至纠众擒抢勒诈等事层见不鲜,为害已不胜言。而花会尤有甚焉。一筒之设,少则数百人,多则千余人,成群结队,奔走若狂,求神祷鬼,男女杂处,典衣卖物,以为孤注。愚民无知,被其诱惑,甚或剖棺盗骨,以期灵兆,忍心害理,甚于盗贼,卒致伤风败俗,荡产倾家,或告贷无门,轻生丧命,或谋生乏术,流为盗贼。种种祸害,笔难尽罄。盖盗劫之害,不过一家数家,而花会之害,不特身受者苦不堪言,即束身自好者,亦间接受无形之损失。统带前在清乡会办差内,于拿办花会赌博等事,力主严厉,故金华、浦江、义乌、东阳、永康等县,素称花会巢穴者,莫不闻风敛迹,而日久玩生,故态复萌。近闻各属赌风渐炽,人民每归咎于各知事及驻防营警放弃职守,姑息养奸,然揆原因,厥有数端。盖各县知事非不知花会赌博为祸最烈,第以业此赌者多数颇有身家,不特地方劣绅为之庇护,一旦被拿,虽体面搢绅或以姻戚关系,或受金钱运动,不惜为之奔走关说,各知事惮于徒招怨黩,往往以一纸空文,虚名禁止,并不实力缉拿,以至日久蔓延,扰及治安。此各县知事一方面为难之情形也。至于驻防营警,旧时长官惩于缉捕赌犯侵入政权,易起冲突,并以下级官长时有假禁赌博,从中渔利,因此禁止干预,即有热心治安者亦未便过问。即或经人禀控,拿获送县,多被关说释放,此则招怨,彼则市恩。且缉捕之时,购线拨兵,动辄需钱,来往既无公款可支,拿获又无赏洋给发,各官长鉴于前事,又怕赔累,因咽废食,不免漠视。况驻防各属营警多系下级官长,资望尚浅,倘拿办过严,该地劣绅每有借端中伤,因此获谴去职。此各属营警一方面为难之情形也。总此数端,以至各县知事、各属营警,往往以省事为宗旨,因循姑息,养痈贻患,殊不知涓涓不塞,必成江河,星星不灭,延及原野。防患贵在未萌,为治必探其本。故欲消弭匪患,必先杜绝赌风。现各县警队及地方警察,均有拿赌责权,惟上官督饬不严,斯下属奉行不力。拟请饬下旧金、衢、严属各县知事严饬所属破除情面,遇有花会主筒要犯及白心宝著名赌棍,一律勒限查拿,或营警拿获送究,务予按律重办,勿得稍有瞻徇。如必须统带派兵协缉之处,随时咨会调拨协助。至职区所属各该营哨,业经严饬缉拿并出示禁止在案。拟请仍由统带随时督属明查暗访,缉拿著犯,送县讯办,不得懈弛。似此双方并进,但能除地方一分之害,即可增人民一分之福。统带为消弭匪患起见,所有拟请通缉各属严办花会赌博缘由,是否有当,除分呈督军暨警政厅外,理合备文呈请省长察核批示施行。谨呈。

（原载《浙江公报》第一千六百号,八至九页,训令）

浙江省长公署指令第八十二号[①]

令民政厅长王文庆

据盐运使呈复盐税格于条例未便带收善捐等情

仰即行县议具办法呈厅酌核具复由

据呈,"盐税已为《条例》所限,善堂捐按引带征决难规复成案"等情,则此项善捐究应如何筹劝,仰民政厅转行杭县知事议具妥善办法,呈由该厅酌核具复。此令。呈钞发。八月 日

[①] 本文自浙江民政厅训令第九十二号中析出。

附　浙江民政厅训令第九十二号

令杭县知事奉省长令据盐运使呈复盐税格于条例

未便带收善捐等情仰即行县议具办法呈厅酌核具复由

令杭县知事姚应泰

案奉省长指令第八二号内开，"据呈，'盐税已为《条例》所限，善堂捐按引带征决难规复成案'等情，则此项善捐究应如何筹劝，仰民政厅转行杭县知事议具妥善办法，呈由该厅酌核具复。此令。呈钞发"等因。奉此，合就钞同原呈令仰该知事妥速集议呈候核办。此令。

中华民国五年八月二十一日

民政厅长王文庆

附　原呈

两浙盐运署呈为遵饬查明善捐沿革情形及盐税已为《条例》所限未便带征应由商自为捐输请予鉴核示遵事。

本年八月一日奉钧署饬开，"本年七月二十三日准浙江参议会咨开，据杭县善堂总董吴恩元等陈请：窃杭县善堂创自前清乾嘉时代（文云已见本月四日本报饬文门），本署无案可稽，能否准予所请照数拨给以全善举之处，合亟饬仰该运使查案核议具复察夺勿延"等因。奉此，遵查浙东西纲引岸附有各种捐输，曰善堂，曰学捐，均附有地方税性质，相沿已久，商人并无异议。自民国四年起全国盐引实行均税，奉大总统公布《盐税条例》十三条，内第八条有"除本条例征收外，不得另以他种名目征税"之规定。而善堂各捐均沿旧案按引带征，适与《条例》相抵触，并同时奉有盐务署饬文，"所有各项附捐一律停收，不得于每百斤盐税二元五角之外另有增加"，当经前陈、姚两运使以善捐、学捐关系地方公益①,未便停拨,即不于盐税带征,亦应筹款补助,以免停滞,历经请示办理在案。嗣经先后奉批"学款惟在灶课项下拨给。善堂捐既系慈善事业,各该商谊切桑梓,不妨以个人名义量力捐助,以延善举。盐款收入有关债约,所请照案拨助之处,碍难照准,仰即遵照"等因。本年三月准兴武将军、浙江巡按使移台属添办保卫团,运盐公司愿任筹款,每销盐一引附捐洋二角,月计可得一千二三百元,适敷需用,移会到司,当经具文详请盐务署备案。又,奉电饬台属"添办保卫团,议抽盐捐助饷"等情,查《盐税条例》第八条内载,除依本条例征收外,不得另以他种名目征税,早经教令公布在案。兹拟每盐一引捐洋二角,系属例外征收,盐税抵押外债稽核甚严,即使盐商自愿按引捐款,亦难通融暂准。总之,就商抽捐则可,就盐抽捐则不可。若照普通绅富办理,不以盐觔论捐,则于《条例》便无抵触,仰速与军、巡两署熟商之,并盼电复"等因。当经牒请军、巡两署改为月助捐款,不以盐斤计算,并经电复奉署核准在案。是善堂捐款从前按引带征之法,既与《盐税条例》不相符合,又因外债关系有碍稽核,决无规复成案之希望。前运使办理此案,以善举关系一再陈请,为保全公益之计,并非误入附税致被裁撤,且盐税均归稽核分所核收,既有《盐税条例》第八条之规定,则按引带征决难成为事实,即醎务学校拨款均税以后改由灶课项下按季支拨,亦非循案照引带征,并与盐税毫不相关。前运使并援学捐之案,详请在灶课项下酌量拨给,以免向隅,亦以灶课岁入有限,来源易涸,应仍由商人量力捐助,批示有案。至于饬商助捐之公牍,已属积帙盈寸,一由甲商取销而散商之意见极为纷歧,一由于金融窒滞而公益之思想愈形淡薄,盖按引带征官厅有取缔之权,而量力捐输善堂无

---

① 前陈、姚两运使,陈指陈廷绪,民国二年十一月至民国三年十一月任两浙盐运使;姚指姚步瀛,民国四年一月至八月任两浙盐运使。后由胡思义接任。

集合之力。思义对于善堂经费，凡遇商人进谒，无不劝以桑梓所关，分应提挈。嗣经一再敦促，甫有共同担任维持之动议。惟商人散而不聚，引地分而不合，互存意见，动怀观望，倘荷省长加以提倡，照劝捐绅富之例，印刷公启，分致各商，并一面饬行杭县知事定期集议。庶登高之呼，捷如影响。愚昧之见，是否有当，理合具文呈复，仰乞钧署鉴核示遵。谨呈。

（原载《浙江公报》第一千六百号，九至一一页，训令）

浙江省长公署指令第二百九十四号

令交涉署署长

呈一件省会警察厅呈请饬交涉署转知

英领事照交泥管碎石由

呈悉。仰交涉署查案函请照交并咨该厅知照。此令。原呈发，仍缴。八月二十日

附原呈

呈为呈请迅饬交涉署函请英领转知英工部局，将从前短交及续租期内应交泥管碎石按照合同如数清交以符原案事。

查接管卷内民国四年三月十九日奉前巡按使公署饬第一二五二号开，"案据浙江特派交涉员温世珍详称，'查上海工部局于前清光绪二十四年五月间与浙省地方官续订合同开取麞、陡二山碎石，以十八年为期，由洋务局提调徐承礼、仁和县知县萧治辉与英工部局经理濮兰德签订合同，议明由英工部局供给拱埠通商场修筑马路应用石子一万五千吨，大小水门汀沟管共一万九千三百六十件。截至光绪三十四年止，共交过碎石五千六百六十一吨，各色泥管一万六千二百二十八件。宣统元年迄今并未运交，计未交碎石九千三百三十九吨，各色泥管三千一百三十

二件,宣统二年虽经浙省长官声明期满后不再续租,而英工部局并无违背合同之处,要求续租,迄未议决。查原订合同以十八年为期,照阳历计算,扣至民国五年七月十六日为止,转瞬即将届满,应否续订合同,亦须预先知照英领事转知上海英工部局,庶免为外人藉口。至英工部局未交石子及泥管等件,为数尚巨,现在通商场马路既未续修,此项石子、泥管应如何取运之处,谨候钧使批示祗遵,并将原订合同录请鉴核施行'等情前来。查平桥麞、陡二山租与上海工部局开取碎石,每年由租客供给租主泥管碎石等件,原订合同载明,'泥管租主随时可以取用,由沪运杭雇船、水脚等费均由租客自行给付,碎石由租主随时派人至平桥取用'等语。拱埠通商场马路系在该工程局经管范围之内,目前该路是否需要用此项泥管碎石,合亟饬仰该兼代总办克速派员查明议复核夺,以凭转饬办理"等因。奉经前代省会工程局总办周李光转咨该埠第三区警察署长魏其光查明,复称,"拱埠通商场马路纵横十三条,合计三千一百六十八丈七尺,已经建筑之路共长短十一段,合计一千六百七十五丈,未筑者尚有一千四百九十三丈七尺,请查核"等情。据经前代总办周李光以"拱埠通商场马路未筑者既有一千四百九十三丈之多,已筑者复须时加修缮,上海英工部局未交碎石泥管亟应收取备用。拟请前巡按使届迅饬温交涉员转知英工部局,请将合同订明未交泥管三千一百三十二件,按照从前办法如数运杭,至未交石子九千三百三十九吨,拟自下月起照原订合同随时派人至平桥取用,详请核示施行"。复于四月二十三日准前钱塘道道尹丁传绅咨开,"四月十五日奉巡按使饬同前因,又于是月十七日奉巡按使批发贵局详复查明英工程局未交碎石泥管数目收取备用请察核施行由,奉批:'据详已悉。此项泥管碎石,细查合同,除第十二项另定办法外,并无指定用途之规定,刻下本省工程甚多,正资需用,仰钱塘道尹查照前饬刻速咨会交涉员转知英工部局照约领取,并咨该工程局查照,余并遵前饬办理。此批。原详抄发'各等因。奉此,除咨请特派交涉员转知英工部局照约将未交泥管运杭交由贵局点收,其未交碎石由贵局随时派人持照至平桥领取备用外,相应备文咨明贵局,希即酌拟每月取用碎石、泥管各若干,早日商明交涉员,以便预先通知英工部局,是为至要"等由。又准此曾于四年五月十七日经前周代总办议定,收取泥管、碎石程序参照历届运取手续办法。查历届运取泥管各色不等,大旨以切实者为多,现计未收各色泥管三千一百三十二件,拟请英工部局照交一尺径洋泥管二千件,一尺六寸径四百件,九寸径四百件,六寸径二百件,一尺六寸接头管二十件,九寸接管二十件,九寸方阴沟筐连板十个,九寸湾水管十个,一尺方洋泥管十二件,统共适合未收之数,分期运送来杭。至未收碎石计九千三百三十九吨,按照合同每月不过五百吨,唯查合同期限至民国五年七月十六日为止,以下月起计算仅十四个月,倘每月仅取五百吨,必不能完取。且查此项碎石,自前清光绪三十三年以后,均未往取,准情酌理,自应陆续补交。拟自本年六月起,往取一千三百三十九吨,七月至九月,每月往取一千吨,十月至民国五年七月止,每月往取五百吨,统共适合未收之数。咨明前钱塘道前道尹、前特派交涉员查照,拟由交涉员照会驻杭英领事转知上海英工部局照办,并咨请杭关监督发给运照,以便派员取用。旋准交涉员函复,当即函请驻杭英领事转知工部局去后。兹据英领事函请,"据工部局复称,已嘱令该山督工西人按照合同预备大小碎石共五百吨,以一寸四分之石子居全数十分之八,机器砂瓜子片居十分之二,以为筑路之用。应请查照转知省会工程局等因。查工部局坚执每月不得过五百吨之议,自系查照合同办理,应请贵局每月仍照五百吨取用,其余积存之数,应再另商办法可也"等语。

来往磋商,时延数月,嗣由孙前总办按照合同,各色泥管分期派员赴取,碎石一项每月仍照五百吨取用照办在案。本年五月二十日复准前钱塘夏道尹函准浙江交涉员咨称,案查上海英工部局请续租麈、陡二山开取石子一案,历奉前巡按使届饬交会商办理,并会委杭县知事暨本署第一科科长丁绍瀛前往查勘情形,再议续租办法。正在核议间,适值浙省宣布独立,未及与英领开议。英领以转瞬租期届满要求定期与工部局会议,经本员商准届前都督,以"现值军务倥偬,此项续租合同既不便仓卒定议,而英工部局需用石子甚殷,又不便强令停工待议,为彼此睦谊起见,暂允展缓一年,一切仍照旧合同办理,俟时局略定,再行妥议续租办法"。经本署函知英领转知上海英工部局遵照办理,并声明展租期内该租户应交石子、泥管等件,仍照原订合同数目按年摊交;至前此存而未运之石子,亦由省会工程局于一年期内陆续装运。合将本署与英领往来函件录请贵道尹存案备查,并转知工程局查照,实纫公谊等因,并抄函到署。准此,合将原函照录一份,函请贵局查照施行。计抄函四件等因。查英工部局从前未交碎石九千三百三十九吨,业由前工程局孙总办按月开单五百吨,雇工往运,自四年八月起至九月分,计收过碎石一千另五十吨,十月至五年三月,计收过碎石二千八百五十三吨,四月至七月止,仅收过碎石七百另七吨。至未交泥管三千三百三十二件,亦经分期开单派委工务主任徐安真前赴上海英工部局领取,先后共领过大小泥管二千五百二十件。查原订合同,以十八年为期,自前清光绪二十四年五月起,扣至本年七月期满止,除收过外,计尚短交泥管六百十二件,碎石四千七百二十九吨,按照合同应请英工部局照约补交。又,以合同期满后,既据前交涉员商奉届前都督暂允展缓一年,自应遵照办理。惟展租期内,该英工部局应交碎石泥管,比照原订合同数目,租期十八年,租户共交石子一万五千吨，大小洋泥管一万九千三百六十件，以十八年摊算，展租一年期内应交碎石八百三十三吨，大小泥管一千另七十五件，前后统计共未交碎石五千五百六十二吨，大小泥管一千六百八十七件。至未交石子五千五百六十二吨，仍拟自八月分继运起，至六年五月分，每月往取五百吨，六月分往取五百六十二吨，统共适合未交之数。至未交大小泥管一千六百八十七件，查照合同，租主随时可以取用，亦拟于本月内开单派员领取。现在省城各项工程正须积极进行，此项泥管、碎石待需孔急，该工部局供给各色泥管、碎石，应须查照旧约尽数运交，以符原案。理合备文呈请省长察核，迅饬交涉署查核原案函请驻杭英领事转知上海英工部局，将从前短交泥管六百十二件及续租期内应交一千另七十五件，合计未交泥管共一千六百八十七件，照数运送来杭。至未交石子共五千五百六十二吨，并即转饬平桥督工西人，按月照交大小碎石五百吨，瓜子片、机器砂仍居十分之二，不得短少，以昭信约，公便施行。谨呈。

（原载《浙江公报》第一千六百号，一二至一五页，指令）

浙江省长公署指令第三百零三号

令财政厅兼烟酒公卖局长

呈一件嵊县商会为酒捐过重请饬查核议大加裁减由

据呈已悉。酒捐为消费税之一，捐率自应较重，至变坏之废酒，原准报明验实，另贴执照，免予征费。所呈各节，理由殊欠充分，据请应无庸议。仰财政厅令行嵊县知事转行该商会知照。此令。八月二十一日

（原载《浙江公报》第一千六百号，一五页，指令）

浙江省长公署指令第三百二十七号

令浦江县知事张鼎冶

　　呈一件为条陈地方应兴应革事宜由

　　呈暨清摺均悉。所拟兴革各项,业经分别核明批答随令抄发,仰即遵照办理,仍将遵办情形具报。至原摺内未经批厅核议各条暨本署批答,并即分别录报主管各厅查考。此令。清摺存。八月二十一日

　　　　（原载《浙江公报》第一千六百号,一五至一六页,指令）

浙江省长公署指令第三百二十八号

令民政厅长王文庆

　　呈一件武义县知事刘应元呈为境内半年

　　　　以上无盗案发生报请察核由

　　呈悉。查该县缉捕盗匪成绩月报表久未造送,兹忽以境内半年以上无盗案发生,报请察核前来,何以玩忽如彼,而独勤于此耶?须知缉捕成绩月报表,原为稽核各县尽心缉捕与否而设,即使境内并未发生案件,亦应遵奉依式造表,在备考栏内说明,非竟可置诸不问也。惟按月造报手续太繁,以后改为三月汇报一次,经前都督府二四三四号批发民政厅通饬在案,该县何以并未遵行,仰民政厅查核再行转令遵照。此令。呈抄发。八月二十二日

　　　　（原载《浙江公报》第一千六百号,一六页,指令）

浙江省长公署指令第三百三十二号

令民政厅长王文庆

　　呈一件为宁海县知事江恢阅调省遗缺准以何公旦署理由

　　呈及履历均悉。据称宁海县知事江恢阅舆论未孚,准予调省另候任用,遗缺准以何公旦署理。仰将发去任命状转给祗领,并转令江

知事知照。此令。履历存。八月二十二日

（原载《浙江公报》第一千六百号，一六页，指令）

附　浙江民政厅训令第二百一十号
令宁海县知事奉令准以该员调省另委接替由

令宁海县公署知事江恢阅

案照本厅呈请更委该县知事一案，兹奉省长指令，"呈及履历均悉。据称宁海县知事江恢阅舆论未孚，准予调省另候任用，遗缺准以何公旦署理。仰将发去任命状转给祗领，并转令江知事知照。此令。履历存"等因。奉此，除另令外，合就抄发原呈令仰该知事查照，一俟新任到日，即便遵章交卸分报备查，并将前给任命状缴销。此令。

计抄发原呈一件。

中华民国五年八月二十六日

民政厅长王文庆

（原载《浙江公报》第一千六百零八号，一四至一五页，训令）

附　浙江民政厅训令第二百十二号
令何公旦奉令准以该员署理宁海县缺由

令新委宁海县知事何公旦

案奉本厅呈请更委宁海县知事一案，兹奉省长指令，"呈及履历均悉。据称宁海县知事江恢阅舆论未孚，准予调省另候任用，遗缺准以何公旦署理。仰将发去任命状转给祗领，并转令江知事知照。此令。履历存"等因。奉此，除另令外，合将任命状一道抄同原呈令该员遵照祗领，依限赴任，将该县印信、文卷等项妥为接收，遵章会算交代清结具报，并将接篆日期连同履历分报备案。此令。

计发抄呈、任命状各一件。

中华民国五年八月二十六日

民政厅长王文庆

（原载《浙江公报》第一千六百零八号，一五至一六页，训令）

浙江省长公署指令第三百三十四号

令财政厅长莫永贞

呈一件为候补知事陈炳业呈请给假省亲由

呈悉。该员交卸乌镇统捐局务，如果无亏欠及经手未完事件，准予给假三月，仰财政厅查核并咨行民政厅转饬知照。此令。呈抄发。八月二十二日

（原载《浙江公报》第一千六百号，一六至一七页，指令）

浙江省长公署指令第三百三十五号

令民政厅长王文庆

呈一件为萧山县知事彭延庆调省遗缺以王右庚署理由

呈及履历均悉。据称萧山县知事彭延庆舆望不孚，准予调省另候任用，遗缺准以王右庚署理。仰将发去任命状转给祗领并转令彭知事知照。此令。履历存。八月二十二日

（原载《浙江公报》第一千六百号，一七页，指令）

附 浙江民政厅训令第二百零九号

令萧山县知事奉令准将该员调省另委接替由

令萧山县公署知事彭延庆

案照本厅呈请更委该县知事一案，兹奉省长指令，"呈及履历均悉。据称萧山县知事彭延庆舆情不孚，准予调省另候委用，遗缺准以王右庚署理。仰将发去任命状转给祗领，并转令彭知

事知照。此令。履历存"等因。奉此,除另令外,合就抄发原呈令仰该知事查照,一俟新任到日,即便遵章交卸分报备查,并将前给任命状缴销。此令。

计抄发原呈一件。

中华民国五年八月二十六日

民政厅长王文庆

(原载《浙江公报》第一千六百零八号,一四页,训令)

附　浙江民政厅训令第二百十一号
令王右庚奉令准以该员署理萧山县缺由

令新委萧山县知事王右庚

案照本厅呈请更委萧山县知事一案,兹奉省长指令,"呈及履历均悉。据称萧山县知事彭延庆舆情不孚,准予调省另候任用,遗缺准以王右庚署理。仰将发去任命状转给祗领,并转令彭知事知照。此令。履历存"等因。奉此,除另令外合将任命状一道抄同原呈令仰该员遵照祗领,依限赴任,将该县印信、文卷等项妥为接收,遵章会算交代清结具报,仍将接篆日期连同履历分报备查。此令。

计抄发原呈任命状各一件。

中华民国五年八月二十六日

民政厅长王文庆

(原载《浙江公报》第一千六百零八号,一五页,训令)

浙江省长公署指令第三百四十七号

令云和县知事赵铭传

呈一件为条陈该县应兴应革事宜由

呈及清摺均悉。所拟兴革各项,业经分别核明批答随令抄发,仰即遵照办理,仍将遵办情形具报。其原摺及本署批答,并即分别录报主管各厅查考。至警政一项,前次调查报告,本署无案可稽,应再补具条陈呈候察夺。再,该知事现在请假,应办事宜,仰于移交时专案移交后任继续办理。此令。清摺存。八月二十二日

财政条陈批答

筹办铁税须从改良铁冶着手,兹事体大,恐非一时所能见功。现办苗圃、林场等项,在在均关紧要,为目前计,应先设法筹集的款,庶一切设施得以积极进行,否则纸上空谈,仍于实际毫无裨补。挪用正税,殊非正办,该县前任挪垫银一千七百余元,当时财政厅批准列入交代,亦属出于从权,应如何设法筹还之处,应再切实妥议专案分呈察夺,不得以模棱两可之词敷衍塞责。该县不肖士子,因生计艰难,既有藉司法案件谋利营生,认衙门为田之恶习,则审理民刑诉讼尤宜特别审慎,遇有播弄是非、颠倒黑白之徒,应即依法惩治,勿稍宽纵。平日有所请托,亦须严词拒绝,庶若辈无所施其伎俩,此风可期稍戢。一面出示,剀切劝导,令其从事实业,别营生计。公款公产断不容主管者盘踞把持,来折比之如虎负隅,殊属过于畏葸。嗣后务须破除情面,切实清厘,如敢抗违,并即传案依法惩处,勿稍敷衍,仍将办理情形随时报查。

实业条陈批答

该县既系多山,自以振兴林业为第一要政,所陈因地制宜,视水道远近分别植物种类一节,足征学有心得,深堪嘉尚。据称本年已创办林场七所,究竟各所地点系在何处,每所面积若干,种树若干,某几所系种建筑植物,某几所系种脂肪植物,官办林场经费如何筹措,应再一并详晰查明补报,本署将派员复查,以资考核。以后应如何按年推广,并即拟定切实办法呈候核定,依

期进行,以图久远。铁矿既一落千丈,自非亟求改良,不足以资挽救。惟该县矿产成分及产额多寡若何,来折并未声明,且冶铁须照《矿业条例》办理,该县所开各矿已否照办,本署亦无案可稽,应再详晰查明具报核夺。平民习艺所改造土货,所见甚是。该县既出产竹木稷靛等物,应即广招艺徒,分门教授,毕业期限亦未便过于减短,使学徒草草毕业,仍无以为谋生之资。无主荒山,刁徒往往出头混争,已属可恶,败诉之后又敢黑夜挥镰,因风纵火,百计图报,尤堪痛恨。应由该知事随时严密查禁,一经发觉,立即依法严惩,毋稍宽纵,以安良懦而杜讼端。

教育条陈批答

学校固不以多为贵,然国民学校当以能容受学龄儿童为度,高小学校当以能容受国民学校毕业及有相当程度之学生为度。改良私塾及半日露天各学校,乃所以辅助学校,不能以此为已尽办学之能事,社会教育与学校教育亦系相辅而行,不容偏重。至乡村各校,既不免有垄断公产、虚报学生情事,该知事负有监督之责,应即督饬切实整顿,以期日有起色,亦未便因噎废食,遂以此为学校诟病。且该知事所称改良私塾及创办半日露天各学校,来折亦并无切实计划,仍不免空言塞责,应再悉心妥议拟定详细办法,呈由民政厅转呈本署核定,一面并将办理不善各校切实整顿,其原有各校之外,应如何酌量推广,并即一并筹议呈复核夺。教员自应甄别,惟不可存有新旧之见,毕业学生文理固不若旧时学子之优,而普通科学之知识,亦非旧人所有,但能各取其长而镕铸之,则自无偏激之处,仍将甄别情形专案报查。

司法条陈批答

诬告之罪,新刑律设有专章,即背捏名氏者,或损害他人名誉,或伪造公私印文署押,亦可酌量案情,按照各本条分别处断。来折谓为律无专条,殊属误会。该县监狱既极腐败,自应亟求改良,惟修复旧监经费拟在正税内垫支,此端一开,各属纷纷援请,无以为继,应由该知事别行设法挪垫,一面整顿司法收入,以备归还。仍先将建筑工程经费核实估计编具预算,呈由高等检察厅查核转呈本署核定。至刁绅劣董挺身伪证,一经审实,尽可依照伪证罪从重惩处,以资警戒。其审理案件,该知事如已认为证据确凿,亦可立时判决,当事人之狡辩,关系人之梗阻,均无庸过虑也。

（原载《浙江公报》第一千六百号,一七至一九页,指令）

浙江省长公署指令第三百四十八号

令民政厅长王文庆

呈一件孝丰县遵报办理农桑水利各要政情形由

呈悉。该县贫民工厂,既称因地方瘠苦,筹款为难,未经举办,而于贫儿院、因利局两项,则又称地少民贫,人鲜过问,显系有意掩饰。水利一项,据称拟按亩开井,究竟在何地点开井,共需经费若干,如何筹集款项,均未据切实申叙,仍属空言无补,殊近玩愒,应限令到一个月内详加筹备,另具计划书呈候核夺,勿再延玩干咎。仰民政厅转饬知照。此令。八月二十二日

（原载《浙江公报》第一千六百号,一九页,指令）

浙江省长公署指令第三百四十九号

令民政厅长王文庆

呈一件据诸暨县呈公堂盐规业已并入均税请示遵由

查该县盐公堂规费,前据该前任周知事请将全数拨充贫儿院及教育会经费等情①,业经本省长于都督任内批准照办饬厅转饬遵照在

① 前任周知事,即周铁英,安徽人,民国五年二月至四月任诸暨县知事。

1231

案。兹据各情,此项规费果已并入均税,何以该前任知事尚请化私为公,其中究何实情,仰该厅迅咨运使查明核议具复,并转令该前知事呈复核夺,暨先令行该县知照。此令。呈发,仍缴。八月二十二日

(原载《浙江公报》第一千六百号,一九至二〇页,指令)

浙江省长公署批第九十四号

原具禀人龙泉县公民张子环等

　　禀一件为请豁免笋牙仲资由

　　禀悉。北乡郑竟成等请免笋牙仲资一案,查无该县详报卷据,无凭察核,究竟是项笋牙系于何时设置,原定办法如何,能否准予邀免,候令行财政厅即饬该知事查议复夺。此批。八月十九日

(原载《浙江公报》第一千六百号,二四页,批示)

浙江省长公署批第九十五号

原具禀人乐清县公民郑骏廷等

　　禀一件为冯乃春征收舞弊县知事受贿袒详请核明严究由

　　此案前据该公民与石奎照等先后具禀到署,均经批饬财政厅查核办理在案。据禀前情,候再令催该厅迅即一并澈查核办具复察夺可也。此批。八月二十一日

(原载《浙江公报》第一千六百号,二四页,批示)

浙江省长公署批第九十六号

原具禀人青村场公民杨德等

　　呈一件为请求普减忙银以纾民力由

　　既据分呈,应候盐运使核办。此批。八月二十日

(原载《浙江公报》第一千六百号,二四页,批示)

浙江省长公署批第九十七号

原具禀人嘉兴王江泾商务分会

禀一件为丝绸业代请仍照定章限制添设茧行由

禀悉。昨据徐廷超等禀请开设茧行,当查民政厅拟呈《修改茧行条例》,因系本省单行章程,须交省议会议决施行,批俟《条例》议定公布后再行查照办理。仰即知□。□□①。八月二十一日

（原载《浙江公报》第一千六百号,二四页,批示）

浙江省长公署训令第一百二十八号

令财政厅长准财政部复本署寒电仰即遵照由

令财政厅长莫永贞

案准财政部筱电内开,"官产处毋庸另设机关,公既掬诚相告,敢不赞同。惟查浙省未设官产处以前,所有旗营地界及绍属沙地收款几五十万元,并无分文解部,而沙局开支尤滥,有案可稽。自部中派员专办,始收成效,所以欲设专处者,实亦有鉴于此。今贵省长拥护中央,莫厅长亦深明大义,本部固可深信。第当此财政困难已达极点,盼官产之收入,尤甚于前。本年邵前委员预算解部六十万元②,除已解外,尚短五十三万元,应由莫厅长认真处分接解。六年度预算,各省均已查报,并应先行将收支总数若干,克日估计,电部汇编,一面造册赶送。至处分官产一切章程,仍应按照部定办法办理,遇有必须变通者,由厅预请部示,以免纷歧。均祈转饬遵办,督促进行,并希电复,至纫公谊"等由。准此,查此案前经本署与财政部迭次电商,并经先后令知该厅各在案。兹准前由,合亟令仰该厅查照办理,并先将办理情形

---

① 底本漫漶,按照行文习惯,此三字当为"照。此批"。

② 邵前委员,指邵羲(1874—1918),原名孝义,字仲威,浙江杭县人。清末任资政院议员,民国五年六月任浙江都督府谘议官。参见本集卷二,540页;卷七,2718页。

具复,其六年度预算事宜,前经饬知,并即一并呈报,以凭核复。此令。

中华民国五年八月二十二日

省长吕公望

(原载《浙江公报》第一千六百零一号,一九一六年八月二十六日,三页,训令)

浙江省长公署训令第一百二十九号

令民政厅警政厅转饬所属不得滥行请奖由

令民政厅长王文庆、警政厅长夏超

照得设官各有专责,治事讵可言功。乃近来各县知事暨其他各机关,每为所属人员请奖之案,以县知事记名,或优加擢用,按其事实,皆为职务上应尽之责,并或有铺张扬厉,毫无事实之可言者。须知官吏为国家服务,纵使无忝厥职,亦属本分,何足言功?且下级机关职员,人人日思优擢,试问焉有如许优异之职务以相位置?从前国政不纲,专以利禄功名驱策天下,以致寖成风气,恬不为非,现当共和再造,匹夫有责,矧在官吏,讵容遇事言功?嗣后各机关服务人员,经各该管长官考察,果系供职年久,确著劳勋,于地方实有裨益者,自可胪举事实呈备查考,不得见好属僚,滥请优奖。为此令仰该厅遵照,并即转饬所属一体遵照。此令。

中华民国五年八月二十二日

省长吕公望

(原载《浙江公报》第一千六百零一号,三至四页,训令)

附 浙江民政厅训令第二百零六号

宁警厅各县知事奉省长训令各机关服务人员不得滥请优奖由

令宁波警察厅、各县知事

本月二十二日奉省长训令内开,"照得设官各有专责,治事讵可言功。乃近来各县知事暨其他各机关,每为所属人员请奖之案,以县知事记名,或优加擢用,按其事实,皆为职务上应尽之责,并或有铺张扬厉、毫无事实之可言者。须知官吏为国家服务,纵使无忝厥职,亦属本分,何足言功?且下级机关职员,人人日思优擢,试问焉有如许优异之职务以相位置?从前国政不纲,专以利禄功名驱策天下,以致寖成风气,恬不为非。现当共和再造,匹夫有责,矧在官吏,讵容遇事言功。嗣后各机关服务人员,经各该管长官考察,果系供职年久,确著劳勚,于地方实有裨益者,自可胪举事实呈备查考,不得见好属僚,滥请优奖。为此令仰该厅遵照,并即转饬所属一体遵照"等因。奉此,除分令外,仰该厅长、该知事即便遵照办理。此令。

中华民国五年八月二十九日

民政厅长王文庆

(原载《浙江公报》第一千六百十一号,一二页,训令)

浙江省长公署训令第一百三十七号

令各厅为嗣后保案中央准驳自有定衡勿庸先事呈请由

令财政厅长莫永贞、民政厅长王文庆、警政厅长夏超

本月十七日准内务部咨开,"准国务院咨开,'现在庶政维新,繁文宜节,嗣后各部各省所属官署,遇有应保之案,即由各该长官径行择尤酌保,勿冒勿滥,中央准驳,自有定衡,勿庸先事呈请,姑作咨商,徒滋文牍,咨请转饬各属一体遵照'等因到部。除分行外,相应咨行查照"等因。准此,除分令外,合即令行该厅长遵照办理。此令。

中华民国五年八月二十二日

省长吕公望

(原载《浙江公报》第一千六百零一号,四页,训令)

浙江省长公署训令第一百四十四号

令民政厅为省教育会函送全浙教育联合会第四次议决案由

令民政厅长王文庆

案据省教育会会长经亨颐函送全浙教育联合会第四次议决案到署。查该案所到甲项系请行政官厅办理之件①，合令该厅详加复核，分别办理具报。其应交省议会议决者，并即拟就议案，加具理由，送候复核交议。又，该会议决案已据并送，应无庸缮发，仰并知照。此令。

中华民国五年八月二十三日

省长吕公望

（原载《浙江公报》第一千六百零一号，四至五页，训令）

浙江省长公署指令第三百五十三号

令民政厅长王文庆

呈复警政厅修改保卫团及悬赏获盗办法由

据呈已悉。惟本省单行条例应交省议会议决，仰即查照前令汇查核办。表摺存。此令。八月二十三日

（原载《浙江公报》第一千六百零一号，一五页，指令）

浙江省长公署指令第三百六十号

令民政厅长王文庆

呈一件该厅议复吴兴县立甲种商校禀请补助费一案由

如拟办理，仰饬该校长知照。此令。八月二十三日

---

① 所到，疑为"所列"之误。

附原呈

呈为遵批查议具复谨请鉴核事。案奉钧长批发吴兴县立甲种商校代理校长朱彦翀禀请补助由，奉批开："据呈各节，尚属实在情形，能否酌予补助，仰民政厅查议具复核夺。此批。摘由连同抄呈发"等因。奉此，查该校丝包附捐现征数目，本系因欧战影响歉收之数，抵补金公益一项上年甫经前巡按使公署特准拨给，均为大宗附捐，其基本之固实为全省县立学校之冠。该校以必欲按照省立甲种商校预算拨足款项，故迭向前巡按使公署及本厅请求补助。至所称宁波甲种工业学校，系属工业教育，开支本较商校为巨，未便援以为例。查椒江甲种商校，固有常款年仅五千余元，而省款补助只一千元，现在该校立案事项、图册，尚未经部核准，该校长所请补助一节，似暂难照准。至前湖州府中学旧款，系湖属各县所共有，该校系吴兴县立，尤难照拨。所有遵批查议缘由，是否有当，理合呈请省长察核施行。谨呈。

（原载《浙江公报》第一千六百零一号，一五页，指令）

浙江省长公署指令第三百六十一号

令民政厅长王文庆

呈一件呈复第八师范讲习所所长被控由

如呈办理。此令。八月二十三日

附原呈

呈为呈明第八师范讲习所被控一案情形谨请鉴核事。案奉钧长批发衢县刘文等禀控师范讲习所所长杜宝光校务废弛贻误后学由，奉批开："禀系邮递，本应不理，惟内称该所废弛情形，颇似确凿，仰民政厅迅予查明切实整顿，并具复察夺。此批。摘由抄禀连同附件发"等因。奉此，查原禀所称该所所长暨教员旷废职务及学生嚣张各节，业经本厅前月间于该县郑大奎等禀控诉该所长表率不端请遴员接替案内，饬据衢县知事查明，该所长杜宝光对于所务尚能热心整顿，教职各员亦尚称职，并无怠惰废弛情事；其罢课风潮一案，亦经将为首各生分别惩处，并饬该所长嗣后对于管教各项，务须格外认真，力图整顿在案，似可无庸复查。至毕业生被聘之稀少，不能即指为程度低下之证，原禀实系误会。奉批前因，除再行知该厅长切实整顿外，理合将前已查明并饬知该所长认真整顿在案各缘由，备文呈请钧长鉴核施行。谨呈。

（原载《浙江公报》第一千六百零一号，一五至一六页，指令）

浙江省长公署指令第三百六十五号

令民政厅长王文庆

呈一件江山县前县议会议长周正熺禀请示遵开会由

规复地方自治一节，前经咨部请示，未奉部复以前，毋得率行召集，并经饬厅通令各属遵照在案。据呈前情，仰民政厅转饬江山县传谕知照。此令。抄呈发。八月二十三日

（原载《浙江公报》第一千六百零一号，一六页，指令）

浙江省长公署指令第三百六十六号

令民政厅长王文庆

呈一件该厅遵复海宁县带征积谷经费处分方法由

如呈备案。此令。八月二十三日

附原呈

呈为呈复事。案奉钧长批发海宁县知事呈为五年地丁项下暂仍积谷名义每两带征经费六分，遵批集议用途，谨陈各议意见

请鉴核示遵由一件，内开，"呈悉。该县地丁项下每两带征经费银六分，究应如何支配，仰民政厅核议饬遵具复，并咨财政厅查照。此批"等因。奉此，查此案前据该知事并呈到厅，即经以"据呈已悉，仍候省长暨财政厅批示"等语批缴在案。奉批前因，自应即照原呈所拟，将是项积谷额银暂行照旧征收。至于将来应否停止及用途如何，统俟县议会成立后再行解决，以免争执。除分别咨饬外，理合备文呈复，仰祈钧长察核备案。谨呈。

（原载《浙江公报》第一千六百零一号，一六至一七页，指令）

浙江省长公署指令第三百六十七号

令民政厅长王文庆

呈一件宣平县知事呈报办理农桑水利各要政情形由

呈悉。该县贫瘠，贫儿院需费颇巨，无力举办，尚有可原；因利局为救贫而设，又无亏耗，何得藉口延宕？限令到一月内切实筹画，定期开办，呈报备案。余如所拟办理，仰民政厅转饬知照。此令。八月二十三日

（原载《浙江公报》第一千六百零一号，一七页，指令）

浙江省长公署指令第三百六十八号

令民政厅长王文庆

呈一件瑞安县立中校呈送管理员教员学生一览表由

呈、表均悉。查该校第三号学生一览表内林蔚一名，系三年八月入校，何以尚系一年级，是否停止升级，未据注明。又，伍献文等十九名，系四年一月插入，第一号一览表内潘佐礼等三十名，系五年一月插入，修业均各少半年。查《中学校令施行规则》第四十一条，虽有插补规定，但细绎条文，必须具相等之程度者，方准插入。该校所招插班生，均属高小毕业，何得与该级已具修业半年之学生受同等之教

授？又，同《规则》第四十五条内载，"凡未修毕一学年之课程及受学年试验不及格者应停止其升级"等语。伍献文等十九名及潘佐礼等三十名，实未修毕一学年之课程，未便准予升级，合行令仰该厅转饬该校长，另行分别造表呈候核转，以免部驳。此令。表发还。八月二十三日

（原载《浙江公报》第一千六百零一号，一七至一八页，指令）

浙江省长公署指令第三百六十九号

令民政厅长王文庆

呈一件兰溪县知事为金鑫禀请展期成立电灯公司由

呈悉。该公司因欧战影响，电机未到，禀请展限四个月，尚系实在情形，既与定章无碍，应予照准，仰民政厅转饬知照。此令。八月二十三日

（原载《浙江公报》第一千六百零一号，一八页，指令）

浙江省长公署批第　　号①

令民政厅长王文庆

据新昌县知事呈为遵饬查禁县属牛角湾
开采绿英矿石案请核办由

呈悉。该处石矿业经取结遵禁，应准毋庸置议。以后该处矿产应如何设法开采，其已采未运各矿石应如何处分，仰民政厅会同交涉署妥议办法呈候核夺，并转饬该县知事知照。此批。抄呈发。八月　日

附　民政厅呈省长 呈复本厅对于陈世培等
私采矿质拟定办法由

呈为呈复事。案奉省长批发据新昌县知事呈为遵饬查禁县属牛角湾开采绿英矿石案请核办由，奉批："呈悉。该处石矿业

———————————

① 本文自《民政厅呈省长呈复本厅对于陈世培等私采矿质拟定办法由》析出。

经取结遵禁，应准毋庸置议。以后该处矿产应如何设法开采，其已采未运各矿石应如何处分，仰民政厅会同交涉署妥议办法呈候核夺，并转饬该县知事知照。此批。抄呈发"等因到厅。当经咨商交涉署去后。兹准以"详核此案，嵊县原呈日商赴内地采买矿砂与事同私开矿山者略有不同，此案关系自以陈世培与日商所订契约是否伙开矿山为要义。据该知事呈报，该日商业经离山，似可暂置不论。至此案主谋之人应如何究办，所采矿石应如何处分，请径由贵厅按照《矿业条例》主持办理。倘讯有该日商串同开矿或抗不遵照确情，再由贵厅知照本署向日领交涉"等语咨复前来。复经本厅详查嵊县及新昌县先后呈文，该日人寺田范造之由沪到嵊系为蔡大能所邀引收买，矿质乃系陈世培等出名开采，果无朋串谋诱情事。该日人现既离境，似可无庸置议。惟查《矿业条例》第九十四条及第九十七条，定有"窃采矿质者，处以三年以下之有期徒刑或三千元以下之罚金，并没收其所采之矿质，如已出售或消费，应追缴其价值金"等语。此案陈世培等违法采矿，复系影戳外人名义，情节重大，亟应提案澈讯，分别轻重，按《例》究办，俾昭炯戒而肃矿政。其山户吴正财据称先时不知底细等语，如果研讯属实，自可念其愚民无知，从宽免究。至该处矿石，前据嵊县知事附呈来厅，经饬技术员验明，绿色者系弗石，属于第二类矿质，黑色者含有锑、锡二质，系属第一类矿质。新昌县知事称为绿英石，系属错误。所有本厅对于陈世培等私采矿质拟定办法缘由，是否有当，理合备文呈复，伏乞省长鉴核示遵。谨呈。

中华民国五年八月二十二日

（原载《浙江公报》第一千六百零一号，二二页，呈）

浙江省长公署批第九十八号

原具呈人嘉兴县人徐廷超等

禀一件为集资六万元拟在桐乡县屠甸寺镇

开设茧行请先行批准并送表结由

禀悉。现据民政厅拟呈《修改茧行条例》，因系本省单行章程，须交省议会议决施行，所请推广茧行一节，应候该《条例》议定公布后，再行查照办理，仰即知照。此批。表、结发还。八月二十日

（原载《浙江公报》第一千六百零一号，二三页，批示）

浙江省长公署批第九十九号

原具呈人瑞安蔡振潘等

呈一件为申明理由饬厅判决由

案甫改令民政厅静候分别查办核复，毋庸率渎。此批。八月二十一日

（原载《浙江公报》第一千六百零一号，二三页，批示）

浙江省长公署批第一百零一号

原具禀人平湖黄何氏

禀一件为禀被周福观欺凌控告由

此案迭据控经前巡按使明白批斥在案，何得来辕混渎，不准。此批。黏附。八月二十一日

（原载《浙江公报》第一千六百零一号，二三页，批示）

浙江省长公署批第一百零二号

原具呈人余杭梁关林等

呈一件续控王金法杀毙黄福宝一案由

既称不服判决，上告大理院，应候院判遵行，毋庸歧渎。此批。八

月二十一日

（原载《浙江公报》第一千六百零一号，二三页，批示）

浙江省长公署电

复天津周运杓等代请朱前将军介人恤金由

天津浙江会馆董事周运杓暨诸先生均鉴：谏电谨悉。朱前将军介人，当辛亥起义率师攻宁，国事藉以底定，督浙数年，中经变乱，耕市不惊。此次独立，撤卫而行，保全尤大。公望一为良心作用，二为后人观感计，故代请恤。黑白所在，讵敢混淆；耿耿此心，天日可表。谨复。吕公望。

附来电

吕督军、省议员通信处鉴：前将军朱瑞，当民国初兴，托名共和，藉握兵柄。即勿论其在浙政迹不满人意处，为浙人所羞秽，而自帝制发生，首先称臣，及滇师奋起，浙省独立，又不安位而逃，行踪诡秘，人莫能知。及死，方闻其在天津英租界中。乃读八月九日命令，竟邀优恤之典，伺必有为之代请者。杓等窃谓今日之请恤为是，则昔日之见逐为非；昔日之见逐为是，则今日之请恤为非。事实何乃两歧，名器何可滥曹？特电呈闻，请赐明教，以释群疑。天津浙江会馆董事周运杓、严昭明、叶炳央、方若、李维庆、周永峋、费振镛、娄裕熊暨旅津浙商严义彬、王显华、邱润初、吴家桢、竺兆稔、李绥、俞钧、孙引之、朱衍泰、魏鸿昌、陈义安等叩。谏。（中华民国五年八月十六日）

（原载《浙江公报》第一千六百零一号，二四页，电）

浙江省长公署电复财政部

复财政部俟财政整理得有结束即令莫厅长北上由

北京财政部钧鉴：谏电敬悉。莫厅长因整理本省财政事宜及赶办预算,一时未克分身,尊电已转饬知照,俟整理得有结束,预算案制成,即令北上。谨复。浙江省长吕公望。箇。(中华民国五年八月廿一日)

附 来电

吕省长鉴:堂密。希转饬莫厅长来京接洽财政事宜为盼。财政部。谏。印。(中华民国五年八月十六日)

(原载《浙江公报》第一千六百零一号,二四页,电)

浙江省长公署咨江苏省长

为分发浙江知事袁长春一员留苏供职准免扣资由

浙江省长公署为咨复事。查接管卷内前准贵署咨开,"案查第四届保荐核准知事袁长春一员,籍隶江苏,现充本公署内务科员,业经本使援案呈请免询,先行分省,奉批令:'该员既系现任要职,应准免其考询。先行分发省分,仍暂留供职,并准缓觐,交内务部查照办理。此批'等因。奉此,兹值内务部咨以'该员分发浙江任用,附送知事凭照及分发凭照'到署。查该员任职以来,深资得力,未便遽易生手,除将该员知事凭照验给收执外,相应取具该员履历及分发凭照,备文咨送贵使查照咨销,希即以咨文到达之日作为该员到省之期注册,并免扣资,见复施行,实为公便"等因,并送分发凭照暨履历各一纸到署。准此,查该员袁长春既留苏省供职,应准免予扣资,除将分发凭照存转并以咨到之日作为该员到省之期注册外,相应备文咨复,即祈查照饬遵为荷。此咨

江苏省长齐

中华民国五年八月二十四日

浙江省长吕公望

(原载《浙江公报》第一千六百零二号,一九一六年八月二十七日,三至四页,咨)

浙江省长公署咨江苏省长

据吴兴县知事呈请咨提宋老窝子并赏缉董仁海由

浙江省长公署为咨请事。案据吴兴县知事张嘉树呈称，"县属织里镇被外来匪盗连劫两典十铺及厘金暨水警枪械一案，前准水警第三区长获解盗犯蔡阿兴一名到署，讯据供称'首盗宋老窝子、董仁海二名，现匿上海租界'等语，当经知事呈请咨会江苏按址密拿，蒙批已饬知驻沪侦探密行侦缉在案。旋准钧署谍报室函，'已据沪探报告，宋、董二首盗已向江苏水警第二厅缴械投诚，惟未见明文布告，是否属实，即由县径函询明，如无此事，再行呈请明定赏格，咨会协缉'等由。当由知事备文咨询江苏水警第二厅去后。兹准该厅咨复内称，'查宋明昌即宋老窝子，向敝厅恳求缴械投诚，其说固发生于两月以前，经敝厅长几次严辞拒绝，未成事实。迨至再至三，并据先行缴到后膛枪十二枝，以表明其投诚之真意，当即曲徇所请，据情分详江苏督军、江苏省长核示办理，惟迄今尚未奉批，自未便遽以明文布告。此宋明昌缴械投诚之情形也。至宋明昌特许其在外劝抚，事亦有之，但并无董仁海前来敝厅投诚之说，相应咨复查照'等由到县。准此，知事复查宋明昌即宋老窝子，虽已投诚邻省，惟既为此案首盗，似非提案律办，不足以昭炯戒，可否咨会转饬将该犯解吴归案讯办"等情。据此，查该匪犯宋老窝子既据讯系连劫织里典铺、捐局、警所之首盗，虽已投诚，尚须讯办，现尚未邀贵省长宽典，则该犯在苏，仍未脱离盗匪之关系。据呈前情，相应备文咨请贵省长察照，希即密令该管警厅迅将匪首宋老窝子一名径解吴兴县署归案讯办。至同案要犯董仁海一名，访系在苏、沪一带藏匿，应请令属协缉获解，归案并办，至纫公谊。此咨江苏省长齐

浙江省长吕公望

中华民国五年八月　日

（原载《浙江公报》第一千六百零二号，四至五页，咨）

浙江督军署训令第五十六号

令各属为陆军大学校招考学生颁发办法由

令陆军第六师司令部师长童保暄、陆军第二十五师司令部师长张载阳、陆军步兵独立第一旅旅长俞炜、嘉湖镇守使王桂林、建德团区司令部司令官鲁保士、丽水团区司令部司令官佘冠澄、兰溪团区司令部司令官童必挥、军械总局局长张国威、台州镇守使顾乃斌

本年八月二十二日准参谋本部咨开，"本部所辖陆军大学校学员行将毕业，亟应速招新班。惟大局粗定，期限迫促，势不得不变通前颁《条例》，以利进行，合行刷印《暂行招考办法》及考试科目等件，通行办理。惟此次系属一时权宜办法，至下次仍按照三年公布《条例》施行，以符定制，相应咨行贵督军查照办理"等因。准此，查本省各军队局所如有与《陆军大学校暂行办法》资格相合、志愿应选之各军官，限九月十日以前造具各员详细履历各一份送署，以凭考核。至考试日期，定于九月十四五六三天，每日午前八点开始考试。届时应试各员齐集省城仓桥旧讲武堂，听候考试。除分令外，合行抄录《办法》，令仰该　　转饬所属遵照办理，并饬各员于九月十三日以前一律来署报到。期限迫促，勿稍稽延，切切。此令。

计发《暂行办法》　份。

中华民国五年八月二十四日

督军吕公望

陆军大学校暂行招考新生办法

第一条　派送候补学员，其有左列各机关，须照此次所定名额不得超过。

参谋本部二十名；陆军部（及所辖军队官衙并模范团、禁卫

军)共五十名;训练总监(及所辖学校、讲武堂)共三十名;省督军署(及所辖军队官衙)各二十名;热河都统署、绥远都统署(及所辖军队官衙)各十名;察哈尔都统署(及所辖军队官衙)共十名。

第二条　凡派送候补学员,须具左列之资格:

(一)陆军步、马、炮、工、辎重各兵科上校以下军官;

(二)陆军军官学校毕业(或相当学校毕业),现任军职满二年以上者;

(三)才学开展、热心勤务、操行高尚、身体强健者;

(四)年龄在三十岁以下者。

第三条　各机关将候补学员派定后,即于最高长官监视之下出题考试(考试科目列后),其平均分数在六十分以上者为及格,限于九月下旬将各员成绩表及详明履历汇送到部,以便审查。

第四条　由本部审查咨复认为确合资格者,各原送机关始给咨(京外给来往川资),限令候补各学员于十一月底到京,亲诣陆军大学校报到,听候示期举行入学考试,及格者收校肄业,不及格者咨回原差。

第五条　本条例系暂时权宜办法,于此次招生后即行废止。至学员待遇、毕业年限及其他一切,均照三年部令公布各条办理。

附考试科目

(一)支队图上战术

(二)基本战术

(三)筑城学

(四)军械学

(五)地形学

(六)军制学

(七)代数

（八）几何

（九）三角

（十）外国文语

（原载《浙江公报》第一千六百零二号，六至八页，训令）

浙江督军公署训令第五七号
浙江省长公署训令第一二五号

令各属为保护德人俄登辈尔兮来浙游历由

令交涉署长、温州交涉员、宁波交涉员、民政厅长、警政厅长、第六师长、第二十五师长、第一独立旅长、嘉湖镇守使、台州镇守使

本月二十日准江苏省长署咨开，"案据特派江苏交涉员杨晟呈称，'顷准德国总领事函，以俄登辈尔兮/葛乐满随带猎枪二/三支，弹少许，赴江苏、浙江、江西/山西、直隶、安徽游历，缮给护照请盖印前来。除将护照印发外，理合呈请察照，转饬各属，俟该德人到境呈验护照时，照约保护'等情。据此，除训令各属保护并分行外，相应咨请贵省长查照，希即转行各属照约一体保护"。又，同日准同署咨开，"案据特派江苏交涉员杨晟呈称，'顷准日本国总领事函，以小山茂树、村上辰治、小村大云赴江苏、浙江游历，缮给护照请盖印前来。除将护照印发外，理合呈请察照，转饬各属，俟该日本人到境呈验护照时，照约保护'等情。据此，除令行各属保护外，相应咨请贵省长查照，希即转行各属照约一体保护"各等由。准此，除分令外，合行令仰该　　遵即饬属一体照约保护。此令。

中华民国五年八月二十四日

督军兼省长吕公望

（原载《浙江公报》第一千六百零二号，八至九页，训令）

浙江省长公署训令第一百四十二号

令警政厅据吴兴县知事呈请咨提宋老窝子并赏缉董仁海由

令警政厅长夏超

案据吴兴县知事张嘉树呈请咨提盗首宋老窝子并悬赏缉拿董仁海等情。查该匪宋老窝子、董仁海等既据讯系连劫织里典铺、捐局、警所之首犯，自应分别咨令提缉归案，以凭讯办。除咨行江苏省长令厅提解宋老窝子并令协缉董仁海外，合行抄发原呈，令仰该厅长即按董犯情罪核定悬赏数额，令县并咨行民政厅转令各属一体遵照，仍报署备案。此令。

计抄发原呈一件。

中华民国五年八月　日

省长吕公望

（原载《浙江公报》第一千六百零二号，九页，训令）

附　浙江民政厅训令第三百八十七号

令各属通缉吴兴织里连劫典铺案内首盗董仁海由

令各县知事、宁波警察厅厅长周琼、永嘉警察局局长徐熙

本年八月三十一日准警政厅咨开，"本年八月二十五日奉省长训令第一四二号内开，'案据吴兴县知事张嘉树呈请咨提盗首宋老窝子并悬赏缉拿董仁海等情。查该匪宋老窝子、董仁海等，既据讯系连劫织里典铺、捐局、警所之首犯，自应分别咨令提缉归案，以凭讯办。除咨行江苏省长令厅提解宋窝子，并通令协缉董仁海外，合行钞发原呈，令仰该厅长即按董犯情罪核定悬赏数额，令县并咨行民政厅转令各属一体遵照，仍报署备案'等因。奉此，当经敝厅按该董犯情罪核定悬赏数额一百元，即在前奉准悬赏六百元内拨给。除呈报备案并令行该县知事知照外，奉令

前因,相应查案并粘钞原呈咨行贵厅长,请烦查照转令施行,实纫公谊。此咨"等由,并粘钞原呈一件过厅。准此,查此案前于本年五月间奉都督政字第一百四十号饬知到厅,当经转饬协缉在案。兹准前由,除分行外,合行黏钞令仰该厅长、该知事、该局长查照督属一体协缉务获。此令。

计粘钞原呈一件。

中华民国五年九月七日

民政厅长王文庆

附原呈

呈为陈请事。案照县属织里镇被外来盗匪连劫两典十铺及厘金暨水警枪械一案,前准水警第三区长获解盗匪蔡阿兴一名到署,讯据供称"首盗宋老窝子、董仁海二名,现匿上海租界"等语,当经知事呈请咨会江苏按址密拿,蒙批已饬知驻沪侦探密行侦缉在案。旋准钧署谍报室函,"已据沪探报告宋、董二首盗已向江苏水警缴械投诚,惟未见明文布告,是否属实,即由县径函询明,如无此事,再行呈请明定赏格,咨会协缉"等由。当由知事备文咨询江苏水警厅去后。兹准该厅咨复内称,"查宋明昌即宋老窝子,向敝厅恳求缴械投诚,其说固发生于两月以前,经敝厅长几次严辞拒绝,未成事实。迨至再至三,并据缴到后膛枪十二枝,以表明其投诚之真意,当即曲徇所请,据情分详江苏督军、江苏省长核示办理,惟迄今尚未奉批,自未便遽以明文布告。此宋明昌缴械投诚之情形也。至宋明昌特许其在外劝抚,事亦有之,但并无董仁海前来敝厅缴械投诚之说,相应咨复查照"等由到县。准此,知事复查宋明昌即宋老窝子①,虽已投诚邻省,惟既为此案首盗,似非提案律办,不足以昭

---

① 知事,底本误作"知县",径改。

炯戒,可否咨会江苏督军转饬该水警厅,将该犯解吴归案讯办之处,仰祈督军核夺。至董仁海一名,既未投诚,尤应严拿,所有购缉本案赃盗,前经呈准以六百元悬赏在案,今购拿该首盗董仁海一名,应悬赏资若干,并请酌定赏格并予咨厅,实为公便。谨呈。

（原载《浙江公报》第一千六百十六号,七至八页,训令）

浙江省长公署训令第一百四十五号

令财政厅为水利委员会技正林大同呈西湖湖面
关系重要请重申禁令以杜觊觎由

令财政厅长莫永贞

查罗纯嘏价购壶春楼房屋基地及湖滨地亩一案,前据民政厅查案呈复并送图说等件请予核示,即经明晰批示,并饬转行清理官产处将罗纯嘏国籍查明复厅核议转呈,嗣因日久未据具复,而清理官产事宜已并归该厅办理,复经饬催民政厅咨查复夺在案。兹据水利委员会技正林大同以"罗纯嘏所购地亩侵占湖面案悬未结,隐忧未弭,近闻该买户在外招摇,以为领得部照,具有充分理由,百计营谋,非达侵占之目的不止。虽事属传闻,未敢遽信,然地价尚未给还,部照又未取消,占出湖身之松桩依然排列,人言藉藉,佥谓死灰有复燃之虑。总之,外人不得在内地购置产业,载在约章,若任其背约置产,恐相率效尤,后患无穷,呈请取消部照,给还地价"等情前来。本省长复加察核,所有湖滨地亩及苏、白二祠坡道,徐烈士墓前石埠,既经查明,或系侵占湖面,确非淤浅之地,或系古迹,或关墓道,无论何人,均未便准其承买。此外,壶春楼房屋基地暨其余佃地,能否准购,应以罗纯嘏之国籍为先决问题。兹就各方面咨询所得,证以陈士棠、潘家驹等先后禀词,其为并非本国国籍,已无疑义,自应即将购地原案一并撤消,以重约章。除指令民政厅外,合亟令仰该厅即便遵照办理,并将所缴地价克日如数给还,前发部照亦即吊销具报。再,前发部照,共计几纸,是何字号,应先查明呈复,以凭核办,均毋违延,切切。此令。

中华民国五年八月二十三日

省长吕公望

（原载《浙江公报》第一千六百零二号,九至一〇页,训令）

浙江省长公署训令第一百四十七号

令财政厅为衢县米商王万成等电禀张泰来认办

米捐期满请饬县暂交商会经收由

令财政厅长莫永贞

本年八月十七日据衢县米商王万成等电称,"张泰来等认办米捐情弊迭禀在案,期满乞电饬衢县暂着商会经收"等情。据此,查前据该米商等以张泰来认办米捐扰累商民,请饬县取销等情,具禀到署,即经行厅饬县详查复夺在案。据禀前情,合行令仰该厅即便转催该县知事迅即详细查复,以凭核夺,并饬传谕该商等知照。此令。

中华民国五年八月二十三日

省长吕公望

（原载《浙江公报》第一千六百零二号,一〇页,训令）

浙江省长公署训令第一百五十号

令民政厅为松阳绅耆吴绍文等禀请援案筹拨

孔庙奉祀官津贴夫马等费由

令民政厅长王文庆

案据松阳绅耆吴绍文等禀称,"松阳孔庙自辛亥鼎革,兵燹蹂躏,学官废置,祀典无存。民国三年七月间前知事胡遵议遴保前清进士高绅焕然充本县孔庙奉祀官,详奉巡按使批准在案。该绅遵即供职,每逢朔望恭诣拈香,随时常川到庙管理一切事务并修理事宜,不但祀事赖以修明，亦且庙貌为之重新。惟该项奉祀官尚未给薪俸，该绅自备资斧，劳瘁不辞，已及两载，深恐椎腹从公，难乎为继，兹拟援照萧山、崇德等县成案，筹给该员津贴夫马，俾资悠久。窃查本县朱文公祠，现存祝敬会田四十余亩，除每年办理祝敬开销，实属有余，请拨出田二十亩；又孔庙原有岁修田十二亩，共三十二亩，约计每亩租息洋三元，除纳粮外，不及百元，以之拨给该奉祀官津贴，名义尚属相符。又，查本县宣讲所经费尚有赢余，拟请于该经费项下每月拨给该员夫马银十元，以资挹注。是否可行，理合禀请宪台察核批示。再，拟请将孔庙附近之旧儒学署暂改为奉祀官公署，俾得便于管理，合并陈明。绅等为管理圣庙保存祀典起见，除将前情禀请本县知事就近查核外，为此禀请钧宪俯赐核夺批饬施行"等情。除批示外，合令该厅转饬该县知事查议复夺毋延。此令。

中华民国五年八月二十四日

省长吕公望

（原载《浙江公报》第一千六百零二号，一〇至一一页，训令）

浙江省长公署训令第一百五十六号

令高检厅据余姚毛叶氏控王知事滥押伊夫毙命由

令高等检察厅长殷汝熊

案据前会稽道详余姚县民妇毛叶氏具控余姚县王知事及承审员滥押伊夫毛品芝毙命一案，委查属实，请饬厅复查核办等情，即经前巡按使批饬该厅核案复查，从严议详察夺在案。迄今半载之久，未据呈复，殊属迟延。兹据毛叶氏呈催前来，除此批示外，合行令仰该厅长即便遵照前批刻日复查，从严议复察夺，毋再迟延，切切。禀钞发。此令。

中华民国五年八月　日

省长吕公望

（原载《浙江公报》第一千六百零二号，一一页，训令）

浙江省长公署指令第三百六十四号

令民政厅长王文庆

呈一件该厅查复胡景福禀控原蚕种制造场陈委员一案由

如呈办理。此令。抄缴各件存。八月二十三日

附原呈

呈为遵批派员查明据情议复事。案查原蚕种制造场建筑工程情形,前奉省长在都督任内批发承办工程工头胡景福等禀控陈委员揩价不付请饬给由,奉批:"禀及抄件均悉。据称承办蚕种制造场房屋,如果遵照说明书依式构造,又经改修,该委员何至久揩工价,延不清付,此中有无别情,仰民政厅派员验明议复核夺。此批。禀及附件仍缴"等因到厅。奉此,当经检同承揽帐单、图样、说明书及关于续报添改各工程单件,并奉发禀件饬派委员任潜前往该场秉公复勘明白,确切具复,以凭察议在案。兹据该员复称,"奉饬后,遵即驰赴艮山门外沙田里原蚕种制造场,会晤该场场长姚永元,详询工程始末情形,一面邀同前监工委员陈淳、监工陈鸣辉,并传令工头胡景福,一律齐集该场。按照奉发说明书、图样、帐单及续报添改工程单件,分赴已经建筑之楼屋、茅屋、贮桑室、堆积室,逐处复勘,详细丈量所造各项工程,有与图样符合而与说明及帐单互异者,有与说明、帐单无误而与图样未符者,虽不无避重就轻情事,大致尚能就范。续报添改之工程,除废改外,均已一律照做。未经完工处所,则有楼屋之分间板及屋外踏步、阴井,堆积室内之踏步,茅屋内之窗洞,均经面饬该工头分别补做。破败工程,查有一二处,并经饬令修葺完固,限于十日内一律补修完竣。再行查照承揽载明全体完工验收之日,给领末期工款,取具该工头切结存场。此委员验勘工程之办

理情形也。至该工头原禀所称改修用去之款,除罚洋四百七十八元七角不计外,尚有一百二十七元一项。按诸奉发该工头原禀抄单所列各项工程,均系必需修做之件,且为图样说明所原有,该场长饬令增改,系为慎重工程起见,办理尚无不合,质之该工头,亦自知误控,应请毋庸置议。除商明该场长赶将应行补修各工程督催,依限完工具报外,所有查复验勘工程情形,理合填具一览表,检同奉发各件,备文呈缴,仰祈察核施行,并赐准予销差,实为公便"等情,并附验勘工程一览表两纸暨缴件前来。查该工头承办是项工程,始则避重就轻,继则捏情妄控,殊属刁狡已极,姑念自知错误,遵谕补做,应请准予如呈免议,仍由场督催赶做完固,取具保固各结,切实呈报,俟核明后再予给发末期工款,以重工程。除分别令知委员及该场场长外,理合照抄验勘工程一览表检同遵缴奉发票件备文呈复,是否有当,仰祈省长鉴核批示祗遵。谨呈。

（原载《浙江公报》第一千六百零二号,一二至一三页,指令）

浙江省长公署指令第三百七十号

令财政厅长莫永贞

呈一件临海县知事具复查办私垦荒地发给
所有权证书及减轻地价各缘由由

此案前都督批示,本署无案可查,饬询民政厅,署内亦无此项卷宗,究何情形,仰财政厅查案按照《国有荒地承垦条例》核办具复,并咨行民政厅查照。此令。抄呈发。八月二十三日

（原载《浙江公报》第一千六百零二号,一三页,指令）

浙江省长公署指令第三百七十一号

令民政厅长王文庆

呈一件孝丰县鲁馨控知事渎职由

昨据呈匪势已成①，知事不敢往拘等情，正在饬查，即据电称，"并无此项呈报文件"，此呈核与前呈字迹、印章均属相类，且均盖有保卫团图记，究竟是否该团总所具，仰民政厅澈查复夺。两呈及另案饬令均抄发。此令。八月二十三日

（原载《浙江公报》第一千六百零二号，一三页，指令）

浙江省长公署指令第三百七十七号

令财政厅长莫永贞

呈一件吴兴县知事为报解六月分契税及
契纸价各款并送册表由

呈及册、表均悉。据报解六月分新契税暨旧契补税银一千六百八十一元五角四厘，又新契纸价银一百六十六元四角，仰财政厅核明并转行知照。再，各县所送报解册、表并未声明解出月日及由何处兑解，难保不有虚伪情弊，由厅通令各属，以后造送收解表、册均须将解出月日、如何兑解、曾否奉到批回，详细注明，以防流弊。此令。八月二十三日

（原载《浙江公报》第一千六百零二号，一三至一四页，指令）

浙江省长公署指令第三百八十五号

令监征员卓其荦、富阳县知事陈融

呈一件为填送起解钱粮租税报告表由

呈悉。来表仅列报解数，究竟征存若干，是否扫数清解，无凭察

---

① 据呈下衍"据"字，径删。

核。且该表首行并月分而无之,呈文内亦未叙及,究系何月分之报告,亦欠明了。仰即查照本省长在都督任内第三〇七号饬发表式详细另填送核,毋延,切切。此令。表姑存。八月二十三日

（原载《浙江公报》第一千六百零二号,一四页,指令）

浙江省长公署指令第三百八十八号

令前任烟酒公卖局长汤在衡、委代茅元斌,监盘民政厅长王文庆,财政厅长兼烟草酒公卖局长莫永贞

呈一件会衔造送节存公栈五厘经费

暨酒捐附税征收费收支清册由

据呈已悉。清册存查。此令。八月二十三日

附原呈

呈为会算交代另送外销款项清册仰乞鉴核事。窃厅长兼局长永贞接收前局长汤在衡交代一案,经监算员文庆会同永贞与汤前任委代元斌,于七月二十二日三面会算,逐项盘查算结清楚,出具印结,缮造交代清册,会衔呈送在案。所有节存公栈五厘经费暨酒捐项下之附税,向系外销款项,其征收支付各数目亦经三面会算逐项盘查,由永贞接收清楚,理合另造清册,会同具呈,仰祈省长鉴核批示祗遵。谨呈。

附抄清册

前任浙江烟酒公卖局局长汤在衡、现任浙江财政厅长兼烟酒公卖局局长莫永贞,今将在衡自民国四年八月一日收款起,至五年四月末日交卸止,任内节存公栈五厘经费暨酒捐附税项下解省征收经费支付各数目会算清楚,理合造册送请鉴核。

计开

节存项下

一、收节存公栈五厘经费,银九千五百八十一元九角九分一厘。

查前款系八月一日先行开征公卖费,其时公栈都未成立,由各分局直接征收及委托各统捐局代征,所有照章应扣给公栈利益,共计节存如上数。

一、收附税项下征收经费,银三千八百另八元八角四分二厘。

查酒捐附税项下,照章以一成为征收经费,除各经征局坐扣按厘津贴外,共计节存征收费合如上数。

以上共收节存银一万三千三百九十元八角三分三厘。

支付项下

一、支付杭县黄酒分栈吴经理奖金,银二百元;

一、支付杭县存栈店绍陈酒经董征收经费,银八百十九元;

一、支付第一区催收各县存酒及解款贴现,银八百八十七元六角六分七厘;

一、支付酒药公所不敷款项,银二千七百六十五元三角五分四厘;

一、支付四年七月起至十二月调查司员川薪,银一千二十七元三角二分;

一、支付第二、三区稽查巡船四月分经费,银一百五十六元;

一、支付第五区杨前局长征解酒贴现,银八百六十一元一角一分八厘;

一、支付第一区分局四年十二月,五年一、二、三、四四个月及闸口等处稽征所经费,银六百元;

一、支付第五区分局五年一月分不敷经费,银二百元;

一、支付松阳统捐局派员五年一、二两月薪水,银四十八元;

一、抵移交现银二百二十六元三角七分四厘;

以上共支付并移交银七千七百九十元八角三分三厘。

前款照原册列共支付并移交银一万三千三百九十元八角三分三厘。

兹查原册列支垫付四年十一、十二两月,五年一月分解京库汇费银三千八百元,及五年二月分解京库汇费银一千八百元,两共计银五千六百元,核该二款应照五年三月二十三日全国烟酒公卖事务署祃电准追加预算办理,应列入正册支出,作正开销,本册应删列银五千六百元,合计总额如上数。

收支相抵,应存银五千六百元。

前件系垫付解费,今应划还之款,已请财政厅由原解移交公卖费项下照拨归垫,实存在厅。合并声明。

(原载《浙江公报》第一千六百零二号,一四至一六页,指令)

浙江省长公署指令第三百九十一号

令民政厅长王文庆

呈一件该厅遵批议复留美学生徐守桢请改赴德国一案由

呈悉。准予咨部核示。此令。八月二十四日

附原呈

呈为遵批核议具复谨请鉴核事。案奉钧长批发留美学生徐守桢禀志愿改赴德国游学请核准由,奉批开:"该生在美毕业,犹愿改赴德国,以期深造,志向高尚,殊堪嘉许。仰民政厅查照部章核议具复察夺。此批。摘由抄禀发"等因。奉此,查部章,留欧美官费学生不准改国,惟该生系于毕业之后请续赴德国留学,核与部章情事不同,应否仍照《官费生选补规程》办理,抑得继续给费,拟请钧长转咨教育部核示办理。所有遵批核议缘由,是否有当,理合备文呈请省长察核施行。谨呈。

附留美官游学生徐守桢吴兴人原禀

禀为志愿改赴德国游学以期深造事。窃守桢于民国三年蒙前巡按使届派赴美国留学,到美后插入理海大学校冶金科三年级,至本年夏间已届毕业。该校总教习理查博士,以冶金一科欧美各国情形互异,美洲以机械制造称胜,而欧洲各国长于兼资人工者居其多数。缘守桢历期考试成绩均尚优美,拟令守桢赴德留学,以期深造。窃思德国科学精进,实业发达,世无其匹,美国诸学生赴德留学者日增月盛。查吾国湖南之锑,云南之锡,虽藏蓄甚富,奈工业幼稚,纯采美国机械制造,发达固属难期,且值经济窘迫之时,创办势必无此财力,惟举我国人工低廉,适与欧美先进国成一反比例,倘谋我国工业发达,非利用人工,实不足与他工业国争雄竞胜。守桢平日本有见及此,加以理博士师之开导,决志俟欧战停止后改赴德国留学,按之改校或改国,部章及与规定年限均无抵触。除禀请留美游学生监督严转请教育部立案外①,理合禀请俯赐核准批示施行。谨禀。

(原载《浙江公报》第一千六百零二号,一六至一七页,指令)

浙江省长公署指令第三百九十二号

令民政厅长王文庆

呈一件汤溪县知事查复青云寺僧控虞际昌等夺产情形由

此案先据该寺僧青云以捐产兴学等情禀请到署,当经批饬照章禀县核办在案。据呈,该寺产业既经该寺僧隆茂禀请提出羡余充作地方学务经费,该徒青云何得再行捏饰多端,分投具控,殊属刁狡,仰民政厅转饬该县查明秉公究办。此令。八月二十四日

(原载《浙江公报》第一千六百零二号,一七至一八页,指令)

---

① 留美游学生监督严,即严恩槱(1888—1969),字南璋,江苏宝山县(今上海市宝山区)人,民国五年至民国十四年在任。

浙江省长公署指令第三百九十五号

令民政厅长王文庆

呈一件浙江旅沪学会为旅沪公学请款补助由

呈、表均悉。该公学请款补助可否照准，仰民政厅核议具复候夺。此令。呈抄发，表并发。八月二十四日

（原载《浙江公报》第一千六百零二号，一八页，指令）

浙江省长公署指令第三百九十六号

令民政厅长王文庆

呈一件该厅据金华县知事呈送商会改组章程名册请核转由

呈件阅悉。准予咨部核夺，仰即知照。此令。册费存。八月二十四日

（原载《浙江公报》第一千六百零二号，一八页，指令）

浙江省长公署指令第三百九十八号

令民政厅长王文庆

呈一件为东阳县俞知事呈报掾属员名请注册由

呈摺及履历均悉。准予分别注册，仰民政厅备案并转令该知事知照。此令。摺、履历均存。八月二十四日

东阳县县公署掾属清摺

陈　弃，才具开展、经验富裕，现经委为政务主任员；

何继武，才识稳练、计学精良，现经委为财政主任员；

王会云，热心学务、品望素隆，现经委为教育主任员；

徐振壬，善理烦剧，现经委为政务助理员；

葛敏时，力任勤劳，现经委为政务助理员；

王德铭,老成历练,现经委为财政助理员;

张振鹏,品学兼优,现经委为教育助理员,仍兼县视学员;

史章美,勤慎明敏,现经委为会计员。

（原载《浙江公报》第一千六百零二号,一八至一九页,指令）

浙江省长公署指令第三百九十九号

令民政厅长王文庆

呈一件为请任命陈去病朱宗莱韦以黼为秘书由

呈及履历均悉。据称以陈去病、朱宗莱、韦以黼三员为该厅秘书,应即照准,仰将发去任命状三道分别转给祗领。此令。履历存。

八月二十四日

（原载《浙江公报》第一千六百零二号,一九页,指令）

附　浙江民政厅训令第二百五十七号

令陈去病等奉令任命该员等为本厅秘书由

令本厅秘书陈去病、韦以黼、朱宗莱

案照本厅呈请任命该员等为秘书一案,兹奉省长指令,"呈及履历均悉。据称以陈去病、韦以黼、朱宗莱三员为秘书,应即照准,仰将发去任命状三道分别转给祗领。此令。履历存"等因。奉此,除分令外,合将任命状一道抄同原呈令仰该员祗领遵照。此令。

计发钞呈、任命状各一件。

中华民国五年八月三十日

民政厅长王文庆

（原载《浙江公报》第一千六百零八号,一八页,训令）

浙江省长公署指令第四百零二号

令高等审判厅长范贤方
　　　呈一件江山县呈报获犯讯供由

查阅叶小贼供词，仅认行窃不讳，究竟有无结党图劫之事，鸟枪是否系该犯所带，仰高等审判厅令即传证集讯明确，依法拟判，毋稍枉纵，一面仍令勒缉余犯务获究报。供词存。此令。八月二十四日

　　　（原载《浙江公报》第一千六百零二号，一九页，指令）

浙江省长公署指令第四百零四号

令高等检察厅长殷汝熊
　　　呈一件为第二分庭检察官呈请将移交案卷展限审期由

如呈办理。仰即知照。此令。八月二十四日

附原呈

　　呈为高等第二分庭检察官呈请将前金华道署移交刑事未结案件展长送审限期报请鉴核备案事。前据金华高等分庭检察官李廷恺呈称，"窃查现行办法，刑事控诉送审限期仅有十日，本庭接收前金华道尹公署上诉机关移交刑事未结案件，计有五十八起之多，以此短少时间办理繁重案件，诚难期其精审。且本庭成立伊始，端绪纷繁，又日有新收案件，须依限办结，所有接收积案，尤难克日进行。检察官为慎重刑事起见，所有接收各案，拟请展限二十日，依期办结，其新收案件仍照常办理，是否可行，仰祈核批祗遵"等情。据此，检察长查该分庭检察官所请将接移各案展限二十日办结，系为慎重刑事起见，似应照准，以免草率。除批示外，理合呈请钧长鉴核备案。谨呈。

　　　（原载《浙江公报》第一千六百零二号，一九至二〇页，指令）

浙江省长公署指令第四百零五号

令高等检察厅长殷汝熊

呈一件淳安县呈报命案相验情形由

呈悉。本案究竟因何起衅,仰高等检察厅令即详查明确,一面严缉凶犯务获究办。械斗之风,仇杀无已,扰乱秩序,莫此为甚。应由县知事随时察访,一有风闻,即当设法解散,并为将所争事件,持平判断,自戢争端,若事前视若无睹,直至酿成杀人案件,始为缉凶律办,于事何益,并由厅通令各县遵照;一面会督营警缉拿首要,按律讯办,以儆顽梗,无枉无纵,切切。格结存。此令。八月二十四日

(原载《浙江公报》第一千六百零二号,二〇页,指令)

浙江省长公署指令第四百零六号

令高等审判厅长范贤方

呈一件南田县呈报命案勘讯情形由

呈悉。仰高等审判厅令即传集人证,详细研讯,一面严查,务得确情,按律判决。格结、图表存。此令。八月二十四日

(原载《浙江公报》第一千六百零二号,二〇页,指令)

浙江省长公署批第一百零三号

原具呈人萧山诸仁高

呈一件控孙云卿捏契揩赎由

既据已在大理院上诉,应候院判遵行。此批。八月二十一日

(原载《浙江公报》第一千六百零二号,二一页,批示)

浙江省长公署批第一百零四号

原具呈人南田县议长朱颂扬等

　　呈一件为列控县知事吕耀钤溺职殃民由

查铺保结状,须将保人姓名、年岁、籍贯及所开何项店铺,详晰开列,暨声明具呈人是否全数在保候讯,将来设有逃避,应由保人负责,并于保状内盖具书柬图章,以便复查。来呈仅于呈尾盖一"恒丰书柬"四字木戳,殊不合式,仰即遵照指饬另呈办理。八月二十二日

　　　　(原载《浙江公报》第一千六百零二号,二一页,批示)

浙江省长公署批第一百零五号

原具禀人吴兴沈廷福

　　呈一件控探长彭开甲诬盗诈财由

禀悉。该民于溪东姚姓家劫案是否与有嫌疑,探长彭开甲胁犯诈财果否属实,既据禀诉就近第十二队讯问有案,仰候令行警政厅转令该管区长查明核办可也。此批。八月二十二日

　　　　(原载《浙江公报》第一千六百零二号,二一页,批示)

浙江省长公署批第一百零六号

原具呈人四明法政毕业生俞之桐

　　呈一件为请求传见由

呈悉。查该生前所陈,搜军实、饬吏治、筹海防之条,多系陈言,无当采择,业经批示在案。既考言之无取,无询事之必要,所请传见之处,未便准行。此批。八月二十二日

　　　　(原载《浙江公报》第一千六百零二号,二一至二二页,批示)

浙江省长公署批第一百零七号

原具禀人叶玉

　　呈一件恩请设立残民所及施泽局由

　　据禀,尚见关心慈善。查各县栖流所、养济院等,大都均已设置,惟地方官绅不能实力整顿,以致残废贫民未得普沾实惠,候令民政厅通令各县知事切实整理可也。此批。八月二十二日

　　　　(原载《浙江公报》第一千六百零二号,二二页,批示)

浙江省长公署批第一百十二号

原具呈人杭县公民李全汉等

　　呈一件为前请援照万宝堂成案缴价

　　　承买沙堡未奉批示续行呈请由

　　此案前据该民等具呈到署,当查万宝堂所领沙堡得照绍属章程缴价者,系据前浙江清理官产处查明,确系组织多稼农庄试验农学,与私人置产之行为,不无区别,并声明此后如有他户报买,仍照原章不得援以为例。该公民等报粮地亩,自应按照章程办理,所请碍难照准,即经指令财政厅转行在案,着即知照。此批。八月二十三日

　　　　(原载《浙江公报》第一千六百零二号,二二页,批示)

浙江省长公署批第一百十三号

原具呈人松阳绅耆吴绍文等

　　呈一件为援案筹拨孔庙奉祀官津贴夫马等费由

　　禀悉。所请"抽提祝敬会田产二十亩连同孔庙原有岁修田十二亩拨充该县奉祀官津贴,又于宣讲经费赢余项下,每月拨给夫马费十元"等情,是否可行,候令民政厅饬查复夺。此批。八月二十四日

　　　　(原载《浙江公报》第一千六百零二号,二二页,批示)

浙江省长公署批第一百十四号

原具呈人绍兴沙民王祥奎

呈一件为保护官塘受枉至深请饬员澈查由

来禀情词芜杂，既未详叙事由，又不抄黏批判，无凭察核，所请不准。此批。八月二十四日

（原载《浙江公报》第一千六百零二号，二三页，批示）

浙江省长公署批第一百十五号

原具禀人林宗强

禀一件请咨部证明以便赴美留学由

禀悉。此案前经饬厅查议复夺在案，候复到核办，仰即知照。此批。履历存。八月二十四日

（原载《浙江公报》第一千六百零二号，二三页，批示）

浙江省长公署批第一百十七号

原具呈人费立诚

呈一件为赃盗未获请饬严拿由

缉盗系地方官专责，悬赏亦定有章程，无事主自行报酬费洋办法，所请应不准行。惟赃盗日久无获，候令高检厅转行嘉兴县勒限严缉，务将此案正盗真赃悉数破获惩办，毋再纵延。此批。八月二十四日

（原载《浙江公报》第一千六百零二号，二三页，批示）

浙江省长公署咨教育部

为浙江高等学校毕业生林宗强证明
存记出洋游学案请查照施行由

浙江省长为咨陈事。案据浙江高等学校第二类毕业生林宗强禀

称,"于辛亥年夏间由浙江高等学校第一次最优等毕业,后即充本省第十中学校理化教员,任职迄今已阅六载。当未毕业前一年适本省前提学使司袁招考合格学生赴美留学①,生即往投考,幸蒙录取,旋以母病不克成行。光复后闻本省前教育司沈有派遣高校第二次毕业生何炳松、徐守桢等留美之举②,生即由瓯驰省恳请前高等学校校长邵函致省司③,援例出洋,当蒙批准存记,有案可查。嗣因各省留美官费学生均由各该省咨部选派,办法变更,成案虚悬,致今日查无希望。兹生于本年三月间禀请教育部,准予尽先记名出洋,蒙批仰即将各项证明书送部,再行核办等因。伏思教育部所谓各项证明书者,除本人所有之毕业证书外,其前经本省记名留学案由,非由钧署备文咨部,无从证明,且生在本省记名留学,为时已久,如果依次递补,早可出洋。为此沥情函请省长俯念求学情殷,准予从速崀文咨部证明记名案由,尽先补充留美官费缺额,俾资深造而遂初衷,不胜翘祷之至"等情。据此,当经饬仰民政厅查案具复。兹据复称,"该生记名留学一案,查确于元年七月间由前高等校长邵长光转请派充留美官费,经前教育司准予存记候补在案"等语。除关于学业经过之各项证明书由该生自行呈验外,所有记名候补一节,既据该厅查案相符,相应咨请大部查照施行。此咨

教育部

---

① 前提学使司袁,即袁嘉毂(1872—1937),字树五,云南石屏人。一九〇九年九月,任浙江提学使。

② 前教育司沈,民国元年二月,沈钧儒任浙江军政府教育司长,至十二月二十五日,由沈钧业接任。民国三年五月,教育司撤销,改设省巡按使署政务厅教育科。又,据金永礼、杨耀宗撰《何炳松传略》中有"一九一二年,时年二十三岁,又以成绩第一公费资送美国留学。是年冬,抵美,入加利福尼亚大学补习。"故,此处前教育司沈,应指沈钧儒。

③ 前高等学校校长邵,即邵裴子(1884—1968),原名闻泰,又名长光,浙江杭州人,以字行。一九一二年初至一九一二年七月任浙江高等学校校长。

计送履历一扣。

浙江省长吕公望

中华民国五年八月二十三日

（原载《浙江公报》第一千六百零三号，一九一六年八月二十八日，三页，咨）

浙江省长公署训令第一百四十六号

令民政厅据嘉兴六邑茧公所电请勿取消无灶分行以保农商由

令民政厅长王文庆

本年八月十四日据嘉兴六邑茧公所寒电称，"浙省茧行向有无灶分行，纳税领帖，已历有年，闻新减条例分行取消，殊与茧业阻碍，反启私贩漏税之渐，乞予照常，以保农商"等情。据此，查此案前据该厅拟呈《修改茧行条例》到署，因系本省单行章程，应俟省议会召集后提交议决，再行公布施行，现在案尚未定，所请应毋庸议。合行令仰该厅即便令饬嘉兴县知事转行该公所知照。此令。

中华民国五年八月二十三日

省长吕公望

（原载《浙江公报》第一千六百零三号，四页，训令）

浙江省长公署训令第一百五十四号

令民政厅财政厅准国务院筱电请维持殖边分银行由

令民政厅长王文庆、财政厅长莫永贞

本年八月十八日承准国务院筱电内开，"殖边银行为边地实业机关，现沪行兑现被挤，金融停滞，由农、财两部派员清理，不日开市，其各省支行，应请各该地方长官设法维持，以示国家保商至意，并希转饬所属一律维持"等因。承准此，除电复外，合行令仰该厅即便会同财政厅、民政厅查明现状，立予维持，并转令所属一体遵照，仍将遵办情形详细具报。此令。

计抄发复电稿。

中华民国五年八月二十四日

省长吕公望

（原载《浙江公报》第一千六百零三号，四页，训令）

浙江省长公署训令第一百五十八号

令民政厅高检厅准督军署咨准税务处

福建三都口灯楼差船被劫由

令民政厅厅长王文庆、高等检察厅检察长殷汝熊

本年八月十六日准浙江督军署咨开，"本年八月十一日准税务处咨开，'据总税务司详称，据福建三都口灯楼差船舵工林元标禀称，历在西洋、七星、冬瓜屿三座灯楼奉差八载。六月十四日三都税关颁出信银，开往各灯楼发给，二十九日驶至浙江平阳县辖之来澳地方，突来澳寇，驾船九艘，约有五十余名，蜂拥上船，将差等殴打，迫逐上岸，将差船牵入来澳埠头，一切家私物件搬入澳内，差等只得由陆路奔回，于七月五日叩禀三都关税务司，请为追究。惟已届一星期，未曾明示，除再叩禀三都税务司暨上海巡工司外，沥情仰恳转行查究等因，并据福海关税务司暨上海巡工司先后详同前由。总税务司查该差林元标奉差数载，办事出力，心地诚实，惟据称被劫后禀请福海关即三都税关税务司追究办理迟延，似非事实。缘该税务司一闻此案，即已呈请省长寻觅失船，严拿盗匪。但该差因与福海关定办往来灯楼事宜，致令受此巨亏，殊失公允之道，且因海路不靖，致使海关所办灯楼各事遭兹损害，应请钧处行知浙省督军转饬该管地方官认真查究该差船劫留何处，并将盗匪获案严惩。窃谓海盗日渐披猖，若不将其查拿净尽，则奉职灯楼之事，势必更觉棘手。此项问题若能商由水师与海关巡工司会同办理，谅可有效等因前来。本处查沿海灯塔之

设,原系为便利中外船只往来免险起见,关系极为重要,今因海盗猖獗,致令海关司理灯塔差船亦遭劫掠,势必有误灯塔要公,于中外来往航船甚为不利,非仅差船独遭损失而已。此次伙劫福海关灯塔差船,系在浙江平阳县属来澳地方,贼巢即在该乡之内,既据总税务司详请咨行饬究,以防后患前来,相应将林元标原禀、失单各录一份,咨行贵督军查照办理'等因,并附抄件到署。准此,查此案业经贵公署饬属查缉有案。兹准前因,相应抄录原件,咨请贵公署查案办理,并希径行咨复税务处查照为荷"等因。准此,查此案先准福建省长来咨,即经饬行该厅饬县查明严缉,务获解究具报在案,准咨前因,除先行咨复税务处外,合行令仰该厅即便转行平阳县查明此案失事是否确在该县洋面,行先行呈复①,一面查明严缉,务获解究具报,毋再延纵。抄件附发。此令。

中华民国五年八月二十四日

省长吕公望

照录林元标上总税务司原禀

具禀福建三都口灯楼差船舵工林元标,为澳寇披猖横行劫抢,恳请檄着管辖迅拿究追律办,以重公差而昭国法事。

窃标充当批船差事,历行西洋、七星、冬瓜屿三座灯楼八载馀兹,从无误犯。六月十四日,三都税关颁出信银,开往各灯楼发给,均经收妥。二十三号由冬瓜屿驶回,该楼值事林细妹准假回家,附搭在内。祸于六月二十九号驶至平阳县辖来澳地方,风暴潮逆,阁行疲进,时当午后五钟,突来澳寇驾船九艘,约五十余猛,手持刀械,蜂拥上船,贼胆鸱张,凶锋猛烈,标船伙友及值事林细妹统计八人,一时胆落,兼之洋面寂寥,声喊乏人救援,任其殴打,悉被迫逐岸傍,惨者伙众,路径不熟,逗遛岸畔,瞥见贼伙

---

① 行先行,第一个"行"疑误植或衍文。

将船牵往来澳埠头，船内家私物件尽搬澳内，明知贼窝即在该乡，实属无法不已，由陆奔回。七月五日投叩三都关税务司，吁请追究在案。全船被劫家私银物另单呈电，当蒙税宪俯准移檄追办。但其关务匆忙，已届一星期，未曾分别，羯胜悬怅，乞察该澳惯行劫掠，时在关防，此番因风阻滞，防不及防，且彼贼在澳，标船往来洋面，素知系灯塔差船，张胆率劫，忌惮毫无。似此若不严行追究，匪特置标于死地，向后奉差船只犹且裹足，咸有畏心。奈标船系租用，船身及船上家私一切总在千二三百元之谱，陷及赔偿，力殊不逮，诚恐日延物散，除叩三都税务司并上海巡工司外，合亟沥情仰恳总税宪大人怜察恩准，檄移浙省长官转饬温州平阳县迅派差警驰赴来澳乡村，严着埠长族跟出真盗，缴出真赃，照单赔偿，按律科罪，庶办公不至掣肘，国法得以伸张，则感德无既矣。切禀。

计被劫单一纸（已见本月五日本报"饬文"门）。

（原载《浙江公报》第一千六百零三号，五至七页，训令）

浙江省长公署训令第一百五十九号

令高等审判厅据温岭林以信控林克信等挟嫌诬陷贿串害命由

令高等审判厅长范贤方

案于上年七月间据该厅核转温岭县判处林梅头死刑一案，当经前巡按使批饬发回复审妥议，另详核办在案。兹据林以信以"林克信等挟嫌诬陷贿串害命"等情具控前来，除批："查此案于上年七月间（见本日'批示'门）具复察夺，结附，此批"挂发外，合行令仰该厅即便按照禀词确切查明，据实具复核夺，毋稍迟延。原禀钞发。此令。

中华民国五年八月二十四日

省长吕公望

（原载《浙江公报》第一千六百零三号，七页，训令）

浙江省长公署训令第一百六十四号

令民政厅据景宁县知事呈报缉获逃兵
刘作舟并请给赏警察由

令民政厅长王文庆

案据景宁县知事秦琪呈报"缉获逃兵刘作舟拟给警察赏金请核示"等情，当以本署无卷可稽，咨行督军署查案咨复以凭核奖在案。兹准咨复，并检送前浙江都督府《缉拿本省陆军逃亡士兵惩劝团区司令官各县知事暂行章程》一本过署，准此，查《章程》第十一条有"限内一月后即行缉获者，每名记大功一次"之规定，该知事办理此案于五日内即行缉获，其勤奋殊属可嘉，应照本《章程》第十一条记大功一次，该警等给予赏金十二元，应即照准，与递解费一并由司法收入项下动支具报，以资鼓励。仰该厅长查照注册转令遵照。此令。

计抄发原呈一件。

中华民国五年八月二十四日

省长吕公望

（原载《浙江公报》第一千六百零三号，七页，训令）

浙江省长公署训令第一百七十二号

令财政厅准安徽省长咨普益煤矿公司沿途运煤
请转饬一体验照盖戳放行由

令财政厅长莫永贞

案准安徽省长咨开，"据普益烈山煤矿有限公司经理倪道烺禀称，'窃商人接受宿县烈山普利煤矿更名普益烈山煤矿有限公司，呈由财政厅咨请农商部换发采矿执照更名注册在案。兹于八月六日奉财政厅长郑饬发部颁采字第六十九号采矿执照一纸[①]，并抄黏注册各

———————————

① 财政厅长郑，指郑鸿瑞，江苏常州人，民国四年五月至民国六年九月任安徽财政厅长。

事项,业经祗领收执。惟查普利公司运销煤觔,向由省长公署印发运煤护照、分运单,以便运销各省沿途常关、厘局一体查验盖戳放行,现烈山煤矿更名普益,所有护照、分运单应请更用普益煤矿有限公司字样,并赐分咨直隶、河南、山东、江苏、浙江等省省长通饬各省常关、厘局一体验照盖戳放行,以便运销而免重征,实为公便。并乞俯赐印发运煤护照、分运单各一千张,谨禀'等情。据此,除护照、分运单印发外,相应咨明查照转饬所属常关、厘局一体验照盖戳放行,以利运销"等因。合行令知该厅分行各常关、厘局查照办理。此令。

中华民国五年八月二十五日

省长吕公望

（原载《浙江公报》第一千六百零三号,七至八页,训令）

浙江省长公署训令第　　号

令警政厅据东阳县公民许崇文等呈请饬拿漏网著匪由

令警政厅长夏超

案据东阳县公民许崇文等以"著匪漏网未拿,请饬新任东阳县查照清乡旧案,按律速办"等情到署。除批"禀悉。（见本日'批示'门）以靖地方。此批"挂发外,合行令仰该厅长即便转行东阳县分别照案勒缉讯明拟办,毋稍延纵。禀钞发。此令。

中华民国五年八月二十四日

省长吕公望

（原载《浙江公报》第一千六百零三号,八页,训令）

浙江省长公署训令第　　号①

据桐庐县知事兼警察所所长颜士晋呈报,"五、六、七月分该县管

---

① 本文自浙江民政厅训令第九十四号析出。

辖境内并无新设社会"等情,合行抄发原呈令仰该厅查核备案,并转令该县知事知照。此令。

中华民国五年八月　日

省长吕公望

附　浙江民政厅训令第九十四号

令桐庐县警所呈报五六七等月分并无新设会社由

令桐庐县公署知事颜士晋

为令知事。本年八月十二日奉省长公署令开,"据桐庐县知事兼警察所所长颜士晋呈报,'五、六、七月分该县管辖境内并无新设社会'等情,合行抄发原呈令仰该厅查核备案,并转令该县知事知照。此令"等因。奉此,查是项月报,前据该兼所长将二、三、四月分呈到厅,当经以"是项月报照章必须按月报查,该县将二、三、四等月积存一起呈报,殊属不合。又,查该县呈文系六月二十四日发出,何以不将五月分一并呈报,究竟该县境内五月分有无新设会社,仰速查明,连同六月分一并报厅查核。嗣后并须照章按月报查,均无玩违"等语批饬在案。兹查核原呈,并不遵照前批办理,仍将五、六、七等月一起并报,又不分呈本厅查考,殊属有意玩违,应即严予申斥。除遵令备案外,仰即遵照前批办理,勿再玩违干咎,切切。此令。

中华民国五年八月二十一日

民政厅长王文庆

(原载《浙江公报》第一千六百零三号,一二页,训令)

浙江省长公署训令第　号①

饬各属协缉湖南高等检厅书记官项华黼一案由

本年八月十二日准湖南省长公署咨开，"案据湖南高等检察厅检察长唐启虞详称，'为职厅前任书记官项华黼亏款潜逃请示办法事。案查接管移交卷内，职厅前任第三课主任书记官项华黼，于本年六月十三日将经手保管司法收入项下侵卷银一千二百二十七元八角六分六厘、钱五百九十七串七百三十七文，潜回原籍浙江。业经凌前检察长士钧咨请浙江高等检察厅协缉，并饬前职厅王检察官道伊回籍就近在浙省一带协商该管官厅严密侦缉，并经该检察官电称，业已侦获送所，随经凌前检察长电饬限一星期缴清各在案。查此项公款为数甚巨，迄今限期已满，未据缴解。兹值接收移交，未便含浑，致令应行报解之款归于无着。除将该员侵卷各款数目另单开列详请司法部鉴核外，所有职厅前任书记官项华黼亏款潜逃应如何办理之处，理合详请鉴核示遵。谨详。计详送清单一纸'等情。据此，除批示印发外，相应据情咨请贵省长烦为查照转饬所属一体协缉归案究办，至纫公谊。此咨。计咨清单一纸"等因。准此，合行令仰该厅即便饬属查照办理，清单一纸钞发。此令。

中华民国五年八月　日

省长吕公望

附　浙江民政厅训令第一百八十一号

令各属奉省长饬属协缉湖南高等检厅书记官项华黼一案由

令永嘉警察局局长、各县知事、宁波警察厅厅长

为训令事。本年八月十八日奉省长公署令开，"本年八月十

---

① 本文自浙江民政厅训令第一百八十一号析出。

二日准湖南省长公署咨开，'案据湖南高等检察厅检察长唐启虞详称，为职厅前任书记官项华黼亏款潜逃请示办法事。案查接管移交卷内，职厅前任第三课主任书记官项华黼，于本年六月十三日将经手保管司法收入项下侵卷银一千二百二十七元八角六分六厘、钱五百九十七串七百三十七文，潜回原籍浙江。业经凌前检察长士钧咨请浙江高等检察厅协缉，并饬前职厅王检察官道伊回籍就近在浙省一带协商该管官厅严密侦缉，并经该检察官电称，业已侦获送所，随经凌前检察长电饬限一星期缴清各在案。查此项公款为数甚巨，迄今限期已满，未据缴解。兹值接收移交，未便含浑，致令应行报解之款归于无着。除将该员侵卷各款数目另单开列详请司法部鉴核外，所有职厅前任书记官项华黼亏款潜逃应如何办理之处，理合详请鉴核示遵。谨详。计详送清单一纸等情。据此，除批示印发外，相应据情咨请贵省长烦为查照转饬所属一体协缉归案究办，至纫公谊。此咨。计咨清单一纸'等因。准此，合行令仰该厅即便饬属查照办理，清单一纸钞发。此令"等因。奉此，除分行外，合行抄发清单一纸，令仰该知事查照办理。此令。

计抄发清单一纸。

中华民国五年八月二十五日

民政厅长王文庆

（原载《浙江公报》第一千六百零三号，一五至一六页，训令）

浙江省长公署指令第三百八十七号

令前任烟酒公卖局长汤在衡委代茅元斌，监盘民政厅长王文庆，财政厅兼烟酒公卖局长莫永贞

呈一件为会衔造送烟酒公卖局交代清册由

呈悉。据送交代清册存候核办。此令。八月二十三日

附原呈

呈为会算交代接收清楚造具册结送请鉴核事。窃厅长兼局长永贞接准前局长萧鉴移送接收前局长汤在衡交代原册，自民国四年八月一日收款起，至五年四月末日交卸止，浙江烟酒公卖局任内经手各分局、各统捐局、各特别捐局报解烟酒公卖费及公栈押款、罚款、单费各银数，分别征解存抵各项，前经督同局员逐项钩稽，造具复册，函知汤前任查照，并呈奉钧饬派委民政厅长王文庆监盘会算等因，奉经造具交册咨请届期监盘各在案。嗣经函准汤前任以"供职京署，委托茅元斌代为会算"等由，厅长文庆、永贞暨汤前任委代元斌即于七月二十二日三面会算，逐项盘查，所有册列各款均经算结清楚，理合出具印结、缮造交代清册，会同具呈，仰祈省长鉴核批示祗遵。谨呈。

财政厅长兼烟酒公卖局长莫永贞今于与印结事，实结得前局长汤在衡自四年八月一日收款起，至五年四月末日交卸止，任内经手征收解支各款项，现经厅长凭同监盘，三面会算接收清楚，并无短交及溢支之款，除造册会呈外，合具印结是实。

厅长兼局长莫永贞

中华民国五年八月　日

前任浙江烟酒公卖局长汤在衡、现任浙江财政厅兼烟酒公卖局长莫永贞，今将在衡自民国四年八月一日收款起，至五年四月末日交卸止，任内经手各分局、各统捐局、各特别捐局报解烟酒公卖费及公栈押款、罚款、单费各银数，分别征解存抵各项，业经凭同监盘会算接收清楚，理合造具交代清册，呈请鉴核。

计开：

征收项下

四年八月一日开办起至年底止。

一、收烟类公卖费,银八万八千九百六十八元六角一分八厘;

一、收酒类公卖费,银二十万九千七百四十四元二分六厘;

一、收烟类公栈押款,银二万五千一百元;

一、收酒类公栈押款,银十六万六千六百四十元;

一、收费项罚款,银二千一百六十五元二角八分四厘;

一、收验单费,银一百五十二元二角;

五年一月分

一、收烟类公卖费,银一万一千五十九元一分四厘;

一、收酒类公卖费,银八万八千九百二元六角四分五厘;

二月分

一、收烟类公卖费,银一万二千三百四十六元四角一分;

一、收酒类公卖费,银六万四千三百七十八元三分八厘;

三月分

一、收烟类公卖费,银一万八千六百三元七角六分二厘;

一、收酒类公卖费,银十万二千三百二十元一角三分一厘;

一、收费项罚款,银二百六十五元一角九厘;

一、收验单费,银二百八十二元七角;

四月分

一、收烟类公卖费,银六百十五元九角三分七厘;

一、收酒类公卖费,银一万一千五百二元七角二分;

一、收费项罚款,银十一元二角;

共收银八十万三千五十七元七角九分四厘。

补存项下

一、补存第九区捐费,银八百元。

以上征收暨补存,统共收银八十万另三千八百五十七元七角九分四厘。

解支项下

一、解京库公卖费,银四十四万元;

一、解京库公栈押款,银十九万元;

一、支主任员奉饬由京至浙旅费,银一百二十一元;

一、支四年七月下半月省局经费,银七百五十元;

一、支筹备特别费,银一千二百元;

一、支四年八月分至五年二月分止,省局经费,银九千一百元;

一、支四年八月分至五年二月分止,第一区至第八区分局经费,银一万四千五百二十元;

一、支四年九、十两月,第九区分局经费,银四百五十一元七角八分四厘;

一、支四年一月分至五年二月分止,银行运汇费,银一千七百四十二元一角二分九厘;

一、支第六区解押款汇费,银四十元二角;

一、支松阳统捐局解公卖费汇费,银二十一元八角五分八厘;

一、支各区调查存酒川旅费,银二千五百四元一角六分五厘;

一、支各公栈五厘经费,银二万三千七百六十九元九角三分八厘;

一、支三月分省局经费,银一千三百元;

一、支三月分第一区至第八区分局经费,银一千九百十元;

一、支三月分银行运汇费,银二百十八元六角九分二厘;

一、支三月分各公栈五厘经费,银五千九百三十二元四角三分四厘;

一、支四月分省局经费,银一千三百元;

一、支巡视员薪费,银七百八十四元一角九分八厘;

一、支四年十一、十二两月,五年一月,分解京库汇费,银三千八百元;

一、支五年二月,分解京库汇费,银一千八百元。

前二款系查照五年三月二十三日全国烟酒事务署祃电准追加预算成案作正支出补列归垫,合并声明。

共计解支银七十万另一千二百六十六元三角九分八厘。

存抵项下

一、存金库公卖费,银三万三千三百六十四元二角九分三厘。

前款原交银三万八千九百六十四元二角九分三厘,由萧前局长并案咨库解厅核收,兹除补支四年十一、十二两月,五年一月分解京库汇费,银三千八百元,又五年二月,分解京库汇费,银一千八百元,共计五千六百元,由财政厅如数划拨外,实存上数。

一、存金库公栈押款,银五千七百四十元;

一、存金库费项罚款,银二千四百四十一元五角九分三厘;

一、存金库验单费,银二百四十一元二角。

前三件已准前局长萧函准金库尽数拨交财政厅,由厅核收转帐清楚。

一、抵第五区分局未解三月分公卖费,银五万七千三百九十八元八角八分四厘;

一、抵第五区分局未解三月分验单费,银一百九十三元七角;

一、抵松阳局未解三月分公卖费,银一千五百十九元二分五厘;

一、抵清湖局未解三月分公卖费,银三十四元四角八分五厘。

前四件查已如数解清,由财政厅核收。

一、抵第九区分局欠解误扣五厘经费,银五十四元四角。

前件已饬催补解。

一、抵移交各局栈未缴未领簿单表,价银一百七十三元二角一分。

前件各分局查已解清,由财政厅核收。

一、抵移交公卖四联单三万八千七百张一二五,合银四十八元三角七分五厘;

一、抵移交本/外省四联运单五万三千五百张一二〇,合银六十四元二角;

一、抵移各区各式印照二百三十万另另五百张二〇,合银四百六十元一角。

前三款单照价银须预算经常门内票照印刷品项下溢支之款,然前任预备存储确系应用必要之件,公议由后任于本项票照印刷费内极力节省,尽数归还,惟归还一时不清,正款岂可久悬。查有公卖五厘经费,向有节存,拟俟节存足敷此数时,先行划还正款,已另呈请示核夺,合并声明。

一、抵移交现银五十四元一角一分五厘;

一、抵补交现银八百零三元八角一分六厘。

共存抵银十万〇二千五百九十一元三角九分六厘。

以上解支存抵,统共银八十万〇三千八百五十七元七角九分四厘。

收支相符。

(原载《浙江公报》第一千六百零三号,一八至二三页,指令)

浙江省长公署指令第四百零七号

令高等审判厅长范贤方

呈一件警政厅呈报缉获德清县盗犯杨顺发等由

呈及供单均悉。此案孙子山家被劫,未据德清县勘报有案,据称水警队缉获是案盗犯杨顺发、谢阿长二名,并起获原赃,讯供不讳。合行令仰该厅转行德清县归案审办具报,并由厅咨复警政厅查照。呈、单均钞发。此令。八月二十四日

（原载《浙江公报》第一千六百零三号,二三页,指令）

浙江省长公署指令第四百零九号

令高等审判厅长范贤方

呈一件长兴县知事呈报杨树芝家被劫获盗讯供由

呈悉。仰高等审判厅令即提犯朱有才研讯确情,按律拟判,并讯究余盗姓名,勒限严缉,务获究办,切切。图表、单存。此令。八月二十四日

（原载《浙江公报》第一千六百零三号,二三页,指令）

浙江省长公署指令第四百一十号

令高等审判厅长范贤方

呈一件崇德公民钟可熊等请求饬催审理由

据禀已悉。仰高等审判厅令即迅予审理,以免藉口。呈抄发。此令。八月二十四日

（原载《浙江公报》第一千六百零三号,二三至二四页,指令）

浙江省长公署指令第四百十一号

令高等审判厅长范贤方

呈一件缙云县呈请开支正税为修理审检所等用由

据呈,修理县署旧花厅等房屋,以为审检所场所,并添置器具等件,共需洋六十元,请在正税开支,是否可行,仰该厅即便会同财政厅核饬遵办具复。表存。此令。八月二十四日

（原载《浙江公报》第一千六百零三号,二四页,指令）

浙江省长公署指令第四百十二号

令高等审判厅长范贤方

呈一件汤溪县呈报命案勘验情形由

呈及格结均悉。凌虐童媳最为恶俗,仰高等审判厅令即查明本案因何起衅致毙,一面传集人证质讯明确,按律严办,毋稍枉纵,切切。格结存。此令。八月二十四日

（原载《浙江公报》第一千六百零三号,二四页,指令）

浙江省长公署指令第四百十四号

令高等检察厅长殷汝熊

呈一件为吴兴县知事呈报钱山漾支港内发现无名男尸由

呈悉。仰高等检察厅令即严密侦查本案发生地点及起衅原因,迅派干警勒缉正凶务获,研讯明确,按律判决,切切。格结存。此令。八月二十四日

（原载《浙江公报》第一千六百零三号,二四页,指令）

浙江省长公署指令第四百十五号

令高等检察厅长殷汝熊

呈一件萧山县呈请已撤哨官孙渊饬即送县讯办由

呈悉。此案已撤哨官孙渊,延不到案,实属玩违,仰该厅迅咨警政厅即令该统带刻日交案,听候讯办,一面勒限该知事严拘朱七十等务获究报。案关重要,宕延日久,毋任藉延干咎,切切。此令。八月二十四日

（原载《浙江公报》第一千六百零三号,二四页,指令）

浙江省长公署批第一百十八号

原具呈人绍兴孙斯久

　　　　呈一件为请求纠正第二审决定由

第二审决定原文未据粘呈，无凭查核。此批。八月二十四日

　　　　　（原载《浙江公报》第一千六百零三号，二五页，批示）

浙江省长公署批第一百十九号

原具呈人陈日丰

　　　　呈一件为陈日正被邵阿贵等殴毙请缉凶由

案经南田县呈报到署，已令行高等审判厅饬县传证集讯，依法办理在案，毋庸多渎。此批。八月二十四日

　　　　　（原载《浙江公报》第一千六百零三号，二五页，批示）

浙江省长公署批第一百二十号

原具呈人朱晋生

　　　　呈一件呈请饬提高彭年等严讯由

案据控经前巡按使明晰批斥在案，事隔经年，忽又来署混渎，殊属不合。不准。此批。八月二十四日

　　　　　（原载《浙江公报》第一千六百零三号，二五页，批示）

浙江省长公署批第一百二十一号

原具禀人章单氏

　　　　禀一件绍兴章单氏禀伊子甫椿被押请求移转管辖一案由

据呈各情，既未黏抄县案，无从核办，所请应毋庸议。此批。八月二十四日

　　　　　（原载《浙江公报》第一千六百零三号，二五页，批示）

浙江省长公署批第一百二十二号

原具禀人嵊县公民周毓奇等

　　　禀一件禀请开释钱竹安由

仍遵前批，俟县呈到日，再行核夺。此批。八月二十三日

　　　（原载《浙江公报》第一千六百零三号，二五至二六页，批示）

浙江省长公署批第一百二十三号

原具呈人余姚毛叶氏

　　　呈一件控王知事滥押伊夫毛品芝毙命由

此案前据会稽道委员查复，即经前巡按使批饬高检厅核案复查，从严议详察夺在案。迄今半载之久，未据呈复，殊属迟延。据呈前情，候即令催该厅遵照前批办理可也。结附。此批。八月二十四日

　　　（原载《浙江公报》第一千六百零三号，二六页，批示）

浙江省长公署批第一百二十四号

原具禀人温岭县民林以信

　　　禀一件为控林克信等挟嫌诬陷贿串害命由

查此案于上年七月间据高审厅转据温岭县以"尔子林梅头，系著名匪徒，藉调查学龄风潮，鸣锣聚众，肆意滋闹，并殴警夺枪，请处以死刑"等情，经该厅以"情罪未合，详经前巡按使批准发回复审妥拟，另详核办"在案。据呈，尔子经高等厅提省讯问发回，被林克信等串通解警，中途致毙各节，未据该厅、县呈报有案，究竟是何实情，候令高审厅确切查明具复察夺。结附。此批。八月二十四日

　　　（原载《浙江公报》第一千六百零三号，二六页，批示）

浙江省长公署批第一百二十六号

原具呈人东阳许崇文等

呈一件请饬拿漏网著匪由

禀悉。缉匪为地方官专责,候令警政厅行县会督兵警照案勒缉各逸匪,务获究报,并将已获各犯讯明拟办,以靖地方。此批。八月 日

（原载《浙江公报》第一千六百零三号,二六页,批示）

浙江督军署训令第五十三号

令军队各机关遇有新辅币流行入境时不得
丝毫折扣并转令所属一体遵照由

令各军队机关

案准财政部咨开,"据造币总厂详称,'前奉部令依照《国币条例》预备续铸新银辅币,当经拟定花纹形式与一元新币一致,量色公差,悉依《国币条例》办理,以二枚当一元者曰中元,以五枚当一元者曰二角,以十枚当一元者曰一角,拟乘现在金融一大变更之时机,即将各种银辅币铸发,从天津入手,逐渐试办,以期普及。请部通行各部、省转令所属,所有一切官款出入一律遵照《国币条例》办理,位以十进,不得丝毫折扣,并示谕商民俾知新银辅币完粮纳税及一切公款出入、商业贸易,均极便利,并准随时到国家及省立银行兑换,悉遵《条例》办理。案关币制,是否有当,详请示遵'等情。查一元新主币发行已久,其各项十进新辅币亦应陆续发行,以资辅助。该总厂所请先行铸发中元、二角、一角新辅币三种,应由军民官商遵照《国币条例》十进行用,事关推行币制,自可照准。除批示并分行外,相应咨请查照,转令所属遇有此项新辅币流行入境时,凡中元二枚、二角五枚、一角十枚,均折合一元新主币一枚,人民得随时向国家或省立银行兑换主币,主币亦得兑换辅币,均按十进法计算,不得稍有参差,丝毫折扣,

违者按照《〈国币条例〉施行细则》第九条处罚,并示谕商民等一体遵照。至浙江地方何日开始发行,一俟议定,再行行文查照办理"等因。准此,除分行外,合行令仰该　　知照,并令所属一体知照。此令。

中华民国五年八月二十三日

督军吕公望

（原载《浙江公报》第一千六百零四号,一九一六年八月二十九日,三页,训令）

浙江省长公署训令第一百六十三号

令民政厅据武康县知事宗彭年胪举

该县警佐曾咏风事实请予核奖由

令民政厅长王文庆

案武康县知事宗彭年胪举该县警佐曾咏风事实,请予核奖等情。据查近来各属警察人员纷纷被控,间有勤劳称职,成绩优良者,应即嘉奖,以资鼓励。除以"据称该警佐曾咏风'办事勤能,成绩卓著,而于保护外人,维持秩序,尤资得力'各情,殊属可嘉,自应准予给奖,以昭激劝。仰候令行民政厅查照核奖,令遵可也"等语,指令该知事知照外,合行抄发原呈,令仰该厅长查照办理,转令遵照,并具报备核。此令。

计抄发原呈一件①。

中华民国五年八月　　日

省长吕公望

（原载《浙江公报》第一千六百零四号,三至四页,训令）

---

①　原呈,底本未见刊出。

浙江省长公署训令第一百六十九号

令民政厅据安吉公民朱履鳌禀控
王克明划拨竹捐请照旧办理由

令民政厅长王文庆

案据安吉公民朱履鳌等禀称，"民等均籍安吉南乡，山多田稀，向依毛竹为生，皆由梅溪出水。衅于光绪二十年起，冤遭该处痞棍刬抢截夺，以致竹商裹足，山户断息，曾经禀县究办在案。讵该痞棍等愍不畏法，卒无效果，迨至光绪三十二年始得孝邑竹商禀请上宪，准于梅溪设立竹商公所（即今改驻梅山林警察公所），招募巡勇捐资自卫，痞等敛迹，方见成效，迄今十载，於、馀二邑竹商连络合办，相沿许久，殊无窒碍。不期今春特出本邑北乡特充梅溪保卫团总王克明，异想天开，贪羡是项竹捐，藉称集议修订，朦耸二邑官绅，竟将安吉竹捐任意划拨，藉充为名，其实私吞，民等各属商户渠不承认，均甘照旧合办，不愿划分沿革。讵王克明竟恃团总手势，一味挟制，转将各行竹捐稽簿扣收，共计大洋五百余元。惟最可恶者，甚至吊竹地点以及公所出入，一并转嘱孝丰竹商公所摈斥不准民等行使，为此来辕请求准予照旧办理，以免纷歧，并乞转饬王克明缴还竹捐"等情。查此案先据该县知事呈"据集议收回竹捐，自行保护，请予备案"前来，当仰该厅饬县将竹捐收数若干，如何收缴，如何支配，详细声复在案。据禀各节，其中有无别情，该知事奉饬已久，何以延未声复，合令该厅迅饬该知事一并查明，克日具复核办，毋得再延，致干未便。此令。

中华民国五年八月二十四日

省长吕公望

（原载《浙江公报》第一千六百零四号，四至五页，训令）

浙江省长公署训令第一百七十一号

令民政厅据龙泉蒋葆蓉等禀为吴嘉彦侵食学款请准开私塾由

令民政厅长王文庆

案据龙泉县公民蒋葆蓉等禀为"款敛巨绅，幼童绝学，请准开私塾"等情，除批"据禀该乡七、九两都（余见本日"批示"门）查明办理。此批"等语外，合行抄发原禀，令仰该厅遵照办理。此令。

中华民国五年八月二十四日

省长吕公望

（原载《浙江公报》第一千六百零四号，五页，训令）

浙江省长公署训令第一百七十六号

令民政厅准内务部电第三四届保免知事赴部考询由

令民政厅长王文庆

案准内务部电称，"案查第三届、四届保荐免试知事，尚有四百余员，未经赴部考询，现定于本年十月考询一次，以后即行停止，已由部布告，饬各该员于十月十五日以前一律赴部报到，听候考询。如有现署县缺不能离职者，应由各省长官于十月内详明理由，咨部免其考询。如逾限期，即将各原案一律撤销。除布告外，特此电达，请即查照办理"等因。合行令知该厅遵照办理。此令。

中华民国五年八月　日

省长吕公望

（原载《浙江公报》第一千六百零四号，五页，训令）

浙江省长公署训令第一百七十九号

令民政厅准教育部咨以北京农业学校毕业请量予任用由

令民政厅长王文庆

案准教育部咨开，"据国立北京农业专门学校校长路孝植详称，

'案查本校农学科学生三十五名,业经详报在案。惟该生等肄业三年,成绩尚属可观,若再加以经验,庶可扩其学识,藉图深造。伏念各行省中设立甲种、乙种农校以及农事试验传习场所,随在皆有,对于此项学生,不无需用之处。兹特造具各生名册一份,拟恳大部按照各生原籍分别转咨各本省巡按使量予任用,俾资练习,实为公便。伏乞鉴核施行'等情到部。查该校农科学生毕业成绩均属优良,现值振兴实业之际,各省需用此项农业人材必多,各该生学既有成,亦思尽力于桑梓,既据该校校长详请转咨前来,相应钞录各该生姓名咨送贵省长量予任用,俾资练习。附单一纸"等由。准此,合行抄录名单,令仰该厅查照,量予任用。此令。

中华民国五年八月二十五日
省长吕公望

附单一纸。

计开:

关鹏万,二十六岁,浙江杭县人;高汝楫,二十六岁,浙江浦江县人。

(原载《浙江公报》第一千六百零四号,训令,五至六页)

浙江省长公署训令第一百八十号

令民政厅据留德工业矿务学生朱家华呈请给予官费由①

令民政厅长王文庆

案据自费留德工业矿务学生朱家华呈请给予官费等情,除批以"据呈,该生曾经教育部咨取从前经过学历各项凭证及现时在学证书,准予存记等情,是否属实,候令民政厅查明具复核办"外,合行令

---

① 朱家华,即朱家骅(1893—1963),字骝先,浙江吴兴人。一九一四年十月自费留学德国柏林矿科大学。

仰该厅遵批查明具复候夺。此令。

计抄发原呈一纸①。

省长吕公望

中华民国五年八月二十五日

（原载《浙江公报》第一千六百零四号，六页，训令）

浙江省长公署指令第三百四十四号

令财政厅长莫永贞

呈一件为请任命马叙伦楼聿新为该厅秘书由

呈及履历均悉。据称拟任马叙伦、楼聿新两员为该厅秘书，应即照准，仰将发去任命状二张转给祗领。此令。履历存。八月二十二日

（原载《浙江公报》第一千六百零四号，九页，指令）

浙江省长公署指令第四百二十一号

令武康县知事宗彭年

呈一件为列举警佐事实请核奖由

呈称，该县"警佐曾咏风办事勤能，成绩卓著，而于保护外人、维持秩序，尤资得力"各情，殊属可嘉，自应准予给奖，以昭激劝。仰候令行民政厅查照核奖，令遵可也。履历存。此令。八月二十五日

（原载《浙江公报》第一千六百零四号，九页，指令）

浙江省长公署指令第四百二十四号

令警备队第六区统带、永嘉县知事

呈一件永嘉县滕李二姓械斗统带知事电报驰办由

据电已悉，迅将械斗及办理详情呈报察核。此令。八月　日

（原载《浙江公报》第一千六百零四号，九页，指令）

---

① 原呈，底本未见刊出。

浙江省长公署指令第四百五十号

令民政厅长王文庆

呈一件为嘉善县知事呈报修理县署及

各警察所被风损坍房屋由

呈、册均悉。该县初次估修公署经费，既遵前按署批示，不越千元之限，如果中遭覆压，需费较巨，应即另行呈请核准。事前并未声明，事后率请添款，殊属不合。既据并呈民政、财政两厅，仰民政厅查核饬知并咨财政厅查照。此令。清册姑存。八月二十五日

（原载《浙江公报》第一千六百零四号，九至一〇页，指令）

浙江省长公署指令第四百五十二号

令民政厅长王文庆

呈一件东阳县知事为请展限查报农桑水利各要政由

据呈，该知事"甫经抵任，于农桑、水利各项情形，尚待查考，请展限一月，再行呈报"等情，应予照准，仰民政厅转饬知照。此令。八月二十六日

（原载《浙江公报》第一千六百零四号，一〇页，指令）

浙江省长公署指令第四百五十三号

令民政厅长王文庆

呈一件遂安县知事遵报办理农桑水利各要政情形由

贫民工厂为教授艺徒而设，与营业性质不同，招集商股一节，未便准行；贫儿院及各处水利，均系要政，何得任意延宕，统限令到一个月内详细计画，呈候核夺。恢复地方自治，业经令厅另文饬知。余如所拟办理。仰民政厅转饬知照。摺存。此令。八月二十六日

（原载《浙江公报》第一千六百零四号，一〇页，指令）

浙江省长公署批第一百二十七号

原具禀人朱履鳌等

禀一件控王克明划拨竹捐请照旧办理由

查此案先据该公民等禀请免捐，当以"案经该县知事呈奉批饬复查，应复候到核办"等情批示在案。据禀各情，仰候令厅饬催该县知事克日查复，再行核示。此批。八月二十四日

（原载《浙江公报》第一千六百零四号，一二页，批示）

浙江省长公署批第一百二十八号

原具呈人蒋葆蓉等

呈一件为吴嘉彦侵食学款请准开私塾由

据禀，该乡七、九两都贫无学校，子弟失学等情，如果属实，自应亟予设法，候令民政厅转饬该县查明办理。此批。八月二十四日

（原载《浙江公报》第一千六百零四号，一二页，批示）

浙江省长公署批第一百二十九号

原具呈人永嘉许成光

呈一件为呈诉涂田一案请派员复勘实究虚坐由

案关诉愿，应照章径向民政厅申请，勿得越渎。此批。八月二十四日

（原载《浙江公报》第一千六百零四号，一二页，批示）

浙江省长公署批第一百三十二号

原具呈人留德学生朱家华

呈一件为请给予官费由

据呈，该生曾经教育部咨取从前经过学历各项凭证及现时在学证书，准予存记等情，是否属实，候令民政厅查明具复核办。此批。八

月二十五日

（原载《浙江公报》第一千六百零四号，一二至一三页，批示）

浙江省长公署批第一百三十三号

原具禀人绍兴陶方管

禀一件为开采鸟门山一案县详与事实不符请委查由

查此案先据民政厅复称，鸟门山与东湖名胜无关等情，批准开采在案。该民如果有私产在该矿区之内，尽可呈验各项证据，请县裁断，仰即知照。此批。八月二十五日

（原载《浙江公报》第一千六百零四号，一三页，批示）

浙江省长公署批第一百三十四号

原具呈人黄岩徐仁灿等

呈一件为杨祥选等违禁开塘有害公益环请撤销由

据呈阅悉，已于梁选等呈内明白批示矣。此批。八月二十五日

（原载《浙江公报》第一千六百零四号，一三页，批示）

浙江省长公署批第一百三十五号

原具呈人上海寰球尊孔会医院

呈一件为续呈广告恳饬分贴由

呈及附件均悉。该校前请饬属保送习医，业已明白批示在案，招生广告应由该校自行分贴，所请碍难照准。此批。附件发还。八月二十五日

（原载《浙江公报》第一千六百零五号，二四页，批示）

浙江省长公署批第一百三十六号

原具呈人黄岩梁选等

呈一件为有害水利环求取销县判由

呈、图均悉。事关诉愿，应向民政厅依法申请，毋庸越渎。此批。图发还。八月二十五日

（原载《浙江公报》第一千六百零五号，二四页，批示）

浙江省长公署批第一百三十七号

原具呈人孙焕卿

呈一件请饬厅复讯由

本案判词未据黏呈，无凭核夺，至黏呈废止条例，并无此事，何得任意虚捏，尤见刁狡，特斥。黏揭还。此批。八月二十五日

（原载《浙江公报》第一千六百零五号，二四页，批示）

浙江省长公署批第一百三十八号

原具呈人天台潘廷献

呈一件为请开释伊父潘颂清由

呈悉。该民之父可否取保候讯，应自向高等审判厅呈请核示，无庸越渎。此批。八月二十五日

（原载《浙江公报》第一千六百零五号，二四页，批示）

浙江省长公署批第一百四十号

原具呈人缙云吕炳汀

呈一件为弟吕登财因公惨死请求昭雪由

据呈各情，是否属实，仰候令厅饬县呈复核夺，仍严缉余匪，提同现犯讯明，依法办理可也。此批。八月二十五日

（原载《浙江公报》第一千六百零四号，一三页，批示）

浙江省长公署批第一百四十一号

原具呈人於潜公民骆耀光等

呈一件为卸任郭知事剖白由

呈悉。查该郭前知事曾煜因案停职，听候审讯，官厅自能秉公办理，毋庸该公民等代为剖白。此批。八月二十五日

（原载《浙江公报》第一千六百零四号，一三页，批示）

吕督军兼省长贺北京段总理电

北京国务院段总理钧鉴：京电传来，敬悉总揆一席已经国会同意，为国为民，同深庆幸。溯自政纲失坠，国本漂摇，扶危定倾，端资柱石。今幸钧衡攸秉，足征舆望所归。从兹宏济艰难，慰四海来苏之望；与民更始，奠万年不拔之基。谨率两浙军民，为国家前途贺，并为我公贺。浙江督军兼省长吕公望。

（原载《浙江公报》第一千六百零四号，一五页，电）

附　北京徐树铮来电

吕督军鉴：本日参院百九三人开会，总理同意百八七票。谨闻。树铮。漾。印。（中华民国五年八月二十三日）

（原载《浙江公报》第一千六百零四号，一五页，北京来电）

浙江省长公署咨教育部

为咨送省立第十一中学校详送转学生一览表由

浙江省长公署为咨陈事。案查接管卷内据省立第十一中学校长王复详送转学生一览表及钞转学证书、成绩表到署，复核无异，相应备文送请大部察核备案。为此咨陈

教育总长

计附送一览表,钞转学证书、成绩表各一份。

浙江省长吕公望
中华民国五年八月二十六日

(原载《浙江公报》第一千六百零五号,一九一六年八月三十日,三页,咨 公函)

浙江省长公署公函第一号

函复江苏交涉公署函称日轮安鑫
自泗安行驶江苏请饬查见复由

径复者。案准贵署函,"为日轮安鑫行驶路线有无关碍,请饬查见复"等情,当经本公署令知本省交涉署查复去后。兹据复称,"八月十八日奉钧署训令第七〇号内开,'案据江苏交涉公署函称,准驻沪日正领事函,据日商赖莫司禀称,现办安鑫小轮船局,专驶江、浙两省,总局设于杭州湖墅,轮行路线系湖州、泗安、长石、余杭、武康、德清,杭城内至倡佑桥止,请为保护。续据日领事函称,该商续禀,并非由沪开行,系由浙江泗安开驶江苏盛泽各等语,□据江海关监督查照《内港行轮章程》,函请饬查见复等情到署。查泗安向无小轮行驶,且非通商口岸,日轮由该处开赴江苏盛泽,是否有违约章,合行令仰该署长迅即按照上开各节查明具复核办'等因。奉此,查接管卷内七月十七日准驻沪日斯巴尼亚领事函,据日商赖莫司禀,'办安鑫轮局行驶湖州、泗安、余杭、德清、武康、长石等处',经张前交涉署长复以'余杭一线历经华洋商人禀请行轮,均以有碍内河堤岸水利,经地方官厅批驳在案,未便独准该商行驶。其余路线查照《内港行轮章程》,亦应将路线由某处至某处详细开明,以便查明核办。至设局地点,只能在拱宸桥通商场左近,该商请设于湖墅,亦难照准'等语。旋准该领事函送安鑫轮船公司经理吴钰林禀词一扣,内称,'酌改路线,总局设于大关桥内,由大河山路驶至余杭为第一路,由大关经过粮渚、刁庄、上千埠、三桥埠、平窑、上柏、武康、德清、莫干山为第二路，由湖墅德胜坝经过艮山门进城至倡佑桥为第三路，由登云桥经过洋关、菱湖、新市、袁家汇、湖州、雪水桥、泗安为第四路，又由泗安至盛泽为江苏路线'等语。复经张前交涉署长以'查阅原禀具名者为吴钰林，而非赖莫司。吴钰林本系华商，安鑫轮局究竟是否为吴钰林开设，抑系与赖莫司合股，未据声叙明晰，碍难核办'等语驳复去后，尚未准该领事函复到署。奉令前因，合将此案经过情形据实陈明"等由。查吴钰林前在拱埠开设华洋轮船公司，始称华商，继忽改称英商，旋又改称日商，未几即因亏折歇业，此次忽由日商赖莫司请求日领函请保护，难保无影射情弊。查照《内港行轮章程》内载，华商集股开设轮船公司，虽有洋商附股，不得冒挂洋旗。且查该商所指定之路线，余杭一路，因有碍堤岸水利，历经华商禀办，未经核准；德胜坝进城一路，向来亦只由轮局用驳船运送，从无行驶汽船之事；由泗安至苏省盛泽一路，彼此均非通商口岸，照章非由官厅允许，不得行驶；似此均难照准。惟拱宸桥至湖州一段，系在浙省界内，该商如欲开办，应向杭关监督署领取牌照，以凭查核。准函前因，合行函复至该轮局，究竟是否华洋合股，仍俟日领事函复到后，再行函知。此复

江苏交涉公署署长

中华民国五年八月二十六日

（原载《浙江公报》第一千六百零五号，三至四页，公函）

浙江省长公署训令第一百五十号

令民政厅据余姚学务委员电请取消师范讲习所由

令民政厅长王文庆

案据余姚学务委员叶晋绥等电开，"阅寒日《之江日报》载省视学陶承渊呈请取消联合师范讲习所文，委员等同此意见。又载嘉兴来

电云,虚糜款项,于教育前途实无裨益。各属情形亦复相同,伏请当机立断,准予取消,以顺舆情。再,自治即将回复,前颁《学务委员规程》并请明令废止,以汰冗职而裕学费"等情。据此,查取消师范讲习所,先据省视学陶承渊禀请,业经本公署以"应否即予归并,或俟毕业后停办,令饬该厅核议具复"在案。据电各节,合令该厅并案议复候夺。至裁撤学务委员,应候另案办理,仰并知照。此令。

中华民国五年八月　日

省长吕公望

（原载《浙江公报》第一千六百零五号,五页,训令）

浙江省长公署训令第一百七十八号

令警政厅造送全省各项警察名额经费一览表由

令警政厅长夏超

查全省水陆厅、区、营、队各项警察,所以辅军防之不足,保地方之治安,关系至为重要,而经费为办事之母,名额为支配之纲,非调查明确,无以筹全局而图分布。为此令仰该厅迅将所辖水陆厅、区、营、队警察,每处名额若干,每年经费若干,分别确查填注,造成《全省水陆厅区营队警察名额经费一览表》,限文到十五日内呈送到署,以备稽考。毋延,切切。此令。

中华民国五年八月　日

省长吕公望

（原载《浙江公报》第一千六百零五号,五页,训令）

浙江省长公署训令第　号

令民政厅造送全省各项警察名额经费一览表由

令民政厅长王文庆

查全省地方警察星罗棋布,所以维持秩序,保卫治安,关系至为重要,而经费为办事之母,名额为支配之纲,非调查明确,无以筹全局而资综核。为此令仰该厅迅将所属地方厅、局、县所警察,每处名额若干,每年经费若干,分别查确填注,造成《全省地方警察名额经费一览表》,限文到十五日内呈送到署,以凭稽考。毋延,切切。此令。

中华民国五年八月　日

省长吕公望

(原载《浙江公报》第一千六百零五号,五至六页,训令)

浙江省长公署训令第一百八十一号

令民政厅为丁祭期届仰转行杭县知事妥速筹备由

令民政厅长王文庆

案查历届丁祭均系饬由杭县遵照祀孔典礼敬谨筹备,并督同各校遴生肄习乐舞,共襄盛典在案。现距本年九月七日即夏正八月初十日秋祭之期已近,合亟令仰该厅转行杭县知事查照前案,督同丁祭局董妥速敬谨筹备,勿稍延误。所有支用经费,并于事竣后核实册报候夺,切切。此令。

中华民国五年八月二十六日

省长吕公望

(原载《浙江公报》第一千六百零五号,六页,训令)

浙江省长公署训令第一百八十二号

令民政厅为丁祭期届仰转行各中校各选
学生二十人共襄祀典由

令民政厅长王文庆

案查前届丁祭所有执事各礼生,系由第一中学、宗文中学、安定中学三校各选学生二十人,共六十人,查照印发规定礼节单,先期肄习,共襄祀典在案。现距本年九月七日即夏正八月初十日秋祭之期已近,合亟照旧分派,以资熟手。为此令仰该厅分别函知各校校长,会同丁祭局董查照原案,派定人数暨所发礼节单,遴生照旧肄习,以备届期将事,馀亦恪遵原案指示各节办理。此令。

中华民国五年八月二十六日

省长吕公望

(原载《浙江公报》第一千六百零五号,六至七页,训令)

浙江省长公署训令第一百八十三号

令民政厅为丁祭期届仰转令师校遴选学生七十人
杭县四高小校各三十五人为舞生由

令民政厅长王文庆

案查前届丁祭,系由第一师范学校遴选学生七十人为乐生,杭县四高等小学校各选学生三十五人共一百四十人为舞生,查照印发规定礼节单暨乐章,先期分别肄习,共襄祀典在案。现距本年九月七日即夏正八月初十日秋祭之期已近,合亟照旧分派,以资熟手。合亟令仰该厅函知各校校长会同丁祭局董查照原案,派定人数暨所发礼节单、乐章,遴生照旧肄习,以备届期将事,馀亦恪遵原案指示各节办理。此令。

中华民国五年八月二十六日

省长吕公望

(原载《浙江公报》第一千六百零五号,七页,训令)

浙江省长公署训令第一百八十四号

令高审厅为缉获盗首唐照生请速判决由

令高等审判厅长范贤方

本年八月十七日据平湖县民陆宝鈖呈"盗首唐照生就获,请速判决"等情到署。据此,除批"查周小弟、杜顺馀二名已据嘉湖镇守使判决呈报,据称首犯唐照生一名,已经水警缉获解县讯供承认,候令高审厅转行平湖县提讯明确,按法拟办可也。此批"挂发外,合行令仰该厅即便转行平湖县将唐照生一名提讯明确,按法惩办。禀钞发。此令。

中华民国五年八月二十五日

省长吕公望

(原载《浙江公报》第一千六百零五号,七页,训令)

浙江省长公署训令第一百八十五号

令高审厅据缙云吕炳汀禀弟吕登财因公惨死请昭雪由

令高等审判厅长范贤方

案据缙云县民人吕炳汀呈称,其弟"吕登财因公惨死,请求昭雪"等情到署。除批示"据呈各情,是否属实,仰候令厅饬县呈复核夺,仍严缉余匪提同现犯讯明,依法办理可也。此批"挂发外,合行令仰该厅令县将办理是案情形呈复核夺,一面仍饬勒缉余匪田章儿等提同现犯研讯明确,按律究办,毋稍延纵。呈抄发。切切。此令。

中华民国五年八日二十五日

省长吕公望

(原载《浙江公报》第一千六百零五号,七至八页,训令)

浙江省长公署训令第一百八十六号

令交涉公署仰即函复格总领事前复省长一函

何人泄告报馆似稍误会无庸饬查由

令交涉署长林鹍翔

准俄总领事格罗思函开,"启者。路桥案之刘殿鳌,敝处七月二十九奉致一函,已言明刘无不到案之意,惟杨子平亦应饬其到案,以便质讯,想贵督军必已查照饬知在案。乃八月四号披阅《共和新报》,

内有刘殿鳌抗不到案一条，载称贵督军接本总领事函复，仍饬张交涉署长函促敝处令刘投案云云。初阅报时，以为该报所登谅系已往之事，不以为意，乃不逾时，接张交涉署长来函，语意颇与该报所载大略相同，当查刘并非匿不到案，尽可由地方官传刘与杨互质，前函早已叙明，此时自不必多赘。惟《共和新报》登录此条，竟在本署接张署长函之先，令人莫名其妙。兹将该报送呈，祈贵督军一阅。此等事件虽不必禁止登报，然报章宣布在先，本署接函于后，即姑谓接函与见报同在一日之中，报馆之得信亦必早于本署，定非可异。究系何人泄告报馆，统祈贵督军饬查见复为荷"等语。查格总领事关于此案前来两函，一为七月二十一日，一为七月二十九日，均经本署饬知该署函复。查阅送来八月四日《共和新报》一纸，内载格君函复省长等语，乃七月二十一日格总领事致本署之函，则所谓饬署函复，当即指第一次饬复之件，本已登载八月二日《浙江公报》在案，《共和新报》登载在后。来函所询何人泄告报馆一层，似稍误会，无庸饬查，仰即函复格总领事查照。再，格总领事所称四号接该署函复，是否本署第一次饬复之件，至四号始行送到俄总领事公署，并即查明具复，毋延。此令。

中华民国五年八月二十四日

省长吕公望

（原载《浙江公报》第一千六百零五号，八至九页，训令）

浙江省长公署训令第一百八十七号

令各厅为催各厅将应提交省议会议案

赶速编订呈核由

令财政厅长莫永贞、民政厅长王文庆、警政厅长夏超

照得各厅应行提交省议会议案，前经本省长饬令"各就主管事项赶速筹备，并限于八月二十五日以前呈送本署，以便复核交议"在案。

兹查省议会开会之期转瞬即届,前项议案尚未据各该厅陆续呈送前来,除分令外,合亟令催该厅遵照。如应行提交议案尚未一律编就,应将已经编成议案先行刻日送呈本署,以凭复核交议,其未经编就各案,并即赶速编订,陆续呈核,毋再违延,是为至要。此令。

中华民国五年八月二十六日

省长吕公望

(原载《浙江公报》第一千六百零五号,九页,训令)

浙江省长公署训令第一百八十八号

令民政厅为宁海县卢相汤请饬县
发还前次掠收各件由

令民政厅长王文庆

案准浙江督军署咨开,“案据宁海县民人卢相汤呈称,‘去年在前沪军陈都督部下招办党务,本年阴历正月间赴宁海调查一切,被县知事江恢阅侦知,派小队前来掩捕未获,该队长即将家内所藏衣什银洋夹掠一空。本省独立后,民屡向江知事请求发还,均置不批,叩请迅饬江知事将前所掠收各件查案发还,以保私产’等情。据此,除批示‘呈及黏单均悉。所称是否属实,本署无案可稽,仰候咨请省长核饬宁海县知事查明核办’”等由。准此,合行抄发呈单,令仰该厅转令宁海县知事查核办理。此令。

计抄附件①。

中华民国五年八月二十五日

省长吕公望

(原载《浙江公报》第一千六百零五号,九至一〇页,训令)

---

① 附件,底本并无刊出。

浙江省长公署训令第一百九十三号

令民政厅准内务部皓电孔祭典礼仰即咨饬遵行由

令民政厅长王文庆

案于本月二十日准内务部皓电内开，"真电悉。祀孔典礼拟除去跪拜，行三鞠躬，祭服改为礼服，因时制宜，极表同意。现订为迎送神各三鞠躬，读祝文、胙各一鞠躬①，正献、分献服大礼服，陪祀各员服常礼服。本届秋丁在迩，即行照此办理。将来此项礼典仍当提出国务会议，俟议决后再行公布。除通电各省外，特复"等由。准此，查此案前经本署电询在案，兹准前由，合亟连同本署去电，令仰该厅遵照，并即分别咨饬遵行。其距省较远各县，现当秋祭在即，并应分别电令，均无延误，切切。此令。

中华民国五年八月二十六日

省长吕公望

（原载《浙江公报》第一千六百零五号，一〇页，训令）

浙江省长公署训令第一百九十六号

令民政厅据嘉兴沈文华等电请取销联合师范讲习所由

令民政厅长王文庆

案据嘉兴沈文华、吴文禧、顾宗况、顾振庠、徐清扬、蒋世芳、钱豫等筱电称，"第二联合师范讲习所学生三十名，糜款巨万，内容腐败，异口同声，且提用县税，小学经费顿受影响，是师资难期造就，小学先被摧残。查讲习所特设机关，元年部令无此规定，贻误教育，莫此为甚，乞速令取销"等情前来。查此案前据省视学陶承渊暨嘉、平、崇、海、善、桐六县前议会议长徐涵等先后呈电前来，业经本公署以"应否

---

① 胙，疑前脱"受"字。

即予归并,或俟毕业后停办之处,令仰该厅核议具复"在案。现届暑假将满,究竟即予归并,或俟毕业后停办,亟应分别决定,以资办理,合行令仰该厅迅速并案核议具复候夺。此令。

中华民国五年八月二十六日
省长吕公望

（原载《浙江公报》第一千六百零五号,一〇至一一页,训令）

浙江省长公署训令第一百九十七号

令民政厅通令各属裁撤学务委员由

令民政厅长王文庆

案查"本年七月十四日准本省前参议会咨,'请裁撤各属自治委员及学务委员'等情,当经本省长在都督任内以'学务委员情同骈拇,自应即予裁撤。至自治委员有经管地方公款公产之责,应候正式自治机关成立后,再行裁撤'等情,咨请复议"在案。参议会旋即停会,此项复议事件虽未准该会咨复,然既经提交复议,自无庸遽予裁撤。至学务委员一职,实系情同骈拇,应即照案执行,合亟令仰该厅通令各属将旧设学务委员限九月十五号以前一律裁撤,具报备案。所有该委员执管事务,分别移交县公署办理学务人员及视学员接管,以节糜费。毋延,切切。此令。

省长吕公望
中华民国五年八月二十六日

（原载《浙江公报》第一千六百零五号,一一页,训令）

浙江省长公署训令第一百九十八号

令民政厅据绍萧公民徐绳宗等电求准予
开掘袁家浦新港以泄水势由

令民政厅长王文庆

案据绍、萧公民徐绳宗等电"请按照水利委员会筹议办法,在袁家浦另开新港,分杀水势"等情,并续禀前来。查此案迭饬该厅查议,未据复到,兹据电禀各情,合再令仰该厅迅照前饬,克日议复候核,毋延,切切。此令。

抄发原禀①。

中华民国五年八月二十七日

省长吕公望

（原载《浙江公报》第一千六百零五号,一一一页,训令）

浙江省长公署训令第一百九十九号

令民政厅准内务部咨行饬属严禁鸦片由

令民政厅长王文庆

案准内务部咨开,"奉大总统令,'近年以来,严禁鸦片,三令五申,内地已绝种植,而贪利不法之徒,巧借护符,暗中贩卖,蠹国病民,殊堪痛恨。着内务、司法两部同行各省行政长官暨稽查、运输各官署,遵照迭次命令于禁种、禁吸、禁运各端,切实查惩,以期永绝根株,净消流毒。此令'等因。奉此,相应咨行贵省长查照转饬所属一体遵照可也。此咨"等因。合亟令知该厅会同警政厅严饬所属遵照办理,切切。此令。

中华民国五年八月二十六日

省长吕公望

（原载《浙江公报》第一千六百零五号,一一一至一一二页,训令）

浙江省长公署训令第　号②

令民政厅转饬所属保护三北轮埠公司姚北轮船由

令民政厅长王文庆

准交通部咨开,"据江海关监督详称,接税务司函,据华商三北轮

---

① 原禀,底本未见刊出。
② 本文自浙江民政厅训令第一百六十四号析出。

埠公司禀,向裕兴公司价买仁和轮船一艘,改名姚北,遵具呈式、黏连图说、附缴部照,请转详注册、填发新照等因。理合将呈式、旧照详请察核前来。查该轮行驶航线由宁波至龙山,经过镇海、穿山、定海、沥江等处,除由本部涂销旧照、另注新册,填就'轮'字第一千四百五十四号执照一纸,发交该监督转给承领外,相应咨请贵省长查照,分令各该属保护,至纫公谊"等由前来。除咨复外,合行令仰该厅查照,迅即转饬所属一体保护。此令。

省长吕公望

附　浙江民政厅训令第一百六十四号
令鄞县镇海定海三县知事奉省长
令保护三北轮埠公司姚北轮船由

令鄞县、镇海、定海县知事

案奉省长令开,"准交通部咨开,'据江海关监督详称,接税务司函,据华商三北轮埠公司禀,向裕兴公司价买仁和轮船一艘,改名姚北,遵具呈式、黏连图说、附缴部照,请转详注册、填发新照等因。理合将呈式、旧照详请察核前来。查该轮行驶航线由宁波至龙山,经过镇海、穿山、定海、沥江等处,除由本部涂销旧照、另注新册,填就轮字第一千四百五十四号执照一纸,发交该监督转给承领外,相应咨请贵省长查照,分令各该属保护,至纫公谊,等由前来。除咨复外,合行令仰该厅查照,迅即转饬所属一体保护"等因。奉此,除咨请警政厅令行该管水警一体保护暨分令外,合就令仰该知事妥为保护。此令。

中华民国五年八月二十四日
民政厅长王文庆

(原载《浙江公报》第一千六百零五号,一四页,训令)

浙江省长公署训令第　　号①

令民政厅转饬所属保护顺隆局顺泰小轮由

令民政厅长王文庆

准交通部咨开，"据江海关监督详称，准税务司函，华商顺隆轮局顺泰小轮改变航路，备具呈式，请注册给照并缴旧照一纸等因。理合将呈式、旧照详送察核等情到部。查该轮改驶航线，起上海讫杭州，经过松江、平湖、嘉兴、硖石、南浔、湖州等处，业由本部涂销旧照、另注新册，填就执照一纸，发交该监督转给承领并分行在案。相应咨行贵省查照，分饬各该属随时保护，至纫公谊"等由。准此，除咨复外，合行令仰该厅遵照迅即转令所属随时保护，是为至要。此令。

省长吕公望

附　浙江民政厅训令第一百六十五号

令杭县等五县奉省长令保护顺隆局顺泰小轮由

令杭县、嘉兴、吴兴、平湖、海宁县知事

案奉省长令开，"准交通部咨开，'据江海关监督详称，准税务司函，华商顺隆轮局顺泰小轮改变航路，备具呈式，请注册给照并缴旧照一纸等因。理合将呈式、旧照详送察核等情到部。查该轮改驶航线，起上海讫杭州，经过松江、平湖、嘉兴、硖石、南浔、湖州等处，业由本部涂销旧照、另注新册，填就执照一纸，发交该监督转给承领并分行在案。相应咨行贵省查照，分饬各该属随时保护，至纫公谊'等由。准此，除咨复外，合行令仰该厅遵照迅即转令所属随时保护，是为至要"等因。奉此，除咨请警政

---

① 本文自浙江民政厅训令第一百六十五号析出。

厅令行该管水警一体保护暨分令外,合就令仰该知事妥为保护。此令。

中华民国五年八月二十四日

民政厅长王文庆

（原载《浙江公报》第一千六百零五号,一四至一五页,训令）

浙江督军公署指令第三百十一号
浙江省长公署指令第四百十九号

令孝丰县知事芮钧

呈一件为饬查陈如玉等图谋不轨一案

查无其事祈将捏呈发县根究由

呈悉。查此案"前据该团总鲁馨寒电,业准将前呈黏发,训令该知事传对笔迹,迅予澈底究办"在案。兹据该知事呈报详请并呈送图记私章式样前来,情节离奇,深堪诧异。仰即遵照前令迅将图记笔迹详晰核对,如果捏冒诬控属实,其陈如玉等四名亟应立予省释,并责成该知事严密根查,何人捏名诬告,伪造公文图记,务获澈究,从严惩办,仍将办理情形具报,切切。此令。八月二十四日

附原呈

呈为饬查巨匪陈如玉等图谋不轨一案业经查明并无其事,仰祈察核迅将捏呈批发下县以便根究事。

本月十二日奉钧督饬,"据孝丰县灵岩区保卫团团总鲁馨呈,'孝丰城北三里许地名北村,有漏网巨匪陈如玉、王礼奎、王四荣、王如卿等四人,于上月二十九、三十两夜聚集多人在陈如玉家内,议于七月十五夜入城举事。事经陈如玉比邻、前充游击队正兵胡有才探悉,密报来团,由馨密派干探侦查,果属实在。为此备文密陈迅赐遴选干弁,严密逮捕'等情,转饬下县会营密

查明确，妥办具报"等因。奉此，知事当以奉文之时已阴历七月十四日晚，次日即为十五日，事机急迫，不及侦查，即于次日黎明派警将陈如玉、王礼奎、王四荣等三人密拘到署，王如卿一名向充监狱看守，此时供职在狱，亦即一并提案。经知事反复研讯，据供二十九、三十两夜并无在陈如玉家聚众密谋情事；王四荣，系二十四日赴杭卖米，初十始回，更不知情；王如卿，充当监狱看守历有年所，人尚诚慎可靠，均无密谋确证。复经派警严密调查，一面传集陈如玉等四邻暨该村乡警质讯，实无其事，并查得陈如玉比邻并无胡有才其人。惟以案关重大，非经证人对质，碍难确定，爰即饬知灵岩区保卫团团总鲁馨将原探胡有才暨团所干探送案，以便对质，冀得真相去后。旋据该团总呈复，"窃团总与陈如玉、王礼奎、王四荣、王如卿等四人素不认识，有无不正当行为，团总既不知悉，其所称胡有才一名有无其人，是否何种机关侦探，团总更不得而知，亦无到团总之处报告情事。此等虚构事实，伪造公文，捏名冒报，若不蒙严加根究，将来贻害于人，何所底止。除电请督军查究外，理合缕沥情由并盖送图记私章一纸，呈请转呈督军鉴察，将前项捏呈批发下县核对真伪，一面查究伪造公文之人，依法办理，实为公便"等情，并附呈图记私章式样一纸前来。知事披阅之下，殊深诧异。惟案关捏名诬告、伪造公文书，情节重大，若非激究严惩，将何以正法纪而杜效尤，为此检同该团总附呈图记私章式样呈请钧督鉴核，与捏呈互对，以明真伪，并乞将是项捏呈迅赐批发下县，俾便核对笔迹，以资根究，实为公便。谨呈。

（原载《浙江公报》第一千六百零五号，一八至一九页，指令）

浙江省长公署指令第四百二十六号

令警政厅长夏超

　　呈一件为呈据省警厅呈拟定各药房售药赠品限制办法由

　　据呈已悉。姑照所拟限制办法暂予准行，限满仍应一律禁止，仰即转令省会警察厅传谕该药房等遵照。此令。八月二十四日

附原呈

　　呈为呈报事。案据省会警察厅呈称，"本月十日奉钧厅训令第二号内开，本年八月三日奉省长政字第二三四号批本厅呈据省会警察厅呈报禁止各药房售药赠物请转报由，奉批内开，有'饬将批发各件分别速核办，报由该厅核转查考'等因。奉此，查此案前据该厅呈报到厅，及五洲药房经理沙霖泉并禀前来，业经分别批示并呈报在案。售货附赠物品虽非绝对禁止，但附赠之物贵贱相差太甚，究不免类似赌博，售货方法不善，亦未免诈术渔利，自应切实查明，分别办理。奉批前因，合亟饬仰该厅长迅即按照前饬切实查明，分别核议具复，以凭核转，并将批发各件分别妥速核办具报，毋稍徇延，此令"等因。奉此，查此案前职厅为畅销国货起见，又时值盛暑，此项药品颇与卫生有益，因准售卖，嗣以禀请附赠售卖者过多恐妨秩序，适奉批示遵辄一律禁止并迭经呈复在案。兹奉前因，窃查五洲药房售药是固有之业，所售良丹已声由内务部及英工部试验注册，惟此次赠品传单品类繁多，价值颇昂，未免引动愚民。至人丹一项，前有本城中华书局兼理中华制药公司发行所经理叶友声代禀到厅，称在下城六克巷口瑞华洋货店暂设赠品处，以期推广，边奉禁令，未便准售。又，金志芬则在城站女子成绩品发行所内兼售，虽赠品章程与五洲药房各殊，而售药赠品情形究无稍异，窃恐诱惑群愚，上妨钧

厅维持市政之至意,再四核议,惟有限令赠品价值以十元内为标准,赠物券附于药包内,不准抽签。如是办理,应与类似赌博行为不同,亦不至诱惑人心,如可准行,均以阳历八月底为止,以示限制。是否有当,理合备文具复,仰祈察核批示,并请转报省长查核,实为公便等情。据此,查此案前奉省长在都督任内转饬禁止在案,兹据该厅拟定限制办法呈复前来,察阅情形,似尚可行。除指令外,理合具文转呈,仰祈省长察核指令饬遵。谨呈。

（原载《浙江公报》第一千六百零五号,一九至二〇页,指令）

浙江省长公署指令第四百三十六号

令民政厅长王文庆

呈一件松阳县议长叶葆元为报明预备开县议会由

呈悉。恢复地方自治事宜,先经咨部核示并令厅转饬各属,"于未奉明令之前不得率行召集"在案。据呈前情,仰民政厅查照前令转饬松阳县行知遵照。此令。抄呈发。八月二十五日

（原载《浙江公报》第一千六百零五号,二〇页,指令）

浙江省长公署指令第四百三十七号

令民政厅长王文庆

呈一件为永嘉县知事据县议会咨请设处筹备乞示遵由

呈悉。恢复地方自治事宜,先经咨部核示并令厅饬属,"于未奉明令以前不得率行召集"在案。据呈各情,仰民政厅查照前令转饬遵照。此令。八月二十五日

（原载《浙江公报》第一千六百零五号,二〇至二一页,指令）

浙江省长公署指令第四百四十四号

令民政厅长王文庆

呈一件该厅据丁求真请给免查护照便运医用药械由

呈悉。湖滨医院何时成立，未据呈报有案，所请给照免查一节，未便照准，仰饬知照。此令。八月二十四日

（原载《浙江公报》第一千六百零五号，二一页，指令）

浙江省长公署指令第四百四十八号

令民政厅长王文庆

呈一件该厅议复林宗强禀请咨部记名留学由

呈悉。该生候补留美官费，既据前教育司存记在案，应准转咨教育部察核。此令。八月二十五日

（原载《浙江公报》第一千六百零五号，二一页，指令）

浙江省长公署指令第四百五十五号

令高等审判厅长范贤方

呈一件为汤溪县知事呈报验讯情形备案由

呈悉。汪高水自行入塘，致遭溺毙，既据该县验明属实，自应毋庸置议，准予备案，仰即转令知照。格结存。此令。八月二十五日

（原载《浙江公报》第一千六百零五号，二一页，指令）

浙江省长公署指令第四百五十六号

令高等审判厅长范贤方

呈一件呈送慈溪县盗犯陈阿淦等供判由

呈悉。昨据转呈余姚县盗犯范桂生等供、判，已详晰批示，本案事同一律，仰即查照办理。供、判存。此令。八月二十五日

（原载《浙江公报》第一千六百零五号，二一页，指令）

浙江省长公署指令第四百五十七号

令高等检察厅长殷汝熊

呈一件余姚县知事呈报罗炳环被戳身死验讯情形由

呈悉。仰高等检察厅令即迅派干警勒拘被告黄春泉等到案，并传集人证分别研讯起衅致毙各情，按律拟办，毋稍枉纵，切切。格结存。此令。八月二十五日

（原载《浙江公报》第一千六百零五号，二二页，指令）

浙江省长公署指令第四百五十八号

令高等检察厅长殷汝熊

呈一件嵊县知事呈报安心诚家被劫勘验情形由

呈及单、表均悉。仰高等检察厅令即派警会营勒限严密侦缉，真赃正盗务获解究，毋稍延纵，切切。呈、单、表均抄发。此令。八月二十五日

（原载《浙江公报》第一千六百零五号，二二页，指令）

浙江省长公署指令第四百五十九号

令高等检察厅长殷汝熊

呈一件玉环县知事呈报押犯卓子儒脱逃由

呈悉。押犯卓子儒于夜间挂用软梯逃逸，该管狱员当时一无觉察，直至次早据看役报告，又一任该看役相继脱逃，放弃职务，一至于此，恐有别情，应将该管狱员杜庭礼立予撤换，留于地方协缉。俟卓子儒及逃役李肖明获案，再准查销留缉处分，以为玩泄狱务者戒。仍将该知事照章惩处具呈察夺，一面勒限严缉卓子儒等务获究报，合行令仰该厅即便遵照办理。此令。八月二十五日

（原载《浙江公报》第一千六百零五号，二二页，指令）

浙江督军公署训令第七十号
浙江省长公署训令第二百十五号

令各属为日人叶琢堂三好程次郎等来浙游历仰一体保护由

令交涉署长、宁波交涉员、温州交涉员、民政厅长、警政厅长、第六师长、第二十五师长、独立旅长、台州镇守使、嘉湖镇守使

本月二十四日准江苏省公署咨开，"案据江苏特派交涉员杨晟呈称，'顷准日本国总领事函，以叶琢堂赴江苏、浙江、山东、山西、湖南、湖北、广东、广西、江西、甘肃、陕西、直隶、河南、福建、安徽、吉林、四川、盛京、黑龙江游历，缮给护照请盖印前来。除将护照印发外，理合呈请察照，转饬各属，俟该日本人到境呈验护照时，照约保护'等情。据此，除令行各属保护并分咨外，相应咨请贵省长查照，希即转行各属照约一体保护"。又，同日准同署咨开，"据特派江苏交涉员杨晟呈称，'准日本国总领事函，以三好程次郎、鲛岛铁夫赴江苏、浙江、安徽、山东、江西、福建、湖南、湖北游历，缮给护照请盖印前来。除将护照印发外，理合呈请察照，转饬各属，俟该日本人到境呈验护照时，照约保护'等情。据此，除训令各属保护并分行外，相应咨请贵省长查照，希即转行各属照约一体保护"各等因。准此，除分令外，合行令仰　　遵即转令所属一体照约保护。此令。

中华民国五年八月二十八日
督军兼省长吕公望

（原载《浙江公报》第一千六百零六号，一九一六年八月三十一日，三页，训令）

1317

附　浙江民政厅训令第二百九十四号
令宁警察厅各县知事奉省长
训令日人叶琢堂来浙游历由

令宁波警察厅、各县知事

本年八月二十八日奉督军、省长训令内开，"本月二十四日准江苏省长公署咨开，'案据江苏特派交涉员杨晟呈称，顷准日本国总领事函，以叶琢堂赴江苏、浙江、山东、山西、湖南、湖北、广东、广西、江西、甘肃、陕西、直隶、河南、福建、安徽、吉林、四川、盛京、黑龙江游历，缮给护照请盖印前来。除将护照印发外，理合呈请察照，转饬各属，俟该日本人到境呈验护照时照约保护等情。据此，除令行各属保护并分咨外，相应咨请贵省长查照，希即转行各属照约一体保护'。又，同日准同署咨开，'据特派江苏交涉员杨晟呈称，准日本国总领事函，以三好程次郎、鲛岛铁夫赴江苏、浙江、安徽、山东、江西、福建、湖南、湖北游历，缮给护照请盖印前来。除将护照印发外，理合呈请察照，转饬各属，俟该日本人到境呈验护照时照约保护等情。据此，除训令各属保护并分行外，相应咨请贵省长查照，希即转行各属照约一体保护'各等因。准此，除分令外，合行令仰该厅长遵即转令所属一体照约保护"等因。奉此，除分令外，仰该厅长、该知事即便遵照按约保护，并将该日人入境出境日期呈报备查。此令。

中华民国五年九月四日

民政厅长王文庆

（原载《浙江公报》第一千六百十三号，五至六页，训令）

浙江省长公署训令第一百六十八号

令民政厅准北京大学咨浙籍学生曹育瀞等十九名一律毕业
遗额以未津贴学生郑奠等递补由

令民政厅长王文庆

案准北京大学校校长咨开，"本校分科浙籍学生曾由贵公署额定津贴六十七名，遇缺即补，历经照办在案。现查六十七名中，有曹育瀞、周纬星、王商熊、郑振埙、商契衡、王兆同、黄德溥、顾德珍、何永誉、莫润熏、刘元瓒、周大经、程干云、顾鼎、李熙春、葛敬钧、郑钧、龚文凯、沈渊儒等十九名，均于本年六月间一律毕业，所遗缺额，急待补人。兹将本校分科浙籍未有津贴各生姓名成绩详列一表，送请贵公署查核选补"等因。准此，查此次毕业遗额仅十九名，表开未有津贴学生尚有二十一名，应即除去入学试验分数最少之余宗达及旁听生胡学源二人，其余郑奠等十九名，概予照章递补。除咨复外，合令该厅查照备案。此令。

抄发一览表一份。

中华民国五年八月二十四日

省长吕公望

北京大学分科浙籍未有津贴各生一览表 五年八月造

姓　名	籍　贯	科　门	学　级	入学试验分数
郑　奠	诸暨	文科国文门	一年级算至本年六月止	六六·四
孙世扬	海宁	同	同	六四·一
查钊忠	海宁	同	同	五九·八
钱王绰	崇德	同	同	五六·三
李宗裕	绍兴	同	同	五四·三

续　表

姓　名	籍　贯	科　门	学　级	入学试验分数
曹　侃	天台	同	同	四〇·四
朱之章	临海	文科中哲门	同	四一·八
史元善	镇海	文科英文门	同	四四·三
赵廷炳	嘉善	理科化学门	同	六九·九
林　彬	乐清	法科法律门	同	六二·三
钱　恺	平阳	同	同	六〇·七
缪德渭	鄞县	同	同	五八·三
宋　徵	平阳	同	同	五七·七
潘振扬	泰顺	同	同	四四·六
汪敬熙	杭县	法科经济门	同	六五·八
孙匡群	杭县	同	同	六四·八
孙士恺	杭县	同	同	六二·一
徐受深	崇德	同	同	五一·八
余宗达	永嘉	同	同	二九·八
顾圣仪	象山	工科土木门	同	四三·六
胡学源	吴兴	法科经济门	同	旁听生

（原载《浙江公报》第一千六百零六号，三至五页，训令）

浙江省长公署训令第一百七十七号

令云和县知事据该县议会电请颁发钤记并撤销自治办公处
仰即转行前令民政厅通饬办理由

令云和县知事赵铭传

案据云和县议会议长廖奏熙电称，"本会议员报到人数现尚足额,请颁发钤记,并饬县将自治办公处撤销,以便接替,乞示遵"等情前来。查此案昨据各属绅民禀请,已据情咨请内务部核示,"未准部复以前,未便率准召集,业令民政厅通饬各属遵照"在案。兹据前情,合亟令仰该知事转行该议长遵照。此令。

中华民国五年八月二十五日

省长吕公望

(原载《浙江公报》第一千六百零六号,五至六页,训令)

浙江省长公署训令第一百九十四号

令为申诫各县知事自审检所成立后应实行

检察职务并不得干涉审判由

令各县知事(除杭县鄞县)

照得本省各县审检所行将成立,按照《审检所办事细则》,凡审判事项均划归承审员专管,而以县知事专任检察事务,原为划清权限慎重司法起见,各该知事果能照章执行,当于司法前途大有裨补。惟查浙省前次办理审检所之时,各县知事对于检察事务克尽厥职者固不乏人,而放弃应尽责任,或竟逾越权限干涉审判者,亦所在多有。诚恐各该知事仍蹈覆辙,致滋贻误,合先明白告诫,自此次审检所成立以后,各该知事务各按照《各级审判厅试办章程》第九十七条规定执行职务,其刑事案件暨民事关于婚姻亲族嗣续事件,均须照章亲自莅庭,其实有不得已事故,应按照《审检所办事细则》,派员代理者,其代理之员亦须遴选曾在法校毕业通晓法律之人,不得任意指派,以致虚应故事,惟不得越权干涉审判,以重责守而清权限。除分令外,为此令仰该知事遵照办理毋违,切切。此令。

中华民国五年八月二十六日

省长吕公望

(原载《浙江公报》第一千六百零六号,六页,训令)

浙江省长公署训令第二百号

令民政厅据吴兴菱湖镇自治会呈报
九月一日开秋季常会一案由

令民政厅长王文庆

案据吴兴菱湖镇自治会总董陆亦郊呈报,"定九月一日开秋季常会"等情。查恢复地方自治事宜,先经咨部核示,并令该厅转饬各属"于未奉明令以前,毋得率行召集"在案。据呈前情,合令该厅查照前令转饬知照。此令。

中华民国五年八月二十六日

省长吕公望

（原载《浙江公报》第一千六百零六号,六页,训令）

浙江省长公署训令第二百零三号

令警政厅该厅呈送《警察官吏恤金给予条例》无须修正由

令警政厅长夏超

案查本年六月三十日据该厅呈送《〈修正警察官吏恤金给予条例〉施行细则》请核到署,业以"候交政务会议核议饬遵"等语批发在案。兹查此项《施行细则》前以本省独立、脱离中央关系,条文多不适用,故提出酌加修正,以资遵守。现独立取消,为日已久,政令统一,此项《细则》既不窒碍,自无修正之必要。所有前经批准及将来请恤之案,仍应照旧办理。为此特行令该厅长遵照。此令。

中华民国五年八月二十六日

省长吕公望

（原载《浙江公报》第一千六百零六号,七页,训令）

浙江省长公署训令第二百零四号

令民政厅据德清县知事兼警察所长呈报
钟管村警察分驻所成立一案由

令民政厅长王文庆

案据德清县知事兼警察事务所长吴嚚皋呈报"县属钟管村警察分驻所成立"等情。据查此案前因该知事于条陈警政兴革计画案内据称,"该村必须添设警察分驻所,并经绅商同意,业有的款可筹,并拟将房铺二捐按照原额加倍征收"各情,业以"此项办法,是否商民可以负担办理,不至苛扰,仰即从长计议,并将计议情形及办理手续详细呈由民政厅核议呈夺"等语签注印发在案。据呈前情,该项茶铺各捐,是否原有,或系新收,抑即前陈所指加倍征收之款,均未声明,无从查核。且捐款月入仅三十元,以供给六名之长警、火夫,尚觉入不敷出,其不敷之款,究竟如何筹措,亦未声叙,殊非永久之计。合行令仰该厅转令明白呈复核议令遵,并报由本署备案。此令。

中华民国五年八月二十六日

省长吕公望

（原载《浙江公报》第一千六百零六号,七页,训令）

浙江省长公署训令第二百零五号

令瑞安县知事据该县南岸镇林垟保卫团呈该区内遇有拐带
子女贩卖人口及种种违法情事可否出为查禁乞示遵由

令瑞安县知事

案据该县南岸镇林垟第一区保卫团团总陈寿筠呈,该区内"遇有拐带子女、贩卖人口、流娼卖淫、酗酒滋闹、斫伐森林、违犯洋烟等项,可否出为查禁请示遵"等情。据查该团总所称各项,均属刑事及违警人犯,《地方保卫团条例》及《〈浙省地方保卫条例〉施行细则》均无查禁之规定,该团总自不容逸出范围,致滋流弊;惟该区内既有此种犯法行为,自未便置之不问,如遇有呈称各项事件,应照《〈浙省地方保卫团条例〉施行细则》第十三条第二项办法,准由该团总层递督责,严密侦查,立时报告警察暨总监督核办,以资救济。为此抄发原呈令仰该知事遵照,并即转令该团总知照。此令。

计抄发原呈一件。①

中华民国五年八月二十六日

省长吕公望

（原载《浙江公报》第一千六百零六号,七至八页,训令）

浙江省长公署训令第二百零六号

令民政厅据永嘉公民胡公权控告
警佐潘哲越权滥刑请撤换由

令民政厅长王文庆

案据永嘉县民胡公权等禀控,"膺符镇警佐潘哲侵越法权滥用刑讯,请澈查撤换,并附甘结"前来。据查该警佐前由该县公民陈品儒等控请撤换各情到署,业经令行该厅密查核办在案。据禀前情,该警佐之行为不满人意,已可概见,除批示外,合行抄发原禀,令仰该厅并案查办复夺,勿稍瞻徇,切切。此令。

计抄发原禀一件。②

中华民国五年八月二十六日

省长吕公望

（原载《浙江公报》第一千六百零六号,八页,训令）

---

① 原呈,底本未见刊出。
② 原禀,底本未见刊出。

浙江省长公署训令　号

令财政厅据昌化县民人张水昌等
为屯田缴价经收人额外需索由

令财政厅长莫永贞

本年八月二十日，据昌化县民人张水昌等以"该县屯田缴价，经收人额外威索，民不堪命，禀请派员澈究，以苏民困"等情。据此，查此案前据监征员检同簿据呈请核办到署，即经令饬澈查究惩在案。据禀前情，合行令仰该厅一并查究呈复察夺，毋延，切切。此令。

中华民国五年八月二十七日

省长吕公望

（原载《浙江公报》第一千六百零六号，八至九页，训令）

浙江省长公署指令第　号①

令天台县警所呈送七月份月报表由

呈悉。仰民政厅查核转饬知照。表、册并发，仍缴。此令。

计发月报表一本、违警一览表一纸、违警罚金清册一本、报单三纸。

附　浙江民政厅训令第一百九十一号
令天台县警察所奉省长指令据天台县警所
呈送七月份月报表册由

令天台县警察所所长田泽勋

为令知事。案奉省长指令天台县警所呈送七月份月报表由，内开，"呈悉。仰民政厅查核转饬知照。表、册并发，仍缴。此令。计发月报表一本、违警一览表一纸、违警罚金清册一本、

---

① 本文自浙江民政厅训令第一百九十一号析出。

报单三纸"等因。奉查各表填报尚无不合，惟核《违警处分表》内列拘留合计为一十八天，照前行政公署通令，每日七分之规定，计算是项饭资，只应支洋一元二角六分，来册开支一元二角九分六厘，相差银三分六厘，公款丝毫为重，不得溢支分厘，应由该所长照数补缴归储，列入下月分实在项下具报，以重公款。奉令前因，除遵核呈缴外，合行令仰该兼所长知照，并仰将前项表、册另造一份送厅备查。再，巡长旅店表未据送到，应即照章呈核，切切。此令。

中华民国五年八月二十五日

民政厅长王文庆

（原载《浙江公报》第一千六百零六号，一一页，训令）

浙江省长公署指令第四百六十号

令高等检察厅长殷汝熊

呈一件为德清县呈报检验监犯小吴三溺毙一案由

呈悉。此案监犯小吴三，既系林昌荣等供认抢劫善连等处之犯，现因线探往拿，畏罪泅河溺毙，既经检验并提讯线探王绍棠等供指无异，合行令仰该厅即饬德清县归案办理。至林昌荣等，系何案盗犯，本公署查无报案，并令明白另呈察核。仍将相验情形，填具骨格报查。表、结存。此令。八月二十五日

（原载《浙江公报》第一千六百零六号，一三页，指令）

浙江省长公署指令第四百六十九号

令高等审判厅长范贤方

呈一件为玉环县秦知事抗填罚金联单呈请议处由

呈悉。据称，"玉环县知事秦联元抗填罚金联单，饰词朦蔽，拟请照例严议记大过二次"等情。查该知事业经撤任，应准如所拟记大过

二次,除注册外,仰即转令该知事知照,并转咨民政厅查照。此令。八月二十七日

（原载《浙江公报》第一千六百零六号,一三页,指令）

浙江省长公署指令第四百七十四号

令高等检察厅长殷汝熊

呈一件为长兴县知事呈报钱秉藻被盗勘验情形由

呈及单、表、图均悉。仰高等检察厅令即派警会营踊缉,赃盗务获究报,毋稍延玩,切切。单、表、图存。此令。八月二十六日

（原载《浙江公报》第一千六百零六号,一三页,指令）

浙江省长公署指令第四百七十五号

令高等检察厅长殷汝熊

呈一件为云和县呈报勘验魏国球被刀戳身死由

呈悉。仰高等检察厅令即派警勒限严缉被告凶犯许豹儿务获,传证集讯起衅致毙实情,按律拟办,毋枉毋纵,切切。格结存。此令。八月二十六日

（原载《浙江公报》第一千六百零六号,一三至一四页,指令）

浙江省长公署指令第四百七十六号

令高等检察厅长殷汝熊

呈一件为永康县呈报徐廷容身死勘验情形由

呈悉。仰高等检察厅令县迅派干警勒限缉拿逃凶务获,传证研讯确情,按律判决,毋稍延纵,切切。格结存。此令。八月二十六日

（原载《浙江公报》第一千六百零六号,一四页,指令）

浙江省长公署指令第四百七十七号

令嘉兴县知事袁庆萱

呈一件请销孙仿鹤控案由

呈悉。此案款项既已理清，双方和解，应准如呈销案。此令。八月二十六日

（原载《浙江公报》第一千六百零六号，一四页，指令）

浙江省长公署指令第四百七十八号

令高等审判厅长范贤方

呈一件为永康朱樟木控陈步云一案由

呈悉。应令照案勒缉逸犯，提同陈继足并陈步云分别讯明释办，毋稍枉纵，合行令仰该厅即便转行遵照。此令。八月二十六日

（原载《浙江公报》第一千六百零六号，一四页，指令）

浙江省长公署指令第四百八十号

令高等检察厅长殷汝熊

呈一件为青田县呈报冯福金家抢掳一案勘办情形由

此案先据该县电禀，当经分电缙云、永嘉两县一体会饬营警拿获，押回讯明法办在案。据呈前情，王奕水等凭空诬陷、抢掳勒赎，不法已极，合行令仰该厅迅即严限勒缉务获惩办，并将冯福金一名查明下落，赶紧押放具报，暨令行缙、永两县一体遵照前电办理，毋稍延诿，切切。此令。八月二十六日

（原载《浙江公报》第一千六百零六号，一四至一五页，指令）

浙江省长公署指令第四百八十一号

令高等审判厅长范贤方

呈一件为法政生郑范等请登录律师由

呈悉。本案业经明白批示在案，嗣后凡持有律师证书，准其一体录则，凡未经司法部复验合格之证书，当然不准登录，仰即知照。此令。八月二十六日

（原载《浙江公报》第一千六百零六号，一五页，指令）

浙江省长公署指令第四百八十二号

令民政厅长王文庆

呈一件鄞县知事遵报农桑水利各要政情形由

呈、摺阅悉。东钱湖为该县紧要工程，亟应会商奉、镇二县积极进行，毋稍延缓贻误；苗圃、贫儿院均系通饬办理之件，未便再延，统限一个月内详细计画呈候核夺。余如所拟办理。仰民政厅转饬知照。此令。八月二十六日

（原载《浙江公报》第一千六百零六号，一五页，指令）

浙江省长公署指令第四百八十五号

令民政厅长王文庆

呈一件为诸暨县遵报办理农桑水利各要政情形由

该县浣江水利所关甚巨，亟应设法疏浚，岂宜藉口经费难筹因而中止，限一个月详细筹画呈候核夺。习艺所按工给钱一节，恐艺徒来去无常，于教授诸多窒碍，未便照准。余如所拟办理。仰民政厅转饬知照。此令。八月二十六日

（原载《浙江公报》第一千六百零六号，一五页，指令）

浙江省长公署指令第四百八十六号

令民政厅长王文庆

呈一件昌化县知事遵报办理农桑水利各要政情形由

呈悉。该县知事于各项要政中,除平民习艺所外,均未举办,县分虽苦,断不致一无可为。呈中"贫儿尚属无多,教育已筹普及"等语,尤属捏饰,应即严予申斥,仍限一个月内查照前饬分别缓急作成计画书呈候核夺,毋再延宕干咎。仰民政厅转饬知照。此令。八月二十六日

（原载《浙江公报》第一千六百零六号,一五至一六页,指令）

浙江省长公署指令第四百八十七号

令民政厅长王文庆

呈一件寿昌县知事呈据县议会函请筹款开会请示由

呈悉。该前议长等函称各节,全属误传。该知事为主管自治人员,有无此项通饬,岂有不知之理,乃于该前议长等函请,率据转呈,实属颟顸,应即记过一次,以示惩儆。至恢复地方自治一节,先经饬厅通令各属,于未奉明令以前,暂缓召集在案,仰民政厅查照饬知。此令。八月二十六日

（原载《浙江公报》第一千六百零六号,一六页,指令）

附　浙江民政厅训令第三百四十一号
令寿昌县知事奉省长指令该县呈据县议会
函请筹款开会请示由

令寿昌县知事金兆鹏

案奉省长公署第四八七号指令,据寿昌县知事呈据县议会函请筹款开会请示由,内开,"呈悉。该前议长等函称各节,全属

误传。该知事为主管自治人员,有无此项通饬,岂有不知之理,乃于该前议长等函请,率据转呈,实属颟顸,应即记过一次,以示惩儆。至恢复地方自治一节,先经饬厅通令各属,于未奉明令以前,暂缓召集在案,仰民政厅查照饬知"等因。奉此,查此案前据该知事并呈前来,业经令仰查照本厅通令静候饬遵办理,毋得妄以报载新闻据为事实等语在案。奉令前因,除注册外,合再令仰该知事知照。此令。

中华民国五年九月二日

民政厅长王文庆

（原载《浙江公报》第一千六百十三号,八页,训令）

浙江省长公署指令第四百八十八号

令民政厅长王文庆

呈一件嵊县知事遵报办理农桑水利各要政情形由

剡溪水利关系四县,亟须会商办法切实举行,毋徒以空言塞责。《贫儿院章程》颁布已久,该县并非苦瘠之区,何亦藉口经费难筹延不举办,限一个月内详细筹画呈报核夺。余如所拟办理。仰民政厅转饬知照。此令。八月二十六日

（原载《浙江公报》第一千六百零六号,一六页,指令）

浙江省长公署指令第四百八十九号

令民政厅长王文庆

呈一件诸暨县议复麻车江水利情形由

呈悉。该县麻车江及张村江水利关系重要,县会成立需时,未便任令延缓,仰民政厅转令该县知事仍速切实察勘并切谕各绅祛除意见,公同议定妥善办法,呈候核办毋违。此令。呈抄发。八月二十六日

（原载《浙江公报》第一千六百零六号,一六至一七页,指令）

浙江省长公署批第　　号

原具呈人苏青云等

呈一件控叶杏棠恃强占租请饬县讯办由

既未粘抄县卷，禀词又含混不明，仰自向原县请求讯理，毋庸来辕率渎。此批。八月二十六日

（原载《浙江公报》第一千六百零六号，一八页，批示）

浙江省长公署批第一百五十四号

原具禀人永嘉公民胡公权

呈一件控告警佐潘哲越权滥刑请撤换由

据禀及甘结均悉。查该警佐种种不法，果否属实，前据该县公民陈品儒控指到署，业经令行民政厅严密查办在案。据禀前情，仰候再令该厅并案密查严办可也。此批。甘结附。八月二十六日

（原载《浙江公报》第一千六百零六号，一八至一九页，批示）

浙江省长公署批第一百五十八号

原具呈人昌化县民人张水昌

呈一件为屯田缴价经收人额外需索请澈究由

此案前据监征员检同簿据呈请核办到署，即经令行财政厅澈查究惩在案。据禀前情，候令饬该厅一并查究核办，具复察夺。结附。此批。八月二十七日

（原载《浙江公报》第一千六百零六号，一九页，批示）

浙江省长公署批第一百五十九号

原具呈人平阳渔业经理人孙强

呈一件请求宣布《征收验费细则》一面饬厅免溯既往由

呈悉。候令行财政厅咨会外海水警厅迅速查案核办，具复候夺。

此令。八月二十七日

（原载《浙江公报》第一千六百零六号，一九页，批示）

浙江省长公署批第一百六十号

原具呈人临海品谷乡公民谢咏雪等

呈一件为总征收蒋炳堃任用私人私收陋规

控请饬县澈查依法惩办由

据称，征收员对于纳户籍端拷诈串票、漏填洋数等情，空言攻讦，毫无确证，何凭察核。惟私收陋规一层，既称大左庄规费已禀明张知事派警调查属实，姑候令行财政厅饬查核办。此批。八月二十七日

（原载《浙江公报》第一千六百零六号，一九页，批示）

浙江省长公署批第一百六十一号

原具呈人杭嘉湖商民代表陈宝华等

呈一件请求核减吐头茧衣两项捐率由

据呈是否可行，候令财政厅核议复夺。此批。八月二十七日

（原载《浙江公报》第一千六百零六号，一九页，批示）

浙江省长公署批第一百六十二号

原具呈人建德县农人陈松景等

呈一件为许汉澄标买官地藉端霸产控请派委复丈由

许汉澄标买官产，所有亩分，既经丈量注册，何以侵占民产，勒令退让，究竟许汉澄原领标卖官产实有若干亩，复量溢出亩分是否该民之产，姑候令财政厅饬查核办。此批。八月二十六日

（原载《浙江公报》第一千六百零六号，一九至二〇页，批示）

浙江省长公署批第一百六十三号

原具呈人平阳县民人潘弈柱等

呈一件为侵占报垦地亩私筑盐坦

控请饬县严行拆毁按例惩办由

据呈,是否属实,候令民政厅转令平阳县知事照章办理。此批。

八月二十六日

（原载《浙江公报》第一千六百零六号,二〇页,批示）

浙江省长公署批第一百六十五号

原具呈人公民王仁灿等

呈一件为提出理由请求准予承买住所基地由

已于前呈明白批示,毋庸多渎。此批。八月二十七日

（原载《浙江公报》第一千六百零六号,二〇页,批示）

浙江省长公署批第一百六十六号

原具呈人吴兴农民沈汝浩等

呈一件为催征吏施小梅浮收各年分抵补金

控请宣布银漕价格并惩治由

粮漕折合价格,应登注完粮执照之内,该县是否照办,未据声明,着即详细另呈,并检取完纳抵补金执照或其他可以作证之收据附呈,以凭核办。此批。八月二十七日

（原载《浙江公报》第一千六百零六号,二〇页,批示）

浙江省长公署咨内务部财政部

据东阳县详请山川坛官荒先行垦用一面

另觅相当地亩力图扩充由

浙江省长公署为咨陈事。案查接管卷内据前金华道道尹沈钧业

详称，"据东阳县知事张寅详称，'案查筹办苗圃，前经遵饬，拟以水竹坞荒山拨充，续因该山地势峻急，不宜植苗，曾于委员视察时会衔详请，改作造林，另择苗圃地点，奉经批准在案。东邑官公各地本不甚多，求其地平土厚，堪以辟作苗床，而面积又在三十亩以上者，尤属尠有。兹查城南山川坛旧址，除坛基外，四围荒地计丈一十亩另五分，虽亩分未足，而土质适宜，似不妨先行垦用。现届播种斯迩，除由知事采集松、杉各种子雇工垦莳，一面另觅相当地亩合足饬定亩数另文报核外，理合先将拟办苗圃之山川坛官荒坐落亩分界址弓尺绘具图说，送请核转拨用，并乞查照巡按使公署第五三二四号饬知各县苗圃每亩补助四元，合计四十二元，准在省款内支给，以符原案而济要需，实为公便'等情。据此，查照县农会苗圃，前奉饬知须有三十亩以上，该知事现请以山川坛官荒拨充圃基共计十一亩另，核与定章微有不符，然以三十亩以上为之限制，深恐一时难觅大段相当地点，转致延误要政，除此批饬赶采各种子及时播种，一面另觅地亩力图扩充外，理合检同原图备文详送，仰祈察核咨拨，批示祗遵，实为公便"等情，并附图说前来。查各县县农会应设森林苗圃系准农商部规定，据称该县觅地为难各情，亦尚实在。现既查有城南山川坛旧址除坛基外，四围荒地丈计一十亩另五分，土质适宜，并已采集种子，雇工莳垦，应请核准拨用，以重林政。除批示并分咨财政部、内务部外，相应检同图说咨陈大部，请烦核复，俾便饬遵。为此咨陈

内务总长、财政总长

计附图说一纸。

浙江省长吕公望

中华民国五年八月　日

（原载《浙江公报》第一千六百零七号，一九一六年九月一日，二至三页，咨）

浙江省长公署咨农商部

据上虞县详请县城及百官镇各设商会可否准予设立请核复由

浙江省长公署为咨陈事。案查本公署接管前巡按使公署卷内准大部咨开，"本年二月十六日接准咨称，'据会稽道道尹转据上虞县知事详请县城及百官镇各设商会，可否准予设立，请核复等因前来。查上虞县商务分会，前农工商部核准有案。至百官镇所设之分会，系民国三年五月间经本部复准暂行立案，仍俟《商会法》颁布再行核办，现在《商会法》及《施行细则》业经修正先后公布，自应遵照办理。上虞县城及百官镇工商业既均称繁盛，其相距里数若干，原文未经声叙，如与《施行细则》第二条规定相符，自可准其分设两会，如不相符，仍应改一处为商会分事务所，希饬查复咨部再行核办，相应咨行查照饬遵可也'等因。准此，当经前巡按使饬由前会稽道道尹转饬遵照查明具复去后。旋据该道尹梁建章详据该县知事张应铭详称，'遵即转饬城区商务分会查复去后。兹据该分会总理王佐复称，查百官镇距本城里数向称四十里，核与《〈商会法〉施行细则》第二条'内距原有商会三十里以上'之语相符。准函前因，相应备函复请知事核转，实为公便等情。据此，知事复查无异，理合备文详复，仰祈钧尹核示转遵'等情前来，理合据情备文详请鉴核转咨"等情。据此，除业由前巡按使批示外，相应咨请大部核复施行。为此咨陈

农商总长

浙江省长吕公望

中华民国五年八月二十八日

（原载《浙江公报》第一千六百零七号，三页，咨）

浙江省长公署训令第二百一十号

令财政厅咨催外海水警厅修订规则及细则
并查明现征验费数目及应否暂停妥议具复由

令财政厅长莫永贞

据平阳渔业经理人孙强呈请"将《征收验费细则》登报公布,一面饬厅免溯既往"各情前来。查此案前据该厅准水上警察厅咨复各节,将征收验费数目照录清摺呈送到署,当以"征收验费,既系仍循旧章,则与《修正浙江外海取缔船舶规则》或间有不符之处,即经批饬咨会外海水警厅查明修改"在案。盖验费既不分省内省外,按诸《修正取缔规则》第二十四条,自已不符,该条既须修改,则《征收验费细则》亦应随之而拟订。据呈前情,合行令仰该厅长克日咨催外海水警厅长迅速分别修订呈候公布。至所请免溯既往一节,查该厅前次来呈所引"外海水警厅原咨内有设立牌照局之宗旨,原为规复渔团捐,现三局开支已有定额,而收入之款尚未解决,致各委无从遵办,于捐税前途实多妨碍"等语,然则该项验费现在宁、温、台三属是否一律循旧征收,各属每船所收之数究以何为标准,其在《细则》未经公布以前,应否暂时停收,抑应如何妥善办理之处,并仰咨行从速分别查核拟议,详晰具复,切切。此令。

中华民国五年八月二十七日

省长吕公望

(原载《浙江公报》第一千六百零七号,四页,训令)

浙江省长公署训令第二百十一号

令财政厅转令临海县知事查明征收员私收陋规
是否属实应行查禁并通令各县查禁由

令财政厅长莫永贞

案据临海县昌谷乡公民谢咏雪、金殿池以该县"总经收蒋炳塈任用私人私收陋规，请求饬县澈查依法惩办"等情具呈到署。除批"据称'征收员对于纳户藉端拷诈串票、漏填洋数'等情，空言攻讦，毫无确证，何凭察核。惟私收陋规一层，既称大左庄规费已禀明张知事派警调查属实，姑候令行财政厅饬查核办"外，合行抄呈令仰该厅长转行临海县知事查明所称各庄规费是否属实，应即严申禁令，一律革除，并将办理情形具报。此外各县经征人员难保无私收陋规情事，并仰该厅长通令各县知事一体查禁，切切。此令。

中华民国五年八月二十七日

省长吕公望

（原载《浙江公报》第一千六百零七号，四至五页，训令）

浙江省长公署训令第二百十二号

令财政厅核议请减吐头茧衣捐率是否可行由

令财政厅长莫永贞

案据杭嘉湖吐头、茧衣商民代表陈宝华、茹继生以"吐头、茧衣两项征捐太重，请将吐头捐率每担仍旧捐银两元八角八分，茧衣捐率按照值百抽五，每担征捐银一元四角"等情具呈前来。所请是否可行，合行抄呈令仰该厅长核议具复候夺。此令。

中华民国五年八月二十七日

省长吕公望

（原载《浙江公报》第一千六百零七号，五页，训令）

浙江省长公署训令第二百十三号

令财政厅为建德县陈松景呈控许汉澄
标买官地请派委复丈由

令财政厅长莫永贞

案据建德县农人陈松景等以"许汉澄标买小教场基地，藉端霸产,呈请派委复丈"等情前来。除批"许汉澄标买官产,所有亩分既经丈量注册,何以侵占民产,勒令退让,究竟许汉澄原领标卖官产实有若干亩,复量溢出亩分是否该民之产,姑候令行财政厅饬查核办"外,合行抄呈令仰该厅长转行建德县知事查勘明确,据实呈由该厅长核办复夺。此令。

中华民国五年八月二十六日

省长吕公望

(原载《浙江公报》第一千六百零七号,五页,训令)

浙江省长公署训令第二百十四号

令民政厅为平阳县民潘奕柱呈为侵占报垦地亩

私筑盐坦控请饬县严行拆毁按例惩办由①

令民政厅长王文庆

据平阳县农民潘弈柱以"报垦新涨草地一段约四十余亩,被胡学崇等违法侵占、私筑盐坦,请求饬县严行拆毁,按例惩办"等情具呈并黏抄县批前来。察阅请词,该地既由潘弈柱报垦在先,何以胡学崇等辄敢私筑盐坦,其中有无纠葛情形,合行钞件令仰该厅长转令平阳县知事先行查案具复,一面照章核办,呈候复夺。此令。

计钞发原呈及县批。

中华民国五年八月　日

省长吕公望

(原载《浙江公报》第一千六百零七号,五至六页,训令)

---

① 潘弈柱,训令正文作潘弈柱,底本如此。

浙江省长公署训令第二百十八号

令财政厅体察征期拥挤情形拟定办法通令各属办理由

令财政厅长莫永贞

据德清县公民吴灏以"人民赴柜纳粮,每有重征错入之弊,拟请先行填给收据,并附式样"具呈前来。查各县既届征期,人民纳粮拥挤,以致不及掣串,自系实在情形,不但弊害由此而生,而人民亦深感其不便。惟填给收据一层,是否可行,必如何始能妥善之处,除批示外,合行令仰该厅长酌核该公民原禀,体察情形,拟定办法,通令各属遵行,仍具复备核。此令。

中华民国五年八月二十八日

省长吕公望

(原载《浙江公报》第一千六百零七号,六页,训令)

浙江省长公署训令二百二十号

令民政厅准交通部咨平安轮船推广航线请饬属保护由

令民政厅长王文庆

案准交通部咨开,"据浙海关监督详,据通裕号经理郑继昌禀称,'前置平安轮船一艘,业奉部注册给照在案。兹因推广营业,添驶航线,遵章缴费,另开清摺绘图,请转详换给新照'等情。合将送到原领执照、清摺、航图、照费详送鉴核前来。查该轮原驶上海、海门,现拟推广航线,系由鄞县江北岸至海门、永嘉、上海、兴化,经过镇海、定海、穿山、普陀、石浦、泉州、坎门等处,除由本部涂销旧照、另注新册,填就轮字第一千四百九十号执照一纸,发交该监督转给承领并分行外,相应咨请查照分令各该属保护,至纫公谊"等因。准此,除咨复外,合行令知该厅会同警政厅仰即分令该轮航线通过各该属随时保护,至为切要。此令。

中华民国五年八月二十八日

省长吕公望

（原载《浙江公报》第一千六百零七号，六至七页，训令）

附　浙江民政厅训令第三百九十三号

令鄞县等七县奉省长令保护通裕号平安轮船由

令鄞县、临海、永嘉、玉环、定海、象山、镇海县知事

案奉省长令开，"准交通部咨开，'据浙海关监督详，据通裕号经理郑继昌禀称，前置平安轮船一艘，业奉部注册给照在案。兹因推广营业，添驶航线，遵章缴费，另开清摺绘图，请转详换给新照等情。合将送到原领执照、清摺、航图、照费详送鉴核前来。查该轮原驶上海、海门，现拟推广航线，系由鄞县江北岸至海门、永嘉、上海、兴化，经过镇海、定海、穿山、普陀、石浦、泉州、坎门等处，除由本部涂销旧照另注新册，填就轮字第一千四百九十号执照一纸，发交该监督转给承领并分行外，相应咨请查照分令各该属保护，至纫公谊'等因。准此，除咨复外，合行令知该厅会同警政厅，仰即分令该轮航线通过各该属随时保护，至为切要"等因。奉此，除咨请警政厅，令行该管水警一体保护暨分令外，合就令仰该知事，妥为保护。此令。

中华民国五年九月七日

民政厅长王文庆

（原载《浙江公报》第一千六百十六号，九至一〇页，训令）

浙江省长公署训令第二百二十四号

令民政厅准农商部咨改平湖商会章程令即更正补报由

令民政厅长王文庆

案准农商部咨开，"前准咨称，'据钱塘道尹转据平湖县知事详送该县商会改组章程及发起人名册，请核复'等因前来。查平湖县商务

分会依法改组为商会,应准备案,所送章程尚有未符之处,应改各条另列于后,希饬遵照更正,补报备核,并依法选举,造册照缴钤记公费,一同咨送到部,以凭刊发。相应咨行查照饬遵"等由前来。合行抄黏部改章程各条,令发送厅转饬遵照。此令。

抄黏部改平湖商会章程各条。

中华民国五年八月二十九日

省长吕公望

平湖县商会章程应改各条

第二条内,"除乍浦镇区由该镇商务分会自行改组外"二句,应改为"除乍浦镇某某等区域外,以县境某某等地方为区域(该商会与乍浦镇商会之区域应彼此协商,各于章程内明白注定,以免争执)"。

第十九条内,本会下应加"事务所用费,由会员负担之"二句。

第二十一条内,"暂依《商会法》第十六条第七项办理"十四字,应改为"暂照《商事公断处章程》及《细则》办理"。

(原载《浙江公报》第一千六百零七号,七至八页,训令)

浙江省长公署训令第二百三十三号

令警政厅为平湖陈张氏禀陆邦燮电控水警分队长

彭寿春得赃渎职并案查办由

令警政厅长夏超

本月二十二日据平湖新埭区自治委员陆邦燮等电称,"平湖水警分队长彭寿春渎职殃民,私刑敲诈"各节。同日据平湖旧埭坊陈张氏禀控该分队长"强牵耕牛,变卖得赃,并黏呈县批一纸"到署。据此,查此案前经平湖公民陆江等列举该分队长劣迹多款,禀请察办,业已批发该厅查明办理在案,何以迄未呈复。兹据电呈各节,究竟是否属实,合再令仰该厅遵照前都督府二二一八号批词并案秉公查明,核办具报毋延,切切。此令。

中华民国五年八月二十八日

省长吕公望

（原载《浙江公报》第一千六百零七号,八页,训令）

浙江省长公署训令第二百三十四号

令民政厅据黄岩县呈警察恩饷数额及动支款项请核示由

令民政厅长王文庆

案据黄岩县知事汤赞清以"警察恩饷数额及动支款项"等情呈请核示到署。据查此项恩饷发给数额业由前都督府第二十七号饬知在案,该县事同一律,未便依照前总司令部第九号饬文办理。至称地方税项下公益费无从动支,究应如何支给之处,应行令仰该厅长会同财政厅查核并令遵照,并具报备案。此令。

计抄发原呈一件。

中华民国五年八月　日

省长吕公望

（原载《浙江公报》第一千六百零七号,八页,训令）

浙江省长公署训令第二百三十五号

令民政厅财政厅警政厅呈报派定政务委员由

令民政厅长王文庆、财政厅长莫永贞、警政厅长夏超

案查议案交省议会开议时,应有政务委员出席说明提案理由,并答复议员质询,历经办理在案。兹查省议会开会之期转瞬即届,前项委员亟应先期派定,除分令外,合亟训令该厅遵照迅即遴选精通法律、熟习主管实务之员酌定员数,将其姓名职衔克日开单呈报本署,以便转咨省议会查照。至遇有重要事务,仍应由该厅长自行出席,以

昭郑重,切切。此令。

中华民国五年八月二十八日

省长吕公望

（原载《浙江公报》第一千六百零七号,九页,训令）

浙江省长公署训令第二百三十九号

令财政厅为玉环县知事条陈应兴应革摺内

关于该县租税一条由厅核复由

令财政厅长莫永贞

案据玉环县知事呈称,遵饬条陈该县应兴应革事宜呈请核示等情,并附呈清摺五扣到署。据此,除将条陈核明批答指令该知事遵办外,合亟抄录原摺内应由该厅核议一条暨本署批答,令发该厅遵照议复,毋延。此令。

计黏抄一件。

省长吕公望

中华民国五年八月二十九日

（原载《浙江公报》第一千六百零七号,九页,训令）

浙江省长公署指令第二百零七号

令高等审判厅长范贤方、民政厅长王文庆

呈一件会复崇德县司法不敷款项未便以准备金拨补

惟既经财政厅批销应否认为定案由

呈悉。该县司法不敷银一千五百八十余元,财政厅之批准支销者,原以高审厅之核明为前提,高审厅既经查核,该县司法支出不无糜费,未与照销,应仍令行该县知事自行筹补,不得动支正款。又,高审厅并未核明准销,该县竟于呈财政厅文内捏称核明,希图朦混,殊属不合,应予申斥,并仰咨明财政厅查照。此令。八月二十七日

（原载《浙江公报》第一千六百零七号,二〇页,指令）

附 浙江民政厅训令第三百九十六号
令崇德县奉省长指令该县司法不敷款项
不得以准备金拨补转行遵照由

令崇德县知事汪寿鉴

八月三十日奉省长指令，本厅暨高审厅会复该县司法不敷款项未便以准备金拨补，惟既经财政厅批销应否认为定案由，奉指令，"呈悉。该县司法不敷银一千五百八十余元，财政厅之批准支销者，原以高审厅之核明为前提，高审厅既经查核，该县司法支出不无糜费，未与照销，应仍令行该县知事自行筹补，不得动支正款。又，高审厅并未核明准销，该县竟于呈财政厅文内捏称核明，希图朦混，殊属不合，应予申斥，并仰咨明财政厅查照。此令"等因。奉此，查此案前奉省长在都督任内批发该县呈请援案指拨由，内开，"县税准备金所以备地方非常支出之需，前巡按使暂准兰溪县拨补司法不敷经费，原因金华道署寄禁人犯增加，是以准其变通办理，该县情形不同，自不得援以为例。据呈前情，仰民政厅迅咨高审厅核明，该县所呈积垫司法不敷银一千五百八十二元九角八分八厘是否确实，一面会同将此项积垫之款究应如何拨补之处，通盘筹画，妥议具复核夺，并先咨明财政厅知照。此批。抄呈发"等因，奉经本厅咨明财政厅，一面会同高审厅往复咨商核议呈复。旋据该知事呈报财政厅批示请予备案前来，又经本厅批以"据呈可否准行，应俟会议呈奉省长批示另行饬遵"等语各在案。兹奉前因，除咨明财政厅查照外，合亟令仰该知事遵照。此令。

中华民国五年九月七日

民政厅长王文庆

（原载《浙江公报》第一千六百十六号，一九一六年九月十日，一一页，训令）

浙江省长公署指令第一百十二号

令江山县知事

呈一件为条陈地方应兴应革事宜由

呈暨清摺均悉。兴革各项业经分别核明批答随令抄发,仰即遵照办理,并将原摺及批答分别录报主管各厅查考,毋延。此令。清摺存。八月二十九日

财政条陈批答

整顿地丁,从查挤旧欠入手,诚为切要之图。惟历年未完民欠,既据查明为数较巨,其中究有荒丁绝户若干,被水冲坍者若干,并未叙及,无凭查核,应再逐一查挤明确,开具细折呈送察夺,不得含糊其词,希图敷衍塞责。一面迅将实欠在民者督饬经征人员切实催收,如敢任催罔应,即照本省《征收地丁暂行章程》第二十三四等条规定分则办理,勿稍姑容,以为滞纳者戒。其余验契、契税及地方学产事宜,务须认真整顿,妥为处理。至烟酒、牌照、印花、屠宰等税,该县虽地处偏僻,收数无多,亦须照章积极进行,不得放弃,致归中饱。海会寺田租岁有若干,作何用途,向归何人经理,各乡公产亦应选公正人士切实清理,以为办理自治之预备。

教育条陈批答

学生人数过少,班次太多,于教育经费极有妨碍,自应即时改良,仰即照会各校照办,并由县视学员随时查视汇报查考。至嗣后应增各校在何地点,逐渐进行以何方法,均未明切申叙,无凭查核,应再通盘筹画妥议妥法呈候核夺。

实业条陈批答

麦杆扇旧为该县出产大宗,现在何以不能销行,应即切实调

查,乃可筹补救之策。草帽边尚未畅销,以后应如何改良,或改作他种物品,仍须催促商会切实筹议,不能听其搁置。靛青一项,既称收入甚巨,亟应因势利导,认真改良,期能抵制外货。栽种树木①,上年成绩尚优,本年距植树节期业已三月,既未报齐,应即迅催各处,将株树克期禀报,仍由该知事复勘呈报,本公署将派人复查,以资考核。试办栽桑,提倡夏布,均属可行,应再拟定详细办法专案呈夺。

警政条陈批答

该县拟添设警额十名,并拟设教练所,既据称不日另拟章程、预算呈请察核,应即从速议呈,以凭核办。至县署警队及保卫团,该县办理情形若何,摺内并未提及,应再补呈核夺。

司法条陈批答

法警需索扰民,各属士民控告之案不一而足,应即随时约束严禁并大张晓示,准予人民随案指控,审实立予严惩,以除蠹害。购线缉犯,破获较易,惟误拿诬指,流弊宜防,是在该知事酌量案情审慎办理。至报告囚徒工作积赀一节,既称另文呈报,应即从速呈候核办,并将工场制造之器,每种呈送一件,以资考核,仍督饬管狱员将狱室工场妥为整理,勿任污秽凌乱,是为至要。未决之刑事被告人,是否有与已决人犯并处监狱内之事,来者语意殊属含混,应即详晰声复,并将未决各犯赶速判决,如非破廉耻之犯罪及合乎缓刑条件者,并应随案宣告缓刑,以符立法之本意。

(原载《浙江公报》第一千六百零七号,二〇至二二页,指令)

浙江省长公署指令第五百二十六号

令财政厅长莫永贞

---

① 栽种,底本误作"裁种",径改。下文"栽桑"同。

呈一件金华县知事呈为陈明乾康钱庄亏倒现由商会
清理并将应解之款设法措解由

呈悉。该县乾康钱庄庄主胡明德等亏款潜逃,刁狡已极,应即由县查拘务获严讯究惩,以儆其余,一面派员会同商会查明人欠、欠人各款,分别追偿,如有不足,即将发封住屋变价备抵,勿稍姑容。仰财政厅转令遵照,并饬将应解之款先行如数措解具报,毋延,切切。此令。八月二十八日

（原载《浙江公报》第一千六百零七号,二二页,指令）

浙江省长公署指令第五百二十七号

令财政厅长莫永贞

呈一件监征员丁福田报告桐乡濮院镇统捐局局长
征收有弊被江国樾等函吓托故避沪等情由

报告悉。前桐乡濮院镇统捐局局长窦炎,既有被江国樾等函吓避沪情事,其平日经征舞弊已可概见,案既由厅饬县查究,仰再令催该县知事迅即澈查明确分呈核夺。报告抄发。此令。八月二十八日

（原载《浙江公报》第一千六百零七号,二二页,指令）

浙江省长公署指令第　　号

令民政厅长王文庆

呈一件为议复李谷香所执源丰润信据未能
发生效力应将房屋照拨师范讲习所由

呈悉。应如所请办理,并由该厅行县勒令迁让可也。此令。信据附卷。八月二十八日

附原呈

为呈复事。案奉钧长指令本厅呈为查明李谷香对于源丰

润抵款房屋原信据系由误封并无别情由，内开，"呈悉。前送信据既据查明，实系钞件由于误封所致，应毋庸议。惟察阅续呈信据，仅盖有源丰润信缄戳记，并无何等重要图章，究竟此种普通信缄戳记对于金钱关系之凭证，按照商务习惯能否发生效力，是项房屋李谷香能否主张债权，应否仍照原案拨给师范讲习所应用之处，仰再查核全案，悉心研究，详细呈复，以凭察夺。一面转行该知事，嗣后办理公牍，务宜审慎周详，设手续上查有错误，亦应于呈文内明晰声叙，不得如前呈之含糊具复，致迹近欺朦，切切。此令。计附发信据一件，仍缴"等因。奉此，查此项信缄戳记，本限于普通函件之用，函件以外当然不能发生效力，况此项抵押信据关系金钱，凭证何等重要，源丰润既属银号，按照商业习惯，钱款往来，尤应以正式图记为凭。且查此据订于源丰润倒闭之后，当时既无中证列名，又未将原契随同交付，以便逾期管业。是即使盖有已闭源丰润正式图记，效力已属薄弱，况仅盖此普通信缄戳记，受主何能遽信，揆之情理，亦属可疑。总之，该屋自源丰润拨抵公款后，前清时既经发交钱塘县变卖归款，上年复经清理官产处登报标卖，李谷香始终未向官厅声明原委禀请保护，是无论此项信据能否发生效力，即李谷香对于该屋果有债权关系已属自行抛弃，应请仍照原案拨给师范讲习所之用，并请饬县勒令迁让，俾免久占。奉令前因，除行知杭县外，所有核议李谷香对于源丰润抵款房屋原信据一案缘由，是否有当，理合附缴原件备文呈复，仰祈钧长鉴核施行。谨呈。

（原载《浙江公报》第一千六百零七号，二二至二三页，指令）

浙江省长公署指令第五百四十二号

令民政厅长王文庆

呈一件新塍王店两处商会改组情形由

呈悉。准予咨部核复。附件存。此令。八月二十九日

（原载《浙江公报》第一千六百零七号，二三至二四页，指令）

浙江省长公署指令第五百四十六号

令高等审判厅长范贤方

呈一件为陈明浙省司法扩充改良筹备整顿情形由

据呈已悉。已转咨司法部查照矣。此令。八月二十八日

（原载《浙江公报》第一千六百零七号，二四页，指令）

浙江省长公署咨司法部

据高等审判厅陈明浙省司法扩充改良筹备整顿情形由

浙江省长公署为咨行事。

案据浙江高等审判厅长范贤方呈称，"窃自民国肇造，政体更新，国民心理既改旧观，而司法亦渐趋于独立之境。迨三年以后，波折顿生，始而合并，继而裁汰，终且羼并于行政机关，举数年来经营缔造之法权，蹂躏不遗余力，司法精神剥夺殆尽。浙省独立之际，适值前庄厅长辞职①，厅长以患难余生，退息在籍，蒙钧长在都督任内本注重司法之实心，以厅长一席相责付，自维樗栎，难任艰巨，而大局所关，未敢高蹈。就职以后，冀于司法前途，计划积极之进行，顾财政支绌，无米难炊，而时势所需，又难退缩。深幸钧长主持于上，洞明法治之原理，厅长始得极其庸愚，酌量浙省之财力，兼筹并顾，分别缓急，切实进行。至于进行方法，前以军务院尚未撤销，是以未曾呈请咨部备案。兹幸全国统一，自应遵循系统，以清手续。兹将职厅从独立期间以来对于全省司法所有扩充、改良、整理、筹备各节，分别缕陈，惟垂察焉。

① 前庄厅长，指庄璟珂（1886—1934），字景高，福建闽侯人。民国四年二月署浙江高等审判厅厅长，十月到任，民国五年六月离任。

"查浙省现有之杭、鄞两地方厅,徒以省会、商埠名义,幸获残存,然以浙省旧十一府属之区域,而仅有杭、鄞两厅,欠缺亦嫌太甚。即不能力求普遍,似亦宜稍剂偏枯,于是乎有就金华、永嘉两道区筹设两地方厅之计划。其理由有二:旧划之钱塘、会稽两道区,既有杭、鄞两地方厅管辖全道区控诉审之轻微案件,以区域及诉讼事件论,则金华、瓯海两道似不应偏废。理由一。虽曰瓯海已设高等分庭,金华道署设有承审处,原不无审判机关便利人民之上诉,然分庭本非合法之编制,承审处仅为行政之附属,又况审级纷歧,管辖凌乱,无识愚民迷于趋向,此种支离之办法,断无存留之余地,是不得不添设地方厅以求划一。理由二。以上二厅早经编就经费概算,经奉钧长核准,交前本省参议会通过转饬遵办在案。至金华、永嘉两地方厅成立后,永嘉原设之分庭及金华因道署裁撤后接替承审处暂设之分庭,诚如上述,似宜均在裁汰之列。特是金华、瓯海两旧道区海澨山陬,距省窎远,其在高等厅管辖之终审及控诉案件,人民又感远道奔波,废时失业之苦,况值此司法积极进行之际,与其已设而废之,何如因利而乘之,经奉钧长训令督促,迅将该二分庭改组为二高等分厅又在案。盖既省费又便民,尤与《法院编制法》相符合,已与金华、永嘉两地方厅同时规划进行,期于十月以内一律成立。此浙江司法于独立后力图扩充之情形也。

"查民国二年曾奉司法部通令饬办各县审检所在案,夫当经费、人才两都缺乏之时,先定此过渡之办法,用意良苦。厅长前在浙江司法筹备处任内,凡其间经过之事实,至今犹未忘端绪,虽制度简陋,巨效难收,而在短促时期中,觉审检所亦具有审检厅之雏形,盖责任分明,事权划一,行政之干涉,亦因之逐渐减少之故也。自三年以后,励行知事兼理司法章程,竟至举比较稍良之制度,悉力摧残,可胜浩叹。夫知事主持一县行政事宜,抚字催科,已觉心劳力拙,又况平素以行政之作用,不免借重于士绅,则苟诉讼上之要求,讵无容情之处?此外,或以经费困难,将判决长期之徒刑,擅予折赎;或因手续错误,将期间未逾之案件,抑遏上诉。他若应受理而不予受理,应复判而不送复判,种种乖谬,时有所闻。若诿过于承审员,则情理亦未平允。盖自与知事平等关系之帮审员,一变而为统属关系之承审员,承审员既惟命是从,县知事自应独任其咎。凡诸恶果,非尽知事之不法,承审员之不良,实种因于行政而兼司法之弊。今而欲救此弊,宜令裁判独立,俾事有专司,审、检分途,俾权无牵掣。兹已就各县原有司法经费一律改组审检所,承审员改名为专审员,经各县陆续呈报组织就绪又在案。此浙省司法于独立后力图改良之情形也。

"夫论完全之编制,应于全省内酌定管辖区域,应设置地方厅者当然一体筹备成立,未敢谓审检所既设,遂足符法治精神,况当此建设时岂容稍有停顿①,致伏退化之机。独是民国成立五年于兹,虽号新邦,未祛旧弊,迭遭变故,筹饷练兵,财政已穷于掜注,虽欲于司法稍事展布,苟无财力为之后盾,则后继为难。百举俱废,欲调剂时事于财力之间,惟有择要举办,寓进行于稳健之中,以免中途偾蹶。故拟于原设之杭、鄞及增设之金华、永嘉四地厅外,将嘉兴、吴兴、绍兴、临海四处各先筹设地方厅,其控审管辖区域一依民国元年以一旧府属各县为定。该四处虽系繁剧之区,尚非省会、商埠之比,其人员组织、经费分配,力求简缩,仿照奉省海龙、洮南、辽阳各处办法,全年经费每厅预定不过一万四千元有零,俾轻而易举。其旧金华道区之衢、严,瓯海道区之处属,诉讼案件比较稍简,暂缓次期筹设。现拟新计划之嘉兴、吴兴、绍兴、临海四地方厅,限于民国六年四月以内确可成立,目前着手筹备,将人员配置及经费预算编制妥适后即行呈候核遵。此职厅于独立后逐渐筹备之情形也。

"企图司法之进行,实以财力为前提,司法衙门之收支,虽曰简单,诚能竭力撙节,清理有方,以全省计,出入盈亏之消息,亦称巨数。

---

① 容,底本误作"客",径改。

查各县兼理司法,知事平时动以司法经费不敷,详请拨补者接踵而至,不曰狱囚拥挤,即曰案件繁多,究其实际,大半皆有滥支浮报之弊,浮滥不已,则将行政支出或巧立名目均暗纳于司法经费之中,以图双方获利。厅长受事以后,核阅册报,痛恨已极,择其尤劣者经呈请省长严加处分。此外应缴之款,代收之费,延宕不解,藉口经费困难,竟称业已开支,亦属无理之极。种种弊窦,均系亲自察出,或遣派专员严密调查之所得。长此因循,何堪设想?因拟整理之方法二。一划分监狱与审判二部之界限也。知事兼理司法以来,所有办理司法之员役薪俸及办公经费,均由知事自行支配,因已复杂不堪,而且监狱部分与审判部分混合支出,并无界限,所以注意先筹审检所成立,俾得划一名目,严定界限,每县司法经费,依审检所预算,不得任意出入,其余监狱一部之经费,除囚粮一项查明实有赔垫,得与酌补外,办公经费亦限按额开支,使稽察较易入手,谘询同级检厅,亦意见相同,庶支出浮报摊捏之弊,自是以后想可以减少矣。一稽核司法收入也。人民诉讼虽较前清为省费,然以现定司法收入计之,一案之所征不为细少,无如巧宦猾胥于支出既设法浮冒,于收入则任意漏报,繁剧之县既称案牍繁多,日不暇给,而预计其收入比较亦可多得若干数,然报册所列,与所预算者,总不及十之五六。现拟加取缔,依《县知事征收司法各费稽核规则》第九条规定,将司法收入各项制就联单印发各县审检所,责令逐月填报,于必要时派员严密就近询查,一方核征收之确数,一方杜法外之需索,旬会月要,总期司法收入逐渐增加,以为他日展布之余地。其次则为积案,高等厅为全省司法机关之表率,对于应办案牍,自应一扫因循积习,以端模范。如统计作用官吏之成绩,藉以稽查诉讼之状况,赖以视察司法上用人行政,多取资以参证者,关系甚为重要。至会计事项,尤为全省司法行政之命脉,乘此财力竭蹶之时,或预筹挹注,或临事钩稽,苟非条理井然,凡事皆无从措手。厅长自受任以来,查核本厅会计、统计两科,积案累累,凌乱几不堪收入,至有四年应办案件迄今尚束之高阁,而各县应造册报,亦多有稽迟未报,甚且历来未报。从前积压之原因,或不无他种障碍,然厅长职责所关,未敢藉词诿卸,方在督饬各科逐案清理,一面行县勒催,以凭编核。其他各科,因值力图进行之际,厅务增加,不得不按照事务之繁简,酌添人员,以资力助而收实效。此职厅于独立后力图整理之情形也。

"以上所陈,比之补屋牵萝,原不足语于建设之列,然进则苦于财力之困难,退又迫于时势之要求。凡厅长所希望而力有未逮者,无不早邀钧长洞鉴之所及,予以极诚之维护;维护之余,继以督促,浙省司法始于存亡绝续之交,觉有转机之气象。至此后建设进行,中央如何计划,必以本省之现状如何为基础。厅长职责所在,尤负有据实报告之义务也。所有浙省司法自独立后扩充、改良、筹备、整理情形,理合备文具呈,仰祈察核转咨司法部备案,实为德便"等情。据此,查浙省司法自该厅长任事以来,悉心擘画,实力整顿,司法前途渐有起色。除将所陈各节认真督率切实进行外,相应备文咨行大部鉴核备案施行。此咨
司法总长

浙江省长吕公望
中华民国五年八月　日

(原载《浙江公报》第一千六百零八号,一九一六年九月二日,四至七页,咨)

浙江省长公署训令第二百十六号

令民政厅准内务部电以恢复地方自治
俟国务会议通过后当有明令发表由

令民政厅长王文庆

案准内务部敬电开,"蒸日咨悉。地方自治现由部呈请恢复,俟国务会议通过后,当有明令发表。先电复"等由。准此,查此案前据各属

士绅禀请,经本公署咨请内务部核示办法,并令该厅通令各属一体遵照在案。兹准前因,合行令仰该厅查照,并通令各县一体遵照。此令。

中华民国五年八月　日

省长吕公望

（原载《浙江公报》第一千六百零八号,八页,训令）

附　浙江民政厅训令第二百七十三号
令各县知事奉省长训令准部电恢复地方自治
俟国务会议通过后当即明令发表由

令各县知事

案奉省长公署训令第二一六号内开,"案准内务部敬电开,'蒸日咨悉。地方自治现由部呈请恢复,俟国务会议通过后,当有明令发表,先电复'等由。准此,查此案前据各属士绅禀请,经本公署咨请内务部核示办法并令该厅通令各属一体遵照在案。兹准前因,合行令仰该厅查照并通令各县一体遵照。此令"等因。奉此,查前奉省长令文,业经本厅通令行知在案,兹奉前因,除分令外,合亟令仰该知事遵照。此令。

中华民国五年九月一日

民政厅长王文庆

（原载《浙江公报》第一千六百一十号,一九一六年九月四日,训令,六页）

浙江省长公署训令第二百二十一号

令民政厅准驻美公使函选购棉种正价业在前存余款内
支付尚余美金应否汇还抑仍存备续购仰即具复由

令民政厅长王文庆

案准驻美公使函开,"前准函托代购美国棉种,当向美商部所推

1355

荐之棉种公司就其所存选购三吨,运交上海沪杭铁路公司代收,并由
该棉种公司将取货提单径寄贵署,一面复经本馆备函奉达,计已先后
察及。兹据该棉种公司单开,前项棉种正价计美金三百元,外加装运
费美金一百三十八元三角三分,统共计美金四百三十八元三角三分。
除业在夏前使交存代购棉种余款内如数支付①,并由该公司于原单上
加盖收讫图记外,相应将原单两纸备函转寄,即希察阅备案。再,夏
使交存代购棉种余款,计美金八百三十三元四角三分,现除此次支付
代购棉种价美金四百三十八元三角三分计,尚余美金三百九十五元
一角,应否汇还贵署,抑仍暂存本馆,以备续购棉种之用,敬祈裁复。
并附账单两纸"等由。准此,合行令仰该厅查照所有购办棉种余款,应
否函请汇还,抑仍暂存该馆,以备续购,并即具复,以凭函复。此令。

中华民国五年八月二十六日

省长吕公望

（原载《浙江公报》第一千六百零八号,八至九页,训令）

浙江省长公署训令第二百二十二号

令民政厅准农商部咨据安徽模范种茶场呈请饬产茶各县选择
茶种拌以当地泥土用洋铁罐装满密封送场俾资推广由

令民政厅长王文庆

案准农商部咨开,"据安徽模范种茶场呈称,'上年各省产茶地方
送到茶种者仅三十一家,且往往未经选择,装用布袋,邮程濡滞,种子
干枯,到场拣选止十之二三可以布种。拟请迅咨产茶各省,按照另单
通饬该管县知事选择茶种三斤,拌以当地泥土,用洋铁罐装满密封送

---

① 前公使夏,即夏偕复(1874—?),字楝三,浙江仁和县(今杭州市)人。清末任工
部主事、留日学生总监督、驻纽约总领事等职。民国二年十二月任驻美国兼驻古巴全权
公使,民国四年十月卸任归国,嗣由驻墨西哥公使顾维钧调任,民国五年九月顾在驻美
公使任上。

场,俾咨推广'等情。据此,查本部上年九月曾咨行产茶各省征集茶种,发交该场试种,以资试验,惟各处送到茶种,选择装置,多未合法,以致可种者少,现又将届采收茶种时期,应请按照另单所开各处,转饬该管县知事就所有茶种精选三斤,如法装置,径寄安徽祁门县平里农商部模范种茶场,以资应用。相应抄录清单,咨行查照饬遵"等由前来。合行令仰该厅查照,分别转令单开各县迅即遵照办理。此令。

中华民国五年八月　日

省长吕公望

(原载《浙江公报》第一千六百零八号,九页,训令)

浙江省长公署训令第二百二十五号

令民政厅准河南省长咨送通俗讲演稿由

令民政厅长王文庆

案准河南省长咨开,"为咨送事。案查本署前印《河南各县通俗讲演稿汇编》第一编,曾经咨送在案。现复征集各县通俗讲演稿,详加核择,将第二编刷印成册,相应检送一份,咨请查核存阅,并希指示见复,实纫公谊。此咨"等因。合将讲演稿令发该厅查照。此令。

中华民国五年八月二十八日

省长吕公望

(原载《浙江公报》第一千六百零八号,九至一〇页,训令)

浙江省长公署训令第二百二十六号

令民政厅准吉林省长咨送通俗报由

令民政厅长王文庆

案准吉林省长咨开,"为咨行事。案查《吉林通俗报》第三十九册,以前业经咨送在案,现在第四十册至第四十三册均经出版,相应各检一份,咨送贵公署查阅,并转发通俗讲演机关以备参考可也。此咨"等因。除抽存一份备阅外，合行令发该厅查照。此令。

计发《通俗报》三份。

中华民国五年八月二十八日

省长吕公望

（原载《浙江公报》第一千六百零八号，一〇页，训令）

浙江省长公署训令第二百二十七号

令民政厅为电复教育部催送三年度教育统计表由

令民政厅长王文庆

案准教育部漾电称，"三年度教育统计，前因时局未定，致各省造报未齐，现在本部亟待汇编，贵省应送各表，务即严催速送，并先电复"等因。准此，除电复外，合行令仰该厅严催造报，以凭核转，切切毋延。此令。

中华民国五年八月二十八日

省长吕公望

（原载《浙江公报》第一千六百零八号，一〇页，训令）

浙江省长公署训令第二百三十八号

令民政厅查送前谘议会未经议结各案由

令民政厅长王文庆

案照本公署附设浙江政务参议会，参议全省重要政务，业于本月一日组织成立，并令知该厅在案。查前巡按使署内所设谘议会，其性质与本署参议会相近，前因本省独立，该会遽尔停止，自难保无议而未结事件，应由该厅查明档卷，将前项未经议决各案一律检出呈送本署复核，以便交由参议会议决。为此令仰该厅遵照办理。此令。

中华民国五年八月　　日

省长吕公望

（原载《浙江公报》第一千六百零八号，一〇至一一页，训令）

浙江省长公署训令第二百四十号

令海关各监督财政厅长民政厅长准税务处咨
为上海鸿裕纺织公司纱包出口准予验放由

令海关各监督、财政厅长、民政厅长

本年八月二十四日准税务处咨开,"案准农商部咨称,'据上海总商会呈,据鸿裕纺织股份有限公司函称,本厂所出纱支,急待出口销售,请详部电知江海关,倘遇本厂纱包报关出口,准予查验放行等语。查国体变更,商业受困,现在时局稍定,市面渐有转机,该公司以所出纱支急待出口销售者,系为推销国货起见,恳请咨行税务处,电知江海关,如有该公司纱包出口,准予验放,以资提倡实业等情到部。查该公司业经本部于本月间准予注册在案,此次所请饬关验放纱包一节,核与上海德大纱厂等请援机器仿制洋货案纳税成例相符,应咨请核办见复'等因前来。查华洋商厂用机器制造棉纱,如上海德大等纱厂历经本处核准,完纳出口正税一道,发给运单,沿途免予重征有案。今上海鸿裕纺织公司既经农商部核准注册,应准援案办理。所有该公司制成之纱支运销出口时,应由江海关按照税则征收正税一道,发给运单,沿途经过各关卡查验单货相符,并无夹带影射及漏税等情弊,即予放行,除北京崇文门落地税外,不再重征税厘。此外,如限期十二个月,缴销运单暨货品转输办法,均照本处先后通行成案并修正简章办理。惟此项暂行税法,系为奖励实业而设,将来整顿国税,或另规定棉纱划一征税办法时,该公司应一律改照办理。除分行外,相应咨行贵省长查照,转令所属遵照可也"等因。准此,除分行外,合行令仰该监督、厅长转行所属遵照/(民政)厅长知照。此令。

中华民国五年八月三十日

省长吕公望

(原载《浙江公报》第一千六百零八号,一一至一二页,训令)

浙江省长公署训令第二百四十八号

令民政厅准教育部咨据镇海县知事为方舜年捐赀兴学
请奖未曾叙明碍难办理由

令民政厅长王文庆

案准教育部咨开，"准贵署咨开，'案据会稽道尹梁建章详称，据镇海县知事洪锡范详称，窃知事查镇邑西管乡有私立方氏培玉高等小学国民学校一所，为该乡绅士方氏师范堂族众方舜年、方积玉、方启新、方积驭、方积駧、方积镕、方培源、方积蕃、方积骦、方积馀、方积骁、方积储、方积驷、方积骐、方善长等私财创设，成立于前清光绪三十二年，历年所捐资产达六万元以上，县中俱有案可稽。近更以巩固校基起见，复将坐落上海值价银八万元之房屋九所捐与该校直接收管，来县备案，合诸从前所捐之数共银一十四万元以上，即以民国元年始计算，亦达银八万余元。若该绅等之毅力热忱，洵足为社会模范，而其学校成绩之优良，尤为历届视学所称许。似此勇于为善，惠及童蒙，虽在该绅等无邀奖之心，而在公家实有表彰之道。谨按《修正捐赀兴学褒奖条例》第五条载，捐赀至二万元以上者，其应得褒奖，由教育总长呈请特定等语。今方氏族众方舜年等所捐尤巨，自应比照办理。为此开列事实表详请转详巡按使转咨奏请，以昭激劝等情，并事实表前来。道尹查该绅慨捐巨款兴办学校，实属可嘉，即从民国元年起计算所捐之数，亦达八万余元，自应请奖，以昭激劝，理合检同事实表，详请鉴核转咨等情。据此，本公署复核无异，相应检同事实表册，咨请察核施行'等因到部。查《修正捐资兴学褒奖条例》第一条，人民以私财创立学校，或捐入学校，准由地方长官开列事实表册，详请褒奖；第二条，列褒奖之等差；第三条，私人结合之团体捐赀逾一千元者分别奖给一二三等褒状，一万元以上者得奖给匾额；第五条，捐资至二万元以上者，应得褒奖，由教育总长呈请特定各等语。是捐资兴学之褒奖有个人与团体之差分,而特奖则无论个人、团体必须款至二万元以上者方能照办。此案方舜年等捐资至八万余元,据事实表所开,其款出于方氏师范堂,为方舜年等七房之公产,若照第一条就个人请奖则方舜年等有十四人之多①,以八万余元分配每人不过在五千元以上,与特奖之例不符;若照团体请奖,受奖者是否即方氏师范堂,来咨未曾叙明,殊属碍难办理。相应咨请贵署转饬查明见复,以凭核办"等由前来。合行令仰该厅转令该县知事遵照前情查明具复,以凭核转。此令。

中华民国五年八月三十日

省长吕公望

（原载《浙江公报》第一千六百零八号,一二至一三页,训令）

浙江省长公署指令第　号②

令民政厅长王文庆

呈一件为民政厅呈请更委奉化县知事由

呈及履历均悉。据称奉化县知事董增春成绩平常,准予调省另候任用,遗缺即以屠景曾署理。仰将发去任命状转给祗领,并转令董知事知照。此令。履历存。

附　浙江民政厅训令第二百零七号

令屠景曾奉令准以该员署理奉化县缺由

令新委奉化县知事屠景曾

案照本厅呈请更委奉化县知事一案,兹奉省长指令,"呈及履历均悉。据称奉化县知事董增春成绩平常,准予调省另候任用,遗缺即以屠景曾署理。仰将发去任命状转给祗领,并转令董知事知照。此令。履历存"等因。奉此,除另令外,合将任命状

---

① 十四人,前文所列族众方舜年等,实有十五人。
② 本文自浙江民政厅训令第二百零七号析出。

一道抄同原呈令仰该员遵照祗领,依限赴任,将该县印信、文卷等项妥为接收,遵章会算交代清结具报,仍将接事日期连同履历分报备查①。此令。

计发抄呈、任命状各一件。

中华民国五年八月二十六日

民政厅长王文庆

(原载《浙江公报》第一千六百零八号,一三页,训令)

附 浙江民政厅训令第二百零八号

令奉化县知事奉令准将该员调省另委接替由

令奉化县公署知事董增春

案照本厅呈请更委该县知事一案,兹奉省长指令,“呈及履历均悉。据称奉化县知事董增春成绩平常,准予调省另候任用,遗缺即以屠景曾署理。仰将发去任命状转给祗领,并转令董知事知照。此令。履历存”等因。奉此,除另令外,合就抄发原呈令该知事查照,一俟新任到日,即便遵章交卸分报备查,并将前给任命状缴销。此令。

计抄发原呈一件。

中华民国五年八月二十六日

民政厅长王文庆

(原载《浙江公报》第一千六百零八号,一四页,训令)

浙江省长公署训令第 号②

令民政厅转饬所属保护杭诸公司越康轮船由

令民政厅长王文庆

准交通部咨开,“据江海关监督详称,‘接税务司函,据杭诸汽船

---

① 接事日期,底本脱“日”字,径补。
② 本文自浙江民政厅训令第二百十五号析出。

公司禀称，租赁德华汽船一艘，改名越康，遵具呈式黏连图说，请转详注册发照等因，理合检同呈式详请察核'前来。查该公司添租越康轮船，驶由杭州至诸暨，经过临浦、尖山、金浦桥、三江口、姚公埠等处，业由本部注册，填就轮字第一千四百零一号执照一纸，发交该监督转给承领在案。相应咨请贵省长查照，分令各属保护"等因。准此，除分令外，合令该厅查照转令所属认真保护。此令。

省长吕公望

附　浙江民政厅训令第二百十五号
令杭县等四县奉省长令保护杭诸公司越康轮船由

令杭县、萧山、绍兴、诸暨县知事

案奉省长令开，"准交通部咨开，'据江海关监督详称，接税务司函，据杭诸汽船公司禀称，租赁德华汽船一艘，改名越康，遵具呈式黏连图说，请转详注册发照等因，理合检同呈式详请察核前来。查该公司添租越康轮船，驶由杭州至诸暨，经过临浦、尖山、金浦桥、三江口、姚公埠等处，业由本部注册，填就轮字第一千四百零一号执照一纸，发交该监督转给承领在案。相应咨请贵省长查照，分令各属保护'等因。准此，除分令外，合令该厅查照转令所属认真保护"等因。奉此，除分令外，合就令仰该知事妥为保护。此令。

中华民国五年八月二十六日
民政厅长王文庆

（原载《浙江公报》第一千六百零八号，一六页，训令）

浙江督军公署指令第四百零四号
浙江省长公署指令第五百七十三号

令浙江高等检察厅长殷汝熊

呈一件邮务局呈邮差被劫请令行严缉由

此案未据报县勘缉,据呈前情,盗匪黉夜截劫,不法已极,合行令仰该厅即便令行慈溪县勒限严缉赃盗究办,以重邮政而安行旅,并行该局知照。呈抄发。此令。八月二十九日

(原载《浙江公报》第一千六百零八号,一九页,指令)

浙江省长公署指令第五百六十二号

令民政厅长王文庆

呈一件为呈报各区省议会已故议员缺迅依法递补由

呈、表均悉。省议会议员臧树蕃、王泽灏、高金培、张峻、许宗周、王嘉谟、郑祖康、唐黼墀、於谱言等九员,既已病故,应迅就各本区候补当选中依法按次递补,并将未能应召赴会议员分别饬县转催,仍将办理情形具报备查。此令。表存。八月　日

(原载《浙江公报》第一千六百零八号,一九页,指令)

浙江省长公署指令第五百六十五号

令玉环县知事

呈一件为条陈该县地方应兴应革事宜由

呈暨清摺均悉。所拟兴革各项,业经分别核明批答随令抄发,仰即遵照办理,仍将遵办情形具报。其原摺内,未经批厅核议各条暨本署批答并即分别录报各主管各厅查考①。再,该知事现已撤任,应办事宜,仰于移交时专案移交后任继续办理。清摺五扣存。此令。八月二十九日

(原载《浙江公报》第一千六百零八号,一九页,指令)

---

　　①　未经,底本作"夫经"。据《浙江公报》第一千六百一十号第二四页所载《更正》:"本月二日本报第十九页第十七行第一字'未'字,误刊为'夫'字,合亟更正。"因改。

浙江省长公署指令第五百六十七号

令高等审判厅长范贤方

呈一件金华县呈报方徐氏被方小苟殴毙勘讯由

呈及格结均悉。仰高等审判厅令县迅提被告凶犯方小苟,传同人证讯明实情,按律拟办,毋稍枉纵,切切。格结存。此令。八月三十日

（原载《浙江公报》第一千六百零八号,一九至二〇页,指令）

浙江省长公署指令第五百六十八号

令高等审判厅长范贤方

呈一件平湖县呈报葛阿和被殴身死勘验情形由

呈悉。仰高等审判厅令即提犯传证质讯明确,本案究竟因何起衅,按律判决,切切。格结、单存。此令。八月廿九日

（原载《浙江公报》第一千六百零八号,二〇页,指令）

浙江省长公署指令第五百六十九号

令高等审判厅长范贤方

呈一件警政厅呈报续获朱富顺一犯解海盐县讯办由

据呈,"续获海盐县李聚堂家劫案内盗犯朱富顺一名,解县讯办"等情已悉,合行令仰该厅转行海盐县归案讯办具报,仍勒缉逸盗务获究报,并由厅咨复警政厅知照。供摺存。原呈钞发。此令。八月三十日

（原载《浙江公报》第一千六百零八号,二〇页,指令）

浙江省长公署指令第五百七十号

令高等审判厅长范贤方

呈一件吴兴县呈报钱兰樵家被劫拒伤获盗勘讯由

呈悉。此案盗犯沈李文一名,既系人赃并获,供认不讳,合行令

仰该厅令即提讯明确,按法惩办,仍勒缉逸盗杨阿祥等务获究报,不得以已经破获一犯稍涉懈弛,是为至要。表、图存。此令。八月二十九日

　　（原载《浙江公报》第一千六百零八号,二〇页,指令）

浙江省长公署指令第五百七十一号

　　令高等审判厅长范贤方

　　　　呈一件警政厅呈报获犯鲍锦凤等二名解县讯办由

　　此案先据吴兴县呈报,即经令厅讯缉究办在案。据呈前情,合行令仰该厅转行查照前令办理,并由厅咨复该警厅知照。供摺存。原呈钞发。此令。八月二十九日

　　（原载《浙江公报》第一千六百零八号,二〇至二一页,指令）

浙江省长公署指令第五百七十五号

　　令财政厅长莫永贞

　　　呈一件为德清县知事吴罤皋因粮务疲滞酌拟变通催征方法由

　　呈悉。地保催征,本系前清秕政,种种弊害,由此而生。该知事不从根本上着想,辄欲规复旧时名目,甚非正当办法。县知事有催科之责,何故欲以财政助理兼充催征员,且《〈征收地丁章程〉施行细则》亦无"催征员"名目,所请均不准行,仰财政厅迅速转行遵照。此令。钞呈发。八月二十九日

　　（原载《浙江公报》第一千六百零八号,二一页,指令）

浙江省长公署指令第五百七十七号

　　令财政厅长莫永贞

　　　呈一件为东阳县知事呈为乾康钱庄倒闭陈明解款情形

　　　　并请转饬金华县督促商会清理尽先提解由

　　呈及黏信均悉。金华乾康钱庄庄主胡明德等亏款潜逃一案,前

据该管县知事呈报到署，业经令厅行县查拘究追，并即派员会同商会查明人欠、欠人各款分别抵偿在案。该县应解地丁及验税契等款，银四千九百九十余元，既已汇解，何以省库、兰库均不收受，以致发生意外之事，仰财政厅查明具复，一面迅饬金华县钱知事督促商会一并妥为清理①，尽先提解，以重国税。其余存候续解银五千七百二十余元，并饬该县张知事克日筹解具报②，毋任藉延，切切。此令。八月三十日

计钞发原呈及粘信。

（原载《浙江公报》第一千六百零八号，二一页，指令）

浙江省长公署指令第五百八十九号

令高等审判厅长范贤方

呈一件为补送刑事进行期间表由

呈及进行期间表均悉。仰候转送司法部备案查考可也。表存。此令。八月三十日

（原载《浙江公报》第一千六百零八号，二一至二二页，指令）

浙江省长公署指令第五百九十号

令高等检察厅长殷汝熊

呈一件为兰溪县呈报验明毛年高自溺身死一案由

呈悉。此案毛年高自溺身死，既据该知事验讯明确，合行令仰该厅即便转行传属领埋。格结存。此令。八月三十日

（原载《浙江公报》第一千六百零八号，二二页，指令）

---

①　金华县钱知事，即钱人龙，字友夔，江苏奉贤人，民国三年十二月至民国七年八月任金华县知事。

②　张知事，即张寅，字翰庭，浙江太平（今温岭）人，民国三年十二月至民国五年八月任东阳县知事。

浙江省长公署指令第五百九十一号

令高等检察厅长殷汝熊

呈一件为呈报验明庞捉来并非因伤身死由

呈悉。此案庞捉来尸骸,既据验非因伤身死,并经同级审判厅判决,合行令仰该厅即便转行天台县饬催庞吴氏领骨归葬具报。此令。

八月三十日

（原载《浙江公报》第一千六百零八号,二二页,指令）

浙江省长公署批第一百六十七号

原具呈人德清县公民吴灏

呈一件为人民纳粮拥挤每有重征错入之弊

拟请填给收据并附式样由

察阅所陈各节,尚有理由,候令行财政厅酌核办理。此批。八月二十八日

（原载《浙江公报》第一千六百零八号,二二页,批示）

浙江省长公署批第一百七十九号

原具呈人遂安余仁昌等

呈一件为呈控官绅舞弊纵匪殃民公请撤差拟处由

案关控诉官吏,仰即取具反坐切结并确实铺保,偕同来署,听候面询核办。此批。八月二十八日

（原载《浙江公报》第一千六百零八号,二二至二三页,批示）

浙江省长公署批第一百八十九号

原具呈人李镜蓉

呈一件续控陈蔚私吞巨款请饬追究由

此案业据高审厅以"案经该地厅于上年八月二十暨二十三等日先后饬传两造讯问明确,缘无犯罪证据,即于八月二十五日宣告判决,将主文谕知被告人等在卷"等情钞判呈复到署,即经批示在案,何得一再来署混渎。特斥。此批。八月三十日

（原载《浙江公报》第一千六百零八号,二三页,批示）

吕省长复教育部电

北京教育部鉴：漾电悉。三年度教育统计,已令厅严催造报,俟到即送。此复。浙江省长。有。印。（中华民国五年八月三十一日）

附来电

各省长、都统、镇守使均鉴：三年度教育统计表,前因时局未定,致各省造报未齐,现在本部亟待汇编,贵省区应送各表务即严催速送,并先电复。教育部。漾。印。（中华民国五年八月二十三日）

（原载《浙江公报》第一千六百零八号,二四页,电）

吕省长电复湖南省长

官产处归并财政厅办理由

长沙谭省长鉴：浙省独立时,将官产处归并财政厅办理。嗣准部电派胡运使兼办,迭电陈为难情形,奉复改派莫厅长暂兼,惟须另设机关。又经佳电详陈,另设无益,徒多糜费,已奉部电赞同。特此电复。吕公望。○。印。

（原载《浙江公报》第一千六百零八号,二四页,电）

浙江省长公署咨内务部

据上虞县知事详请奖励邑绅陈渭义行卓著咨请察核由①

浙江省长公署为咨陈事。案查本公署接管前巡按使公署卷内本年三月二十七日据会稽道道尹梁建章详,为据上虞县知事详,邑绅陈渭义行卓著详请奖励转详察核示遵事。本年二月二十五日据该知事张应铭详称,"本年二月二十二日据邑绅王佐、朱鸿儒等禀称,'窃维爱家务兼爱国,富国必先富家,理有兼筹,事无偏废。故子文毁家纾难,卜式输财实边,此富于爱国心之说也。然必有子文之家,而后可毁以纾难;有卜式之财,而后可输以实边。此又欲富国必先致富其家之说也。否则,无财者空言爱国,事果何功;有力者第知保家,国复奚赖?敝邑陈绅渭以艰苦卓绝之姿,事懋迁有无之业。经营沪上历数十载,不阶尺寸,广积锱铢,不特为吾邑商界首屈一指,即拟诸甬商叶澄衷诸君,以赤手而致身富厚者,亦无复多让。然陈绅一方面辛勤居积,一方面即慷慨输将,遇有国内大灾祲、大工程、大慈善,以及兴学育才,贷资济国,无不特别饮助,出人意表。一较陶朱公三致千金而三散之,尤觉今人之超越古人焉。综其生平,览郑侠流民之图,效鲁肃指困之赠,在前清光绪己丑于奉天有七千元之赈;而又援手梓乡,加惠故里,在光绪庚子、丁未两年先后赈济三千元。迨至民国,去年沿江沿海风雨为灾,又特捐赈洋一千元。此陈绅救济灾黎之实在情形也。

'为历祖历宗,宏其庙貌,为文子文孙,著其统系,于是创建祠堂,独力出资一万元;续修宗谱,首先担任二千元。此又陈绅睦姻宗族之实在情形也。

'在昔己亥,水坏后郭江塘,庐值漂荡之危,田无有秋之望,西北搢绅共谋以土易石,殖利久长,而陈绅慨任石塘百丈,输资万元。彼

---

① 陈渭(1837—1919),又名春澜,字文江,浙江上虞人。春晖中学捐资人。

马家堰又为北乡众流尾闾，此堰不修，田将病旱，舟将病涸，农商交瘁，陈绅又捐资承修，计银一千五百余元，勒诸石碣，利赖至今。此又陈绅鞭石捍江、治堰利民之实在情形也。

'谋往来行路之安，荡平王道；体天地好生之德，抚育婴孩。于是有平治道路之举，自孝闻岭至茅家溪，延长十余里，独出资银四千元，自马慢桥至云庆桥，造桥八座，砌塘六里，独出资银万余元。我虞之办积善堂，为育婴孩也，陈绅首捐特别费银二千元，而又续捐一文，愿为常年费每年计银一百四十四元，历二十年不衰，前后共计捐银二千八百八十元。上虞之有旅杭同乡会，为重乡谊也，陈绅亦捐助洋二千余元。善气弥纶，口碑洋溢。其余慈善事业，如钱江义渡等类，零星捐数，难以悉计。此又陈绅一路福星、万象生佛之实在情形也。

'作百年树人之计，乡校应时而宏开；为多方提倡之谋，经费随地而补助。故在横山本村创办春晖学堂，先自两等，循序而进，于中学组织完备，智德并重，独捐学费银五万元。而在科举未废时代，于培兰文社则助膏火银一千元，于算学堂则贴补助费银四百元。及学校既兴，首助本邑县学堂开办费银二千元，继助绍兴府中学堂建筑费银五千元。扶植群英，乐此不疲，用意尤为深厚。此又陈绅为国育才慨输巨额，大有造于学界之实在情形也。

'时局日艰，生计日促，非提倡实业，不足以福国而利民。于是兴办垦牧，创立公司，出巨资十万元，在南乡大浸隔山两畈开辟荒田数千亩，创造埂闸，迄今大功告成，易芜莱为膏腴，农夫相庆，地方攸赖。则又贾渠郑堤，群相讴思，泽被桑梓之实在情形也。

'综观以上各节，以一人而捐助公益，创办实业，已达二十万元以上，然此犹已见诸事实者。至其心目眈眈，满志踌躇，冀得一当，愿出数万金，以遂其夙昔愿望者，尤莫如浚江一事。缘陈绅少年经商，往来虞、嵊间，目击曹江日渐淤积，动辄泛滥，田禾淹没，庐舍飘摇，心焉伤之，素怀疏浚大志，或能奠定江流，俾沿江居民得出水火而登衽席。

但兹事体大,有志未逮。今幸巡按使注重水利,轸念民瘼,业经一再测量,议决实行疏浚,陈绅又喜出望外,日夕盼念,愿筹垫巨款,扶杖而观厥功之成。其目光之远,善量之宏,迥非寻常人所能梦见。然此犹关系于地方事宜者。

　　'其对于国家之观念,睹兹欧战纷争,司农仰屋,无兵不足以卫国,无财尤不足以养兵,陈绅居恒窃念,思竭个人之力,爱护国家。于是乘内国公债之续募,经一二同人之驰告,三年份仅认购公债五千元者,至四年份承购直慨认十万元。设非因外患日深,热诚拥护,何以踊跃如斯? 呜呼! 陈绅以半生辛苦之身,臻一旦丰亨之域,年届八旬,宜若可以厚自奉养,乃觇其居乡持家,不多雇仆役,不广购洋货,日用自一元以上,必亲自支出,不敢妄费。其俭约之风,近者观感,远者兴起,足以移易习俗而有余。独对于一国一邑之大灾祲、大工程、大慈善,以及兴学育才、贷资济国诸大端,某也数千,某也数万,无论已往,无论现在,诚不丝毫吝惜,倘所谓用财之当而富于国家思想者,非耶? 伏查《条例》所开事项,如陈绅之耆年节俭,为乡里所矜式,与第四、第八两项相符;其热心公益捐助财产之巨,尤合于第五、第六两项。佐等金谓陈绅捐助公益,提倡实业,承购公债,业经支付者数达三十万元以上,即云公司资本属于营业范围,而总计捐输,亦数逾二十万元。况浚江储款、零星伙助尚不在内。似此急公好义,垂数十年,可否核计年高德劭,兴学重农,历输巨资各节,查照《条例》转请破格奖励,以示优异。在陈绅好行其德,原不希冀异数,第佐等为地方公益计,为社会实业计,为国家前途计,有此战胜商界、博施济众之志士,足为全国模范。设非不次奖励,以风示斯世,何以劝善,何以励后'等情,并事实清册暨证明书到署。据此,查该绅陈渭敬恭桑梓,博施济众,好义输财,老而弥笃,匪特流惠于闾里,实且有俾于邦家。访之舆论,按诸事实,成绩炳然,誉满全邑。知事忝膺民社,有褒扬善行之责,似此耆年硕德,自未便格于上闻,应请优予奖励,以风斯世。理合检取事实清册,暨证明书各四份,一并具文详送,仰祈钧尹察核转详巡按使察核,俯赐奏请特奖,以昭激劝而资观感"等情。据此,查该县陈绅渭热心公益,功在邦家,见义勇为,久而弥笃,自应据情详请破格褒扬,以资矜式。除批复并将送到事实册、证明书存留一份备案外,理合备文详请察核施行等情。查该绅承购公债票一案,前据财政厅于民国四年七月详称"上虞县绅陈渭独力承购内国公债票十万元,请予给奖"等情,当经前巡按使据情电请财政部暨公债局呈准前大总统奖给四等嘉禾章在案。兹据前情,查册列各款共有三十一万余元,除二次承购公债票银十万五千元及创办春泽垦牧公司股分银十万元,所有关于救济贫困及创兴公益事业各款亦尚有十一万三千五百十二元之巨。且又据称"该绅年届八旬,自奉俭约,远近观感兴起,足以易俗移风"等情,核其事实,实与《褒扬条例》第一条第四、五、六、八等款,均尚相符,除留书、册各一份备案外,相应检同原送书、册各一份,注册费十五元,咨请大部察核转呈,实为公便。

此咨

内务总长

计附事实册、证明书各一份,注册费十五元。

浙江省长吕公望
中华民国五年八月三十一日

(原载《浙江公报》第一千六百零九号,一九一六年九月三日,三至六页,咨)

浙江省长公署训令第二百十七号

令各属准财政部咨为发行新银辅币遇有
流行到境可向银行兑换主币由

令民政厅、财政厅、警政厅、浙江烟酒公卖局、高等审判厅、高等检察厅、交涉署、盐运使、各海关监督本年八月二十二日准财政部咨开，"据造币总厂详称，前奉部令，依照《国币条例》预备续铸新银辅币（文云已见八月二十九日本报'训令'门），至浙江地方何日开始发行，一俟核定，再行行文查照办理可也"等因。准此，除分行外，合行令仰该使、该厅长、该局长、该监督转行所属遵照办理/该署长遵照办理。此令。

中华民国五年八月二十九日

省长吕公望

（原载《浙江公报》第一千六百零九号，六页，训令）

浙江省长公署训令第二百五十号

令民政厅警政厅饬属保护华商宁绍公司海宁汽油船由

令民政厅长王文庆、警政厅长夏超

案准交通部咨开，"据江海关监督呈称，准税务司函，'华商宁绍公司海宁汽油船改变航线，备具呈式，并缴旧照，请注册换照等因，理合将送到之呈式、旧照送部核办'等情。并据该商禀缴册照费前来。查该轮改驶航线，起嘉兴迄夹浦，经过新塍、南浔、湖州、长兴等处，除由本部涂消旧照、另注新册，填就执照一纸，发交该监督转给承领外，相应咨请贵省长查照，分令各该属保护，至纫公谊"等由前来。除咨复外，合行令仰该厅长查照，转令各该属一体保护，是为至要。此令。

中华民国五年八月三十日

省长吕公望

（原载《浙江公报》第一千六百零九号，六至七页，训令）

附 浙江民政厅训令第三百九十五号

令嘉兴等三县奉省长令保护华商宁绍公司海宁汽船由

令嘉兴、吴兴、长兴县知事

案奉省长令开，"准交通部咨开，'据江海关监督呈称，准税务司函,华商宁绍公司海宁汽油船改变航线,备具呈式,并缴旧照,请注册换照等因,理合将送到之呈式、旧照送部核办等情。并据该商禀缴册照费前来。查该轮改驶航线,起嘉兴讫夹浦,经过新塍、南浔、湖州、长兴等处,除由本部涂销旧照、另注新册,填就执照一纸,发交该监督转给承领外,相应咨请贵省长查照,分令各该属保护,至纫公谊'等由前来。除咨复外,合行令仰该厅长查照,转令各该属一体保护,是为至要"等因。奉此,除咨请警政厅令行该管水警一体保护暨分令外,合就令仰该知事妥为保护。此令。

中华民国五年九月七日

民政厅长王文庆

（原载《浙江公报》第一千六百十六号,一〇页,训令）

浙江省长公署训令第二百五十二号

令财政厅为永嘉县征收员滞发由单请饬速发并查办由

令财政厅长莫永贞

案据永嘉县公民王仁寿等以"该县滞发由单,呈请饬县从速给发,并派员查办"等情前来。查串票由单一联应于板串造竣后散给各业户,如期开征,察阅粘件由单执照二联,并未裁截,其非开征前散给可知,似此办法,殊属有违定章,合行令仰该厅长迅即转行永嘉县查明,各征收员有未发由单者,赶速补发,并将滞发原因澈查,据实呈复核夺。此令。

计发原呈并粘附单串三纸,办毕仍缴。

中华民国五年八月三十日

省长吕公望

（原载《浙江公报》第一千六百零九号,七页,训令）

浙江省长公署训令第二百五十三号

令民政厅为裁撤嘉属戒严司令部尹功廷饬以警佐录用由

令民政厅长王文庆

案据嘉湖镇守使函称,"窃查前嘉属戒严司令部侦探员尹功廷,于解严时,当由前张镇使拟留使署侦探呈请督军核示,嗣奉电饬,军事侦探一律裁撤,业经遵办在案。惟查该侦探员前在戒严期内侦查敌情,不避艰险,实属在事出力,且查历充侦探、调查等差,颇有经验,未便置闲。惟有仰恳钧座准将该员另委相当位置,或发交民政厅以警佐记名,尽先委用,以免向隅而资激劝,是否有当,理合附具该员履历,备函呈请察核施行"等情。据此,查该员系前清佐班,历任员缺有案,核与现行文官委任定章,尚属符合,此次派充探员,侦查军情,不无微劳,合将履历令发仰该厅准以警佐存记委用。此令。

中华民国五年八月三十日

省长吕公望

(原载《浙江公报》第一千六百零九号,七至八页,训令)

浙江省长公署训令第二百六十号

令高检厅为查明新登县看守所房屋多寡及严办罗姓讼棍 并查禁该县狱中押床及通令各管狱员一体遵办由

令高等检察厅长殷汝熊

据调查委员报告,新登县狱中尚设押床,云系前清旧物,何以该知事及管狱员均不查察,实属不合,应由厅查明严禁。至各县监狱看守所,恐亦不免有此等凌虐罪囚之具,应由厅通令各管狱员分别查禁具报,惟原物不必毁弃,应由县知事会同管狱员封存保管,以备将来开设监狱协舍时陈列备考。又,该县前因看守所人满,竟将盗犯暂押女监空屋,致被脱逃,究竟该县看守所有屋几间,何以如此拥挤,是否滥押,并应由厅查明具复。又,访闻该县有讼棍罗姓,颇好唆讼,应饬该县知事严密侦查,果有教唆诬告等确证,即拘案按律惩办。该知事到任未久,署中积弊均应详查禁革,毋稍徇纵,切切。此令。

中华民国五年八月三十一日

省长吕公望

(原载《浙江公报》第一千六百零九号,八页,训令)

浙江省长公署训令第二百六十二号

令高检厅将各县征收罚金按月送登公报由

令高等检察厅长殷汝熊

照得各县征收罚金,前据该厅呈请,自本年五月份起,上月收数限令下月五日以前造具收数表,检同报单呈由该厅核明,列榜盖印,发由原县揭示,以资整理,业经批示照办在案。乃查近来各县知事对于此项罚金榜示,其遵令实贴者固属不少,而匿不揭示者亦时有所闻,自非设法取缔,不足以昭核实而杜流弊。嗣后关于各县呈报罚金,除由该厅列榜印发外,并应按照原报数目抄登《浙江公报》,如有漏列,准予人民依据《公报》据实告发,依法惩治,仍查照前巡按使所定办法准提五成奖赏告发之人。一面并由该厅将前项发县榜示有无隐匿不贴情事,随时严加查察,如有违犯,并即严行议处,以昭儆戒而杜朦混。为此训令该厅遵照办理,并通令各县知事一体知照。此令。

中华民国五年八月　日

省长吕公望

(原载《浙江公报》第一千六百零九号,八至九页,训令)

附　浙江高等检察厅训令第三百六十五号

令各县知事自本年五月分起征收罚金数目送
候列榜发贴并抄登浙江公报由

令各县知事（除杭鄞两县）

案奉浙江省长公署第二六二号训令，内开，"照得各县征收罚金前据该厅呈请，自本年五月份起，上月收数限令下月五日以前造具收数表检同报单，呈由该厅核明列榜盖印，发由原县揭示，以资整理，业经批示照办在案。乃查近来各县知事对于此项罚金榜示，其遵令实贴者固属不少，而匿不揭示者亦时有所闻，自非设法取缔，不足以昭核实而杜流弊。嗣后关于各县呈报罚金，除由该厅列榜印发外，并应按照原报数目抄登《浙江公报》，如有漏列，准予人民依据《公报》据实告发，依法惩治，仍查照前巡按使所定办法，准提五成奖赏告发之人。一面并由该厅将前项发县榜示有无隐匿不贴情事，随时严加查察，如有违犯，并即严行议处，以昭警戒而杜朦混。为此训令该厅遵照办理，并通令各县知事一体知照。此令"等因。奉此，查各县征收罚金按月报请填榜发贴者虽居多数，而匿不具报者尚复不少，且已报各县或匿榜不贴、或侵蚀被控，其弊已难究诘，未报各县之任意隐匿，从可知矣。本检察长莅任以来，见闻所及，审知大概，正拟设法整理，以绝弊窦。兹奉前因，除呈复并遵将印发榜示抄登《公报》布告被罚人民一体知照，一面派员密查外，合亟令仰该县知事知照，自本年五月分起，该县收入各案罚金，如尚未报请榜示，迅将姓名、案由、金额、已缴未缴按月填具一览表送候列榜发贴，并登报公布，毋再匿延，致干咎戾，切切。此令。

中华民国五年九月二十二日

高等检察厅长殷汝骦

（原载《浙江公报》第一千六百三十三号，一三至一四页，训令）

浙江省长公署训令第二百六十三号

令高检厅据调查委员报告富阳县管狱员奋勉异常
除传令嘉奖外并通令各管狱员查照办理由

令高等检察厅长殷汝熊

据调查委员报告，"富阳县管狱员周志英，自本年五月到差以来，颇能注意清洁，监狱虽卑隘而不秽浊，各犯颇有秩序，每三日令其洗浴一次，每星期教诲一次，疾病亦能尽心医治"等语，虽属管狱员应尽之职务，然闻现在各县管狱员尽职者少，该员到差未久，既知奋勉，应即传令嘉奖，并饬力行所学，始终不懈，是所厚望。一面由厅通令各县管狱员查照办理，切切。此令。

中华民国五年八月　日

省长吕公望

（原载《浙江公报》第一千六百零九号，九页，训令）

浙江省长公署训令第二百六十四号

令民政厅转令富阳县知事将该县社仓及各种实业
并城门桥梁及警察迅速设法整顿兴修训练由

令民政厅长王文庆

据调查委员报告，富阳县社仓向系各庄分存，除城区恩波四庄存谷百余担外，其余七十四庄实有存谷者不及一半，应由厅令饬设法整顿具报。又，该县各种实业多未举办，城门、桥梁均多朽坏，势将崩坠，应饬赶紧邀集就地人士筹款兴修具报。其警察并应督同警佐勤加训练，均毋违延，切切。此令。

中华民国五年八月　日

省长吕公望

（原载《浙江公报》第一千六百零九号，九至一〇页，训令）

浙江省长公署训令第二百六十五号

令高审厅据上虞金陈氏呈伊夫金张高
被王世宝等殴毙由

令高等审判厅长范贤方

案据上虞县呈报,金张高被王世宝殴伤身死,验讯获犯情形,即经批饬提犯研讯明确按律判决在案。兹据金陈氏具呈前来,除批示外,合行令仰该厅即便行催上虞县迅提王世宝、王谷生二名传证质讯明确,按律拟办具报,仍勒缉王肯堂务获并究,毋任迟延,致滋藉口。呈抄发。结附。此令。

中华民国五年八月三十日

省长吕公望

（原载《浙江公报》第一千六百零九号,一〇页,训令）

浙江省长公署训令第二百六十六号

令民政厅据平阳县民人郑仁楼张贤俊禀为
不服瑞安县处分提起诉愿由

令民政厅长王文庆

案据平阳县人民郑仁楼、张贤俊以瑞安架书林皋东越界收粮,该县知事饬警拘办,不服处分,呈送诉愿书并抄附文件到署。除批"人民依法诉愿（云云见"批示"门）,仰即知照"外,合行检同书件令发该厅长核办。此令。

中华民国五年八月三十一日

省长吕公望

（原载《浙江公报》第一千六百零九号,一〇页,训令）

浙江省长公署指令第　　号①

令民政厅长王文庆

呈、摺及履历均悉。准予分别注册。仰民政厅备案并转令该知事知照。此令。履历均存。

附　浙江民政厅训令第二百五十八号
令东阳县知事据呈报掾属履历请注册一案由

令东阳县知事俞景朗

案据该知事呈送该县掾属各员履历请予注册等情,正核办间,奉省长指令该知事呈同前情内开,"呈、摺及履历均悉。准予分别注册。仰民政厅备案并转令该知事知照。此令。履历均存"等因。奉此,除注册外,合即令仰该知事查照。此令。

中华民国五年八月三十日

民政厅长王文庆

附原呈

呈为委任掾属分配职掌开摺送请察核注册事。窃东阳县县公署各科掾属多随张前任赴定海服务,缺皆虚悬。知事于八月一日到任,斟酌情形,采集舆论,佥谓共和恢复,军事大定,正宜扩充教育,徐图上治,是以将署内行政部分分设三科,每科委任主任一员,政务助理二员,财政助理一员,会计一员,教育助理一员兼任县视学,分别职掌事宜,以专责任,均各如期就职。除径呈省长外,理合加具考语,检同履历开摺备文,详情厅长察核注册批示祗遵,实为公便。谨呈。

（原载《浙江公报》第一千六百零九号,一二至一三页,训令）

---

① 本文自浙江民政厅训令第二百五十八号析出。

浙江省长公署指令第五百八十四号

令高等审判厅长范贤方、高等检察厅长殷汝熊

呈一件为拟筹设嘉吴绍临四地方审检厅

并拟设筹备处填送预算表请核准由

据呈以嘉、吴、绍、临四处诉讼较繁,拟继续筹办四地方审、检厅,为求人民便利起见,事属当行。又,因厅务增加,拟附设审检厅所筹备处,以专责成,办法亦无不合。惟所需经费应从何处开支,仰即咨会财政厅筹定的款具复核夺。此令。预算表暂存。八月三十日

浙江高等审判厅附设审检厅筹备处预算表

项　目	五年九月起至六年四月止预算数		每月预算数		
支出经常门　　八个月预算三千二百元,每月份预算四百元。					
第一项　俸薪	二五七六	○	三二二	○	
第一目　俸给	一八四○	○	二四○	○	总会办由高等审检长兼职不支俸给外,主任一员,月支八十元;副主任一员,月支七十元;办事员二员,一员月支五十元,一员月支四十元。
第二目　津贴					
第三目　薪水	五六○	○	七○	○	一等录事一员,月支二十元;二等录事一员,月支十八元;三等录事二员,月支三十二元。
第四目　役食	九六	○	一二	○	公役二名,月支十二元。
第二项　公费	六二四	○	七八	○	
第一目　文具	一六○	○	二○	○	

续 表

项　　目	五年九月起至六年四月止预算数		每月预算数		
第二目　邮电	一六〇	〇	二〇	〇	
第三目　消耗	六四	〇	八	〇	
第四目　杂支	八〇	〇	一〇	〇	
第五目　查勘费	一六〇	〇	二〇	〇	
说　　明	筹备任务头绪颇多，关于动支经费事项，往往有未能预计者，如遇必要，计画拟于本预算外另添特别或临时经费，由厅编造预算先期呈准核支。				

（原载《浙江公报》第一千六百零九号，一五至一六页，指令）

浙江省长公署指令第五百九十二号

令高等检察厅长殷汝熊

呈一件开化县呈报姜栋成等冒充委员一案判决由

呈悉。此案判决既经确定，应即照判执行，仰该厅即行开化县遵照。呈抄发。此令。八月三十日

（原载《浙江公报》第一千六百零九号，一六页，指令）

浙江省长公署指令第五百九十三号

令高等检察厅长殷汝熊

呈一件为天台县呈报勘验周时来等连伤毙命一案由

呈悉。村民因斫柴起衅，纠众械斗，该知事先既据报派警弹压，虽周时来一名死在该警未到以前，惟案情重大，该知事宜如何派警暂驻，或谕令两姓族绅各自约束消弭，一面速为拘凶究办，乃一任事隔半月，彼此续斗复行，致毙三命之多，且始终并未亲往验办，视为畏途，实属办事不善，应将该知事先记大过二次，以示惩儆。合行令仰

该厅责令将全案正凶按名限缉务获究办，并将徐台正一名是否确系自行轰毙，有无贿和，一并查明具复，暨将柴案妥为结断，以杜后衅。如再续滋事端，定将该知事从严惩处，均无任延。格结存。此令。八月三十日

（原载《浙江公报》第一千六百零九号，一六至一七页，指令）

浙江省长公署指令第五百九十四号

令高等检察厅长殷汝熊

呈一件鄞县呈扩充监狱工场拟订规则并添置器具由

呈及清摺均悉。合行令仰该厅即便核饬遵办具复。呈钞发。折二扣并发，仍缴。此令。八月三十日

（原载《浙江公报》第一千六百零九号，一七页，指令）

浙江省长公署指令第五百九十五号

令高等检察厅长殷汝熊

呈一件造送四年七月至十二月分监犯名数总表由

呈、表均悉。仍由该厅督饬随时清厘，加意矜恤，毋滋冤滥，是为至要。仍令催义乌、江山两县列表具报。表存。此令。八月三十日

（原载《浙江公报》第一千六百零九号，一七页，指令）

浙江省长公署指令第五百九十六号

令高等检察厅长殷汝熊

呈一件开化县呈报续获邻省盗犯胡樟海一名由

据呈续获邻省盗犯胡樟海一名已悉，合行令仰该厅转行提讯明确，即行解赴休宁县归案讯办具报。此令。八月三十日

（原载《浙江公报》第一千六百零九号，一七至一八页，指令）

浙江省长公署指令第五百九十八号

令民政厅长王文庆

呈一件为查复宁商虞和德电开姚慈镇出产
棉花卖空买空出示禁止由

呈悉。此令。八月三十日

（原载《浙江公报》第一千六百零九号，一八页，指令）

浙江省长公署指令第五百九十九号

令民政厅长王文庆

呈一件呈复派员查明平阳南港水利工款纠葛一案由

呈悉。该主任于经办工程开支款项，不照预算，不知撙节，实属
不合，应即传令申斥，并饬县详实按册核减，毋得稍有冒滥。该知事
对于水利工程，一切委诸绅民，亦属玩忽，应一并申斥，仍责成切实进
行，随时具报核夺。余如所拟办理。此令。八月三十日

（原载《浙江公报》第一千六百零九号，一八页，指令）

浙江省长公署指令第六百零一号

令民政厅长王文庆

呈一件为呈复长兴公民钦乃宪等请酌加烟酒附加税以维学务由

据呈，该公民等所请酌加烟酒附税，既核与前饬抵触，自难准行，
业据饬县知照，应准备案。此令。八月三十日

（原载《浙江公报》第一千六百零九号，一八页，指令）

附　民政厅呈奉省长指令长兴钦乃宪等
请酌加烟酒附税以充学款由

呈为呈复事。案奉钧署指令长兴县公民钦乃宪等禀请酌加

烟酒附加税以维持学务由,内开,"查烟酒各税业经带征附税,所请再加学捐,是否可行,仰民政厅转饬新任长兴县知事查明议复核夺。此令。抄呈发"。又,奉指令长兴县震寰国民校长钦学乾禀同前情,内开,"已于钦乃宪等禀内批示矣。仰民政厅并饬知照。抄禀发。此令"各等因。奉此,查烟酒两项,上年曾经前巡按使公署以"既归公卖,商家负担较重,未便层累抽捐,通饬嗣后各地方烟酒二项,如业奉核定抽收公益特捐者,准照旧收取,不准再议加抽"在案。该长兴公民钦乃宪等及校长钦学乾所请酌加烟酒附税,核与前饬抵触,未便照行。除令饬该县知事转行知照外,理合具文呈乞钧长鉴核。谨呈

浙江省长

民政厅长王文庆
中华民国五年八月二十三日

（原载《浙江公报》第一千六百零九号,二三页,呈）

浙江省长公署指令第六百十五号

令民政厅长王文庆

呈一件为候补知事夏惟默准予续假两月由

呈悉。准予续假两月,仰民政厅查照并转令知照。此令。八月三十日

（原载《浙江公报》第一千六百零九号,一八页,指令）

浙江省长公署指令第六百十九号

令江山县知事

呈一件呈报无名男子溺毙情形由

呈悉。既据验明该无名男尸确系生前溺水身死,自应毋庸置议,备案存查,仰即遵照。格结存。此令。八月三十日

（原载《浙江公报》第一千六百零九号,一八至一九页,指令）

浙江省长公署指令第六百二十号

令高等审判厅长范贤方

呈一件崇德县呈报姚禹泉被姚宝娜殴死由

呈悉。仰高等审判厅令即查明起衅致死各因,迅派干警侦缉被告凶犯姚宝娜务获,提同姚锦松质讯明确,按律拟办,毋枉毋纵,切切。格结存。此令。八月三十日

（原载《浙江公报》第一千六百零九号,一九页,指令）

浙江省长公署指令第六百二十一号

令高等审判厅长范贤方

呈一件吴兴县呈报张明叔家被劫由

呈悉。获犯顾曾心,究意于本案有无关系[①],现获赃物是否与失单相符,仰高等审判厅令即提讯明确,传同事主认领,一面仍令勒缉逸犯真赃,务获并究,切切。图、表、单存。此令。八月三十日

（原载《浙江公报》第一千六百零九号,一九页,指令）

浙江省长公署指令第六百二十二号

令高等审判厅长范贤方

呈一件为昌化县监犯脱逃知事管狱员议处由

据呈昌化县疏脱监犯束应科、唐家俊二名,所拟将该县知事责捐应得三月俸额三分之一提作修监经费,管狱员诸勋记大过一次,以惩疏忽,应准如呈办理。仰即转令知照,并咨财政厅及同级检察厅查照,一面仍令勒缉逸犯,务获究报,切切。此令。八月三十日

（原载《浙江公报》第一千六百零九号,一九页,指令）

---

① 究意,疑为"究竟"之误。

浙江省长公署指令第六百二十三号

令高等审判厅长范贤方

　　呈一件义乌县请将清理积案委员宋化春留义三月由

　　据呈,"该县案牍繁多,请将清理积案委员宋化春再予展留三月,以资清理而免积压"等情,应即照准,合行令仰该厅即便转行知照。此令。八月三十日

　　　　（原载《浙江公报》第一千六百零九号,一九至二〇页,指令）

浙江省长公署指令第六百二十四号

令警政厅长夏超

　　呈一件为讯办严官巷清静庵匪抢情形由

　　呈悉。既据查讯明确,此案系干陈氏捏情妄报,实属恃妇逞刁,案交杭地检厅讯办甚是。此令。八月三十日

　　　　（原载《浙江公报》第一千六百零九号,二〇页,指令）

浙江省长公署指令第六百二十五号

令高等检察厅长殷汝熊

　　呈一件永嘉县呈报奉饬押回冯福金及
　　查拿王奕水等办理情形由

　　此案现据青田县呈报,当经令到该厅分行查缉。据呈,冯福金一名查已乘机逃回,并访获与案有关系之金希有、赵银敖二名,合行令仰该厅即便转行青田县归案讯办具复,仍令缙云县查拿王奕水一名务获究报,暨行该县知照。呈钞发。此令。八月三十日

　　　　（原载《浙江公报》第一千六百零九号,二〇页,指令）

浙江省长公署批第一百九十四号

原具禀人上虞陈世金

呈一件为续禀王承昌捏诬请饬厅速讯由

静候县讯拟办，何得一再混渎。特斥。此批。八月三十日

（原载《浙江公报》第一千六百零九号，二四页，批示）

浙江省长公署批第一百九十六号

原具呈人建德张老四

呈一件为控叶杏棠焚屋毁苗由

案据苏青云、叶杏棠等分词呈经批饬自向原县呈催，据呈各节，亦着回县投案候质可也。此批。八月三十日

（原载《浙江公报》第一千六百零九号，二四页，批示）

浙江省长公署批第一百九十九号

原具呈人平阳县民人郑仁楼、张贤俊

呈一件为不服瑞安县处分提起诉愿由

人民依法诉愿，须向原处分行政官署之直接上级行政官署提起，候将书件令发民政厅核办，一面应由该诉愿人等缮具诉愿书副本分报原处分之行政官署，仰即知照。此批。八月　日

（原载《浙江公报》第一千六百零九号，二四页，批示）

浙江省长公署训令第一百五十一号

令民政厅准内务部咨各省省议会应于十月一日依法召集由

令民政厅长王文庆

案准内务部咨开，"本年八月十四日奉大总统令，'各省省议会应于十月一日由各省行政长官依法召集，此令'等因。奉此，查此次省

议会续行召集,自应由各省行政长官就各该省省议会原选议员遵期召集,其任期即仿照此次国会议员办法,除中断期间不计外,仍继续计算,以法定为准。除通行外,相应咨行贵省长查照办理"等由前来。查本省议会召集期间早经颁定,无庸另议。至任期一节,应即遵照办理。除咨省议会外,合行令仰该厅遵照。此令。

中华民国五年八月三十日

省长吕公望

(原载《浙江公报》第一千六百一十号,一九一六年九月四日,四页,训令)

浙江省长公署训令第二百六十一号

令高检厅为调查各县有法警不敷之处酌添名额并
法警承发吏之积习令厅议复核夺由

令高等检察厅长殷汝熊

照得访闻富阳县署向有额外警察二十余名,经现任知事裁去,惟留预备四名,薪饷在定额内酌定分配。查法警月饷本微,若再酌提分配,更为减少,流弊滋大。现在各县多以法警不敷差遣为言,应由该厅调查各县司法事件实在情形,如果法警实在不敷差遣,应即酌添名额,以免各县藉词私用额外及预备等名目,扰害闾阎,是为至要。又,闻富阳县法警、承发吏均积习甚深,各县情形亦多相类,应如何严加整顿,并由该厅会商同级审厅议定办法呈复核夺,毋延,切切。此令。

中华民国五年八月三十一日

省长吕公望

(原载《浙江公报》第一千六百一十号,四至五页,训令)

浙江省长公署训令第二百七十四号

令民政厅据天台已撤警佐朱英呈为
黏抄实据剖白前情请详核由

令民政厅长王文庆

八月二十六日据天台已撤警佐朱英以"截黏扰乱秩序实据抄呈揽权公举电文暨镇委袒覆"等语，呈请详核并黏抄营函、揭帖、电文、县详各件到署。据此，查朱英前因天台县密详潘继水揭帖驱官一案，批据台州镇守使查复，有擅用刑责、纵警扰民种种舛谬违法事件，批发该厅立予撤任归案澈惩。嗣据徐芳、许离憾、许秋殿、潘廷献等一再电禀，迭经饬令该厅转县拘究，并咨商警政厅就省会侦缉，并据天台警察所长警汤赞廷等前后禀控捛薪吞饷各节，一并批令转县并案澈办各在案，何以事隔多日，该县并未将朱英拘获究办呈报？该撤员如果实有冤抑，何不自行投案，请求申理，反敢危词耸听，罗织多人？非予派员澈究严办，殊不足以昭炯戒。合亟抄发原呈、粘件，令仰该厅遴派干员，并咨行台州镇守使派委会同驰赴该县，立提该撤员朱英并传集一应人证，逐款悉心研讯，秉公办理，以肃法纪而儆刁诬。仍将讯办情形随时具报察夺，毋延，切切。此令。

原呈、黏件均抄发。

中华民国五年八月三十一日

省长吕公望

（原载《浙江公报》第一千六百一十号，一九一六年九月四日，五至六页，训令）

浙江省长公署指令第　　号①

令民政厅长王文庆

---

① 本文由浙江民政厅训令第二百九十一号析出。

呈一件民政厅呈为遴员代理衢县知事由

呈及履历均悉。衢县知事桂铸西,既无重要未完事件,准予给假一月,遗缺准以王象泰代理。仰将发去任命状转给祗领,并转令桂知事知照。此令。履历存。八月　日

附　浙江民政厅训令第二百九十一号

令王象泰奉令准以该员代理衢县知事由

令新委代理衢县知事王象泰

案照本厅呈为遵批遴员荐请任命代理衢县知事一案,兹奉省长指令内开,"呈及履历均悉。衢县知事桂铸西,既无重要未完事件,准予给假一月,遗缺准以王象泰代理。仰将发去任命状转给祗领,并转令桂知事知照。此令。履历存"等因。奉此,除另令外,合将任命状一道抄同原呈,令仰该员遵照祗领,克日驰赴任所,将该县印信、文卷等项妥为接收,仍将接事日期连同履历分报备查。此令。

计发抄呈、任命状各一件。

中华民国五年八月三十一日

民政厅长王文庆

（原载《浙江公报》第一千六百一十号,六至七页,训令）

附　浙江民政厅训令第二百九十二号

令衢县知事奉令该员准予给假委员代理由

令衢县知事桂铸西

案照本厅呈为遵批遴员荐请任命代理该县知事一案,兹奉省长指令内开,"呈及履历均悉。衢县知事桂铸西,既无重要未完事件,准予给假一月,遗缺准以王象泰代理。仰将发去任命状转给祗领,并转令桂知事知照。此令。履历存"等因。奉此,除

另令外,合就抄发原呈,令仰该知事查照,一俟新任到日,即便妥为交替分报备案。此令。

计发抄呈一件。

中华民国五年八月三十一日

民政厅长王文庆

（原载《浙江公报》第一千六百一十号,七页,训令）

浙江省长公署指令第　　号

令民政厅长王文庆

呈一件为遵饬赶办六年度预算并请

维持五年度预算乞察核由

呈悉。五年度预算内所列内务、教育、实业等项临时及追加经费,既为事实所必需,自应予以维持,仰候令行财政厅照案支付可也。此令。八月十九日

附原呈

为呈请事。本年三月奉钧署政字第七十四号饬开,"本年七月三十日据财政厅呈称,'窃奉钧署政字第一六号饬开,准财政部皓电内开,国会开会在即,六年度预算亟应赶编,业经电达在案。现在为期益促,万难再缓,应请速将各该省、区岁入一部分先行造册送部,以便着手编制,其岁出各款仍赶编续送,勿缓为要等因。准此,饬即遵照分别办理,勿稍迟延等因。奉此查编制岁入岁出总预算为本厅主管之事,国会开会在即,为期已促,自应赶紧编送,现拟将岁入岁出两册一并编齐,同时送部,庶收支相抵,有无盈绌,大部得以一览而知。惟是编制手续除本厅主管之收入及所属机关外,其余必须征集该管机关底表,方可汇编成册,应请分饬民政、警政、高等审检各厅并特派交涉员迅将主管

1393

事项之支出、收入以及本机关暨所属机关之经费，按照定式，分析款项目节，编列底表，送交本厅，以便分别汇编。其军事费一册，并请转饬主管人员早日编就发厅，俾便汇缮呈送。抑本厅尤有请者，查五年度核定预算内所列内务、教育、实业等临时经费以及未办事业陆续追加之款，为数较巨，现值库储竭蹶，军用浩繁，无从再行应付，拟即概由各主管机关酌量情形、分别缓急列入六年度预算内支出，以纾财力而免困难。理合备文具呈，仰祈鉴核俯赐分别转饬查照办理'等情。据此，除批示'呈悉。已分别咨饬照办矣。仰将岁入一部分仍准部电先行造送核转，毋庸与岁出册编齐同送，致稽时日'等语印发并分行外，合亟饬仰该厅迅即查照，据呈事理，克日编列底表咨送汇编，毋稍违延，切切。特饬"等因。奉此，遵查是案前准财政厅咨行到厅，当即分别转饬赶办，并以查五年度核定预算内所列内务、教育、实业等临时经费，均系事实所必需，本厅职司民政，责有专归，凡属应办事业，既未便任令停滞，自不能无米为炊，各项经费多有业已借支垫支者，虽近因军用浩繁、库储竭蹶，原不能不双方并顾，而此项要需实系万难展缓，应请仍行照发。且改编一层，非特有违上年度之预算不能在次年度支出之通例，亦难必明年度财力充裕并能补上年度之不足，原拟办法恐于事实不无窒碍等情，咨商财政厅在案。兹奉前因，除将应编六年度岁出入预算赶紧照编，并将可以从缓事业酌量缓办遵饬改编外，所有五年度核定预算内内务、教育、实业等项临时经费及临时追加万难刻缓各款，应请仍予维持，以重要政而免窒碍。理合备文具由，呈请钧长察核俯赐照准分别批示饬遵，实为公便。谨呈。

（原载《浙江公报》第一千六百一十号，一一至一二页，指令）

浙江省长公署指令第五百九十七号

令高等审判厅长范贤方、高等检察厅检察长殷汝熊

呈一件会呈甄用管狱员拟具章程并考试日期由

据呈，甄用管狱员仿考试承审员办法举行考试，事属可行，核阅章程亦属妥协，应准备案。仰即认真办理，务得真才而资整顿，是为至要。章程存。此令。八月三十日

（原载《浙江公报》第一千六百一十号，一二页，指令）

浙江省长公署指令第六百二十六号

令高等检察厅长殷汝熊

呈一件永嘉县呈报徐象严等电禀

争水械斗一案将验办情形录复由

呈悉。此案周汉章等因争水起衅，辄敢彼此械斗，以致误伤弹压兵士身死生伤一人，实属不法，应亟拘凶按律惩办，不得任令私和，合行令仰该厅转行查拘正凶讯明拟办具报。嗣后命案均应呈报本公署查核，并即转令知照。余并悉。格结存。此令。八月三十日

（原载《浙江公报》第一千六百一十号，一二至一三页，指令）

浙江省长公署指令第六百二十九号

令民政厅长王文庆

呈一件为遂昌县知事程荫毅准予给假三月遗缺遴员代理由

呈悉。准予给假三月就医，遗缺仰民政厅遴选勤慎奉法、操守可信之士三员呈候选任委代，并转令程知事应俟新任到后再行离遂。此令。呈抄发。八月三十一日

（原载《浙江公报》第一千六百一十号，一三页，指令）

浙江省长公署指令第六百三十号

令民政厅长王文庆

　　呈一件为县佐张鸿材请咨部留浙任用应从缓议由

　　呈及履历均悉。查本省县佐员缺前准部咨缓设有案,现在外官制尚未经国会议定颁布,县佐一职将来应否设置尚难预定,所请以张鸿材转咨分浙委用之处,应从缓议。此令。履历存。八月三十一日

　　　　（原载《浙江公报》第一千六百一十号,一三页,指令）

浙江省长公署指令第六百三十一号

令民政厅长王文庆

　　呈一件为请任命金彭年为该厅秘书由

　　呈及履历均悉。据称拟以金彭年充任该厅秘书,应即照准,仰将发去任命状转给祗领。此令。履历存。八月三十一日

　　　　（原载《浙江公报》第一千六百一十号,一三页,指令）

附　浙江民政厅训令第三百八十九号
令金彭年奉令准以该员为本厅秘书由

令本厅秘书金彭年

　　案照本厅呈请任命该员为秘书一案,兹奉省长指令,"呈及履历均悉。据称拟以金彭年充任该厅秘书,应即照准,仰将发去任命状转给祗领。此令。履历存"等因。奉此,合将任命状一道抄同原呈,令仰该员祗领遵照。此令。

　　计抄呈、任命状各一件。

　　　　　　　　　　　　中华民国五年九月七日

　　　　　　　　　　　　　民政厅长王文庆

　　（原载《浙江公报》第一千六百十六号,一九一六年九月十日,八至九页,训令）

浙江省长公署指令第六百四十二号

令财政厅长莫永贞、民政厅长王文庆

　　呈一件呈为议复平湖县官绅请暂缓带收水利费一案由

　　呈悉。是项水利经费,既据查明在地丁项下加收补足者不仅平湖一县,此次该知事所认解之每石一角及先行提解银元,实系照案实行,并非另筹抵补。是该县官绅先后呈禀,情词均无充分理由。惟该县赋额较重,据称人民相率观望,有碍正税,顾此失彼情形,尚属实在。所有本年地丁项下带收之水利费,自应准予暂免加收,俟本年抵补金启征时,于原有附捐三角之外再加收二角,每石共计五角,仍内提三角拨充水利费,以符前按署通饬原案,似此变通办理,庶于水利、民艰得以兼筹并顾。此外各县赋额轻重不同,未便援以为例,所请一律照办之处,于水利进行不无妨碍,应毋庸议,仰即转令知照。此令。

八月三十一日

　　（原载《浙江公报》第一千六百一十号,一三至一四页,指令）

浙江省长公署批第二百零四号

原具呈人温岭林光宇等

　　呈一件为控商会总理吴鹏翔营私武断由

　　所控吴鹏翔违法各节,毫无实在证据,碍难准理。此批。八月三十一日

　　（原载《浙江公报》第一千六百一十号,二一页,批示）

浙江省长公署咨督军署

　　为现职军官吕俊恺业由本署任命署理吴兴县缺由

　　浙江省长公署为咨行事。查有陆军步兵少校、现充二十四团第一营营长兼代本团中校团附吕俊恺,业由本署任命署理吴兴县知事

在案。查该员系现职军官,相应备文咨请贵署查照施行。此咨

浙江督军吕

兼署省长吕公望

中华民国五年八月二十九日

(原载《浙江公报》第一千六百十一号,一九一六年九月五日,三页,咨)

浙江督军公署训令第　号[①]
浙江省长公署训令第　号

令民政厅转饬所属德人俄登辈尔兮等来浙游历由

令民政厅长王文庆

本月二十二日准江苏省长署咨开,"案据特派江苏交涉员杨晟呈称,顷准德国总领事函,以俄登辈尔兮/萬乐满随带猎枪二/三支、弹少许,赴江苏、浙江、江西/江苏、浙江、山西、直隶、安徽游历,缮给护照请盖印前来。除将护照印发外,理合呈请察照转饬各属,俟该德人到境呈验护照时照约保护等情。据此,除训令各属保护并分行外,相应咨请贵省长查照,希即转行各属照约一体保护"。又,同日准同署咨开,"案据特派江苏交涉员杨晟呈称,顷准日本国总领事函,以小山茂树、村上辰治、小村大云赴江苏、浙江游历,缮给护照请盖印前来。除将护照印发外,理合呈请察照转饬各属,俟该日本人到境呈验护照时照约保护等情。据此,除令行各属保护外,相应咨请贵省长查照,希即转行各属照约一体保护"各等由。准此,除分令外,合行令仰该厅长遵即饬属一体照约保护。此令。

中华民国五年八月　日

督军兼省长吕公望

---

① 本文由浙江民政厅训令第二百四十六号析出。

附　浙江民政厅训令第二百四十六号

令宁波警察厅各县知事奉省长训令

德人俄登辈尔兮等来浙游历由

令宁警厅长、各县知事

本月二十四日奉督军、省长训令内开，"本月二十二日准江苏省长署咨开，'案据特派江苏交涉员杨晟呈称，顷准德国总领事函，以俄登辈尔兮/葛乐满随带猎枪二/三支、弹少许，赴江苏、浙江、江西/江苏、浙江、山西、直隶、安徽游历，缮给护照请盖印前来。除将护照印发外，理合呈请察照转饬各属，俟该德人到境呈验护照时照约保护等情。据此，除训令各属保护并分行外，相应咨请贵省长查照，希即转行各属照约一体保护'。又，同日准同署咨开，'案据特派江苏交涉员杨晟呈称，顷准日本国总领事函，以小山茂树、村上辰治、小村大云赴江苏、浙江游历，缮给护照请盖印前来。除将护照印发外，理合呈请察照转饬各属，俟该日本人到境呈验护照时照约保护等情。据此，除令行各属保护外，相应咨请贵省长查照，希即转行各属照约一体保护'各等由。准此，除分令外，合行令仰该厅长遵即饬属一体照约保护"等因。奉此，除分令外，仰该厅长、该知事即便遵照，按约保护，并将该日人、德人入境出境日期呈报备查。此令。

中华民国五年八月三十一日

民政厅长王文庆

（原载《浙江公报》第一千六百十一号，一五页，训令）

聘何竞明为省长公署教育顾问函[①]

竞明先生大鉴：

久倾风范，倍切心仪。际此大局渐手[②]，教育一途，关系国本。夙仰执事热心教育，拟函聘为本署教育顾问。凡全省学堂利弊、教科兴革事宜，硕画所及，尚希时惠嘉言，匡助不逮，俾进薪懋之雅化，以尽桑梓之义务。无胜盼切。专此奉请，顺颂

教祺

吕公望谨启

附　何竞明复函

捧读钧函，准于教育陈其所见，无任惶悚。但为国本所关，宁非匹夫有责？既蒙不弃，自应勉竭驽骀，以冀有所贡献。惟是学殖肤浅，加以顾问名称，觉增其惭愧耳。

端肃，敬请

勋安

（原载杭州《教育周报》第一百四十期，一九一六年八月，二四页，本省纪闻）

---

① 聘复两函披露时，原题《本会纪闻：省长敦聘教育顾问》，导语称："省教育会总干事何君竞明，于教育颇有心得，为一般教育界所公认。兹由吕戴之省长敦聘为公署教育顾问。兹觅得聘复两函录下。"复函原刊缺抬头、落款。

② 渐手，疑为"渐平"之误。